Börsenkurse bei aktien- und umwandlungsrechtlichen Strukturmaßnahmen

Carmen Bauer

Börsenkurse bei aktien- und umwandlungsrechtlichen Strukturmaßnahmen

Springer Gabler

Carmen Bauer
Stuttgart-Hohenheim, Deutschland

Dissertation, Fakultät Wirtschafts- und Sozialwissenschaften, Universität Hohenheim, D100.

ISBN 978-3-658-50370-3 ISBN 978-3-658-50371-0 (eBook)
https://doi.org/10.1007/978-3-658-50371-0

Die Deutsche Nationalbibliothek verzeichnet diese Publikation in der Deutschen Nationalbibliografie; detaillierte bibliografische Daten sind im Internet über https://portal.dnb.de abrufbar.

Planung/Lektorat: Karina Kowatsch
Springer Gabler ist ein Imprint der eingetragenen Gesellschaft Springer Fachmedien Wiesbaden GmbH und ist ein Teil von Springer Nature.
Die Anschrift der Gesellschaft ist: Abraham-Lincoln-Str. 46, 65189 Wiesbaden, Germany

Geleitwort

Wann eine Abfindung angemessen ist, wird kontrovers diskutiert und muss im Zusammenspiel von rechtlichen Wertungen und betriebswirtschaftlichen Erkenntnissen geklärt werden. Ausgehend von der Entscheidung des Bundesverfassungsgerichts, Börsenkurse als Untergrenzen der Abfindung festzuschreiben, wird in den neuesten BGH-Entscheidung der Börsenkurs als solcher weiter gestärkt, in dem er weitgehend gleichrangig gegen eine barwertgestützte Abfindungsbemessung gesetzt wird. Die (Mindest)Anforderungen an einen beobachtbaren Börsenkurs als Abfindungsmaß sind dabei von besonderem Interesse. Dabei geht es insb. um die Frage, ob der Mehrheitsaktionär (auch) durch die Informationspolitik den Aktienkurs beeinflussen kann und ob die Liquidität der Aktie ausreichend ist. Empirische Arbeiten zu diesem Thema sind a) selten, b) wenn es welche gibt, ist die Aktualität gering, c) erfassen sie nur einen begrenzten Beobachtungszeitraum und d) differenzieren sie nicht nach der Art der Strukturmaßnahme. Eine Analyse der Reichweite und Bedeutung von Aktienkursen zur Abfindungsbemessung ist daher überfällig. Die Forschungsfragen von Carmen Bauer sind hochrelevant und aktuell. Die Arbeit liefert einen wichtigen Beitrag zur Klärung theoretischer und praktischer Fragen der Abfindungsbemessung bei gesellschaftsrechtlichen Strukturmaßnahmen und wird die Diskussion beeinflussen. Ich wünsche der Arbeit ein reges Interesse in Theorie und Praxis.

Hohenheim
im September 2025

Dirk Hachmeister

Danksagung

Die vorliegende Dissertationsschrift entstand während meiner Tätigkeit als wissenschaftliche Mitarbeiterin am Lehrstuhl für Rechnungswesen und Finanzierung der Universität Hohenheim. Die Arbeit wurde im Sommersemester 2025 von der Fakultät für Wirtschafts- und Sozialwissenschaften der Universität Hohenheim als Dissertation angenommen. An dieser Stelle möchte ich die Gelegenheit nutzen, mich bei einigen Personen zu bedanken, ohne deren Unterstützung das Entstehen dieser Arbeit so nicht möglich gewesen wäre.

Zuerst möchte ich mich ganz herzlich bei meinem Doktorvater und akademischen Lehrer Herrn Professor Dr. Dirk Hachmeister bedanken. Er hat mir einerseits stets die Freiheit zur Bearbeitung von Themen nach eigenen Wünschen gelassen, stand aber gleichzeitig jederzeit mit Rat und Tat zur Seite. Mein herzlicher Dank gilt ihm für die Begleitung über viele Jahre hinweg. Er hat nicht nur das Interesse an der Forschung in mir geweckt, sondern auch den Anstoß für die Entscheidung zur Promotion gegeben. Ich hätte mir sowohl fachlich als auch menschlich keinen besseren Doktorvater vorstellen können. Das sehr angenehme Arbeitsklima am Lehrstuhl wurde maßgeblich durch ihn geprägt.

Für die Übernahme des Zweitgutachtens meiner Dissertation danke ich Herrn Professor Dr. Hans-Peter Burghof. Bei Herrn Professor Dr. Christian Ernst bedanke ich mich für die Übernahme des Vorsitzes der Prüfungskommission. Mein Dank geht auch an WP Dr. Frederik Ruthardt für die Übernahme des Mentorats, für fachliche Impulse und lehrreiche Gespräche sowie den äußerst interessanten Einblick in die Praxis der Unternehmensbewertung.

Zu der wunderschönen und lehrreichen Zeit, die ich an der Uni verbringen durfte, haben alle Kolleginnen und Kollegen am Lehrstuhl, aber auch darüber hinaus, einen wesentlichen Beitrag geleistet: Hannelore Alberti, Lukas Benzinger, Dr. Marius Burth, Dr. Duygu Duran-Rickenberg, Carolin Eigenthaler, Dr. Sabrina Götz, Dr. Andreas Hecht, Nelson Herrmann, Dr. Sabine Hölscher, Francis Keil, Dr. Linda Klingler, Dr. Sebastian Kuch, Dr. Konstantin Kuck, Dr. Niklas Lampenius, Viola Mader, Johannes Raabe, Dr. Meryem Ritz, Julia Rombach, Jürgen Schneider, Dr. Alina Sigel. Vielen Dank auch an die wissenschaftlichen Hilfskräfte des Lehrstuhls. In besonderem Maße möchte ich mich bei Niklas bedanken, für die Gespräche insbesondere zur ökonometrischen Umsetzung der Auswertungen und für die fachliche und mentale Unterstützung vor allem in Momenten der Verzweiflung. Darüber hinaus bedanke ich mich ganz herzlich bei Hanne, die Ansprechpartnerin in allen (organisatorischen) Fragen war und mich über eine sehr lange Zeit an der Uni begleitet hat. Besonderer Dank geht zudem an Sabine, Alina, Linda und Viola für die Unterstützung auf vielfältige Weise in der finalen Phase der Promotion. Die Kolleginnen und Kollegen haben die Zeit an der Uni unvergesslich gemacht.

Vielen Dank an meine Freundinnen und Freunde, die stets Verständnis hatten für Wochenenden, an denen ich an der Dissertation gearbeitet habe, und vor allem für ihre Geduld mit mir und die Unterstützung in schwierigen Zeiten, wie auch die gemeinsame Freude in guten Zeiten. Vielen Dank auch an meine Pilates-Mädels für das Interesse und die stets gelungene Ablenkung vom Alltag.

Für all die Unterstützung auf meinem bisherigen Lebensweg danke ich ganz herzlich meiner Schwester, meiner Mutter und meinem Vater. Ich möchte ihnen danken, dass sie mir in allen Lebenslagen zur Seite stehen und mich bedingungslos unterstützen. Ich danke ihnen für das Verständnis, wenn ich wegen der Dissertation keine Zeit hatte, aber auch dafür, dass sie trotzdem zwischendurch für die nötige Ablenkung und den Blick auf die anderen schönen Dinge des Lebens gesorgt haben. Danke auch an Markus für sein immer offenes Ohr zum Thema Promotion.

Nicht zuletzt gilt mein herzlicher Dank Oma und Opa, die mich auf allen bisherigen Wegen liebevoll begleitet und tatkräftig unterstützt haben. Ihr habt den Grundstein für diesen Schritt gelegt. Danke für das Mitfiebern bis zum Abschluss.

Meine tiefste Dankbarkeit gilt Ingo. Er hat am direktesten die Auswirkungen der Promotion erfahren. Danke für das Ertragen aller Gemütszustände, die Unterstützung ohne Kompromisse und die geduldigen Diskussionen zu all den vielen Fragen. Er hat für die manchmal erforderliche mentale Distanz zur Dissertation gesorgt, mir aber auch die Zeit gelassen, um mich auf die Arbeit zu fokussieren. Danke für die liebevolle emotionale Unterstützung und das immense Verständnis, wenn wenig Zeit für anderes blieb.

Ingo, Verena, Mama, Papa, Oma und Opa widme ich diese Arbeit.

Frickenhausen
im August 2025

Carmen Bauer

Interessenkonflikt Der/die Autor*in hat keine für den Inhalt dieses Manuskripts relevanten Interessenkonflikte.

Inhaltsverzeichnis

Abkürzungsverzeichnis

a. F.	alte(r) Fassung
ABl.	Amtsblatt
Abs.	Absatz
AER	The American Economic Review (Zeitschrift)
AG	Aktiengesellschaft; Die Aktiengesellschaft (Zeitschrift)
AktG	Aktiengesetz
AMJ	Academy of Management Journal (Zeitschrift)
Art.	Artikel
Aufl.	Auflage
BaFin	Bundesanstalt für Finanzdienstleistungsaufsicht
BB	Betriebs-Berater (Zeitschrift)
Bd.	Band
BFuP	Betriebswirtschaftliche Forschung und Praxis (Zeitschrift)
BGB	Bürgerliches Gesetzbuch
BGBl.	Bundesgesetzblatt
BGH	Bundesgerichtshof
BGV	Beherrschungs- und/oder Gewinnabführungsvertrag
BMP	Boehmer/Musumeci/Poulsen (Signifikanztest)
BörsG	Börsengesetz

BT-Drs.	Bundestags-Drucksache
Buchst.	Buchstabe
BVerfG	Bundesverfassungsgericht
BWP	BewertungsPraktiker (Zeitschrift)
C(A)AR	Cumulaitve (Average) Abnormal Return ((Durchschnittliche) kumulierte abnormale Rendite)
CAPM	Capital Asset Pricing Model
CDAX	Composite DAX
CF	Corporate Finance/Corporate Finance biz (Zeitschrift)
DAX	Deutscher Aktienindex (SDAX abgeleitet von Small-Cap-DAX; MDAX abgeleitet von Mid-Cap-DAX; TecDAX als DAX der Technologiebranche)
DB	Der Betrieb (Zeitschrift)
Dif.	Differenz
Diss.	Dissertation
DStR	Deutsches Steuerrecht (Zeitschrift)
EACVA	European Association of Certified Valuators and Analysts
EBITDA	Earnings Before Interest, Taxes, Depreciation and Amortization
EFM	European Financial Management (Zeitschrift)
EG	Europäische Gemeinschaft
EM	Economic Modelling (Zeitschrift)
EU	Europäische Union
EUR	Euro
EWR	Europäischer Wirtschaftsraum
f.	folgende
FAJ	Financial Analysts Journal (Zeitschrift)
FB	Finanz-Betrieb (Zeitschrift)
ff.	fortfolgende
Fn.	Fußnote
GG	Grundgesetz
GmbH (& Co. KGaA)	Gesellschaft mit beschränkter Haftung (& Compagnie Kommanditgesellschaft auf Aktien)

h. M.	herrschende Meinung
Habil.	Habilitation
HGB	Handelsgesetzbuch
Hrsg.	Herausgeber
HV	Hauptversammlung
i. A.	in Abwicklung
(i. d. F.) v.	(in der Fassung) von
i. H. v.	in Höhe von
i. L.	in Liquidation
i. V. m.	in Verbindung mit
IDW	Institut der Wirtschaftsprüfer in Deutschland e. V.
IER	International Economic Review (Zeitschrift)
JAR	Journal of Accounting Research (Zeitschrift)
JBE	Journal of Business Economics (Zeitschrift für Betriebswirtschaft)
JBF	Journal of Banking and Finance (Zeitschrift)
JBFA	Journal of Business Finance & Accounting (Zeitschrift)
JEB	Journal of Economics and Business (Zeitschrift)
JEF	Journal of Empirical Finance (Zeitschrift)
JEL	Journal of Economic Literature (Zeitschrift)
JEP	Journal of Economic Perspectives (Zeitschrift)
JFE	Journal of Financial Economics (Zeitschrift)
JFMarkets	Journal of Financial Markets (Zeitschrift)
JFQA	Journal of Financial and Quantitative Analysis (Zeitschrift)
JFRM	Journal of Financial Risk Management (Zeitschrift)
Jg.	Jahrgang
JoB	The Journal of Business (Zeitschrift)
JoF	The Journal of Finance (Zeitschrift)
JPE	Journal of Political Economy (Zeitschrift)
KBV	Kurs-Buchwert-Verhältnis
KMU	Kleine und mittlere Unternehmen
KP	Kolari/Pynnönen (Signifikanztest)

KuK	Kredit und Kapital (Zeitschrift)
LG	Landgericht
M&AR	M&A Review (Zeitschrift)
MAR	Market Abuse Regulation (Deutsch: MMVO)
Mio.	Million(en)
MMVO	Marktmissbrauchsverordnung (Englisch: MAR)
MS	Management Science (Zeitschrift)
n. a.	not available (nicht verfügbar)
Nr.	Nummer
NYSE	New York Stock Exchange
NZG	Neue Zeitschrift für Gesellschaftsrecht
OLG	Oberlandesgericht
OLS	Ordinary Least Squares
PA	Physica A: Statistical Mechanics and its Applications (Zeitschrift)
QJE	The Quarterly Journal of Economics (Zeitschrift)
RFS	The Review of Financial Studies (Zeitschrift)
RIBAF	Research in International Business and Finance (Zeitschrift)
Rn.	Randnummer
Rz.	Randziffer
S&P Capital IQ (CIQ)	Standard & Poors Capital IQ (Datenbank)
S.	Seite
SCEAG	SCE (Europäische Genossenschaft)-Ausführungsgesetz
SdK e. V.	Schutzgemeinschaft der Kapitalanleger eingetragener Verein
SE	Societas Europaea (Europäische Gesellschaft)
SEAG	SE-Ausführungsgesetz
SIC	Standard Industrial Classification
SMJ	Strategic Management Journal (Zeitschrift)
SOAktG	aktienrechtlicher Squeeze-out
SOUmwG	umwandlungsrechtlicher Squeeze-out

SpruchG	Gesetz über das gesellschaftsrechtliche Spruchverfahren (Spruchverfahrensgesetz)
u. a.	und andere
UM	Unternehmensbewertung & Management (Zeitschrift)
UmwG	Umwandlungsgesetz
US(A)	United States (of America)
vgl.	vergleiche
VO	Verordnung
Vol.	Volume
VzfK e. V.	Verbraucherzentrale für Kapitalanleger eingetragener Verein
WM	Zeitschrift für Wirtschafts- und Bankrecht (Wertpapiermitteilungen)
WpAV	Wertpapierhandelsanzeigeverordnung
WPg	Die Wirtschaftsprüfung (Zeitschrift)
WpHG	Wertpapierhandelsgesetz
WpÜG (AngebV, in der Literatur teilweise WpÜG-AngVO)	Wertpapiererwerbs- und Übernahmegesetz (Angebotsverordnung)
WuM	Wirtschaft und Management (Zeischrift)
XETRA	exchange electronic trading (Handelsplatz der Deutschen Börse AG)
ZBB	Zeitschrift für Bankrecht und Bankwirtschaft
zfbf	Schmalenbachs Zeitschrift für betriebswirtschaftliche Forschung
ZGR	Zeitschrift für Unternehmens- und Gesellschaftsrecht
Ziff.	Ziffer
ZIP	Zeitschrift für Wirtschaftsrecht und Insolvenzpraxis

Abbildungsverzeichnis

Tabellenverzeichnis

Problemstellung 1

In jüngeren Entscheidungen hat der Bundesgerichtshof den Börsenkurs für die Beurteilung der Angemessenheit von Abfindung (§ 305 AktG) und Ausgleich (§ 304 AktG) bei Beherrschungs- (und Gewinnabführungs-) Verträgen herangezogen. Anhand des Börsenkurses wurde der quotale Anteil am Unternehmenswert ermittelt und der Börsenkurs damit als „wahrer" Wert der Beteiligung anerkannt, der dem Minderheitsaktionär zu entschädigen ist.[1] Bereits zuvor wurde der Börsenkurs vermehrt von Landes- und Oberlandesgerichten als „wahrer" Wert der Beteiligung bei gesellschaftsrechtlichen Strukturmaßnahmen akzeptiert.[2] Bei der Diskussion über die Anwendbarkeit als alleiniger Maßstab werden Kriterien thematisiert, wann ein Börsenkurs grundsätzlich nicht für eine Bewertung verwendet werden kann. Dies ist laut BGH bei einem nicht funktionierenden Kapitalmarkt der Fall, so bspw. bei einer Marktenge, nahezu keinem Handel in einem längeren Zeitraum, bei unerklärlichen Kursausschlägen, Manipulationen oder Informationsdefiziten.[3] Auch in Fachkreisen wird regelmäßig diskutiert, welche Kriterien erfüllt sein müssen, um einen Börsenkurs für die Bemessung der Kompensation bei gesellschaftsrechtlichen Strukturmaßnahmen verwenden zu können. Jüngst waren die Anforderungen an einen Börsenkurs, um ihn als aussagekräftig

[1] Vgl. BGH v. 31.01.2024 – II ZB 5/22, juris Rz. 16 f., mit einer Plausibilisierung anhand des Ertragswertes; BGH v. 21.02.2023 – II ZB 12/21, juris Rz. 15, 38, 47. Für die Arbeit wurde Rechtsprechung zu Spruchverfahren bis zum 26.08.2024 einbezogen.

[2] Vgl. bspw. OLG Frankfurt v. 09.02.2024 – 21 W 129/22, juris Rz. 21, bei einem verschmelzungsrechtlichen Squeeze-out, der Ertragswert wird zur Kontrolle herangezogen; LG Frankfurt v. 27.06.2019 – 3–05 O 38/18, 3/05 O 38/18, 3–5 O 38/18, 3/5 O 38/18, juris Rz. 58, bei einem Beherrschungs- und Gewinnabführungsvertrag; OLG München v. 14.12.2021 – 31 Wx 190/20, juris Rz. 70, bei einem Beherrschungs- und Gewinnabführungsvertrag; OLG Frankfurt v. 03.09.2010 – 5 W 57/09, juris Rz. 54, bei einer Verschmelzung („upstream").

[3] Vgl. BGH v. 31.01.2024 – II ZB 5/22, juris Rz. 27 mit weiteren Nachweisen.

C. Bauer, *Börsenkurse bei aktien- und umwandlungsrechtlichen Strukturmaßnahmen*, https://doi.org/10.1007/978-3-658-50371-0_1

einzustufen, ein zentrales Diskussionsthema beim Symposium Unternehmensbewertung in der Rechtsprechung der EACVA in 2024. Diskutierte Kriterien sind eine negierte Beeinflussung durch den Mehrheitsaktionär sowie eine ausreichende Liquidität.[4]

Diese Kriterien, vor allem aber die Informationsverarbeitung waren darüber hinaus bereits Gegenstand in empirischen Studien. Während eine tendenziell effiziente Informationsverarbeitung der Ankündigung bei (aktienrechtlichen) Squeeze-outs bereits gezeigt wurde, wurden andere Arten von Strukturmaßnahmen wie der Beherrschungs- und/oder Gewinnabführungsvertrag und die Verschmelzung bisher kaum untersucht. Meist werden lediglich kurze Zeiträume (von wenigen Tagen oder teilweise Monaten) um die Ankündigung betrachtet.[5] Unzureichend geklärt blieb daher hauptsächlich, wie Informationen im Vergleich zwischen verschiedenen Arten von Strukturmaßnahmen verarbeitet werden und wie umfassend der Informationsgehalt des Börsenkurses vor allem im (aktuell für die Abfindungsbemessung verwendeten) Dreimonatszeitraum – aber auch über einen längeren Zeitraum vor einer Strukturmaßnahme – ist. Speziell hierfür ist die Entwicklung eines möglichen Konzerneinflusses zu berücksichtigen, da ein starker Einfluss mit einem Informationsdefizit verbunden sein kann.[6] Ebenfalls ist fraglich, ob die Liquidität der Aktien von Zielgesellschaften ausreichend ist, um eine effiziente Informationsverarbeitung zu gewährleisten. Die Liquidität sowie ein Konzerneinfluss sind darüber hinaus auch für einen originären Betafaktor relevant.

Hintergrund der Diskussionen über die Verwendbarkeit des Börsenkurses zur Kompensationsbemessung ist die Verpflichtung des Mehrheitsaktionärs, den Minderheitsaktionären bei gesellschaftsrechtlichen Strukturmaßnahmen eine **„angemessene“ Abfindung** oder andere Kompensationen anzubieten.[7] Der Anspruch

---

[4] Vgl. *Raabe* (2024), S. 67 f.

[5] Bereitgestellte Informationen werden meist für ca. ein Jahr (oder etwas darüber hinaus) berücksichtigt, vgl. *Budzinski* (2012), S. 161 f.; *Elsland/Weber* (2005), S. 36; Ankündigungsreaktionen werden frühestens ab 90 Handelstagen vor der Ankündigung berücksichtigt, vgl. *Elsland/Weber* (2005), S. 36; *Schilling/Kaspar* (2015), S. 73, die 64 Handelstage berücksichtigen.

[6] So hat bspw. auch der Einzelabschluss von untergeordneten Unternehmen eines Konzerns eingeschränkte Aussagekraft, vgl. *Küting* (2012), S. 79.

[7] Vgl. *Häller/Adolff* (2024b), in: Rechtshandbuch Unternehmensbewertung, § 21 Rz. 21.5 f. für den aktienrechtlichen Squeeze-out, Rz. 21.18 und 21.27 für den BGV; vgl. für die Verschmelzung *Bungert* (2024), in: Rechtshandbuch Unternehmensbewertung, § 22 Rz. 22.11 und 22.77. Die Mehrheitsaktionärin wäre im Falle eines BGV die Obergesellschaft, vgl. auch *Häller/Adolff* (2024b), in: Rechtshandbuch Unternehmensbewertung, § 21 Rz. 21.18 (Fn. 2) und bei der Verschmelzung der übernehmende Rechtsträger. Die Höhe der Abfindung wird

auf eine Abfindung entsteht aufgrund des verfassungsrechtlichen Eigentumsschutzes durch den Verlust ihrer Mitgliedschaft[8] oder die Entwertung ihrer Mitgliedschaftsrechte[9] ohne Zustimmung. Eine Aktie stellt „gesellschaftsrechtlich vermitteltes Eigentum“[10] dar und unterliegt als Vermögensrecht dem Eigentumsschutz des Art. 14 GG.[11] Folglich darf diese dem Aktionär nur entzogen werden, wenn gewährleistet ist, dass sich dadurch sein Vermögen im Saldo nicht verringert.[12] Daher müssen die Anteilseigner bei einem Verlust dieser Rechtsposition und dem Eingriff in die vermögensrechtliche Stellung wirtschaftlich eine volle Kompensation erhalten.[13] Die volle Entschädigung hat den „wahren“ Wert ihres Aktieneigentums widerzuspiegeln.[14] Dieser soll den Wert darstellen, der bei unveränderter Fortführung des Beteiligungsverhältnisses nach der vom Vorstand geplanten Geschäftspolitik für den Minderheitsgesellschafter realisierbar wäre.[15]

Die häufigsten Arten **aktien- und umwandlungsrechtlicher Strukturmaßnahmen** sind der aktienrechtliche Squeeze-out (§§ 327a-f AktG), der umwandlungsrechtliche Squeeze-out (§§ 62 Abs. 5 UmwG i. V. m. 327a-f AktG), der Beherrschungs- und/oder Gewinnabführungsvertrag (BGV, §§ 291 ff. AktG) und die Verschmelzung (§§ 2 ff. UmwG; grenzüberschreitend §§ 305 ff. UmwG, bis 28.02.2023 §§ 122a ff. UmwG).[16] Für die Vorgaben zur Abfindungsbemessung ist

---

spätestens mit der Einladung zur beschlussfassenden Hauptversammlung bekanntgegeben, § 327c Abs. 1 Nr. 2 AktG für den Squeeze-out, § 293a Abs. 1 AktG für den BGV und § 63 Abs. 1 Nr. 1 UmwG für die Verschmelzung.

[8] Vgl. *Singhof* (2024b), in: beck-online.GROSSKOMMENTAR zum Aktienrecht, § 327b AktG Rn. 2; *Singhof* (2024a), in: beck-online.GROSSKOMMENTAR zum Aktienrecht, § 327a AktG Rn. 7; *Grunewald* (2023a), in: Münchener Kommentar zum Aktiengesetz, Vor § 327a AktG Rn. 8.

[9] Vgl. *van Rossum* (2023), in: Münchener Kommentar zum Aktiengesetz, § 304 AktG Rn. 9.

[10] BVerfG v. 07.08.1962 – 1 BvL 16/60 (Feldmühle), juris Rz. 47.

[11] Vgl. BVerfG v. 07.08.1962 – 1 BvL 16/60 (Feldmühle), juris Rz. 47.

[12] Vgl. *Adolff* (2007) S. 449.

[13] Vgl. BVerfG v. 07.08.1962 – 1 BvL 16/60 (Feldmühle), juris Rz. 65, Rz. 47 für die vermögensrechtliche Stellung; vgl. auch *Winner* (2024), in: Rechtshandbuch Unternehmensbewertung, § 16 Rz. 16.13.

[14] Vgl. BVerfG v. 27.04.1999 – 1 BvR 1613/94 (DAT/Altana), juris Rz. 61, 66.

[15] Vgl. *Ruiz de Vargas* (2023), S. 926. Der „wahre“ Wert ist jedoch kein anerkannter Rechtsbegriff, vgl. auch *Lauber* (2024), in: Rechtshandbuch Unternehmensbewertung, § 33 Rz. 33.39.

[16] Gegenstand der Spruchverfahren zwischen 1992 und 2011 war in 40,73 % der Fälle der aktienrechtliche Squeeze-out, zu 27,42 % der Beherrschungs- oder Gewinnabführungsvertrag und zu 16,45 % die Verschmelzung, vgl. *Henselmann u. a.* (2020), S. 1095.

die Art der Kompensation relevant. So ist in bestimmten Fällen eine Barabfindung zu gewähren:

- beim aktien- und umwandlungsrechtlichen Squeeze-out (§ 327b Abs. 1 AktG)
- beim Beherrschungs- und/oder Gewinnabführungsvertrag[17] (§ 305 Abs. 1, Abs. 2 Nr. 2 und 3 AktG)
- bei der Verschmelzung (§ 29 Abs. 1 UmwG): Im Falle einer Mischverschmelzung (Verschmelzung von Rechtsträgern verschiedener Rechtsform), bei einer Verschmelzung einer börsennotierten auf eine nicht börsennotierte Aktiengesellschaft oder bei einer Verschmelzung von Rechtsträgern gleicher Rechtsform, sofern die Anteile oder Mitgliedschaften an dem übernehmenden Rechtsträger Verfügungsbeschränkungen unterworfen sind

Die **Barabfindung** stellt in der Praxis den mit Abstand häufigsten Fall dar.[18] Alternativ zu einer Barabfindung muss beim BGV ein fixer – in Höhe des voraussichtlichen durchschnittlichen Gewinnanteils – oder variabler Ausgleich nach § 304 Abs. 2 Satz 1 oder 2 AktG gewährt werden. Der variable Ausgleich erfordert ein Umtauschverhältnis (anhand dessen wird der Gewinnanteil jeweils bestimmt).[19] Bei einer Verschmelzung ist ebenfalls ein Umtauschverhältnis zu ermitteln (bei Aufnahme nach § 5 Abs. 1 Nr. 3 UmwG und bei Neugründung nach § 36 UmwG i.V. m. § 5 Abs. 1 Nr. 3 UmwG; bei grenzüberschreitender Verschmelzung nach § 307 Abs. 2 Nr. 2 UmwG, zuvor § 122c Abs. 2 Nr. 2 UmwG), woraus sich schlussendlich die Abfindung in Aktien ergibt.

Wie diese Abfindung oder auch die Kompensation bei einem Verbleib in der Aktionärsstellung zu bemessen ist, ist gesetzlich sowie in der bisherigen Rechtsprechung und rechtlichen Auslegung nicht durch eine Methodenvorgabe geregelt.[20] Im Zweifelsfall kann in einem Spruchverfahren über die Angemessenheit entschieden werden (vgl. § 1 SpruchG). Die Entscheidung obliegt damit dem Richterrecht. In der Praxis finden Spruchverfahren aufgrund vorherrschender

---

[17] Der Gewinnabführungsvertrag wird häufig auch neutral als Ergebnisabführungsvertrag bezeichnet. Hier wird jedoch die gesetzliche Bezeichnung aus § 291 AktG verwendet.

[18] Vgl. *Henselmann u. a.* (2020), S. 1095 f.

[19] Vgl. *Adolff* (2007), S. 271.

[20] Vgl. BVerfG v. 27.04.1999 – 1 BvR 1613/94 (DAT/Altana), juris Rz. 61; BVerfG v. 16.05.2012 – 1 BVR 96/09, 1 BVR 117/09, 1 BVR 118/09, 1 BVR 128/09 (Deutsche Hypothekenbank), juris Rz. 18; *Jonas/Wieland-Blöse* (2024), in: Rechtshandbuch Unternehmensbewertung, § 10 Rz. 10.4.

Interessenskonflikte häufig statt.[21] Das **Bundesverfassungsgericht** hat aus verfassungsrechtlicher Sicht gewisse Mindeststandards zu Methoden, die Art. 14 GG entsprechen, formuliert. Es gibt aber kein spezielles Bewertungskonzept vor.[22] Zusätzlich sind Entscheidungen von Zivilgerichten – hauptsächlich des BGH – relevant. So muss die angewendete Methode der Bewertung unter anderem „in der Wirtschaftswissenschaft oder Betriebswirtschaftslehre anerkannt und in der Praxis gebräuchlich“[23] sein. Meist wird für die Ermittlung des „wahren“ Wertes (diese Bezeichnung wird hauptsächlich in der rechtlich geprägten Unternehmensbewertung verwendet) die Ertragswertmethode eingesetzt, die anerkannt ist und aus Sicht des Bundesverfassungsgerichts unbedenklich erscheint.[24] Diese ist aber nicht zwingend anzuwenden.[25]

Sind börsennotierte Unternehmen als Zielgesellschaften von Strukturmaßnahmen betroffen, ist bei ihrer Bewertung meist zusätzlich der **Börsenkurs** zu berücksichtigen. Bei einer Barabfindung[26] ist zwischen der Wertkategorie des quotalen Anteils des (fundamental ermittelten) Unternehmenswertes und der Wertkategorie des Desinvestitionswertes für eine einzelne Aktie (als am Markt verwertbarer, selbstständig verkehrsfähiger Vermögensgegenstand) zu unterscheiden. Letzterer entsteht bei freier Entscheidung für eine Veräußerung.[27] In Hinblick auf diese Wertkategorien besitzt die Aktie eine Doppelnatur.[28] Diese

---

[21] Vgl. *Krenek* (2023), in: Münchener Kommentar zum Aktiengesetz, Vor § 1 SpruchG Rn. 8 f. Vgl. *Lorenz* (2012), S. 285 f., der für die Jahre 2009–2011 89 abgeschlossene Spruchverfahren identifizieren konnte; *Gehling/Heldt/Royé* (2007), S. 43, bei 73 von 88 Squeeze-outs (für die es bis zum 31.12.2004 einen Hauptversammlungsbeschluss gab und für die an einer Umfrage teilgenommen wurde) gab es ein Spruchverfahren.

[22] Vgl. *Hüttemann* (2007), S. 814.

[23] BGH v. 29.09.2015 – II ZB 23/14, juris Rz. 33; BGH v. 12.01.2016 – II ZB 25/14, juris Rz. 21.

[24] Vgl. BVerfG v. 27.04.1999 – 1 BvR 1613/94 (DAT/Altana), juris Rz. 61. In den meisten Fällen wird der „objektivierte Wert“ als spezieller Ertragswert nach IDW S1 verwendet, vgl. *Ballwieser/Hachmeister* (2021), S. 278.

[25] Vgl. BVerfG v. 30.05.2007 – 1 BvR 1267/06, 1 BvR 1280/06 (Wüstenrot/ Württembergische), juris Rz. 23.

[26] Die Barabfindung stellt den häufigsten Gegenstand von Spruchverfahren dar (61,3 %), vgl. *Henselmann u. a.* (2020), S. 1096.

[27] Vgl. *IDW* (2018), C Rn. 30; Vgl. *Häller/Adolff* (2024a), in: Rechtshandbuch Unternehmensbewertung, § 18 Rz. 18.40 f. Diese Wertkategorien unterscheiden sich in ihrem Bewertungssubjekt, Bewertungsobjekt und dem Entscheidungsfeld, vgl. *Adolff* (2007), S. 324.

[28] Vgl. *Adolff* (2007), S. 324.

lässt sich anhand der unterstellten Anlagehorizonte eines typischen abzufindenden Aktionärs interpretieren.[29]

Bei **kurzfristiger Anlage** entspricht der Wert der Aktie dem Marktpreis (Börsenkurs) eines freiwilligen Verkaufs ohne die Strukturmaßnahme, folglich dem Desinvestitionswert.[30] Diese Perspektive der Bewertung entstand mit dem Beschluss des BVerfG im Fall DAT/Altana aus dem Jahr 1999, wonach zusätzlich zum quotalen Anteil am Unternehmenswert der Verkehrswert als Untergrenze für die Bewertung zu berücksichtigen ist.[31] Damit wird die Anwendung des Börsenkurses als Untergrenze der Bewertung verfassungsrechtlich gefordert. Sie ist auch in der Literatur anerkannt.[32] Regelmäßig entspricht der Börsenkurs dem Verkehrswert und damit dem Desinvestitionswert. Eine Abfindung darf nicht geringer sein als der Betrag, den ein Aktionär bei einer freien Entscheidung zur Desinvestition bekommen würde.[33] Mit der Stollwerck-Entscheidung des BGH in 2010 wurde konkretisiert, dass der dreimonatige volumengewichtete Durchschnittskurs vor der Veröffentlichung der Mitteilung über das Verlangen einer Strukturmaßnahme für die Berechnung verwendet wird.[34]

Für eine volle Kompensation darf kein Unterschied zwischen kurzfristigem und langfristigem Anlagehorizont bestehen.[35] Daher muss auch der Wert einer Aktie bei **langfristiger Anlage** bestimmt werden. Dann entspricht der Anteilswert dem Barwert der Zahlungen an den Aktionär, die sich aus seiner Aktie ergeben (hauptsächlich Dividenden).[36] Der Börsenkurs könnte rechtlich gesehen nur dann als quotaler Anteil des fundamentalen Unternehmenswertes verwendet werden, wenn ein informations- und allokationseffizienter Kapitalmarkt vorläge.[37] Die Idee eines effizienten Kapitalmarktes besagt, dass dieser durch verarbeitete Informationen Aktien und Unternehmen richtig bewertet. Auf Basis von Kursdaten werden Entscheidungen zur Allokation der Ressourcen getroffen.

---

[29] Vgl. *Adolff* (2007), S. 329; vgl. auch *IDW* (2018), C Rn. 32; *Ruthardt/Hachmeister* (2014), S. 44.

[30] Vgl. *Adolff* (2007), S. 330; vgl. auch *IDW* (2018), C Rn. 33; *Ruthardt/Hachmeister* (2014), S. 44.

[31] Vgl. *Häller/Adolff* (2024a), in: Rechtshandbuch Unternehmensbewertung, § 18 Rz. 18.47.

[32] Vgl. bspw. *Häller/Adolff* (2024a), in: Rechtshandbuch Unternehmensbewertung, § 18 Rz. 18.47–18.58; *Decher* (2023), S. 107 f.

[33] Vgl. BVerfG v. 27.04.1999 – 1 BvR 1613/94 (DAT/Altana), juris Rz. 53, 62 f.

[34] Vgl. BGH v. 19.07.2010 – II ZB 18/09 (Stollwerck), juris Rz. 10.

[35] Vgl. *Adolff* (2007), S. 344; *Ruthardt/Hachmeister* (2014), S. 44.

[36] Vgl. *Adolff* (2007), S. 344; *Ruthardt/Hachmeister* (2014), S. 44.

[37] Vgl. *Adolff* (2007), S. 347.

Wenn die gebildeten Preise sich nicht durch Informationen rechtfertigen lassen, entsteht eine Fehlallokation der Ressourcen.[38] Ob der Börsenkurs über eine Verwendung als Verkehrswert hinaus auch als quotaler Anteil am Unternehmenswert in Frage kommt, ist nach wie vor umstritten. In den vergangenen Jahren wurde dies vermehrt befürwortet, vor allem in der juristischen Literatur[39] und Rechtsprechung[40]. Da das BVerfG lediglich eine Begründung der angewendeten Methode fordert, aber keine Methode vorgibt, kann grundsätzlich neben der verbreiteten Ertragswertmethode auch eine marktorientierte Methode angewendet werden, wenn diese im speziellen Fall als geeignet begründet werden kann.[41] Als Argumente wurden bspw. hohe Anforderungen der Publizität und Transparenz am regulierten Markt und durch Verwendung des Börsenkurses vermiedene sehr lange Verfahrensdauern genannt.[42] Die Verwendung des Börsenkurses für die Ermittlung des quotalen Anteils am Unternehmenswert wird aus ökonomischer Sicht häufig abgelehnt, bspw. mit der Begründung einer kritischen Informationsgrundlage oder bestehender Informationsasymmetrien – vor allem bei Unternehmen im Konzernverbund. Auch opportunistisches Verhalten von Hauptaktionären wird als Grund aufgeführt.[43] In den Fällen, in denen der Börsenkurs in der Rechtsprechung als anteiliger Unternehmenswert anerkannt wurde, wurde ebenfalls der dreimonatige volumengewichtete Durchschnittskurs verwendet.[44] Eine Vorgabe besteht indes nicht.

Auch in **Umtauschfällen** muss eine volle Kompensation gewährt werden. Die beiden Wertkategorien sind jedoch laut *Adolff* nur bei Barabfindungen anzuwenden. Bei einem Umtausch sei nur der anteilige, fundamental ermittelte Unternehmenswert relevant.[45] Ansonsten besteht in der Literatur keine Einigkeit

[38] Vgl. *Gude* (2004), S. 241.

[39] Vgl. bspw. *Schmidt* (2020), S. 1365; *Schnorbus/Rauch/Grimm* (2021), S. 391; *Wasmann* (2023), S. 811.

[40] Siehe Fn. 1 und 2, S. 1.

[41] Vgl. BVerfG v. 26.04.2011 – 1 BvR 2658/10 (Telekom/T-Online), juris Rz. 24.

[42] Vgl. BVerfG v. 16.05.2012 – 1 BVR 96/09, 1 BVR 117/09, 1 BVR 118/09, 1 BVR 128/09 (Deutsche Hypothekenbank), juris Rz. 25 f.

[43] Vgl. *Ballwieser/Hachmeister* (2021), S. 280; *IDW* (2018), C Rn. 35; *Adolff* (2007), S. 348 f.

[44] Vgl. BGH v. 21.02.2023 – II ZB 12/21, juris Rz. 16.

[45] Vgl. *Adolff* (2007), S. 449.

darüber, ob hier beide Wertkategorien anzuwenden sind.[46] Bei einer Verschmelzung zur Aufnahme hat das BVerfG zwar gefordert, den Wert einer freien Desinvestition als Untergrenze zu berücksichtigen. Der Börsenkurs wurde im speziellen Fall aber für die marktorientierte Methode einer Unternehmensbewertung angewendet.[47] Für das Umtauschverhältnis bei einer Abfindung in Aktien (§ 305 Abs. 3 Satz 1 AktG) im Rahmen eines Beherrschungsvertrages hat der BGH jüngst einen Vergleich der Kurse vorgenommen. Eine Vorgabe zur Untergrenze gibt es dort jedoch nicht.[48]

In Hinblick auf den Desinvestitionswert werden in der Rechtsprechung hauptsächlich folgende Kriterien genannt, bei deren Vorliegen der Börsenkurs unter Umständen nicht dem **Verkehrswert** entspricht:

- eine Marktenge, sodass Aktien nicht zum Börsenkurs veräußert werden können (einen Hinweis liefert z. B. ein geringer Streubesitzanteil)[49]
- nahezu kein Handel über einen längeren Zeitraum[50]
- gezielte Manipulation (durch Handelsaktivitäten[51] oder Informationspolitik[52])

In diesen Fällen wäre jedoch der Börsenkurs für beide Wertkategorien nicht verwendbar, sodass eine fundamentale Bewertung des Anteils für beide Kategorien erforderlich wäre.[53] Eine explizite Ausnahme bei fehlender Markteffizienz gibt es für den Verkehrswert nicht.[54] Die genannten Kriterien können aber auch Hinweise auf eine mangelnde Informationseffizienz liefern. So sind Liquidität (Indikatoren hierfür sind bspw. der Streubesitz, die Handelshäufigkeit und das Handelsvolumen) und öffentlich bekannte Informationen Indizien für vorhandene Informationseffizienz.[55] Informationseffizienz wird vor allem für den anhand des

---

[46] Vgl. für einen Überblick über die Diskussion zur Übertragung der DAT/Altana-Grundsätze auf andere Fälle des Umtauschs *Adolff* (2007), S. 457–459; *Mollnhuber* (2017), S. 105, 110 f.

[47] Vgl. BVerfG v. 26.04.2011 – 1 BvR 2658/10 (Telekom/T-Online), juris Rz. 21, 25; *Bungert* (2011), S. 1522 für die nach wie vor ungeklärten Fragen.

[48] Vgl. BGH v. 21.02.2023 – II ZB 12/21, juris Rz. 15, 27.

[49] Vgl. BVerfG v. 27.04.1999 – 1 BvR 1613/94 (DAT/Altana) juris Rz. 67.

[50] Vgl. BVerfG v. 27.04.1999 – 1 BvR 1613/94 (DAT/Altana) juris Rz. 67.

[51] Vgl. *Weber* (2000), S. 113.

[52] Vgl. *Daske/Bassemir/Fischer* (2010), S. 254.

[53] Vgl. *Ruthardt/Hachmeister* (2014), S. 43; *Mülbert* (2010), in: Festschrift für Klaus J. Hopt zum 70. Geburtstag am 24. August 2010, S. 1071.

[54] Vgl. *Häller/Adolff* (2024a), in: Rechtshandbuch Unternehmensbewertung, § 18 Rz. 18.82.

[55] Vgl. *Krog* (2000), S. 281; Steinhauer (1999), S. 306 f.

Börsenkurses ermittelten quotalen Anteil am Unternehmenswert als Voraussetzung genannt.[56] Bei einem Umtauschverhältnis wäre Informationseffizienz auch für den Kurs des übernehmenden Rechtsträgers relevant.[57]

Auf (mittelstrenge) **Informationseffizienz** wird in der Regel anhand von Ereignisstudien geprüft.[58] Als Hinweise auf möglicherweise nicht vorhandene Informationseffizienz werden in Einklang und ergänzend zu den bereits für den Desinvestitionswert aufgeführten Kriterien bspw. ein geringer Handelsumsatz und geringe Aufmerksamkeit professioneller Investoren vor allem für Nebenwerte (mit eher geringem Handelsvolumen und geringer Marktkapitalisierung, verglichen zu Standardwerten) genannt.[59] Hauptsächlich vor einem Squeeze-out werden durch den geringen Streubesitzanteil der beherrschten Zielgesellschaft anteilig wenige Aktien gehandelt.[60] Auch eine mögliche gezielte negative Beeinflussung des Kurses mittels Manipulation durch den Hauptaktionär oder das Ausnutzen einer Informationsasymmetrie,[61] ein Verstoß gegen Mitteilungspflichten (führt folglich zu einem Informationsdefizit)[62] oder unerklärliche Kursausschläge[63] werden aufgeführt. Fehlende Rationalität von Marktteilnehmern kann ebenfalls gegen eine Anwendbarkeit sprechen,[64] so bspw. in Form des sog. „Noise Trading", das nicht auf fundamentalen Informationen basiert, sowie nicht vollständig funktionierender Arbitrage.[65] Theoretisch würde bei jedem Abweichen des Börsenkurses von dessen fundamentalem Wert durch Arbitrage (um Gewinne zu erzielen) wieder ein Gleichlauf erreicht.[66] Tatsächlich kann Arbitrage aber bspw. bei marktweiter Überbewertung möglicherweise nicht funktionieren.[67]

Gleichzeitig ist die Diskussion über die Verwendbarkeit des Börsenkurses bei der Abfindungsbemessung auch für eine Berechnung des originären **Betafaktors**

---

[56] Vgl. *Adolff* (2007), S. 347.

[57] Dies wird im Folgenden nicht thematisiert.

[58] Vgl. *Kolari/Pynnönen* (2023), S. 201.

[59] Vgl. *Gude* (2004), S. 280.

[60] Vgl. *IDW* (2018), C Rn. 35.

[61] Vgl. *Ruthardt/Hachmeister* (2014), S. 45.

[62] Vgl. BVerfG v. 26.04.2011 – 1 BvR 2658/10 (Telekom/T-Online), juris Rz. 25.

[63] Vgl. BGH v. 31.01.2024 – II ZB 5/22, juris Rz. 27 mit weiteren Nachweisen.

[64] Vgl. *Gude* (2004), S. 287.

[65] Vgl. *Ruthardt/Hachmeister* (2014), S. 44 f.

[66] Vgl. *Weber* (2004), S. 282.

[67] Vgl. *Shleifer/Summers* (1990), S. 20 f.

börsennotierter Unternehmen relevant. Vor allem die Liquidität wird als Voraussetzung für eine Verwendbarkeit der Kurse zur Schätzung von Beta regelmäßig eingeschätzt.[68]

Die Einbindung der Zielgesellschaft in einen **Konzern** spielt wie beschrieben als Grund für eine Ablehnung des Börsenkurses (hauptsächlich für den quotalen Anteil am Unternehmenswert) eine Rolle. Bei bestehendem Konzerneinfluss könnte der Informationsgehalt weniger umfassend sein oder es bestehen stärkere Informationsasymmetrien.[69] Dies könnte bspw. aufgrund einer passiven Informationspolitik des Hauptaktionärs der Fall sein. Bei einem starken Informationsgefälle zwischen internen und am Kapitalmarkt verfügbaren Informationen, könnte bspw. ein Squeeze-out angekündigt werden, wenn der Hauptaktionär die Aktien als unterbewertet ansieht.[70] Neben dem Konzerneinfluss kann auch der Anteil des Hauptaktionärs von Bedeutung sein, da bspw. der Streubesitzanteil als Indikator für eine Marktenge angesehen wird.[71]

Nachfolgend werden die im Verlauf der Arbeit betrachteten Arten von Strukturmaßnahmen dargestellt, jeweils mit dem für die Kompensation anhand des Börsenkurses relevanten Zeitpunkt der Ankündigung. Vor diesen Strukturmaßnahmen sind verschiedene Szenarien und Historien hinsichtlich eines möglichen **Konzerneinflusses** und eines Anteils des Hauptaktionärs möglich. Diese können für die im Börsenkurs verarbeiteten Informationen und dessen Informationsgehalt relevant sein. In Abbildung 1.1 werden die verschiedenen Wege hin zu einer aktien- oder umwandlungsrechtlichen Strukturmaßnahme aufgezeigt. Dabei wird zum einen der Anteilsbesitz des Hauptaktionärs an der Zielgesellschaft einbezogen. Zum anderen werden verschiedene Entwicklungen der Konzernierung vor einer späteren Strukturmaßnahme ab dem Beginn des maximalen Betrachtungszeitraums (seit 1992)[72] abgebildet.

---

[68] Vgl. LG München v. 30.05.2018 – 5 HK O 10044/16, 5 HKO 10044/16, juris Rz. 153 (umwandlungsrechtlicher Squeeze-out); OLG Frankfurt v. 20.11.2019 – 21 W 77/14, juris Rz. 78 (aktienrechtlicher Squeeze-out); OLG Düsseldorf v. 05.09.2019 – 26 W 8/17, juris Rz. 25 (aktienrechtlicher Squeeze-out). Umgekehrt wurde anhand der Güte des Betas auch bereits auf die Aussagekraft des Börsenkurses geschlossen, vgl. auch *Ruiz de Vargas* (2023), S. 927 f., der dies kritisch betrachtet, da das CAPM kein Indikator einer Markteffizienz sei.

[69] Vgl. *Ballwieser/Hachmeister* (2021), S. 280; *IDW* (2018), C Rn. 35; *Adolff* (2007), S. 348 f.

[70] Vgl. *Daske/Bassemir/Fischer* (2010), S. 259; *Bebchuk/Kahan* (2000), in: Concentrated Corporate Ownership, S. 249.

[71] Vgl. BVerfG v. 27.04.1999 – 1 BvR 1613/94 (DAT/Altana), juris Rz. 67.

[72] So können vor jeder Ankündigung bis zu zehn Jahre betrachtet werden. Darüber hinaus ist die Datenverfügbarkeit meist gering, zumindest über die Gesamtstichprobe.

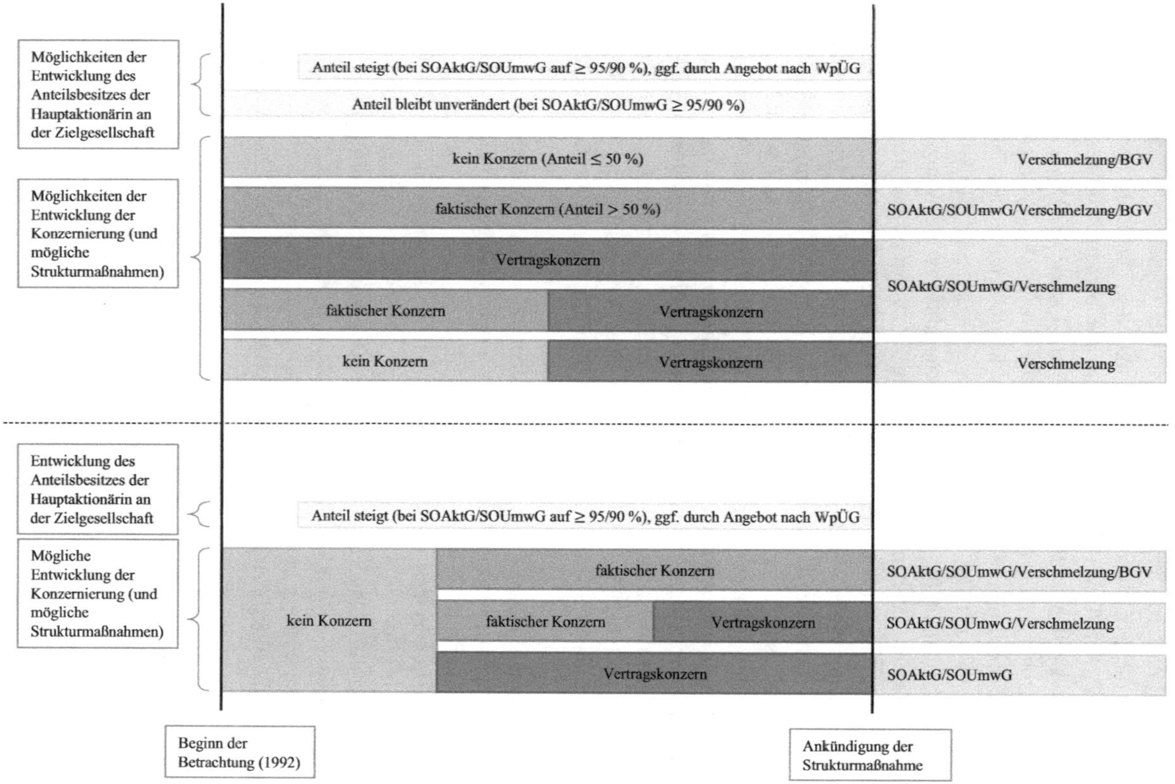

Abbildung 1.1 Mögliche Entwicklungen der (potenziellen) Konzernierung und des Anteilsbesitzes vor einer aktien- oder umwandlungsrechtlichen Strukturmaßnahme

Diese Abbildung zeigt die möglichen Historien vor gesellschaftsrechtlichen Strukturmaßnahmen – hinsichtlich Konzernierung und Anteilsbesitz durch den Hauptaktionär.

Der **Anteil** des Hauptaktionärs ist für einen faktischen Konzern relevant, da dieser in der Regel durch eine Mehrheitsbeteiligung (Stimmrechte oder Kapital) entsteht.[73] Für die Strukturmaßnahmen des aktien- (SOAktG) bzw. umwandlungsrechtlichen (SOUmwG) Squeeze-out ist der Anteil von Bedeutung, da hier ein Kapitalanteil von 95 % (§ 327a Abs. 1 Satz 1 AktG) bzw. 90 % (§ 62 Abs. 5 Satz 1 UmwG) Voraussetzung ist.[74] Der Anteilsbesitz kann daher auf einen bestimmten Konzerneinfluss hindeuten (tendenziell steigt mit steigendem Anteil auch die Einflussmöglichkeit) oder eine Strukturmaßnahme ermöglichen. Aber nicht für jede Konzernierungsstufe ist der Anteilsbesitz entscheidend. So ist er für den Vertragskonzern (BGV) aufgrund des vertraglich festgelegten Konzerneinflusses irrelevant. Bei fehlendem Konzerneinfluss („kein Konzern") liegt der Anteilsbesitz in der Regel bei bis zu 50 %. Von fehlendem Konzerneinfluss wird ausgegangen, wenn keine Hinweise auf einen faktischen Konzern (Anteilsbesitz bis zu 50 % und kein Abhängigkeitsbericht nach § 312 AktG) oder Vertragskonzern vorliegen. Für das Entstehen eines Vertragskonzerns (BGV) sowie die weiteren Strukturmaßnahmen (Verschmelzungen) ohne gesetzlich geforderte Anteilsvoraussetzung ist ein höherer Anteil aufgrund der erforderlichen Hauptversammlungsmehrheit von 75 % des vertretenen Grundkapitals (bei BGV nach § 293 Abs. 1 Satz 2 AktG, bei der Verschmelzung nach § 65 Abs. 1 UmwG, nach § 73 UmwG auch für die Neugründung) für eine Umsetzung der Maßnahme dennoch von Vorteil. Der Anteil des Hauptaktionärs und damit dessen Einflussmöglichkeit[75] können ggf. allein oder zusätzlich anhand eines Erwerbs-, Übernahme- oder Pflichtangebotes (zusammengefasst als Angebot) nach dem WpÜG erhöht werden.

Der für den **Squeeze-out** erforderliche Kapitalanteilsbesitz von 90 bzw. 95 % kann alternativ bereits seit langer Zeit vor der Maßnahme vorliegen oder aber er entsteht innerhalb längerer oder kürzerer Zeit vor der Ankündigung. Voraussetzung ist, dass zumindest spätestens kurz vor oder mit der Entscheidung (der Hauptversammlung) zum Squeeze-out aufgrund des erforderlichen Kapitalanteils ein faktischer Konzern oder ein Vertragskonzern besteht. Anders als

[73] Vgl. *Bayer* (2024), in: Münchener Kommentar zum Aktiengesetz, § 17 AktG Rn. 34 (Kapital- oder Stimmrechtsanteil).

[74] Der Anteil von mindestens 95 % muss spätestens zum Zeitpunkt der beschlussfassenden Hauptversammlung bestehen, vgl. *Grunewald* (2023b), in: Münchener Kommentar zum Aktiengesetz, § 327a AktG Rn. 6 (Kapitalanteil), 9.

[75] Vgl. *Bimberg* (2009), S. 33; *Mühle* (2002), S. 23–25. Beide stellen zudem weitere Möglichkeiten einer Erhöhung des Anteilsbesitzes dar. Auch im Folgenden werden alle drei Angebotsformen als „Angebote nach dem WpÜG" zusammengefasst.

bei den anderen Arten von Strukturmaßnahmen muss die Zielgesellschaft aufgrund des erforderlichen Anteils in einen Konzern eingebunden sein. Es ist auch möglich, dass erst mit dem Squeeze-out ein Konzerneinfluss entsteht. Allerdings scheint dies aufgrund der Anteilsvoraussetzung eher unwahrscheinlich. Nachfolgend wird daher von einem in der Regel zumindest für eine gewisse Zeit im Voraus bestehenden faktischen Konzern (oder Vertragskonzern) ausgegangen. Vor einem Squeeze-out können verschiedene Abfolgen an Konzerneinflussstufen auftreten:

- zunächst ist keine Konzernverbindung erkennbar, dann entsteht ein faktischer Konzern (wenn Anteil > 50 %) und im Anschluss ein Vertragskonzern (dann muss in jedem Fall innerhalb der zehn Jahre der (Kapital-)Anteil auf die erforderlichen 90/95 % ansteigen, sodass der Squeeze-out möglich wird) oder der faktische Konzern besteht bis zum Squeeze-out fort
- zunächst ist keine Konzernverbindung erkennbar, dann entsteht ein Vertragskonzern (Kapitalanteil steigt bis zum Squeeze-out)
- zunächst besteht ein faktischer Konzern und im Anschluss ein Vertragskonzern (regelmäßig in dieser Reihenfolge; Kapitalanteil steigt möglicherweise)
- es liegt über den gesamten einbezogenen Zeitraum ein faktischer Konzern/Vertragskonzern vor (Kapitalanteil steigt möglicherweise)

Die Besonderheit des **BGV** besteht darin, dass dieser einerseits als alleinige Strukturmaßnahme relevant ist, bei der für Abfindung und Ausgleich der Börsenkurs von Bedeutung sein kann (als solche wird er betrachtet, wenn danach keine weitere Strukturmaßnahme folgt – jedenfalls bis Ende 2020). Andererseits entsteht durch ihn eine Stufe des Konzerneinflusses, sodass er auch als Ereignis vor einer anderen Strukturmaßnahme (Squeeze-out oder Verschmelzung) relevant sein kann. Damit kommt dem BGV eine Sonderstellung zu. Ein BGV als alleinige Strukturmaßnahme kann ohne vorherigen Konzerneinfluss entstehen, da kein Mindestanteil erforderlich ist (meist besteht aber bereits ein gewisser Einfluss bspw. durch einen faktischen Konzern). Alternativ kann zuvor bereits ein faktischer Konzern bestehen, wenn der Anteil des Hauptaktionärs über 50 % liegt (kann auch weiter ansteigen). Auch zunächst kein Konzernverbund und im Anschluss ein faktischer Konzern vor dem BGV sind möglich. Der faktische Konzern entsteht dann mit Überschreiten eines Anteils von 50 %.

Eine **Verschmelzung** als Strukturmaßnahme erfordert ebenfalls keinen Mindestanteil und damit nicht notwendigerweise einen vorherigen Konzerneinfluss. Daher können vor dieser alle betrachteten Konzernierungsstufen und folgende Abfolgen entstehen:

- zu Beginn besteht kein Konzern, später ein faktischer Konzern (Anteil muss dafür steigen); im Anschluss an diesen entsteht ggf. ein Vertragskonzern (unabhängig vom Anteil)
- zunächst besteht kein Konzern und danach ein Vertragskonzern (Anteil kann gleich bleiben oder steigen)
- zunächst besteht ein faktischer Konzern und danach ein Vertragskonzern (Anteil kann gleich bleiben oder steigen)
- es ist kein vorheriger Konzerneinfluss ersichtlich (Anteil $\leq$ 50 % und kein Vertragskonzern; Anteil kann trotzdem ansteigen, aber verbleibt bei bis zu 50 %)
- es besteht ein faktischer Konzern bei einem Anteil über 50 % (Anteil wird ggf. weiter erhöht)
- es besteht ein Vertragskonzern (unabhängig vom Anteil, dieser kann gleich bleiben oder steigen)

Tendenziell nimmt der Einfluss des Hauptaktionärs in den zehn Jahren vor der Strukturmaßnahme zu. Er kann aber auch auf gleichem Niveau wie zu Beginn des betrachteten Zeitraums verbleiben, wenn er bereits auf hohem Niveau war oder aber kein bestimmter Einfluss vorausgesetzt wird. Es kann stufenweise zu einem höheren Konzerneinfluss kommen (kein Konzern, faktischer Konzern, Vertragskonzern), aber auch sprunghaft (z. B. kein Konzern zu Vertragskonzern). Verschiedene Kombinationen sind möglich – es besteht kein linearer Verlauf.

Der relative **Zeitpunkt**, zu dem eine andere Stufe des Konzerneinflusses (und ein Squeeze-out) entsteht, ist in jedem Einzelfall unterschiedlich. Sofern die Konzernierungsstufe oder die Strukturmaßnahme einen Anteil voraussetzt, ist dieser notwendige Bedingung. Auch die Zeiträume, über die gewisse Einflüsse bestehen, sind unterschiedlich lang. Da die betrachteten Strukturmaßnahmen im Zeitraum zwischen 2002 und 2020 angekündigt wurden, können bei einem Beginn des Betrachtungszeitraums in 1992 für jede Maßnahme mindestens zehn Jahre einbezogen werden. Wie ein möglicher Einfluss vor diesem Zeitpunkt entstand, ist nicht ersichtlich. Möglich ist auch, dass der Einfluss des Hauptaktionärs vor der Strukturmaßnahme wieder abnimmt. Da dies (außer teilweise schwankenden Anteilen) aber nicht den Regelfall darstellt (nur in Ausnahmefällen z. B. BGV vor späterer Maßnahme beendet), werden diese Fälle nicht separat beleuchtet.

In **Folge der Strukturmaßnahme** liegt beim Squeeze-out ein Anteil von 100 % beim Hauptaktionär. Als Konzernierungsstufe kann nach wie vor ein faktischer Konzern oder ein Vertragskonzern fortbestehen. Beim BGV besteht nach Umsetzung stets ein Vertragskonzern, der Anteilsbesitz kann bei bis zu 50 % liegen (wenn vor Ankündigung kein Konzern) oder über 50 % (wenn zuvor der

Status faktischer Konzern vorlag). Bei der Verschmelzung geht die übertragende Gesellschaft unter (§ 20 Abs. 1 Nr. 2 Satz 1 UmwG), Anteil und Konzernierung liegen daher nicht mehr vor. Es kann auch der Fall auftreten, dass der Hauptaktionär innerhalb des Zeitraums vor der Strukturmaßnahme wechselt, wenn bspw. alle Anteile im Gesamten veräußert werden.

Basierend auf der zuvor thematisierten Diskussion über die Kriterien einer Anwendbarkeit des Börsenkurses lassen sich für die folgenden empirischen Studien generelle **Fragestellungen** ableiten: Welche Hinweise lassen sich anhand einer Anwendung diskutierter Kriterien auf die Anwendbarkeit der Börsenkurse des deutschen Kapitalmarkts für die Abfindungsbemessung und die Berechnung des Betafaktors ableiten? Welche Informationen werden vor einer Strukturmaßnahme bereitgestellt und wie wirken sich diese auf den Börsenkurs aus? Welche Rolle spielen insbesondere ein Konzerneinfluss und die Liquidität für die Informationsverarbeitung und welcher Informationsgehalt des Börsenkurses ist damit verbunden? Für die vorliegende Arbeit sollen hierfür die bedeutendsten Arten aktien- und umwandlungsrechtlicher Strukturmaßnahmen – auch im (maßnahmenübergreifenden) Vergleich – einbezogen werden. Längere Zeiträume vor einer Ankündigung – mindestens der Dreimonatszeitraum und bis zu (mindestens) zehn Jahren – und Zeiträume bis kurz nach der Ankündigung werden in die Analyse einbezogen. Um Antworten auf diese Fragen zu finden, werden Börsenkurse der Zielgesellschaften der Strukturmaßnahmen näher beleuchtet. Hauptsächlich die Informationsverarbeitung, -bereitstellung und der Informationsgehalt des Börsenkurses bei einer Strukturmaßnahme stehen dabei im Fokus der Betrachtung. Insbesondere die Konzernierung und Liquidität als Einflussfaktoren der Informationsverarbeitung werden berücksichtigt.

Im **ersten Paper** liegt der Fokus auf der Informationsverarbeitung in Form der Geschwindigkeit und Stärke der Reaktion von Börsenkursen auf Ankündigungen gesellschaftsrechtlicher Strukturmaßnahmen (auch in Hinblick einer möglichen Antizipation). Die Informationsverarbeitung wird anhand von Ereignisstudien betrachtet, um Hinweise auf vorhandene Informationseffizienz für die betrachtete Stichprobe des deutschen Kapitalmarktes zu erhalten. Zudem soll betrachtet werden, ob Unterschiede zwischen den verschiedenen Arten von Strukturmaßnahmen (aktien- und umwandlungsrechtlicher Squeeze-out, BGV und Verschmelzung) bestehen sowie ob bestimmte Ankündigungsformen, Inhalte der Ankündigung (Form und Umfang der Informationsbereitstellung) und Charakteristika der Zielgesellschaften (Größe und Streubesitz; Hinweis auf Marktenge bzw. Liquidität) einen Einfluss auf die Dauer und Stärke der Kapitalmarktreaktion haben. Anhand von Teilstichproben und multivariaten Regressionen werden die Einflüsse analysiert. Hier werden Eigenschaften und die vorhandene Information bei Ankündigung betrachtet, um Hinweise auf die Verwendbarkeit der Börsenkurse für die Abfindungsbemessung zu erhalten.

In **Paper zwei** wird hauptsächlich der Zeitraum vor der Ankündigung und speziell der aktuell für den Börsenkurs angewandte Dreimonatszeitraum berücksichtigt. Im Fokus steht hier der Informationsgehalt des Börsenkurses (damit verbunden auch die Informationsverarbeitung) vor und bei einer Strukturmaßnahme. Damit soll die Frage beantwortet werden, ob vor der Ankündigung tendenziell wertrelevante Informationen bekanntgegeben werden, die Auswirkungen auf den Kurs für eine Strukturmaßnahme haben. Diese sollten bei einer Verwendung des Börsenkurses beachtet werden. So werden verschiedene Ereignisse vor einer späteren Strukturmaßnahme – insbesondere das Entstehen oder die Zunahme eines Konzerneinflusses über einen Vertragskonzern und erhöhte Anteile durch öffentliche Angebote nach dem WpÜG – mittels Ereignisstudien auf wesentliche Ankündigungsreaktionen hin untersucht. Damit wird der zunehmende Einfluss des Hauptaktionärs berücksichtigt – über seinen Anteil oder einen Konzernverbund. Der Zusammenhang der Ereignisse zur Ankündigungsreaktion sowie einer Antizipation (für den Dreimonatszeitraum) der späteren Strukturmaßnahme wird anhand von Ereignisstudien für Teilstichproben analysiert. Damit wird auch der Informationsgehalt des Börsenkurses (und der Informationsstand der außenstehenden Aktionäre) bei der späteren Strukturmaßnahme eingeschätzt. In einer multivariaten Regression werden verschiedene häufig bereitgestellte Informationen (auch zu Konzernbeziehungen) vor einer Strukturmaßnahme auf ihren Einfluss vor und während einer Strukturmaßnahme hin betrachtet. Als weiteres Kriterium für eine Verwendbarkeit des Börsenkurses wird die Liquidität der Aktien eingeschätzt und deren Einfluss auf die Verarbeitung von Informationen vor der Strukturmaßnahme.

Im **dritten Paper** wird über einen längeren Betrachtungszeitraum (mindestens zehn Jahre) hinweg analysiert, wie sich der Betafaktor, die Liquidität und Volatilität bei tendenziell zunehmender Konzernierung verändern. Hierfür werden vorwiegend Teilstichproben verwendet. Da vor allem vor einem Squeeze-out stets ein Konzerneinfluss (und ein hoher Anteil des Hauptaktionärs) vorliegt und der Squeeze-out die bedeutendste Strukturmaßnahme darstellt, wird hier speziell diese Maßnahme thematisiert. Darüber hinaus werden anhand multivariater Regressionen weitere Einflüsse aus diese Größen betrachtet und Hinweise für die Verwendbarkeit des Börsenkurses für die Abfindungsbemessung abgeleitet.

Der Börsenkurs soll dabei jeweils unabhängig von der Frage nach den anwendbaren Wertkategorien und damit seiner Verwendbarkeit speziell für den quotalen Anteil am Unternehmenswert oder den Desinvestitionswert betrachtet werden.

Da die Kriterien der Anwendbarkeit für beide Kategorien zusammenhängen, werden diese insgesamt betrachtet. Es werden daher alle Arten von Strukturmaßnahmen einbezogen, bei denen der Börsenkurs bereits in irgendeiner Form in der Rechtsprechung oder zumindest teilweise in der Literatur akzeptiert wurde. Für beide möglichen Anwendungsbereiche des Börsenkurses ist die Frage relevant, ob der Börsenkurs generell aussagekräftig ist, sodass er potenziell für eine Kompensation verwendbar wäre. Manche diskutierte Kriterien einer nicht vorhandenen Aussagekraft wie bspw. eine gezielte Manipulation des Börsenkurses, ein Informationsdefizit bzw. eine Nicht-Erfüllung von Informationspflichten oder eine Irrationalität von Marktteilnehmern werden nicht näher berücksichtigt. Diskussionen zur Methodik der Unternehmensbewertung werden nicht im Detail thematisiert. Im Einzelfall können für die Verwendbarkeit des Börsenkurses weitere Kriterien oder Besonderheiten der betroffenen Unternehmen relevant sein, die für die Einschätzung anhand der Stichprobe nicht herangezogen werden.

Literaturverzeichnis zu Kapitel 1

Adolff, Johannes (2007): Unternehmensbewertung im Recht der börsennotierten Aktiengesellschaft, Habil., München.

Ballwieser, Wolfgang/Hachmeister, Dirk (2021): Unternehmensbewertung, 6. Aufl., Stuttgart.

Bayer, Walter (2024): § 17 AktG, in: Goette, Wulf/Habersack, Mathias/Kalss, Susanne (Hrsg.): Münchener Kommentar zum Aktiengesetz, Bd. 1, 6. Aufl., München.

Bebchuk, Lucian A./Kahan, Marcel (2000): Adverse Selection and Gains to Controllers in Corporate Freezeouts, in: Morck, Randall K. (Hrsg.): Concentrated Corporate Ownership, Chicago, London, S. 247–259.

Bimberg, Mathias Cyril (2009): Unternehmensübernahmen und Erwerbsangebote in Deutschland, Diss., Wiesbaden.

Budzinski, Alexander (2012): Der Börsenkurs im Squeeze Out-Verfahren, Diss., Lohmar – Köln.

Bungert, Hartwin (2011): BVerfG: Zur Bestimmung des Umtauschverhältnisses auf der Basis von Börsenwerten bei der Verschmelzung – BVerfG, Beschluss vom 26.4.2011 1 BvR 2658/10, in: BB, 66. Jg., S. 1518–1522.

Bungert, Hartwin (2024): § 22 Unternehmensbewertung im Umwandlungsrecht, in: Fleischer, Holger/Hüttemann, Rainer (Hrsg.): Rechtshandbuch Unternehmensbewertung, 3. Aufl., Köln, S. 703–790.

Daske, Holger/Bassemir, Moritz/Fischer, Felix F. (2010): Manipulation des Börsenkurses durch gezielte Informationspolitik im Rahmen von Squeeze-Outs? – Eine empirische Untersuchung am deutschen Kapitalmarkt, in: zfbf, 62. Jg., S. 254–288.

Decher, Christian E. (2023): Die Bedeutung des Börsenkurses für die Unternehmensbewertung bei Strukturmaßnahmen, in: AG, 68. Jg., S. 106–117.

Elsland, Silvia/Weber, Martin (2005): Squeeze-outs in Germany: Determinants of the Announcement Effects, Working Paper, verfügbar unter: https://www.fbv.kit.edu/symposium/10th/papers/Elsland_Weber%20-%20Squeeze-outs%20in%20Germany%20Determinants%20of%20the%20Announcement%20Effects.pdf, abgerufen am: 04.09.2024.

Gehling, Christian/Heldt, Cordula/Royé, Claudia (2007): Squeeze-out – Recht und Praxis, in: Studien des deutschen Aktieninstituts, Heft 39.

Grunewald, Barbara (2023a): Vorbemerkung (Vor § 327a AktG), in: Goette, Wulf/Habersack, Mathias/Kalss, Susanne (Hrsg.): Münchener Kommentar zum Aktiengesetz, Bd. 5, 6. Aufl., München.

Grunewald, Barbara (2023b): § 327a AktG, in: Goette, Wulf/Habersack, Mathias/Kalss, Susanne (Hrsg.): Münchener Kommentar zum Aktiengesetz, Bd. 5, 6. Aufl., München.

Gude, Christian (2004): Strukturänderungen und Unternehmensbewertung zum Börsenkurs, Diss., Köln.

Häller, Jan/Adolff, Johannes (2024a): § 18 Börsenkurs und Unternehmensbewertung, in: Fleischer, Holger/Hüttemann, Rainer (Hrsg.): Rechtshandbuch Unternehmensbewertung, 3. Aufl., Köln, S. 551–602.

Häller, Jan/Adolff, Johannes (2024b): § 21 Unternehmensbewertung im Aktien- und Konzernrecht, in: Fleischer, Holger/Hüttemann, Rainer (Hrsg.): Rechtshandbuch Unternehmensbewertung, 3. Aufl., Köln, S. 663–702.

Henselmann, Klaus/Munkert, Michael J./Winkler, Nadine/Schrenker, Claudia (2020): 20 Jahre Spruchverfahren – Empirische Ergebnisse zu Anlässen und Formen der Abfindung, in: WPg, 73. Jg., S. 1093–1097.

Hüttemann, Rainer (2007): Rechtliche Vorgaben für ein Bewertungskonzept, in: WPg, 60. Jg., S. 812–822.

IDW (2018): WPH Edition, Bewertung und Transaktionsberatung, Düsseldorf.

Jonas, Martin/Wieland-Blöse, Heike (2024): § 10 Besonderheiten des DCF-Verfahrens, in: Fleischer, Holger/Hüttemann, Rainer (Hrsg.): Rechtshandbuch Unternehmensbewertung, 3. Aufl., Köln, S. 294–308.

Kolari, James W./Pynnönen, Seppo (2023): Investment Valuation and Asset Pricing, Cham.

Krenek, Helmut (2023): Vorbemerkung (Vor § 1 SpruchG), in: Goette, Wulf/Habersack, Mathias/Kalss, Susanne (Hrsg.): Münchener Kommentar zum Aktiengesetz, Bd. 5, 6. Aufl., München.

Krog, Markus (2000): Marktorientierung und gesellschaftsrechtliche Unternehmensbewertung, Diss., Wiesbaden.

Küting, Peter (2012): Konzerninterne Umstrukturierungen, Stuttgart.

Lauber, Georg (2024): § 33 Unternehmensbewertung von kleinen und mittleren Unternehmen (KMU), in: Fleischer, Holger/Hüttemann, Rainer (Hrsg.): Rechtshandbuch Unternehmensbewertung, 3. Aufl., Köln, S. 1259–1360.

Lorenz, Dirk (2012): Das Spruchverfahren – dickes Ende oder nur viel Lärm um nichts?, in: AG, 57. Jg., S. 284–288.

Mollnhuber, Thomas (2017): Umtauschverhältnis und Unternehmensbewertung bei der Verschmelzung, Diss., Köln.

Mühle, Sabine (2002): Das Wertpapiererwerbs- und Übernahmegesetz, Diss., Baden-Baden.

Mülbert, Peter O. (2010): Grundsatz- und Praxisprobleme der Einwirkungen des Art. 14 GG auf das Aktienrecht, in: Grundmann, Stefan/Haar, Brigitte/Merkt, Hanno u. a. (Hrsg.): Festschrift für Klaus J. Hopt zum 70. Geburtstag am 24. August 2010, S. 1039–1078.

Raabe, Johannes (2024): Bericht über das 4. Symposium Unternehmensbewertung in der Rechtsprechung, in: BWP, 20. Jg., S. 67–70.

van Rossum, Katrin (2023): § 304 AktG, in: Goette, Wulf/Habersack, Mathias/Kalss, Susanne (Hrsg.): Münchener Kommentar zum Aktiengesetz, Bd. 5, 6. Aufl., München.

Ruiz de Vargas, Santiago (2023): Der Börsenwert als Schätzgrundlage in aktienrechtlichen Konzernierungsmaßnahmen – Zugleich Besprechung von BGH, Beschluss v. 21.2.2023 – BGH Aktenzeichen II ZB 12/21, NZG 2023, 937, in: NZG, 26. Jg., S. 923–931.

Ruthardt, Frederik/Hachmeister, Dirk (2014): Ermittlung der angemessenen Barabfindung beim Squeeze Out: Zur grundsätzlichen Notwendigkeit einer fundamentalen (Ertrags-) Wertermittlung, in: NZG, 17. Jg., S. 41–47.

Schilling, Dirk/Kaspar, Steffen (2015): Ankündigungseffekte von Squeeze-outs – Eine empirische Analyse des deutschen Kapitalmarkts, in: CF, 6. Jg., S. 68–74.

Schmidt, Jessica (2020): Das Abstellen auf den Börsenkurs bei der Ermittlung von Abfindung und Ausgleich, in: NZG, 23. Jg., S. 1361–1368.

Schnorbus, York/Rauch, Stephan/Grimm, Manon (2021): Die marktorientierte Bewertungsmethode im Spruchverfahren, in: AG, 66. Jg., S. 391–402.

Shleifer, Andrei/Summers, Lawrence H. (1990): The Noise Trader Approach to Finance, in: JEP, Vol. 4, S. 19–33.

Singhof, Bernd (2024a): § 327a AktG, in: Stilz, Eberhard/Veil, Rüdiger (Hrsg.): beck-online.GROSSKOMMENTAR zum Aktienrecht, München, Stand: 01.06.2024.

Singhof, Bernd (2024b): § 327b AktG, in: Stilz, Eberhard/Veil, Rüdiger (Hrsg.): beck-online.GROSSKOMMENTAR zum Aktienrecht, München, Stand: 01.06.2024.

Steinhauer, Carsten (1999): Der Börsenpreis als Bewertungsgrundlage für den Abfindungsanspruch von Aktionären, in: AG, 44. Jg., S. 299–308.

Wasmann, Dirk (2023): Neuere Rechtsprechung zur Kompensation bei Strukturmaßnahmen und Gesetzesvorhaben sind sich einig: Es ist der Börsenkurs! – Kommentar zu BGH v. 21.2.2023 – II ZB 12/21, AG 2023, 443, in: AG, 68. Jg., S. 810–813.

Weber, Martin (2000): Kursmanipulationen am Wertpapiermarkt, in: NZG, 3. Jg., S. 113–129.

Weber, Martin (2004): Börsenkursbestimmung aus ökonomischer Perspektive, in: ZGR, 33. Jg., S. 280–300.

Winner, Martin (2024): § 16 Verbundvorteile/Synergieeffekte, in: Fleischer, Holger/Hüttemann, Rainer (Hrsg.): Rechtshandbuch Unternehmensbewertung, 3. Aufl., Köln, S. 496–522.

Rechtsprechungsverzeichnis zu Kapitel 1

BGH v. 12.01.2016 – II ZB 25/14, juris.
BGH v. 19.07.2010 – II ZB 18/09 (Stollwerck), juris.
BGH v. 21.02.2023 – II ZB 12/21, juris.
BGH v. 29.09.2015 – II ZB 23/14, juris.
BGH v. 31.01.2024 – II ZB 5/22, juris.
BVerfG v. 07.08.1962 – 1 BvL 16/60 (Feldmühle), juris.
BVerfG v. 16.05.2012 – 1 BVR 96/09, 1 BVR 117/09, 1 BVR 118/09, 1 BVR 128/09 (Deutsche Hypothekenbank), juris.
BVerfG v. 26.04.2011 – 1 BvR 2658/10 (Telekom/T-Online), juris.
BVerfG v. 27.04.1999 – 1 BvR 1613/94 (DAT/Altana), juris.
BVerfG v. 30.05.2007 – 1 BvR 1267/06, 1 BvR 1280/06 (Wüstenrot/Württembergische), juris.
LG Frankfurt v. 27.06.2019 – 3–05 O 38/18, 3/05 O 38/18, 3–5 O 38/18, 3/5 O 38/18, juris.
LG München v. 30.05.2018 – 5 HK O 10044/16, 5 HKO 10044/16, juris.
OLG Düsseldorf v. 05.09.2019 – 26 W 8/17, juris.
OLG Frankfurt v. 03.09.2010 – 5 W 57/09, juris.
OLG Frankfurt v. 09.02.2024 – 21 W 129/22, juris.
OLG Frankfurt v. 20.11.2019 – 21 W 77/14, juris.
OLG München v. 14.12.2021 – 31 Wx 190/20, juris.

2 Reaktionen der Börsenkurse auf Ankündigungen aktien- und umwandlungsrechtlicher Strukturmaßnahmen

Abstract

In dieser Studie werden Kapitalmarktreaktionen auf Ankündigungen von aktien- und umwandlungsrechtlichen Squeeze-outs, Beherrschungs- und/oder Gewinnabführungsverträgen und Verschmelzungen für die Jahre 2002 bis 2020 analysiert. Damit werden erstmals verschiedene Arten von Strukturmaßnahmen im Vergleich betrachtet. Die Ergebnisse einer Ereignisstudie über alle Strukturmaßnahmen zeigen signifikante Überrenditen vor allem am Tag der Ankündigung sowie auch signifikante kumulierte Überrenditen über längere Zeiträume. Zusätzlich werden Unterschiede in der Höhe und Dauer der Kursreaktion für verschiedene mit der Ankündigung vermittelte Informationen und Eigenschaften der Zielgesellschaft festgestellt. Hierfür werden zunächst anhand spezifischer Unterscheidungskriterien gebildete Teilstichproben auf Unterschiede in den Kapitalmarktreaktionen hin betrachtet und danach verschiedene potenzielle Einflussfaktoren in einer multivariaten Regression im Gesamtzusammenhang besprochen. Dabei werden im Rahmen bisheriger Studien bereits betrachtete sowie weitere bisher unberücksichtigte Einflüsse

Ich bedanke mich für den Zugang zu S&P Capital IQ, der durch das DALAHO, Universität Hohenheim, zur Verfügung gestellt wurde. Großer Dank geht an Herrn Prof. Dr. Dirk Hachmeister für sein wertvolles Feedback sowie an Dr. Niklas Lampenius für wertvolle Hinweise. Darüber hinaus bedanke ich mich bei meinen Kolleginnen und Kollegen des Lehrstuhls für Rechnungswesen und Finanzierung sowie bei den Teilnehmenden des 8th Finance Workshops Hohenheim für ihre Anregungen und Kommentare.

Ergänzende Information Die elektronische Version dieses Kapitels enthält Zusatzmaterial, auf das über folgenden Link zugegriffen werden kann https://doi.org/10.1007/978-3-658-50371-0_2.

C. Bauer, *Börsenkurse bei aktien- und umwandlungsrechtlichen Strukturmaßnahmen*, https://doi.org/10.1007/978-3-658-50371-0_2

analysiert. Als signifikant mit positivem Einfluss auf die Höhe der Überrendite werden der Beherrschungs- und/oder Gewinnabführungsvertrag als spezifische Strukturmaßnahme sowie Ankündigungsformen mit hoher Verbreitungsgeschwindigkeit identifiziert. Einen signifikanten, negativen Einfluss auf die Überrendite weisen die Größe der Zielgesellschaft sowie für bestimmte Zeiträume ein hoher Streubesitzanteil auf.

Keywords

Squeeze-out • Verschmelzung • Beherrschungsvertrag • Gewinnabführungsvertrag • Ereignisstudie • Deutscher Kapitalmarkt • Informationseffizienz • Minderheitsaktionär • Abfindungsbemessung • (Squeeze-out; Merger; Control Agreement; Profit Transfer Agreement; Event Study; German Capital Market; Information Efficiency; Minority Shareholder; Compensation Calculation)

JEL classification

G14 • G34 • G38 • K22

2.1 Einleitung

Der Anspruch der Minderheitsaktionäre auf eine „angemessene“ Abfindung bei einer gesellschaftsrechtlichen Strukturmaßnahme ergibt sich aufgrund des verfassungsrechtlichen Eigentumsschutzes und des Verlusts der Mitgliedschaft ohne Zustimmung.[1] Für den Squeeze-out ist der Anspruch in § 327a AktG geregelt. Bei einem Beherrschungs- und/oder Gewinnabführungsvertrag kann ebenfalls eine Abfindung (§ 305 AktG) und damit ein Austritt aus der Aktionärsstellung gewählt werden. Neben einer Barabfindung ist unter bestimmten Voraussetzungen eine Abfindung in Aktien anzubieten (§ 305 Abs. 2 Nr. 1 und 2 AktG). Alternativ wird als Kompensation für die möglichen Ansprüche auf Dividendenzahlungen ohne vorliegenden Unternehmensvertrag ein Ausgleich (§ 304 AktG) gewährt.[2] Für Verschmelzungen ist lediglich in bestimmten Fällen (§ 29 Abs. 1 UmwG) – bspw. bei einer Verschmelzung von Rechtsträgern verschiedener Rechtsformen – eine Abfindung zu gewähren. Begründet wird dies auch hier anhand des umfassenden Eingriffs in die Aktionärsstellung.[3] Als Alternative oder in allen übrigen Fällen muss generell ein Umtausch zwischen Aktien der übertragenden und der übernehmenden Gesellschaft in einem „angemessenen“ Verhältnis (§ 5 Abs. 1 Nr. 3 UmwG) gewährt werden, sodass sich der Aktionär in einer vermögensmäßig unveränderten Position zu vor der Verschmelzung befindet.[4]

Da für die Methode zur Bemessung der Abfindung oder Kompensation keine Vorgabe besteht,[5] wird neben dem dominierenden Ertragswert immer wieder der Börsenkurs als Maßstab für die Abfindung diskutiert. Als Untergrenze der Bewertung ist der Börsenkurs seit dem Beschluss des Bundesverfassungsgerichtes im Fall DAT/Altana aus dem Jahr 1999 anerkannt. Als Preis einer freiwilligen Desinvestition, der damit in der Regel auch den Verkehrswert darstellt, ist er zu

---

[1] Vgl. *Singhof* (2024b), in: beck-online.GROSSKOMMENTAR zum Aktienrecht, § 327b AktG Rn. 2; *Singhof* (2024a), in: beck-online.GROSSKOMMENTAR zum Aktienrecht, § 327a AktG Rn. 7; *Grunewald* (2023a), in: Münchener Kommentar zum Aktiengesetz, Vor § 327a AktG Rn. 8.

[2] Vgl. *van Rossum* (2023), in: Münchener Kommentar zum Aktiengesetz, § 305 AktG Rn. 9.

[3] Vgl. *Häller/Adolff* (2024a), in: Rechtshandbuch Unternehmensbewertung, § 18 Rz. 18.3. In Rz. 18.2 f. werden auch die anderen genannten Abfindungsfälle aufgelistet. Zudem ist eine angemessene Abfindung bei einem Formwechsel zu gewähren, der jedoch hier nicht weiter thematisiert wird.

[4] Vgl. *Drygala* (2024), in: UmwG Kommentar, § 5 UmwG Rz. 18.

[5] Vgl. BVerfG v. 27.04.1999 – 1 BvR 1613/94 (DAT/Altana), juris Rz. 61; BVerfG v. 16.05.2012 – 1 BVR 96/09, 1 BVR 117/09, 1 BVR 118/09, 1 BVR 128/09 (Deutsche Hypothekenbank), juris Rz. 18; *Jonas/Wieland-Blöse* (2024), in: Rechtshandbuch Unternehmensbewertung, § 10 Rz. 10.4.

berücksichtigen.[6] Darüber hinaus wurde er in letzter Zeit vermehrt über den Börsenkurs als quotaler Anteil am Unternehmenswert anstelle eines Ertragswertes diskutiert. Anhand des Börsenkurses könnte ggf. der „wahre“ Wert der Beteiligung als Basis der Abfindung ermittelt werden.[7]

Für die Frage der Bewertung anhand des Börsenkurses ist von Bedeutung, welche Kriterien er für eine Verwendbarkeit erfüllen muss. Im Folgenden wird besonders die Informationsverarbeitung bei Ankündigung einer Strukturmaßnahme betrachtet. Daraus lassen sich Schlüsse auf die Informationseffizienz ziehen. Diese wird vor allem als Voraussetzung für den Börsenkurs zur Berechnung des quotalen Anteils am Unternehmenswert genannt. Sie spielt aber auch im Zusammenspiel mit Kriterien, bei denen der Kurs als Verkehrswert und damit als Untergrenze angezweifelt wird, eine Rolle: Eine Marktenge, die bei geringem Streubesitzanteil vorliegen kann, wenig Handel über einen längeren Zeitraum[8] und eine mögliche Manipulation.[9] Bei geringem Streubesitz bestehen bspw. die Fragen, wie schnell und zu welchem Kurs ein Handel stattfinden kann und damit auch, ob Informationen im Markt regulär verarbeitet werden.[10] Auch eine geringe Aufmerksamkeit professioneller Investoren könnte auf mangelnde Informationseffizienz hinweisen.[11] Zudem könnte eine Abfindung antizipiert werden und damit verbunden möglicherweise Abfindungsarbitrage auftreten,[12] sodass der Börsenkurs spätestens mit der Ankündigung nicht mehr (ausschließlich) die Erwartungen des Marktes in Bezug auf die wirtschaftliche Leistungsfähigkeit des Unternehmens widerspiegeln würde. Er könnte dann eher ein Ergebnis von Spekulation über den Ausgang der Strukturmaßnahme darstellen.[13]

Die Informationsverarbeitung wird in der empirischen Forschung in der Regel anhand von Ereignisstudien analysiert.[14] Mittels dieser Methodik wurden bereits mehrfach empirisch Reaktionen des Börsenkurses auf die Ankündigung vor allem

---

[6] Vgl. BVerfG v. 27.04.1999 – 1 BvR 1613/94 (DAT/Altana), juris Rz. 53, 62 f.

[7] In der Rechtsprechung wurde er in einzelnen Fällen anerkannt, vgl. für Beherrschungs- (und Gewinnabführungs-)Verträge BGH v. 31.01.2024 – II ZB 5/22, juris Rz. 16; BGH v. 21.02.2023 – II ZB 12/21, juris Rz. 15, 38; für die Literatur zum Thema vgl. bspw. *Koch* (2024b), in: Aktiengesetz, § 305 AktG Rn. 37 f.

[8] Vgl. BVerfG v. 27.04.1999 – 1 BvR 1613/94 (DAT/Altana), juris Rz. 67.

[9] Vgl. BVerfG v. 27.04.1999 – 1 BvR 1613/94 (DAT/Altana), juris Rz. 31.

[10] Vgl. *Krog* (2000), S. 281; *Steinhauer* (1999), S. 306 f für die Bedeutung der Liquidität für Informationseffizienz.

[11] Vgl. *Gude* (2004), S. 280.

[12] Vgl. *Fleischer/Kolb* (2019), S. 57.

[13] Vgl. auch *Budzinski* (2012), S. 106; *Elsland/Weber* (2005), S. 19.

[14] Vgl. *Kolari/Pynnönen* (2023), S. 201.

aktienrechtlicher Squeeze-outs[15] betrachtet. Dabei werden zum einen am Tag der Ankündigung signifikante Überrenditen von meist über 4 % festgestellt, zum anderen aber auch signifikant positive Überrenditen für die betrachteten Zeiträume von wenigen Tagen um den Ankündigungstag.[16] In den meisten der nach 2002 (gesetzliche Einführung der Möglichkeit eines Squeeze-out) veröffentlichten Studien wird hauptsächlich das grundsätzliche Vorliegen einer Reaktion thematisiert. Darüber hinaus werden bspw. in den Studien von *Budzinski*[17], *Elsland/ Weber*[18] und *Eisele/Walter*[19] potenzielle Einflüsse auf die Stärke der Reaktion anhand von Teilstichproben und konkreter im Rahmen einer Regression einbezogen. *Budzinski* ermittelt als relevante Größen mit signifikantem, negativem Einfluss auf Überrenditen bei aktienrechtlichen Squeeze-outs bspw. die Unternehmensgröße sowie die Price-to-Book-Ratio.[20] *Eisele/Walter* stellen einen positiven Einfluss des Streubesitzanteils und der schlechteren relativen Kursentwicklung verglichen zum CDAX auf kumulierte Überrenditen fest.[21]

Darauf aufbauend werden im Rahmen der vorliegenden Arbeit Ankündigungen gesellschaftsrechtlicher Strukturmaßnahmen im Zeitraum von 2002 bis 2020 auf die Reaktionen des Kapitalmarktes hin beleuchtet. Da die Vorschriften zum aktienrechtlichen Squeeze-out als bedeutendster Strukturmaßnahme seit 2002 gelten, wird dieses Jahr als Beginn gewählt. In die Stichprobe wurden die folgenden Arten von Strukturmaßnahmen einbezogen: Aktien- und umwandlungsrechtliche Squeeze-outs, Beherrschungs- und/oder Gewinnabführungsverträge und Verschmelzungen. Die Stichprobe umfasst insgesamt 385 Ankündigungen von Strukturmaßnahmen. Der umfassende Datensatz wurde für die vorliegende Arbeit eigens händisch zusammengestellt.

Anhand einer Ereignisstudie basierend auf dem Marktmodell wird ermittelt, wie schnell und in diesem Zusammenhang auch über welchen Zeitraum sowie wie stark der Kapitalmarkt auf die Ankündigungen der Strukturmaßnahmen reagiert. Reaktionen werden anhand (kumulierter) abnormaler Renditen gemessen. Mittels einer Untergliederung in Teilstichproben sowie anhand einer

[15] Es werden vereinzelt verschiedene Formen des Squeeze-out einbezogen, aber hier kein Vergleich vorgenommen, vgl. den Literaturüberblick in Abschnitt 2.5. Auch die im Folgenden genannten, bereits betrachteten Einflussfaktoren werden dort aufgeführt.

[16] Vgl. die aktuellere Studie von *Schilling/Kaspar* (2015). Für weitere Studien siehe Abschnitt 2.5.

[17] Vgl. *Budzinski* (2012), S. 1.

[18] Vgl. *Elsland/Weber* (2005), S. 1.

[19] Vgl. *Eisele/Walter* (2003), S. 1.

[20] Vgl. *Budzinski* (2012), S. 167.

[21] Vgl. *Eisele/Walter* (2003), S. 30.

(multivariaten) linearen Regression werden Faktoren mit signifikantem Einfluss auf die (kumulierten) Überrenditen aus der Ereignisstudie ermittelt, die damit eine Informationsverarbeitung beeinflussen und ggf. einschränken können. Die Teilstichproben ermöglichen eine detaillierte Betrachtung der zuvor eingeteilten Gruppen (mit Signifikanz in den Unterschieden) und die multivariate Regression eine Gesamtbetrachtung verschiedener Einflüsse bei Einbeziehung weiterer Kontrollvariablen.

Die Ergebnisse zeigen durchaus Unterschiede in der Informationsverarbeitung zwischen den betrachteten Strukturmaßnahmen. Insbesondere beim Beherrschungs- und/oder Gewinnabführungsvertrag ist die Überrendite für einzelne Zeitfenster höher und die Information scheint sehr schnell verarbeitet zu werden. Hier ist jedoch auch der Streubesitzanteil in der Regel höher, sodass mehr Handel stattfinden kann. Auch hinsichtlich der Mitteilungsform zeigen sich Unterschiede in den Überrenditen. Da durch Ad-hoc-Mitteilungen mehr Marktteilnehmer in kurzer Zeit erreicht werden können, sind Reaktionen hier stärker im Vergleich zur Mitteilung über eine Einladung zur beschlussfassenden Hauptversammlung. Bei Ad-hoc-Mitteilungen verstärkt auftretende Überrenditen in möglicher Antizipation einer Maßnahme deuten auf eine stärkere Wahrnehmung dieser Zielgesellschaften in der Öffentlichkeit hin. Vor allem die Größe des Unternehmens spielt eine bedeutende Rolle für die Informationsverarbeitung. Bei größeren Unternehmen sind Überrenditen tendenziell geringer, da bereits viele Informationen im Markt verarbeitet sind und daher vermutlich geringere Informationsasymmetrien bestehen.

Die Studie trägt zur juristischen[22] und ökonomischen[23] Diskussion bei, wobei aufgrund des Zusammenspiels der Disziplinen beide stets mit einbezogen werden. Diskutiert wird dort meist die Bemessung einer angemessenen Abfindung und hier im Speziellen eine Berücksichtigungsfähigkeit des Börsenkurses als Untergrenze bis hin zu dessen Relevanz als „wahrer" Wert.[24] Der Beitrag dieser Studie zur empirischen Literatur liegt erstens in der Betrachtung von Ankündigungsreaktionen für die bisher umfangreichste bekannte Stichprobe verschiedener Arten von Maßnahmen. Es wird ein längerer Zeitraum für die

[22] Vgl. bspw. den Überblick in *Häller/Adolff* (2024a), in: Rechtshandbuch Unternehmensbewertung, § 18 mit den entsprechenden Verweisen; *Adolff* (2007); *Decher* (2023). Vgl. auch *Grunert* (2022) für aktienrechtliche Anlässe; vgl. *Stange* (2010) für den Squeeze-out.

[23] Vgl. bspw. *Ruthardt* (2014) für den aktienrechtlichen Squeeze-out, unter Berücksichtigung von Normzweckkonformität und praktischer Anwendbarkeit; vgl. *Große-Frericks* (2015); vgl. auch *Weber* (2004); *Neumeier* (2015).

[24] Diese wurde in einzelnen Fällen bereits anerkannt, vgl. bspw. BGH v. 21.02.2023 – II ZB 12/21, juris Rz. 15, 38.

Stichprobenermittlung berücksichtigt und die eigens zusammengestellten Ankündigungen von Strukturmaßnahmen werden umfassend analysiert. Zweitens wird der Forschungsstand dahingehend erweitert, dass erstmals verschiedene Arten von Strukturmaßnahmen (aktienrechtlicher Squeeze-out, umwandlungsrechtlicher Squeeze-out, Beherrschungs- und/oder Gewinnabführungsvertrag und Verschmelzung) – anstelle bisher lediglich betrachteter einzelner Maßnahmen – in die Analyse einbezogen werden, wodurch Unterschiede der Ankündigungsreaktionen beleuchtet werden können. Drittens werden weitere bisher nicht oder weniger detailliert betrachtete Einflussgrößen auf ihre Relevanz für die Informationsverarbeitung hin untersucht:

- die Form der Ankündigung (via Ad-hoc- oder andere Mitteilungen), die die Reichweite der veröffentlichten Ankündigung beeinflussen kann
- die Unternehmensgröße
- der Streubesitzanteil

Weiterhin werden folgende (bereits betrachtete) mögliche Einflussfaktoren auf die Ankündigungsreaktion thematisiert:

- die vermittelte Information bezüglich der Abfindungshöhe
- die Branche
- das Kurs-Buchwert-Verhältnis

Dadurch werden sowohl Ergebnisse bisheriger Studien für eine umfangreichere Stichprobe und weitere Strukturmaßnahmen verifiziert als auch zusätzliche Erkenntnisse in Bezug auf die Informationsverarbeitung im Börsenkurs von Zielgesellschaften gesellschaftsrechtlicher Strukturmaßnahmen gewonnen.

Eine Grenze der Studie liegt darin, dass bei einer Ereignisstudie alle Überrenditen (auch vor der Ankündigung) dem betrachteten Ereignis zugeordnet werden. In der vorliegenden Studie werden keine etwaigen ebenfalls kursbeeinflussenden Ereignisse im relevanten (Dreimonats-) Zeitraum analysiert. Des Weiteren entstehen durch Aufgliederung in Teilstichproben teilweise geringe oder unterschiedlich große Stichprobenumfänge, wodurch Signifikanz in den Zusammenhängen schwieriger erkennbar ist.

Das Paper ist wie folgt aufgebaut: In Abschnitt 2.2 werden rechtliche Grundlagen bezüglich der Abfindungsbemessung dargestellt. Abschnitt 2.3 umfasst rechtliche Rahmenbedingungen zur Ad-hoc-Mitteilungspflicht. In Abschnitt 2.4 wird die grundsätzliche Verarbeitung von Informationen im Börsenkurs thematisiert. In 2.5 wird ein Überblick über empirische Studien gegeben. Als Basis der empirischen Auswertung umfasst 2.6 die Gewinnung der Stichprobe, in 2.7 wird das Vorgehen im Rahmen der Ereignisstudie dargelegt. Abschnitt 2.8 beinhaltet die Besonderheiten der Informationsverarbeitung bei Ankündigungen von Strukturmaßnahmen. Zusätzlich werden die Ergebnisse zu Überrenditen für die Gesamtstichprobe ausgewertet. In Abschnitt 2.9 werden potenzielle Einflussgrößen auf die Informationsverarbeitung betrachtet und Ergebnisse dazu eingeordnet. In 2.10 werden die wesentlichen Erkenntnisse zusammengefasst.

2.2 Vorgaben zur Verwendung des Börsenkurses für die Abfindungsbemessung bei einer Strukturmaßnahme

Wird einem Minderheitsgesellschafter eine Aktie entzogen, darf sich der Saldo seines Vermögens dabei nicht verringern.[25] Das BVerfG gibt für die Verfahren, die für die Bewertung zur Bestimmung der vollen Entschädigung im Sinne des „wahren" Wertes angewendet werden können, generell nur Mindeststandards aus verfassungsrechtlicher Sicht vor, aber kein spezielles Bewertungskonzept.[26] Neben der verbreiteten Ertragswertmethode kann daher auch die marktorientierte Methode im Einzelfall sinnvoll begründet und vom Zivilgericht anerkannt werden.[27]

Der Verkehrswert (oder Desinvestitionswert[28]) stellt die **Untergrenze** für eine (Bar-)Abfindung dar. Bei börsennotierten Unternehmen entspricht der Verkehrswert meist dem Börsenkurs.[29] Die volle Entschädigung darf nicht geringer sein als der Betrag, den der Anteilseigner bei freier Desinvestitionsentscheidung erhalten hätte.[30] Die Entscheidung darüber, ob der Börsenkurs im Einzelfall einbezogen wird und die konkrete Ermittlung eines Kurses ist jedoch den Zivilgerichten überlassen. Dazu gehört bspw. die Durchschnittsbildung sowie der

[25] Vgl. *Adolff* (2007) S. 449.

[26] Vgl. *Hüttemann* (2007), S. 814.

[27] Vgl. BVerfG v. 26.04.2011 – 1 BvR 2658/10 (Telekom/T-Online), juris Rz. 24.

[28] Vgl. *Häller/Adolff* (2024a), in: Rechtshandbuch Unternehmensbewertung, § 18 Rz. 18.51 für die Bezeichnung als „Deinvestitionswert". In dieser Arbeit wird dem Duden und der überwiegenden Verwendung in der Literatur entsprechend die Bezeichnung „Desinvestition" verwendet. Vgl. bspw. *Decher* (2023), S. 110.

[29] Vgl. BVerfG v. 27.04.1999 – 1 BvR 1613/94 (DAT/Altana), juris Rz. 53, 62 f.; *Häller/Adolff* (2024a), in: Rechtshandbuch Unternehmensbewertung, § 18 Rz. 18.52 f.

[30] Vgl. BVerfG v. 27.04.1999 – 1 BvR 1613/94 (DAT/Altana), juris Rz. 56.

konkrete Zeitraum der Berechnung.[31] Seit der Stollwerck-Entscheidung des BGH in 2010 wird in der Regel der dreimonatige volumengewichtete Durchschnittskurs vor der Ankündigung der Strukturmaßnahme für die Berechnung verwendet.[32] Diese Vorgabe wurde bislang auch bei einer Verwendung des Börsenkurses als „wahren“ Wert angewendet.[33]

Darüber hinaus sind die in der Rechtsprechung und Literatur diskutierten **Kriterien** einer Verwendbarkeit des Börsenkurses im Einzelfall zu berücksichtigen. Entspricht der Börsenkurs im Ausnahmefall nicht dem Verkehrswert einer Aktie, kann er auch unterschritten werden. Als Gründe sind unumstritten und in der Rechtsprechung anerkannt eine Marktenge (bspw. bei geringem Anteil an Aktien im Streubesitz)[34] oder zu geringe Handelsaktivität.[35] Zudem können ausgeprägte Informationsdefizite am Kapitalmarkt[36] oder eine gezielte Manipulation des Kurses[37] dafür sprechen, einen Börsenkurs nicht als Untergrenze heranzuziehen. Für den Börsenkurs als „wahren“ Wert ist vor allem die Informations- und Allokationseffizienz von Bedeutung, für die die genannten Kriterien ebenfalls Hinweise liefern.[38]

In Bezug auf den Börsenkurs wird auch diskutiert, ob **Kurse des Freiverkehrs** neben Kursen des regulierten Marktes berücksichtigt werden sollten. Es gibt sowohl Entscheidungen in der Rechtsprechung, bei denen grundsätzlich für die Möglichkeit einer Berücksichtigung argumentiert wird, aber auch solche, bei

[31] Vgl. BVerfG v. 27.04.1999 – 1 BvR 1613/94 (DAT/Altana), juris Rz. 69; BVerfG v. 29.11.2006 – 1 BvR 704/03 (Siemens/SNI), juris Rz. 11.

[32] Vgl. BGH v. 19.07.2010 – II ZB 18/09 (Stollwerck), juris Rz. 10. Häufig wird hierfür der von der BaFin berechnete Kurs angewendet wie er auch als Gegenleistung bei freiwilligen Übernahmeangeboten und Pflichtangeboten nach dem WpÜG verwendet wird (§ 5 Abs. 1 WpÜGAngebV): Der gewichtete durchschnittliche inländische Börsenkurs der Aktien der Zielgesellschaft während der letzten drei Monate vor Veröffentlichung des Angebotes bzw. dann entsprechend vor Ankündigung der gesellschaftsrechtlichen Strukturmaßnahme. Der Durchschnittskurs berechnet sich wie folgt: Volumen/Stückzahl der relevanten Geschäfte, wobei das Volumen = Summe der Stücke * Preis der relevanten Geschäfte ist. Relevant sind Transaktionen der regulierten Märkte deutscher Börsen. Vgl. *Frankfurter Wertpapierbörse*, abgerufen am: 16.04.2024.

[33] Vgl. BGH v. 21.02.2023 – II ZB 12/21, juris Rz. 16.

[34] Vgl. BVerfG v. 27.04.1999 – 1 BvR 1613/94 (DAT/Altana), juris Rz. 66 f.

[35] Vgl. BVerfG v. 27.04.1999 – 1 BvR 1613/94 (DAT/Altana), juris Rz. 67.

[36] Vgl. BVerfG v. 27.04.1999 – 1 BvR 1613/94 (DAT/Altana), juris Rz. 25, 32.

[37] Vgl. BVerfG v. 27.04.1999 – 1 BvR 1613/94 (DAT/Altana), juris Rz. 31; *Häller/Adolff* (2024a), in: Rechtshandbuch Unternehmensbewertung, § 18 Rz. 18.85.

[38] Mögliche Einschränkungen für die Verwendbarkeit des Börsenkurses als Verkehrswert werden ausführlich in den Abschnitten 2.8.1 und 2.9.1 betrachtet.

denen diese verneint wird.[39] Beim Freiverkehr handelt es sich nicht um einen organisierten Markt nach § 2 Abs. 11 WpHG.[40] Gegen eine generelle Verwendung von Kursen des Freiverkehrs analog zu Kursen des regulierten Marktes sprachen zunächst die mangelnde (oder verzögerte) Bereitstellung von Informationen, bspw. in Form von Ad-hoc-Mitteilungen, da hier keine Pflicht nach § 15 WpHG bestand.[41] Teilweise wurde sich dafür ausgesprochen, bei qualifiziertem Freiverkehr die Börsenkurse zu berücksichtigen, sofern Preisbildung und Verkehrsfähigkeit es zulassen.[42] Der qualifizierte Freiverkehr als spezieller Bereich des Freiverkehrs ist näher am regulierten Markt. Hier gelten unter anderem umfassendere Vorschriften zur Publizität.[43] Mit Inkrafttreten der Marktmissbrauchsverordnung[44] wurden die Ad-hoc-Publizitätspflicht (Art. 17 MMVO), weitere Mitteilungspflichten und die gesetzlichen Vorgaben für die Preisfeststellung (§§ 48 Abs. 3 i. V. m. 23 ff. BörsG) für den Freiverkehr eingeführt. Da sie infolgedessen den Vorgaben des regulierten Marktes entsprechen, wird in der Rechtsprechung und Literatur überwiegend davon ausgegangen, dass seit dieser Änderung Kurse des Freiverkehrs verwendet werden sollten. Voraussetzung

---

[39] Vgl. *Popp/Ruthardt* (2024), in: Rechtshandbuch Unternehmensbewertung, § 12 Rz. 12.255 mit weiteren Nachweisen; vgl. OLG Karlsruhe v. 12.09.2017 – 12 W 1/17, juris Rz. 31, das sich entsprechend der von der BaFin ermittelten Kurse für eine Einbeziehung von Geschäften des regulierten Marktes ausspricht. Für eine Berücksichtigung von Kursen des Freiverkehrs vgl. bspw. OLG Düsseldorf v. 11.05.2015 – I-26 W 2/13, 26 W 2/13, juris Rz. 34. Das OLG München nennt als Kriterien, die für eine Einbeziehung des Freiverkehrskurses beachtet werden müssen, das Einfließen preisrelevanter Informationen in die Bildung des Kurses und die Liquidität, vgl. OLG München v. 17.07.2014 – 31 Wx 407/13, juris Rz. 12.

[40] Vgl. *Kumpan* (2024a), in: Handelsgesetzbuch, § 48 BörsG Rn. 1; OLG München v. 21.05.2008 – 31 Wx 62/07, juris Rz. 22; *Kumpan* (2020), in: Kapitalmarktrechts-Kommentar, § 2 WpHG Rn. 189 mit weiteren Nachweisen.

[41] Vgl. *Häller* (2024), in: Aktiengesetz, § 305 AktG Rz. 94; *Bungert/Leyendecker-Langner* (2014), S. 523.

[42] Vgl. *Bungert* (2024), in: Rechtshandbuch Unternehmensbewertung, § 22 Rz. 22.36; *Bungert/Leyendecker-Langner* (2014), S. 523 f.; *Koch* (2024b), in: Aktiengesetz, § 305 AktG Rn. 41; für eine Berücksichtigung von Kursen des qualifizierten Freiverkehrs vgl. auch OLG Düsseldorf v. 28.11.2022 – I-26 W 4/21, 26 W 4/21, juris Rz. 43.

[43] Vgl. *Bungert/Leyendecker-Langner* (2014), S. 523. Zum qualifizierten Freiverkehr gehören bspw. „m:access“ der Münchener Börse oder „Entry Standard“, seit März 2017 „Scale“ der Wertpapierbörse Frankfurt.

[44] Verordnung (EU) Nr. 596/2014 des Europäischen Parlaments und des Rates vom 16. April 2014 über Marktmissbrauch (Marktmissbrauchsverordnung) und zur Aufhebung der Richtlinie 2003/6/EG des Europäischen Parlaments und des Rates und der Richtlinien 2003/124/EG, 2003/125/EG und 2004/72/EG der Kommission, ABl. EU Nr. L 173 v. 12.06.2014, S. 1.

ist eine tatsächliche Desinvestitionsmöglichkeit und ausreichende Liquidität.[45] Auch die Verkehrsfähigkeit sollte vergleichbar sein mit der von am regulierten Markt gelisteten Aktien.[46] Die Erwartungen der Marktteilnehmer hinsichtlich der Geschäftstätigkeit müssen sich im Kurs widerspiegeln. Bewusst manipulierte Kurse dürfen hingegen nicht berücksichtigt werden.[47]

Da im Folgenden die Strukturmaßnahmen des aktien- und umwandlungsrechtlichen Squeeze-out, des Beherrschungs- und/oder Gewinnabführungsvertrages (BGV)[48] und der Verschmelzung auf Kursreaktionen hin betrachtet werden, ist speziell für diese Arten von Strukturmaßnahmen die Verwendbarkeit des Börsenkurses entsprechend der Rechtsprechung von Bedeutung – sei es als Untergrenze oder sogar für den quotalen Anteil des Unternehmenswertes.

Mit der DAT/Altana-Entscheidung hat das BVerfG zunächst für **BGV**s entschieden, dass der Börsenkurs als Untergrenze der Barabfindung zu berücksichtigen ist.[49] Die Ansichten zu einer Verwendbarkeit des Börsenkurses für den festen Ausgleich nach § 304 Abs. 2 Satz 1 AktG gehen auseinander.[50] Lange Zeit wurde

---

[45] Vgl. OLG Hamburg v. 07.09.2020 – 13 W 122/20, juris Rz. 26 f., 29; *Schnorbus/Rauch/Grimm* (2021), S. 401; *Häller* (2024), in: Aktiengesetz, § 305 AktG Rz. 94; *Schmidt* (2020), S. 1366. Vgl. auch OLG Düsseldorf v. 11.05.2015 – I-26 W 2/13, 26 W 2/13, juris Rz. 34, das Freiverkehrskurse in diesem Fall anerkennt (vor MMVO).

[46] Vgl. *Bungert/Leyendecker-Langner* (2014), S. 523. Für das Kriterium der Verkehrsfähigkeit der Aktien generell vgl. BVerfG v. 27.04.1999 – 1 BvR 1613/94 (DAT/Altana), juris Rz. 56.

[47] Vgl. *Bungert/Leyendecker-Langner* (2014), S. 523. Für das Kriterium der Preisbildung vgl. BGH v. 12.03.2001 – II ZB 15/00 (DAT/Altana), juris Rz. 20, 29.

[48] Im Folgenden wird ein Beherrschungs- und/oder Gewinnabführungsvertrag als BGV abgekürzt, gemeint sind damit stets alle drei Optionen, es sei denn es werden explizit nur einzelne der Möglichkeiten genannt.

[49] Vgl. BVerfG v. 27.04.1999 – 1 BvR 1613/94 (DAT/Altana), juris Rz. 63. Häufig fällt hierbei auch der Begriff des Meistbegünstigungsprinzips, das seinen Ursprung in der DAT/Altana-Entscheidung des BGH in 2001 hat. Demnach soll für die Abfindung grundsätzlich der höhere aus Börsenwert und anteiligem Unternehmenswert verwendet werden, vgl. *Häller/Adolff* (2024a), in: Rechtshandbuch Unternehmensbewertung, § 18 Rz. 18.73; BGH v. 12.03.2001 – II ZB 15/00 (DAT/Altana), juris Rz. 21. Mittlerweile wird jedoch argumentiert, dass es eine solche Meistbegünstigung (auch bei den anderen Maßnahmen) nicht in dem Sinne gibt, dass die Abfindung anhand der Methode ermittelt wird, die zum höchsten Wert der Abfindung führt, vgl. BVerfG v. 26.04.2011 – 1 BvR 2658/10 (Telekom/T-Online), juris Rz. 24; BGH v. 29.09.2015 – II ZB 23/14, juris Rz. 12; vgl. auch mit Verweis auf die BGH-Entscheidung von 2015 BGH v. 21.02.2023 – II ZB 12/21, juris Rz. 35. Es besteht lediglich eine Begrenzung in der Hinsicht, dass eine anerkannte und gebräuchliche Methode zu verwenden ist, vgl. *Schnorbus/Rauch/Grimm* (2021), S. 397.

[50] Vgl. für einen Überblick über die Diskussion *Koch* (2024a), in: Aktiengesetz, § 304 AktG Rn. 8.

die Ansicht vertreten, dass für den festen Ausgleich der Börsenkurs von keiner[51] oder nur von untergeordneter Bedeutung ist, da hier einzig die Ertragskraft, auf deren Basis der Bruttogewinnanteil pro Aktie ermittelt wird, relevant ist. Um dafür den Börsenkurs verwenden zu können, müsste ein informations- und allokationseffizienter Kapitalmarkt vorliegen. Dann könnte der Börsenkurs als bester verfügbarer Indikator für den Fundamentalwert des Unternehmens (die Ertragsaussichten) angesehen werden.[52] In der aktuelleren Rechtsprechung und Literatur wird vermehrt eine Berechnung mittels Börsenkursen mit der Begründung anerkannt, dass auch ein Börsenkurs die Ertragslage und die Ertragsaussichten des Unternehmens hinreichend darstellen kann.[53] In der jüngsten Rechtsprechung wurde der Börsenkurs in einzelnen Fällen als geeignet für die Abfindung und den festen Ausgleich eingeschätzt.[54] Im Falle einer Abfindung in Aktien (§ 305 Abs. 3 Satz 1 AktG) hat sich der BGH erst jüngst für einen Vergleich der Kurse entschieden.[55] Damit kann der Börsenkurs auch für den variablen Ausgleich nach § 304 Abs. 2 Satz 2 AktG (dieser kann alternativ bei einer AG oder KGaA als herrschender Gesellschaft gewährt werden) anwendbar sein, da dort wie bei der Abfindung in Aktien ein Umtauschverhältnis ermittelt werden muss.[56] Laut BVerfG ist zumindest der Börsenkurs des abhängigen Unternehmens als Untergrenze bei der Ermittlung des Umtauschverhältnisses zu verwenden.[57]

Für den **Squeeze-out** gelten die Vorgaben des BVerfG aus der DAT/Altana-Entscheidung ebenfalls, da ein vergleichbarer erforderlicher Vermögensschutz für das Eigentum an den Anteilen besteht.[58] Mit der Stollwerck-Entscheidung

---

[51] Vgl. OLG Frankfurt v. 26.01.2015 – 21 W 26/13, juris Rz. 70. Hier wird argumentiert, dass der Börsenkurs keine Rolle spielt.

[52] Vgl. *Häller/Adolff* (2024b), in: Rechtshandbuch Unternehmensbewertung, § 21 Rz. 21.21; *Adolff* (2007), S. 345.

[53] Vgl. BGH v. 21.02.2023 – II ZB 12/21, juris Rz. 43. Vgl. auch bspw. OLG Frankfurt v. 26.04.2021 – 21 W 139/19, juris Rz. 75; LG Stuttgart v. 08.05.2019 – 31 O 25/13, juris Rz. 310; BGH v. 12.01.2016 – II ZB 25/14, juris Rz. 23, 30. Vgl. auch in der Literatur *Schnorbus/Rauch/Grimm* (2021), S. 401 (Fn. 99), allgemein zum Verwenden des Börsenkurses für die Ausgleichszahlung vgl. bspw. *Decher* (2023), S. 116.

[54] Vgl. BGH v. 31.01.2024 – II ZB 5/22, juris Rz. 16 f. BGH v. 21.02.2023 – II ZB 12/21, juris Rz. 15, 38, 47.

[55] Vgl. BGH v. 21.02.2023 – II ZB 12/21, juris Rz. 15.

[56] Vgl. *Häller/Adolff* (2024a), in: Rechtshandbuch Unternehmensbewertung, § 18 Rz. 18.4.

[57] Vgl. BVerfG v. 27.04.1999 – 1 BvR 1613/94 (DAT/Altana), juris Rz. 71.

[58] Vgl. BVerfG v. 27.04.1999 – 1 BvR 1613/94 (DAT/Altana), juris Rz. 39; *Koch* (2024c), in: Aktiengesetz, § 327b AktG Rn. 7; *Grunewald* (2023c), in: Münchener Kommentar zum Aktiengesetz, § 327b AktG Rn. 10; *Habersack* (2022), in: Aktien- und GmbH-Konzernrecht,

hat sich der BGH bei einem aktienrechtlichen Squeeze-out explizit für die Verwendung des Börsenkurses als Untergrenze ausgesprochen.[59]

Dies ist auf den **umwandlungsrechtlichen Squeeze-out** übertragbar, da dort die Regelungen des Squeeze-out aus §§ 327a ff. AktG ebenfalls anzuwenden sind, sofern es keine ausdrücklichen anderen Vorschriften gibt.[60] Auch für den (verschmelzungsrechtlichen) Squeeze-out wurde im Einzelfall bereits der Börsenkurs zur Ermittlung des „wahren" Wertes anerkannt, verfassungsrechtliche Vorgaben bestehen bislang nicht.[61]

Ob der Börsenkurs auch bei der **Verschmelzung** anwendbar ist, wurde vielfach diskutiert.[62] In 2011 hat das BVerfG im Fall Telekom/T-Online für eine Berücksichtigung des Börsenkurses im Rahmen einer marktorientierten Unternehmensbewertung (als „wahrer" Wert) entschieden.[63] Die sog. Börsenkursrechtsprechung (Rechtsprechung des BVerfG zum Börsenkurs, hauptsächlich bei aktienrechtlichen Strukturmaßnahmen) ist für die Barabfindung nach § 29 UmwG nach mittlerweile überwiegender Meinung anwendbar.[64] Bei der Ermittlung des Umtauschverhältnisses besteht aktuell noch Uneinigkeit, ob der Börsenkurs

---

§ 327b AktG Rn. 9a; *Brandi/Wilhelm* (2009), S. 1411. Vgl. auch *Jonas* (2008), in: Finanzierungstheorie auf vollkommenen und unvollkommenen Kapitalmärkten (Festschrift für Lutz Kruschwitz zum 65. Geburtstag), S. 114, der dies als „völlig unstrittig" bezeichnet.

[59] Vgl. BGH v. 19.07.2010 – II ZB 18/09 (Stollwerck), juris Rz. 10. Entscheidungen des Bundesgerichtshofs entfalten ihre Bindungswirkung formal lediglich im Einzelfall, ihnen wird jedoch fast ausnahmslos auch durch Instanzgerichte gefolgt, vgl. *Bundesgerichtshof*, abgerufen am: 16.07.2024.

[60] Vgl. *Schröder/Mendelin* (2024), in: Münchener Anwaltshandbuch Aktienrecht, § 44 Rn. 75; *Junker* (2024), in: Gesellschaftsrecht, § 62 UmwG Rn. 18.

[61] Vgl. OLG Frankfurt v. 09.02.2024 – 21 W 129/22, juris Rz. 21.

[62] Vgl. *Wicke* (2024), in: beck-online.GROSSKOMMENTAR zum UmwG, § 5 UmwG Rn. 39, hauptsächlich für die Untergrenze.

[63] Vgl. BVerfG v. 26.04.2011 – 1 BvR 2658/10 (Telekom/T-Online), juris Rz. 21, 25; *Bungert* (2011), S. 1522 für die nach wie vor ungeklärten Fragen; Im Urteil werden die Wertkategorien des Verkehrswertes und des quotalen Unternehmenswertes nicht klar unterschieden. Generell herrscht noch Uneinigkeit, ob diese bei der Verschmelzung (vor allem für Umtauschverhältnisse) beide anwendbar sind. Da hier lediglich eine generelle Möglichkeit der Berücksichtigung relevant ist, wird auf die Diskussion nicht näher eingegangen. Vgl. bspw. *Adolff* (2007), S. 449, 457–459.

[64] Vgl. BVerfG v. 26.04.2011 – 1 BvR 2658/10 (Telekom/T-Online), juris Rz. 21 f., jedoch ohne genauere Begründung; vgl. auch BVerfG v. 27.04.1999 – 1 BvR 1613/94 (DAT/Altana), juris Rz. 53, 62 f.; *Drygala* (2024), in: UmwG Kommentar, § 5 UmwG Rz. 35; *Bungert* (2024), in: Rechtshandbuch Unternehmensbewertung, § 22 Rz. 22.80 mit weiteren Nachweisen.

verwendbar ist.[65] Befürworter begründen die Verwendbarkeit mittels der Schutzwürdigkeit der Minderheitsaktionär. Diese sei vergleichbar zur Eingliederung, für die der Börsenkurs verwendet wird. Aufgrund des Untergangs der übertragenden Gesellschaft (§ 20 Abs. 1 Nr. 2 Satz 1 UmwG) entstünden bei der Verschmelzung sogar tiefergreifende Veränderungen als bei einer Eingliederung.[66] Bei Konzernverschmelzungen sowohl zur Aufnahme als auch zur Neugründung, bei denen der übernehmende Rechtsträger Hauptaktionär mit einem Anteil von in der Regel mehr als 75 % ist („upstream"),[67] wurde die Anwendung des Börsenkurses auch für das Umtauschverhältnis bereits in Verfahren (als Untergrenze oder sogar für den „wahren" Wert) anerkannt.[68] Bei einer Verschmelzung von unabhängigen Rechtsträgern („merger of equals") bestehen keine gegensätzlichen Interessen, sondern es wird auf Augenhöhe über das Umtauschverhältnis verhandelt – hier wurde im Einzelfall entschieden, ob der Börsenkurs anwendbar ist.[69] Bei einer ausschließlichen Börsennotierung nur eines der verschmolzenen Unternehmen würde der Grundsatz der Methodengleichheit dagegen sprechen, für die Bemessung des Umtauschverhältnisses ein Unternehmen anhand des Börsenkurses und eines anhand eines Ertragswertes zu bewerten.[70] Das BVerfG hat sich

---

[65] Vgl. *Drygala* (2024), in: UmwG Kommentar, § 5 UmwG Rz. 36; für eine Berücksichtigung vgl. *Weiler/Meyer* (2003), S. 670; *Erb* (2001), S. 523 f.; dagegen vgl. *Bungert* (2003), S. 703; *Wilsing/Kruse* (2001), S. 995.

[66] Vgl. *Erb* (2001), S. 523; *Weiler/Meyer* (2003), S. 670.

[67] Vgl. *Häller/Adolff* (2024a), in: Rechtshandbuch Unternehmensbewertung, § 18 Rz. 18.11.

[68] Vgl. *Bungert* (2024), in: Rechtshandbuch Unternehmensbewertung, § 22 Rz. 22.20; BVerfG v. 26.04.2011 – 1 BvR 2658/10 (Telekom/T-Online), juris Rz. 25. So entschied auch der BGH für die Abfindung in Aktien, bei der ebenfalls ein Vergleich der Kurse stattfindet, vgl. BGH v. 21.02.2023 – II ZB 12/21, juris Rz. 15. Für eine Anwendbarkeit auch *Drygala* (2024), in: UmwG Kommentar, § 5 UmwG Rz. 37. Im Fall Kuka hatte das BVerfG noch für eine nicht grundsätzliche Anwendung der Börsenkursrelation als Untergrenze entschieden, vgl. BVerfG v. 20.12.2010 – 1 BvR 2323/07 (Kuka), juris Rz. 5.

[69] Vgl. *Bungert* (2024), in: Rechtshandbuch Unternehmensbewertung, § 22 Rz. 22.22. Vgl. auch die ausführliche Diskussion in *Drygala* (2024), in: UmwG Kommentar, § 5 UmwG Rz. 38–42. Für eine Anwendbarkeit wurde im Fall Daimler/Chrysler entschieden, vgl. BVerfG v. 24.05.2012 – 1 BvR 3221/10 (Daimler/Chrysler), juris Rz. 23; dagegen spricht sich das OLG Düsseldorf im Fall Thyssen/Krupp aus, vgl. OLG Düsseldorf v. 18.08.2016 – I-26 W 12/15, 26 W 12/15, S. juris Rz. 62.

[70] Vgl. *Drygala* (2024), in: UmwG Kommentar, § 5 UmwG Rz. 28, 43; OLG Karlsruhe v. 10.01.2006 – 12 W 136/04, juris Rz. 24; OLG München v. 14.05.2007 – 31 Wx 87/06, 31 Wx 087/06, juris Rz. 34.

bis dato nicht festgelegt, ob bei einer Verschmelzung in diesem Fall der Börsenkurs berücksichtigt werden kann.[71] Für den Fall einer grenzüberschreitenden Hinaus-Verschmelzung gelten generell die gleichen Regelungen der Bewertung wie bei einer innerdeutschen Verschmelzung. Es muss jedoch eine durch die betroffenen Rechtsordnungen anerkannte Methode verwendet werden. Da bspw. die Ertragswertmethode international eher unbekannt ist, bietet sich bei börsennotierten Gesellschaften ein Rückgriff auf Börsenkurse an.[72] Ist lediglich für ein Unternehmen ein Börsenkurs vorhanden, ergibt sich die bereits beschriebene Problematik.

2.3 Publizitätspflicht bei der Ankündigung einer Strukturmaßnahme

Als relevantes Ereignis für die spätere Ereignisstudie wird die erstmalige Veröffentlichung der Anforderung des Hauptaktionärs zur Durchführung einer Strukturmaßnahme durch die Zielgesellschaft betrachtet. Meist handelt es sich dabei um eine Ad-hoc-Mitteilung, die Strukturmaßnahme kann aber auch in anderer Form öffentlich angekündigt werden.[73] Für die Bemessung des Börsenkurses ist die Bekanntgabe durch die Zielgesellschaft relevant. Das Verwenden von zunächst unpräzisen Andeutungen wird nach h. M. abgelehnt.[74]

Hierbei ist vor allem die Frage nach einer **Ad-hoc-Mitteilungspflicht** von Bedeutung. Die Grundlage für die Pflicht zur Veröffentlichung von Ad-hoc-Mitteilungen wurde in dem im Folgenden betrachteten Zeitraum zwischen 2002 und 2020 mehrmals angepasst. Seit 1986 gab es mit § 44a BörsG aufgrund nationaler Gesetzgebung eine Ad-hoc-Mitteilungspflicht.[75] Ab 1995 bestand mit

---

[71] Vgl. *Winter* (2024), in: Umwandlungsgesetz; Umwandlungssteuergesetz, § 5 UmwG Rn. 54.

[72] Vgl. *Bungert* (2024), in: Rechtshandbuch Unternehmensbewertung, § 22 Rz. 22.122; *Drinhausen* (2021), in: Umwandlungsgesetz, § 122c UmwG Rn. 16.

[73] Vgl. *Weber* (2004), S. 284.

[74] Vgl. OLG Frankfurt v. 15.01.2016 – 21 W 22/13, juris Rz. 67; OLG Frankfurt v. 21.12.2010 – 5 W 15/10, juris Rz. 36.

[75] Vgl. *Verchow* (2011), S. 10, auch für einen Gesamtüberblick über die Entwicklung der Ad-hoc-Mitteilungspflicht.

Inkrafttreten des WpHG[76] die Pflicht zur Veröffentlichung von kursbeeinflussenden Ereignissen durch den Emittenten nach § 15 WpHG i. d. F. v. 26.07.1994.[77] Inhaltlich relevante Änderungen des § 15 WpHG wurden i. d. F. v. 28.10.2004 (gültig ab 30.10.2004)[78] vorgenommen und eine Ergänzung in d. F. v. 05.01.2007 (gültig ab 20.01.2007)[79]. Bei § 15 WpHG handelte es sich um eine Umsetzung von europäischen Richtlinienvorgaben.[80] Die Marktmissbrauchsverordnung (MMVO; im Englischen Market Abuse Regulation, MAR) der EU[81] trat am 02.07.2014 in Kraft und der ab dem 03.07.2016 geltende Art. 17 MMVO ersetzte § 15 WpHG i. d. F. v. 05.01.2007.[82] Als EU-Verordnung handelt es sich um einen verbindlichen Rechtsakt.[83] Die Vorschriften des § 15 WpHG i. d. F. v.

---

[76] Gesetz über den Wertpapierhandel und zur Änderung börsenrechtlicher und wertpapierrechtlicher Vorschriften (Zweites Finanzmarktförderungsgesetz) vom 26. Juli 1994, BGBl. Teil I Nr. 48 v. 30.07.1994, S. 1749.

[77] Vgl. *Oerke* (1999), S. 3 f. Am 17.09.1998 wurde eine Neufassung des WpHG veröffentlicht, die jedoch inhaltlich keine für die vorliegende Arbeit wesentlichen Änderungen umfasst, vgl. Bekanntmachung der Neufassung des Wertpapierhandelsgesetzes vom 9. September 1998, BGBl. Teil I Nr. 62 v. 17.09.1998, S. 2708.

[78] Gesetz zur Verbesserung des Anlegerschutzes (Anlegerschutzverbesserungsgesetz – AnSVG) vom 28.10.2004, BGBl. Teil I Nr. 56 v. 29.10.2004, S. 2630, Artikel 1 Änderung des Wertpapierhandelsgesetzes.

[79] Gesetz zur Umsetzung der Richtlinie 2004/109/EG des Europäischen Parlaments und des Rates vom 15. Dezember 2004 zur Harmonisierung der Transparenzanforderungen in Bezug auf Informationen über Emittenten, deren Wertpapiere zum Handel auf einem geregelten Markt zugelassen sind, und zur Änderung der Richtlinie 2001/34/EG (Transparenzrichtlinie-Umsetzungsgesetz – TUG) vom 05.01.2007, BGBl. Teil I Nr. 1 v. 10.01.2007, S. 10, Artikel 1 Änderung des Wertpapierhandelsgesetzes.

[80] Vgl. *Assmann* (2023), in: Wertpapierhandelsrecht, § 26 WpHG Rz. 1.

[81] Verordnung (EU) Nr. 596/2014 des Europäischen Parlaments und des Rates vom 16. April 2014 über Marktmissbrauch (Marktmissbrauchsverordnung) und zur Aufhebung der Richtlinie 2003/6/EG des Europäischen Parlaments und des Rates und der Richtlinien 2003/124/EG, 2003/125/EG und 2004/72/EG der Kommission, ABl. EU Nr. L 173 v. 12.06.2014, S. 1, vgl. für Inkrafttreten und Gültigkeit Artikel 39 Abs. 1 und 2, S. 53 f.

[82] Vgl. *Buck-Heeb* (2024), in: BeckOK Wertpapierhandelsrecht, Art. 17 VO (EU) 596/2014 Rn. 12.

[83] Vgl. *Europäische Union*, abgerufen am: 16.04.2024. Seit der Umsetzung der MMVO durch das 1. Finanzmarktnovellierungsgesetz sind die zuvor anzuwendenden Vorgaben des WpHG aufgehoben, da die MMVO nun die entsprechenden Inhalte umfasst. In § 15 WpHG wird ab 02.07.2016 bspw. vorgeschrieben welche Modalitäten bei der Veröffentlichung von Insiderinformationen zu beachten sind, vgl. *Klöhn* (2016), S. 424. Das WpHG beinhaltet ab diesem Zeitpunkt zudem hauptsächlich Sanktionsanordnungen. Seit dem 03.01.2018 sind die Vorgaben des § 15 WpHG in § 26 WpHG, der ebenfalls auf die MMVO verweist, zu finden.

05.01.2007 und des Art. 17 MMVO entsprechen sich inhaltlich weitgehend. Relevante Änderungen für die im Folgenden berücksichtigten Mitteilungen ergeben sich vor allem durch die Ausdehnung der Pflicht auf den Freiverkehr.[84]

§ 15 Abs. 1 WpHG i. d. F. v. 26.07.1994 lautet: „Der Emittent von Wertpapieren, die zum Handel an einer inländischen Börse zugelassen sind, muß unverzüglich eine neue Tatsache veröffentlichen, die in seinem Tätigkeitsbereich eingetreten und nicht öffentlich bekannt ist, wenn sie wegen der Auswirkungen auf die Vermögens- und Finanzlage oder auf den allgemeinen Geschäftsverlauf des Emittenten geeignet ist, den Börsenpreis der zugelassenen Wertpapiere erheblich zu beeinflussen, [...]." *Baums* kommt zu dem Ergebnis, dass jedenfalls bei einem aktienrechtlichen Squeeze-out eine Ad-hoc-Publizitätspflicht nach § **15 WpHG** i. d. F. v. 26.07.1994 gegeben ist. Er sieht Beeinflussungspotenzial für die Vermögens- und Finanzlage oder den Geschäftsverlauf bereits dadurch, dass mit dem Wegfall der Börsennotierung die aus der Notierung resultierenden Pflichten entfallen. Seiner Ansicht nach handelt es sich um eine Tatsache, die im Tätigkeitsbereich des Emittenten eintritt, da der Ausschluss der Minderheitsaktionäre seine unternehmerische Entscheidung ist.[85] Laut *Pfüller* jedoch scheitert die Ad-hoc-Publizitätspflicht für den aktienrechtlichen Squeeze-out an den weiteren Voraussetzungen (Eintreten im Tätigkeitsbereich des Emittenten und Auswirkungen auf den Geschäftsverlauf und die Lage des Emittenten), da dieser nicht im Tätigkeitsbereich des Emittenten eintritt und damit nach dem WpHG i. d. F. v. 26.07.1994[86] nicht ad-hoc-pflichtig wäre.[87] *Happ/Semler* sehen in Verschmelzungen und zusätzlich in BGVs publizitätspflichtige Tatsachen nach § 15 WpHG i. d. F. v. 26.07.1994, sofern die weiteren Voraussetzungen des § 15 WpHG i. d. F. v. 26.07.1994 erfüllt sind.[88] Damit bestehen in der Literatur unterschiedliche Meinungen hinsichtlich einer Ad-hoc-Pflicht, vor allem in Bezug auf den Tätigkeitsbereich des Emittenten herrscht für alle Arten von Strukturmaßnahmen Unklarheit.

Durch die Änderung in der Aktionärsstruktur bei aktienrechtlichen Squeeze-outs, die sich unmittelbar auf den betrachteten Emittenten auswirkt, bestünde aber

---

[84] Vgl. *Kumpan* (2016), S. 2045 f.

[85] Vgl. *Baums* (2001), S. 167 f. Zu diesem Zeitpunkt war ein umwandlungsrechtlicher Squeeze-out noch nicht möglich.

[86] So auch nach den nachfolgenden Fassungen bis zur inhaltlichen Änderung in der Fassung ab 30.10.2004.

[87] Vgl. *Pfüller* (2009), in: Wertpapierhandelsgesetz (WpHG), § 15 WpHG Rn. 202.

[88] Vgl. *Happ/Semler* (1998), S. 139.

nach § 15 Abs. 1 WpHG i. d. F. v. 28.10.2004 eine Ad-hoc-Publizitätspflicht[89]: „Der Emittent von Finanzinstrumenten, die zum Handel an einem inländischen organisierten Markt zugelassen sind oder für die er eine solche Zulassung beantragt hat, muss Insiderinformationen, die ihn unmittelbar betreffen, unverzüglich veröffentlichen. Eine Insiderinformation betrifft den Emittenten insbesondere dann unmittelbar, wenn sie sich auf Umstände bezieht, die in seinem Tätigkeitsbereich eingetreten sind." Zudem wurde nun in § 13 Abs. 1 WpHG i. d. F. v. 28.10.2004 definiert, dass eine Insiderinformation eine „konkrete Information über nicht öffentlich bekannte Umstände [ist], die sich auf einen oder mehrere Emittenten [...] beziehen und die geeignet sind, im Falle ihres öffentlichen Bekanntwerdens den Börsen- oder Marktpreis der Insiderpapiere erheblich zu beeinflussen. Eine solche Eignung ist gegeben, wenn ein verständiger Anleger die Informationen bei seiner Anlageentscheidung berücksichtigen würde."[90] Die weiteren Arten von Strukturmaßnahmen, der umwandlungsrechtliche Squeeze-out (ab 2011) sowie die Verschmelzung und der BGV, wären demnach durch die unmittelbare Betroffenheit des Emittenten generell ebenfalls publizitätspflichtig, wenn auch hier die Information in der Anlageentscheidung berücksichtigt wird. Zum 05.01.2007 wurde § 15 Abs. 1 des WpHG lediglich um die Vorgabe zur zusätzlichen unverzüglichen Übermittlung an das Unternehmensregister ergänzt.

In 2014 wurde die **MMVO** veröffentlicht. Grund dafür war unter anderem ein Streben nach erhöhter Markttransparenz sowie einheitlichen und unkomplizierten Regelungen. Der Marktmissbrauch, der mittels dieser Verordnung verhindert werden soll, umfasst Insidergeschäfte, eine Offenlegung von Insiderinformationen, die nicht rechtmäßig ist, oder die Manipulation der Märkte.[91] Die Pflicht zur Veröffentlichung von Insiderinformationen ergibt sich aus Art. 17 der MMVO. Nach Art. 17 Abs. 1 MMVO sind Insiderinformationen, die den Emittenten unmittelbar betreffen, durch diesen unverzüglich der Öffentlichkeit bekannt zu geben.[92] Insiderinformationen sind nach Art. 7 Abs. 1 a) MMVO nicht öffentlich bekannte

---

[89] Vgl. *Pfüller* (2009), in: Wertpapierhandelsgesetz (WpHG), § 15 WpHG Rn. 202.

[90] Für das Kursbeeinflussungspotenzial vgl. auch *Verchow* (2011), S. 14.

[91] Vgl. Verordnung (EU) Nr. 596/2014 des Europäischen Parlaments und des Rates vom 16. April 2014 über Marktmissbrauch (Marktmissbrauchsverordnung) und zur Aufhebung der Richtlinie 2003/6/EG des Europäischen Parlaments und des Rates und der Richtlinien 2003/124/EG, 2003/125/EG und 2004/72/EG der Kommission, ABl. EU Nr. L 173 v. 12.06.2014, S. 1 f., Erwägungsgründe Nr. 7 und 4.

[92] An Artikel 17 der MMVO (MAR) gab es seit Inkrafttreten lediglich eine inhaltliche Änderung in Form einer Ergänzung für an KMU-Wachstumsmärkten gehandelte Wertpapiere, Artikel 7 zu Insiderinformationen wurde nicht geändert. Vgl. die englischsprachigen Fassungen der MAR von 2014, Regulation (EU) No 596/2014 of the European Parliament and of the Council of 16 April 2014 on market abuse (market abuse regulation) and repealing Directive

präzise Informationen, die direkt oder indirekt einen oder mehrere Emittenten oder ein oder mehrere Finanzinstrumente betreffen und die, wenn sie öffentlich bekannt würden, geeignet wären, den Kurs dieser Finanzinstrumente oder den Kurs damit verbundener derivativer Finanzinstrumente erheblich zu beeinflussen.

Die BaFin sieht bei der Mitteilung bezüglich der geplanten Durchführung von Squeeze-outs, Verschmelzungen und BGVs (der Emittent erlangt zumeist Kenntnis durch eine Mitteilung des Hauptaktionärs) ein in der Regel hohes **Potenzial zur Beeinflussung des Börsenkurses.**[93] Damit liegt eine Insiderinformation nach Art. 7 Abs. 1 a) MMVO vor, wenn gleichzeitig der Emittent unmittelbar betroffen ist. Dies wird von der BaFin angenommen, auch wenn die Umstände nicht durch das Unternehmen selbst bestimmt werden.[94] Die tatsächliche Beeinflussung des Börsenkurses hängt jedoch vom konkreten Einzelfall ab.[95] Das Potenzial zur Beeinflussung des Kurses ist im Voraus schwierig zu bestimmen.[96] *Kumpan* sieht

---

2003/6/EC of the European Parliament and of the Council and Commission Directives 2003/124/EC, 2003/125/EC and 2004/72/EC, OJ EU No L 173 v. 12.06.2014124/EG, 2003/125/EG und 2004/72/EG der Kommission, ABl. EU Nr. L 173 v. 12.06.2014, S. 1; der Abschnitt wurde ergänzt durch Regulation (EU) 2019/2115 of the European Parliament and of the Council of 27 November 2019 amending Directive 2014/65/EU and Regulations (EU) No 596/2014 and (EU) 2017/1129 as regards the promotion of the use of SME growth markets, OJ EU No L 320 v. 11.12.2019, S. 1 (weitere Änderungen, die aber nicht die hier betrachteten Artikel betreffen, gab es zum 29.06.2016 und 30.06.2016). In der deutschen Fassung gab es zudem Berichtigungen der Übersetzung, die aber keine inhaltlichen Änderungen bewirken, vgl. *Klöhn* (2023), in: Marktmissbrauchsverordnung, Einleitung Rn. 26. Dies betrifft z. B. die Übersetzung der „unverzüglich[en]" Bekanntgabe von Insiderinformationen statt wie zuvor „so bald wie möglich", vgl. Verordnung (EU) Nr. 596/2014 des Europäischen Parlaments und des Rates vom 16. April 2014 über Marktmissbrauch (Marktmissbrauchsverordnung) und zur Aufhebung der Richtlinie 2003/6/EG des Europäischen Parlaments und des Rates und der Richtlinien 2003/124/EG, 2003/125/EG und 2004/72/EG der Kommission, ABl. EU Nr. L 173 v. 12.06.2014, S. 34 für die ursprüngliche deutsche Fassung; Berichtigung der Verordnung (EU) Nr. 596/2014 des Europäischen Parlaments und des Rates vom 16. April 2014 über Marktmissbrauch (Marktmissbrauchsverordnung) und zur Aufhebung der Richtlinie 2003/6/EG des Europäischen Parlaments und des Rates und der Richtlinien 2003/124/EG, 2003/125/EG und 2004/72/EG der Kommission, ABl. EU Nr. L 348 v. 21.12.2016, S. 83 für die Korrektur (weitere Berichtigungen der deutschen Fassung gab es zum 21.10.2016 und 15.11.2016).

[93] Vgl. *BaFin* (2020), abgerufen am: 20.02.2024, S. 22, Ziff. I.2.1.5.13.

[94] Vgl. *BaFin* (2020), abgerufen am: 20.02.2024, S. 33, Ziff. I.3.2.2.2.

[95] Vgl. *BaFin* (2020), abgerufen am: 20.02.2024, S. 22, Ziff. I.2.1.5.13.

[96] Vgl. *Verchow* (2011), S. 12.

den aktienrechtlichen Squeeze-out oder den Abschluss eines Verschmelzungsvertrages als veröffentlichungspflichtigen Umstand.[97] *Buck-Heeb* verweist auf den Emittentenleitfaden der BaFin. Bei den dort genannten Beispielen ist auch laut ihr im Einzelfall zu prüfen, ob eine Insiderinformation aufgrund von Kursbeeinflussungspotenzial vorliegt.[98] Nach Art. 7 Abs. 4 MMVO wird von einem Potenzial zur Beeinflussung des Kurses ausgegangen, wenn „ein verständiger Anleger [die Information] wahrscheinlich als Teil der Grundlage seiner Anlageentscheidungen nutzen würde." Dies ist gegeben, wenn der verständige Anleger einen Kauf- oder Verkaufsanreiz hätte und er das Geschäft als lohnend einschätzt. Als lohnend wird ein Geschäft angesehen, wenn die daraus erwartete Rendite (ohne Transaktionskosten) die Rendite einer Anlage in vergleichbar riskante Finanzinstrumente übersteigt oder aber wenn dadurch ein Kursverlust vermieden wird.[99]

Nach Art. 17 MMVO besteht unter den dafür relevanten Voraussetzungen auch eine Ad-hoc-Pflicht, wenn die Aktien eines Emittenten im **Freiverkehr** gehandelt werden. Weitere Voraussetzung ist eine Initiative oder Zustimmung des Emittenten zum Handel, da ansonsten der Emittentenbezug fehlt.[100] Zuvor galt die Ad-hoc-Publizitätspflicht lediglich im regulierten Markt. Die AGB der Börsenbetreiber sahen ggf. eine solche Pflicht für den Freiverkehr vor.[101]

Eine Ad-hoc-Mitteilung ist unverzüglich zu veröffentlichen. Dies bedeutet eine **Veröffentlichung** sobald der Vorstand Kenntnis erlangt und die Informationen geprüft hat, sodass daraufhin alle Informationen, die für eine Preisbildung relevant sind, in den Kapitalmarkt gelangen.[102] Die Information ist schnell einer breiten Öffentlichkeit bekannt zu geben. Um die Verbreitung der Mitteilung möglichst schnell und zeitgleich in der Europäischen Union zu gewährleisten,

---

[97] Vgl. *Kumpan* (2024b), in: Handelsgesetzbuch, Art. 17 MAR Rn. 8.

[98] Vgl. *Buck-Heeb* (2024), in: BeckOK Wertpapierhandelsrecht, Art. 17 VO (EU) 596/2014 Rn. 77.

[99] Vgl. *BaFin* (2020), abgerufen am: 20.02.2024, S. 12, Ziff. I.2.1.4.2.

[100] Vgl. *BaFin* (2020), abgerufen am: 20.02.2024, S. 26, Ziff. I.3.2.1.1; *Kumpan/Grütze* (2020), in: Kapitalmarktrechts-Kommentar, Art. 17 VO (EU) 596/2014 Rn. 30; *Buck-Heeb* (2023), § 6 Rn. 495; vgl. Verordnung (EU) Nr. 596/2014 des Europäischen Parlaments und des Rates vom 16. April 2014 über Marktmissbrauch (Marktmissbrauchsverordnung) und zur Aufhebung der Richtlinie 2003/6/EG des Europäischen Parlaments und des Rates und der Richtlinien 2003/124/EG, 2003/125/EG und 2004/72/EG der Kommission, ABl. EU Nr. L 173 v. 12.06.2014, S. 9, Erwägungsgrund Nr. 49.

[101] Vgl. *Buck-Heeb* (2017), § 6 Rn. 410; *Kumpan/Grütze* (2020), in: Kapitalmarktrechts-Kommentar, Art. 17 VO (EU) 596/2014 Rn. 8. Eine Pflicht bestand bspw. für den Freiverkehr der Frankfurter Wertpapierbörse, vgl. *Frankfurter Wertpapierbörse*, abgerufen am: 16.04.2024.

[102] Vgl. *Pfüller/Nerz* (2024), in: Wertpapierhandelsrecht, Art. 17 MAR Rn. 347 f.

müssen unterschiedliche Medien verwendet werden, bspw. elektronische Informationsverbreitungssysteme (wie Reuters, Bloomberg), Nachrichtenagenturen oder Printmedien (bspw. Handelsblatt oder Börsen-Zeitung).[103] Zusätzlich ist nach § 4 Abs. 1 Ziff. 1a WpAV eine Formulierung der Überschrift vorgeschrieben, die direkt erkennen lässt, dass es sich um eine Veröffentlichung von Insiderinformationen nach Art. 17 MMVO handelt.[104] Dies war bereits vor Gültigkeit der MMVO nach § 15 WpHG vorgesehen (§ 4 Abs. 1 Ziff. 1a WpAV i. d. F. v. 05.01.2007 und i. d. F. v. 13.12.2004), wurde jedoch erst in 2004 eingeführt.[105]

Sieht eine Zielgesellschaft in der Information zur Strukturmaßnahme kein Potenzial zur Beeinflussung des Börsenkurses oder erkennt sie vor allem bei Gültigkeit der frühen Fassungen des WpHG kein Eintreten im Tätigkeitsbereich des Emittenten (siehe die verschiedenen Literaturmeinungen), so bestünde für die Zielgesellschaft **keine Pflicht zur Veröffentlichung einer Ad-hoc-Mitteilung**. Eine Pflicht liegt nach WpHG auch nicht vor, wenn die Aktien lediglich im Freiverkehr gehandelt werden.[106] Dann wäre die Absicht zur Strukturmaßnahme spätestens mit der Einladung zur beschlussfassenden Hauptversammlung bekanntzugeben, da die Absicht als Tagesordnungspunkt Teil der Bekanntmachung ist (§ 327c Abs. 1 AktG). Nach § 121 Abs. 4 Satz 1 AktG besteht eine Pflicht die Einberufung von Hauptversammlungen über die Gesellschaftsblätter bekanntzumachen (nach § 25 AktG auch verpflichtend im Bundesanzeiger).[107] Die Hauptversammlung ist mindestens dreißig Tage vor dem Tag der Versammlung einzuberufen (§ 123 Abs. 1 Satz 1 AktG; oder vor der Anmeldefrist nach § 123 Abs. 2 Satz 4 AktG).

---

[103] Vgl. *Pfüller/Nerz* (2024), in: Wertpapierhandelsrecht, Art. 17 MAR Rn. 354–357; vgl. auch Durchführungsverordnung (EU) 2016/1055 der Kommission vom 29. Juni 2016 zur Festlegung technischer Durchführungsstandards hinsichtlich der technischen Mittel für die angemessene Bekanntgabe von Insiderinformationen und für den Aufschub der Bekanntgabe von Insiderinformationen gemäß Verordnung (EU) Nr. 596/2014 des Europäischen Parlaments und des Rates, ABl. EU Nr. L 173 v. 30.06.2016, S. 48, Art. 2 Abs. 1 Buchst. a; *Kumpan/Grütze* (2020), in: Kapitalmarktrechts-Kommentar, Art. 17 VO (EU) 596/2014 Rn. 138 f.

[104] Vgl. *Pfüller/Nerz* (2024), in: Wertpapierhandelsrecht, Art. 17 MAR Rn. 366.

[105] Vgl. *Pfüller* (2016), in: Wertpapierhandelsgesetz (WpHG), § 15 WpHG Rn. 337.

[106] Vgl. *Buck-Heeb* (2017), § 6 Rn. 410; *Kumpan/Grütze* (2020), in: Kapitalmarktrechts-Kommentar, Art. 17 VO (EU) 596/2014 Rn. 8.

[107] Vgl. *Kubis* (2022), in: Münchener Kommentar zum AktG, § 121 AktG Rn. 74.

2.4 Informationsverarbeitung im Börsenkurs

Generell ergibt sich ein Preis auf dem Kapitalmarkt aus dem Zusammentreffen von Angebot und Nachfrage. Der Kurs bildet sich durch Erwartungen der Marktteilnehmer in Bezug auf zukünftige Erträge aus der Aktie (Dividenden und Verkaufswert).[108] Sofern neue Informationen bekannt werden, durch die sich die individuellen Erwartungen der Marktteilnehmer ändern, führt dies zu einer Änderung von Angebot und/oder Nachfrage und kann in einem neuen Börsenkurs bei anderem Gleichgewicht resultieren.[109]

Informationseffizienz des Kapitalmarktes bedeutet, dass sich Kurse von Wertpapieren schnell anpassen und damit neue Informationen vollständig widerspiegeln. In einem informationseffizienten Kapitalmarkt dürfen künftige Preise nicht vorhersagbar sein, wenn sie aktuelle Erwartungen und Informationen aller Marktteilnehmer bereits vollständig einbeziehen.[110] Es wird zwischen drei verschiedenen Formen von Informationseffizienz unterschieden: Die schwache Form der Effizienz liegt vor, wenn lediglich die historischen Preise oder Renditen als Informationen im Kurs verarbeitet sind. Nach der mittelstrengen Form der Effizienz spiegelt der Kurs alle Informationen, die öffentlich verfügbar und damit allen Marktteilnehmern bekannt sind, wider. Bei der strengen Form der Effizienz wären alle Informationen, die jeglichen Marktteilnehmern vorliegen, im Kurs verarbeitet – dies umfasst auch private Informationen.[111]

---

[108] Vgl. bspw. *Budzinski* (2012), S. 87 f.; *Krog* (2000), S. 209.

[109] Vgl. *Schmidt/Prigge* (2001), in: Handwörterbuch des Bank- und Finanzwesens, Börsenkursbildung S. 393 f. Zudem wurden bereits einige Modelle entwickelt, die die Preisbildung am Kapitalmarkt erklären sollen, so bspw. das Capital Asset Pricing Model oder die Arbitrage Pricing Theory, vgl. *Budzinski* (2012), S. 88.

[110] Vgl. *Campbell/Lo/MacKinlay* (1997), S. 20; Zudem spielt auch Allokationseffizienz eine Rolle für eine Effizienz des Kapitalmarktes, vgl. *Adolff* (2007), S. 347.

[111] Die Unterscheidung der Stufen anhand von Informationspaketen wurde laut vieler Autoren von Harry Roberts vorgenommen, in seinem unveröffentlichten Manuskript „Statistical versus clinical prediction of the stock market", Center for Research in Security Prices, University of Chicago, vgl. bspw. *Campbell/Lo/MacKinlay* (1997), S. 22; *Fama* (1970), S. 383, der auf die von Roberts vorgeschlagenen Tests für schwache und starke Effizienz verweist, vgl. *Roberts* (1959), S. 1. Vgl. auch *Schröder* (2012), in: Finanzmarkt-Ökonometrie, S. 21 f. für die Formen der Markteffizienz und Erläuterung anhand der Prognosekraft;; *Franke/Hax* (2009), S. 436.

Die maßgebliche Methodik um auf Kapitalmarkteffizienz zu prüfen, ist die **Ereignisstudie**. Mittels dieser kann vor allem auf die halbstrenge Form einer Informationseffizienz geprüft werden, da die Auswirkungen einer Bekanntgabe von öffentlich verfügbaren Informationen auf Aktienkurse betrachtet werden. Im Rahmen einer Ereignisstudie können anhand eines Modells für erwartete Renditen der Aktie abnormale Renditen als Abweichung tatsächlicher von diesen erwarteten Renditen ermittelt werden.[112] Abnormale Renditen zeigen, ob und wie eine neue Information am Markt verarbeitet wird. Häufig geschieht dies innerhalb eines oder weniger Börsentage, was als Zeichen für hohe Effizienz zu deuten ist.[113] Zudem zeigt eine abnormale Performance zum Ereigniszeitpunkt das Ausmaß der Auswirkungen eines solchen Ereignisses auf Anteilseigner, sofern das Ereignis nicht bereits vorhergesehen wurde. Abnormale Renditen sind konsistent mit Informationseffizienz, da die Überrendite durch den Anleger nur erzielt werden könnte, wenn das Ereignis mit Sicherheit vorhersehbar gewesen wäre.[114] Festgestellte Ineffizienz kann auf tatsächlicher Ineffizienz oder aber auch auf einem unzureichenden Modell beruhen. Perfekte Informationseffizienz ist lediglich in der Theorie denkbar.[115] Meist wird von einer mittelstrengen Informationseffizienz ausgegangen und diese auch für Strukturmaßnahmen als ausreichend erachtet.[116]

---

[112] Vgl. *Kolari/Pynnönen* (2023), S. 21 f.

[113] Vgl. *Fama* (1991), S. 1601, 1607.

[114] Vgl. *Brown/Warner* (1980), S. 205 f.; *Fama* (1991), S. 1575 f.; vgl. auch *Kothari/Warner* (2007), S. 5.

[115] Vgl. *Campbell/Lo/MacKinlay* (1997), S. 24 f. Relevant für Überrenditen sind bspw. auch Kosten der Informationsbeschaffung und -verarbeitung (um diese zu kompensieren), daher müssen diese berücksichtigt werden (sodass sie nicht abnormal sind).

[116] Vgl. BGH v. 21.02.2023 – II ZB 12/21, juris Rz. 20; OLG München v. 14.12.2021 – 31 Wx 190/20, juris Rz. 85; *Decher* (2023), S. 111.

2.5 Bisherige empirische Studien zu Ankündigungseffekten bei aktien- und umwandlungsrechtlichen Strukturmaßnahmen

Ankündigungseffekte von Strukturmaßnahmen – hauptsächlich bei aktienrechtlichen Squeeze-outs – wurden bereits im Rahmen verschiedener Studien analysiert. Sofern Zeiträume bis nach Anfang 2011 betrachtet werden, wurden auch die seit 2011 möglichen umwandlungsrechtlichen Squeeze-outs teilweise einbezogen. Tabelle 2.1 liefert einen Überblick über die für diese Arbeit relevanten Studien sowie deren wesentliche Ergebnisse. Ergänzend wird die jeweils angewendete Methode aufgeführt. *Eisele/Walter*,[117] *Ehrhardt/Lahr/Wessel*,[118] *Elsland/Weber*,[119] *Budzinski*,[120] *Schilling/Kaspar*,[121] *Ahlers*[122] und *Moser/Prüher*[123] verwenden ebenfalls die Methodik der Ereignisstudie, wie sie im Rahmen der vorliegenden Arbeit angewendet wird. Meist wird die Ereignisstudie mittels des Marktmodells durchgeführt (vgl. Abschnitt 2.7). Anhand eines Schätzfensters (vor dem Ereignisfenster) wird ein Zusammenhang der Kursbewegungen mit dem Markt ermittelt. Im Anschluss wird basierend auf dem Zusammenhang die „normale“ Rendite der Aktie für ein Zeitfenster um den Ankündigungstag (Ereignisfenster) berechnet und mit der tatsächlichen Rendite verglichen. Durch Subtraktion der „normalen“ von der tatsächlichen Rendite ergibt sich die abnormale Rendite.[124]

[117] Vgl. *Eisele/Walter* (2003), S. 17–19.

[118] Vgl. *Ehrhardt/Lahr/Wessel* (2004), S. 362.

[119] Vgl. *Elsland/Weber* (2005), S. 10–13.

[120] Vgl. *Budzinski* (2012), S. 117–125.

[121] Vgl. *Schilling/Kaspar* (2015), S. 70 f.

[122] Vgl. *Ahlers* (2003), S. 95–114.

[123] Vgl. *Moser/Prüher* (2002), S. 364, wenn auch nicht als Ereignisstudie bezeichnet.

[124] Vgl. *Thomas* (2008), S. 182 f.

Tabelle 2.1 Überblick über bisherige empirische Studien zu Ankündigungseffekten[125]

Autor(en)	Jahr	Stichprobe (Zeitraum)	Methode (verwendetes Modell)	Ereignisfenster.	(Kumulierte) durchschnittliche abnormale Renditen in Prozent[126]
Moser/ Prüher	2002	17 aktienrechtliche Squeeze-outs (Ende 2001–31.03.2002)	Ereignisstudie (CAPM bzw. Marktmodell)	t = 0[127] [−2; + 1]	2,7 5,4
Ahlers	2003	67 Verschmelzungsfälle zur Aufnahme und 22 Verschmelzungsfälle zur Neugründung (01.01.1966–31.12.1999)	Ereignisstudie (marktbereinigtes Modell)	[−20; + 20] [−20;−2] [−1;0] [+1; + 20]	Aufnahme: / Neugründung: 2,7 / −3,9 −0,18 / −1,09 0,73 / 1,25 2,06 / −6,31
Hecker/ Kaserer	2003	25 aktienrechtliche Squeeze-outs (01.01.2002–31.12.2002)	Vergleich durchschnittlicher Kurs über 5 Handelstage ab t = + 1 mit durchschnittlichem Kurs ab t = −2	t = + 1	8,76
Helmis	2003	48 mögliche Squeeze-out Kandidaten (01.01.2002–01.08.2002)	Vergleich durchschnittliche Tagesrendite mit Rendite CDAX[128]	t = 0 [0; + 1] [−1; + 1]	0,73 0,62 0,57

(Fortsetzung)

[125] Vgl. hierzu auch die Übersichten in *Schilling/Kaspar* (2015), S. 69; *Budzinski* (2012), S. 22.

[126] Die Bezeichnungen sind der Methodik der Ereignisstudie entnommen, auch wenn die Methodik nicht in allen Studien angewendet wurde. Es sind damit mittels der jeweiligen Methodik gemessene außergewöhnliche Renditen gemeint.

[127] T = 0 entspricht dem Tag der Ankündigung der Strukturmaßnahme. Alle weiteren Ereignisfenster werden in zeitlicher Relation (in Tagen) zu diesem Tag dargestellt.

[128] Dieses Vorgehen ist ähnlich zur Anwendung des marktbereinigten Modells in einer Ereignisstudie (aber andere Durchschnittsbildung, wird nicht so bezeichnet).

Tabelle 2.1 (Fortsetzung)

Autor(en)	Jahr	Stichprobe (Zeitraum)	Methode (verwendetes Modell)	Ereignisfenster.	(Kumulierte) durchschnittliche abnormale Renditen in Prozent
Eisele/ Walter	2003 (2006)	Going private Ankündigungen bei 37 Unternehmen (01.01.1995–31.12.2002)	Ereignisstudie (Marktmodell, Constant Mean Return Modell (nicht abgebildet))	t = −1 t = 0 t = + 1 t = + 2 [−1; + 1] [−2; + 2] [−5; + 5] [−10; + 10] [−20; + 20]	3,62 10,12 5,01 1,34 18,75 21,09 21,11 23,57 24,80
Ehrhardt/ Lahr/ Wessel	2004	81 aktienrechtliche Squeeze-outs (01.01.2002–31.12.2003)	Ereignisstudie (Marktmodell)	[−5; + 5]	8,45 (Trade-to-Trade 8,5 %)
Elsland/ Weber	2005	(133) 70 aktienrechtliche Squeeze-outs (01.01.2002–31.12.2003)	Ereignisstudie (überwiegend Marktmodell, Constant Mean Return Modell (nicht abgebildet, da ähnlich))	t = 0 [0; + 1] [−90;−1]	(5,40) 4,48 7,16 6,16
Rathausky	2008	68 aktienrechtliche Squeeze-outs (01.01.2002–31.12.2004)	Vergleich von durchschnittlichen Kursen t = −3 bis −1 mit t = + 1 bis + 3	t = + 3	9,0

(Fortsetzung)

Tabelle 2.1 (Fortsetzung)

Autor(en)	Jahr	Stichprobe (Zeitraum)	Methode (verwendetes Modell)	Ereignisfenster.	(Kumulierte) durchschnittliche abnormale Renditen in Prozent
Budzinski	2012	193 aktienrechtliche Squeeze-outs (01.01.2002–31.12.2008)	Ereignisstudie (Marktmodell)	t = 0 t = + 1 t = + 2 [0; + 2] [−2; + 2] [−10; + 10]	4,00 2,95 0,73 7,67 7,29 8,44
Schilling/ Kaspar	2015	254 Squeeze-outs (AktG, UmwG, WpÜG) (01.01.2002–30.09.2013)	Ereignisstudie (Marktmodell)	t = 0 t = −2 t = −1 t = + 1 t = + 2 [−64;−1] [0; + 1] [+2; + 4] [+5; + 20]	5,71 0,21 0,04 3,55 0,55 2,36 9,26 1,40 −0,52

Die Tabelle zeigt bisherige Studien zu Ankündigungsreaktionen gesellschaftsrechtlicher Strukturmaßnahmen im Überblick. Aufgeführt werden die Autoren, das Jahr der Veröffentlichung der Studie, die Stichprobe (mit Zeitraum, über den die Stichprobenelemente ermittelt werden), die angewendete Methode (mit verwendetem Modell für normale Renditen bei Anwendung einer Ereignisstudie), das betrachtete Ereignisfenster um die Ankündigung und die (kumulierten) abnormalen Renditen als Ergebnisse.

Die Tabelle zeigt ausschließlich Studien für Unternehmen, die dem deutschen Recht unterliegen. Die Studien wurden in den Jahren 2002 bis 2015 veröffentlicht, die meisten jedoch in den ersten Jahren nachdem die Möglichkeit eines Squeeze-out in 2002 im Aktiengesetz eingeführt wurde. Dementsprechend sind die **Stichproben** der frühen Studien von *Moser/Prüher*[129], *Helmis*[130], *Hecker/Kaserer*[131], *Eisele/Walter*[132] und der wenige Jahre später erschienenen Studien von *Ehrhardt/Lahr/Wessel*[133], *Elsland/Weber*[134], *Rathausky*[135] weniger umfangreich. Die umfangreichste Stichprobe, die bisher analysiert wurde, ist im Artikel von *Schilling/Kaspar* zu finden. Sie beziehen 254 börsennotierte Unternehmen ein, für die zwischen 01.01.2002 und 30.09.2013 ein aktien-, verschmelzungs- oder übernahmerechtlicher Squeeze-out angekündigt und auf der Hauptversammlung beschlossen wurde.[136] Hinsichtlich des Umfangs wird diese Stichprobe gefolgt von derjenigen aus der Dissertationsschrift von *Budzinski* mit 193 börsennotierten Unternehmen, für die ein aktienrechtlicher Squeeze-out zwischen dem 01.01.2002 und dem 31.12.2008 angekündigt und beschlossen wurde.[137]

Neben dem betrachteten Zeitraum, für den Ankündigungen einbezogen werden, unterscheiden sich die Studien auch bei der Verwendung von **Quellen** für solche. Meist werden via Ad-hoc-Mitteilung angekündigte Squeeze-out-Absichten (über die DGAP-Datenbank) von an deutschen Börsen notierten Zielgesellschaften betrachtet.[138] Teilweise beziehen die Autoren darüber hinaus Ankündigungen über andere Medien wie bspw. den Bundesanzeiger, Pressemitteilungen oder Zeitungen mit ein.[139]

Das längste Ereignisfenster, über das die Effekte der Ankündigung auf den Börsenkurs im Rahmen einer **Ereignisstudie** betrachtet werden, wählen *Elsland/*

---

[129] Vgl. *Moser/Prüher* (2002), S. 363.

[130] Vgl. *Helmis* (2003), S. 170 f.

[131] Vgl. *Hecker/Kaserer* (2003), S. 146–148.

[132] Vgl. *Eisele/Walter* (2003), S. 11 f.

[133] Vgl. *Ehrhardt/Lahr/Wessel* (2004), S. 362 f.

[134] Vgl. *Elsland/Weber* (2005), S. 7 f.

[135] Vgl. *Rathausky* (2007), S. 45.

[136] Vgl. *Schilling/Kaspar* (2015), S. 71 f. Es wurden jedoch nur 11 Unternehmen mit einem verschmelzungsrechtlichen und 2 mit einem übernahmerechtlichen Squeeze-out gefunden, vgl. Fn. 19.

[137] Vgl. *Budzinski* (2012), S. 115 f.

[138] Vgl. *Moser/Prüher* (2002), S. 363; *Schilling/Kaspar* (2015), S. 70.

[139] Hecker/Kaserer beziehen zusätzlich Ankündigungen über den Bundesanzeiger oder via Pressemitteilungen ein, vgl. *Hecker/Kaserer* (2003), S. 146 f. Ehrhardt/Lahr/Wessel werten auch andere bedeutsame Medien für den Kapitalmarkt aus, z. B. Zeitungen, vgl. *Ehrhardt/*

Weber mit 90 Tagen im Voraus bis 40 Tagen nach der Ankündigung.[140] *Schilling/Kaspar* verwenden ein Ereignisfenster von 64 Tagen vor bis 20 Tagen nach der Ankündigung.[141] In den weiteren Ereignisstudien werden Fenster von bis zu 20 Tagen vor und nach dem Ereignis berücksichtigt.[142] Die Länge der Schätzfenster reicht von 120 Handelstagen bei *Budzinski*[143] bis 256 Handelstage bei *Schilling/Kaspar*[144]. 256 Handelstage entsprechen in etwa einem Kalenderjahr. In den meisten Studien werden Schätzfenster von mehr als 200 Handelstagen verwendet.[145]

Im **Ergebnis** zeigen alle Ereignisstudien (siehe Tabelle 2.1) zu Squeeze-outs eine positive, signifikante Überrendite am Ereignistag, die zwischen 4 % und 5,17 % liegt.[146] Für den Ankündigungstag und den darauf folgenden Tag liegen die kumulierten durchschnittlichen Überrenditen (über die Zeit aufsummierte durchschnittliche abnormale Renditen der Stichprobe) zwischen 7,16 und 9,26 %. An den Folgetagen treten nur noch geringe Überrenditen auf, sodass die kumulierten durchschnittlichen Überrenditen in etwa konstant bleiben. Statistisch signifikant sind die Überrenditen hauptsächlich ab dem Ankündigungstag und noch wenige Tage danach. Die kumulierten durchschnittlichen Überrenditen sind auch für längere Zeiträume häufig signifikant von null verschieden.

Elsland/Weber betrachten eine Gesamtstichprobe an Unternehmen, die einen Squeeze-out ankündigen. Sie bilden auch eine Teilstichprobe, die alle Unternehmen mit unbekanntem Ankündigungstag und Unternehmen mit Aktienhandel an weniger als einem Drittel der Handelstage des Ereignisfensters ausschließt. Die

---

Lahr/Wessel (2004), S. 362. Elsland/Weber verwenden Ankündigungen aus den Datenbanken von Bloomberg, dem elektronischen Bundesanzeiger, hv-info und lexis-nexis, vgl. *Elsland/Weber* (2005), S. 7. Rathausky verwendet neben Ad-hoc-Mitteilungen Bekanntgaben aus dem Bundesanzeiger, aus Zeitungen (Börsenpflichtblätter und Wirtschaftszeitungen), Listen der SdK, hv-info und den Hoppenstedt Aktienführer, vgl. *Rathausky* (2007), S. 45. *Budzinski* verwendet hv-info, die Seite der SdK, eine Studie des deutschen Aktieninstituts, die dgap-Datenbank sowie den Hoppenstedt Aktienführer, vgl. *Budzinski* (2012), S. 114.

140 Vgl. *Elsland/Weber* (2005), S. 11.

141 Vgl. *Schilling/Kaspar* (2015), S. 70.

142 Vgl. *Eisele/Walter* (2003), S. 18 mit + −20 Tagen; *Ehrhardt/Lahr/Wessel* (2004), S. 364 mit + −5 Tagen; *Budzinski* (2012), S. 119 mit + −10 Tagen.

143 Vgl. *Budzinski* (2012), S. 122.

144 Vgl. *Schilling/Kaspar* (2015), S. 70.

145 Vgl. *Eisele/Walter* (2003), S. 18 mit 200 Handelstagen; *Ehrhardt/Lahr/Wessel* (2004), S. 363 mit 245 Tagen (vermutlich ebenfalls Handelstage); *Elsland/Weber* (2005), S. 12 mit 250 Handelstagen.

146 Bei Eisele/Walter liegt diese bei 10,12 %, sie verwenden jedoch generell Going Private-Ankündigungen in ihrer Stichprobe, vgl. *Eisele/Walter* (2003), S. 23.

Überrenditen bei Ankündigung sind bei der Teilstichprobe im Durchschnitt etwas höher.[147] Darüber hinaus werden unter anderem Unterschiede zwischen Squeeze-outs, bei denen mit der Ankündigung auch die Abfindungshöhe bekanntgegeben wird, und solchen, bei denen dies nicht der Fall ist, untersucht. Die Reaktion in $t = 0$ ist ohne Ankündigung der Abfindungshöhe geringer, aber ohne statistische Signifikanz des Unterschiedes.[148] Im zweiten Teil der Studie wird eine multivariate Regression für mögliche Einflussfaktoren auf die Überrenditen durchgeführt. Für die Ankündigung der Abfindungshöhe, die Unternehmensgröße, die Price-to-Book Ratio und auch die Branche besteht kein signifikanter Einfluss auf die Überrenditen.[149]

Budzinski analysiert neben der Gesamtstichprobe ebenfalls Teilstichproben mit und ohne Ankündigung der Abfindungshöhe. Er ermittelt für beide Teilstichproben am Ankündigungstag signifikante Überrenditen, jedoch eine signifikant niedrigere Überrendite mit Bekanntgabe der Abfindungshöhe.[150] Auch er betrachtet potenzielle Faktoren, die die Höhe der Überrenditen erklären könnten. Für eine Teilstichprobe mit positiver Abfindungsprämie zeigt sich bspw. eine signifikante, positive Überrendite, bei negativer Abfindungsprämie hingegen nicht. Insgesamt ist der Einfluss der Abfindungsprämie auf die Überrendite aber signifikant.[151] Zudem werden diese potenziellen Faktoren zusammen mit den Kontrollvariablen Größe (Marktkapitalisierung), Branche, CDAX-Stand in den drei Monaten vor Ankündigung und Price-to-Book-Ratio in einer multivariaten Regression betrachtet. Vor allem für ein Fenster vom Ankündigungstag bis zwei Tage nach der Ankündigung liegt ein signifikant negativer Einfluss der Größe sowie der Price-to-Book-Ratio vor.[152]

Ahlers stellt bei Verschmelzungen zur Neugründung nach der Ankündigung signifikant negative abnormale Renditen für die übertragenden Gesellschaften fest, möglicherweise bedingt durch relativ hohe Kosten und Signaleffekte.[153] Bei Verschmelzungen zur Aufnahme entstehen positive abnormale Renditen, die aber nur vereinzelt signifikant sind.[154] Kumulierte Überrenditen sind meist nicht

---

[147] Vgl. *Elsland/Weber* (2005), S. 8, 15.
[148] Vgl. *Elsland/Weber* (2005), S. 20.
[149] Vgl. *Elsland/Weber* (2005), S. 22–25.
[150] Vgl. *Budzinski* (2012), S. 135 f.
[151] Vgl. *Budzinski* (2012), S. 140–146.
[152] Vgl. *Budzinski* (2012), S. 167.
[153] Vgl. *Ahlers* (2003), S. 142 f., 152.
[154] Vgl. *Ahlers* (2003), S. 131.

signifikant. Bei einer Analyse von Teilstichproben zeigen sich signifikante Überrenditen ($\alpha = 5$ %) lediglich im Fall von Verschmelzungen, bei denen es den außenstehenden Aktionären durch ihren Stimmrechtsanteil an der übertragenden Gesellschaft hätte gelingen können, die Verschmelzung zu verhindern.[155]

Eisele/Walter betrachten generell Going Private-Ankündigungen zwischen 1995 und bis einschließlich 2002.[156] Bspw. in Bezug auf die Marktkapitalisierung (< oder > 100 Mio. EUR) und den Streubesitz (< oder > 20 %) stellen sie anhand einer Ereignisstudie für Teilstichproben keine signifikanten Unterschiede in den Überrenditen fest. Lediglich im Vergleich zwischen den Teilstichproben der besseren und schlechteren Kursentwicklung vor dem Ereignis verglichen zum DAX stellen sie eine bei schlechter Kursentwicklung höhere Überrendite fest. Eine multiple Regression zeigt das gleiche Ergebnis, wobei hier zudem für bestimmte Zeitfenster ein signifikanter, positiver Einfluss des Streubesitzes auf kumulierte Überrenditen erkennbar ist.[157]

2.6 Stichprobe und Datengrundlage

2.6.1 Ermittlung der Stichprobe und Datengewinnung

Für die folgende Analyse sind die Arten **gesellschaftsrechtlicher Strukturmaßnahmen** relevant, für die entsprechend der Rechtsprechung ein Börsenkurs für eine Bewertung der Anteile zu betrachten ist – als Desinvestitionswert oder quotaler Anteil am Unternehmenswert – und grundsätzlich Kursdaten vorhanden sind.

Die spezifischen Arten von Strukturmaßnahmen, die im Rahmen der empirischen Studie berücksichtigt werden, sind die folgenden:[158]

- aktienrechtlicher Squeeze-out (§§ 327a-f AktG)
- umwandlungsrechtlicher (verschmelzungsrechtlicher) Squeeze-out (§§ 62 Abs. 5 UmwG i. V. m. 327a-f AktG)

---

155 Vgl. *Ahlers* (2003), S. 150–152.

156 Diese umfassen neben Squeeze-outs auch andere Formen des Delistings, wie Übernahmeangebote (nach WpÜG und dem Übernahmekodex der Börsensachverständigenkommission), die eine Absicht zum Delisting eines börsennotierten Unternehmens beinhalten, bei denen die übernehmende Gesellschaft/beherrschende Muttergesellschaft nicht an einem inländischen Börsenplatz notiert ist, vgl. *Eisele/Walter* (2003), S. 11 f.

157 Vgl. *Eisele/Walter* (2003), S. 27–29.

158 Vgl. auch § 1 SpruchG.

- Beherrschungs- und/oder Gewinnabführungsvertrag (§§ 291 ff. AktG)
- Verschmelzung (§§ 2 ff. UmwG; grenzüberschreitend §§ 305 ff. UmwG, bis 28.02.2023 §§ 122a ff. UmwG)

Diese aktien- und umwandlungsrechtlichen Anlässe für Unternehmensbewertungen werden betrachtet, wenn Kapitalgesellschaften als Zielgesellschaften[159] beteiligt sind, die an (mindestens) einer Börse in Deutschland gelistet sind oder zumindest in den Freiverkehr einbezogen werden.[160]

Es werden nur solche Verschmelzungen zur Aufnahme und Neugründung betrachtet, bei denen das übertragende Unternehmen an einer Börse in Deutschland notiert ist bzw. die Aktien in deren Freiverkehr einbezogen werden. Die Vergleichbarkeit innerhalb der Stichprobe ist höher, wenn ausschließlich Unternehmen mit an einer Börse in Deutschland gehandelten Aktien verwendet werden. Bei Einbezug ausländischer Börsen wären zumeist Wechselkurse relevant. Verschmelzungen, bei denen der übernehmende Rechtsträger alle Anteile an dem übertragenden Rechtsträger hält, werden nicht berücksichtigt, da hier keine anteilige Bewertung erforderlich ist.[161] Relevant sind jedoch Konzernverschmelzungen, bei denen der übernehmende Rechtsträger Hauptaktionär ist und einen Anteil von weniger als 100 % hält („upstream“).[162]

Da für die Auswertung Börsenkursreaktionen des übertragenden Unternehmens betrachtet werden sollen (und dessen Aktionäre abgefunden werden), werden – obwohl die Einbeziehung des Börsenkurses in diesem Fall noch diskutiert wird – solche Verschmelzungen inkludiert, bei denen ausschließlich für das übertragende Unternehmen ein Börsenkurs vorhanden ist. Aus demselben Grund werden grenzüberschreitende Hinaus-Verschmelzungen berücksichtigt, bei denen

---

[159] Beim Squeeze-out handelt es sich bei der Zielgesellschaft um das Unternehmen, bei dem die Minderheitsaktionäre ausgeschlossen werden sollen, beim BGV um das beherrschte/den Gewinn abführende Unternehmen und bei der Verschmelzung um den übertragenden Rechtsträger.

[160] Für eine ausführlichere Betrachtung der Berücksichtigung von Kursen des Freiverkehrs vgl. Abschnitt 2.2.

[161] Vgl. Abschnitt 2.2. Ein Anteilsbesitz von 100 % wird in der Regel mit der Ankündigung mitgeteilt. Eine weitere Suche nach Anteilen wurde im Rahmen der Ermittlung des Streubesitzes aus dem Hoppenstedt Aktienführer vorgenommen. Es sollten daher keine Unternehmen in vollständigem Besitz des Hauptaktionärs in der Stichprobe enthalten sein. Bei 100 % Anteilsbesitz muss jedoch auch keine Abfindung angeboten werden und es ist keine signifikante Reaktion des Börsenkurses zu erwarten, daher sollte in diesen Fällen auch keine Ad-hoc-Mitteilung veröffentlicht werden.

[162] Vgl. *Häller/Adolff* (2024a), in: Rechtshandbuch Unternehmensbewertung, § 18 Rz. 18.11.

für den übertragenden Rechtsträger der Kurs an einer Börse in Deutschland vorliegt. Auch mergers of equals werden grundsätzlich berücksichtigt, wenngleich hier nur teilweise eine Anwendbarkeit des Börsenkurses bestätigt wurde.

Neben den aufgeführten und im späteren Verlauf betrachteten Arten von Strukturmaßnahmen gehören auch Gründungen oder Sitzverlegungen von SE (§§ 5 ff. SEAG) sowie Gründungen von Europäischen Genossenschaften (§§ 5 ff. SCEAG) zu weiteren möglichen Maßnahmen, bei denen eine angemessene Abfindung, ggf. unter Berücksichtigung des Börsenkurses, gewährt werden muss (§ 1 SpruchG). Für den betrachteten Zeitraum konnten jedoch keine Ankündigungen solcher gefunden werden. Eingliederungen von Aktiengesellschaften (§§ 319 ff. AktG) bleiben für die folgenden empirischen Betrachtungen ebenfalls unberücksichtigt, da auch hier keine Ankündigungen im betrachteten Zeitraum identifiziert wurden.[163] Auch Vermögensübertragungen (§§ 174 ff. UmwG) werden ausgeschlossen, da diese in der Praxis kaum von Bedeutung sind.[164] Formwechsel (§§ 190 ff. UmwG) werden nicht betrachtet, da hier grundsätzlich keine Vermögensübertragung stattfindet. Damit muss kein Umtauschverhältnis ermittelt werden, für das eine Unternehmensbewertung notwendig wäre.[165] Der übernahmerechtliche Squeeze-out (§§ 39a-c WpÜG) spielt eine untergeordnete Rolle, daher wird auch dieser ausgeschlossen.[166] Die Spaltung (§§ 123 ff. UmwG) wird ebenfalls nicht betrachtet, da dort die Börsenkursrechtsprechung bereits aufgrund eines nicht vorhandenen Kurses der übertragenen Vermögensteile nicht anwendbar ist.[167]

Die Stichprobe an Ankündigungen gesellschaftsrechtlicher Strukturmaßnahmen durch Zielgesellschaften wurde anhand verschiedener **Quellen** eigenhändig

---

[163] Alle Eingliederungen, die über eine Ankündigung identifiziert werden konnten, wurden in der Zeit vor 2002 angekündigt.

[164] Vgl. *Stengel* (2021), in: Umwandlungsgesetz, § 174 UmwG Rn. 10. Hier wird aufgeführt, dass es seit Inkrafttreten des UmwG am 01.01.1995 lediglich zwölf Vermögensübertragungen nach dem UmwG gab und diese alle von geringer Bedeutung waren.

[165] Vgl. *Bungert* (2024), in: Rechtshandbuch Unternehmensbewertung, § 22 Rz. 22.202.

[166] Vgl. *Schröder/Mendelin* (2024), in: Münchener Anwaltshandbuch Aktienrecht, § 44 Rn. 55, die beschreiben, dass sich der übernahmerechtliche Squeeze-out in der Praxis nicht durchgesetzt hätte. Für den Ausgleich bei einer Kapitalerhöhung nach § 1 Nr. 1 SpruchG ist erst seit dem 15.12.2023 ein Spruchverfahren vorgesehen, vgl. *Stilz/Schumann* (2024), in: beck-online.GROSSKOMMENTAR zum Aktienrecht, § 255 AktG Rn. 5.

[167] Vgl. *Bungert* (2024), in: Rechtshandbuch Unternehmensbewertung, § 22 Rz. 22.143.

zusammengestellt, um ein möglichst umfassendes Bild zu erlangen. Berücksichtigt wurden Ankündigungen für den Zeitraum von 01.01.2002[168] bis 31.12.2020. Wenn eine gesellschaftsrechtliche Strukturmaßnahme angestrebt wird, wird dies in der Regel durch eine Ad-hoc-Mitteilung veröffentlicht. Deshalb wurden zunächst Ad-hoc-Mitteilungen über die DGAP (Deutsche Gesellschaft für Adhoc Publizität mbH, später EQS News), über den euro adhoc-Service (bzw. EANS Adhoc) von APA-OTS (Originaltext-Service der Austria Presse Agentur eG) und weitere Finanznachrichtendienste gesucht.[169] Die Stichprobe wurde durch nicht direkt als ad-hoc erkennbare Mitteilungen über die DGAP (häufig Corporate News), GSC Research (German Small Caps, GSC Research GmbH) und andere Quellen für Unternehmensnachrichten wie weitere Internetseiten zu Finanznachrichten, Zeitungen und Homepages von Unternehmen ergänzt.[170]

Im Anschluss wurde die Stichprobe mit folgenden Daten abgeglichen:

- eigene Sammlung an Spruchverfahren und gutachterlichen Stellungnahmen zu gesellschaftsrechtlichen Strukturmaßnahmen[171]
- Hoppenstedt Aktienführer (bis 2018 verfügbar)[172]
- Zusammenstellungen von Strukturmaßnahmen oder Urteilen, die über verschiedene Internetseiten verfügbar sind[173]
- Stichproben aus bisherigen Studien zu gesellschaftsrechtlichen Strukturmaßnahmen (hauptsächlich aktienrechtlicher Squeeze-out)[174]

---

[168] Nach Bereinigung wurde eine Ankündigung aus dem Jahr 2001 für das Jahr 2002 einbezogen: Brainpool TV AG.

[169] So bspw. *FinanzNachrichten.de*, abgerufen am: 16.04.2024; *finanzen.net*, abgerufen am: 16.04.2024.

[170] Als Zeitungen werden bspw. das Handelsblatt oder branchenspezifische Zeitungen herangezogen.

[171] Urteile wurden über juris und beck-online (zusätzliche Suche im Internet) gesammelt.

[172] Die Daten aus diesem wurden über das Aktienführer-Datenarchiv der Universitätsbibliothek Mannheim extrahiert.

[173] Ergänzungen wurden anhand der folgenden Zusammenstellungen vorgenommen: *spruchverfahren direkt*, abgerufen am: 26.08.2022; *VzfK e. V.* (a), abgerufen am: 26.08.2022a; *VzfK e. V. (spruchverfahren.info)*, abgerufen am: 26.08.2022 (Kategorien für hier betrachtete Maßnahmen); *SdK e. V.*, abgerufen am: 26.08.2022; *Wikipedia*, abgerufen am: 26.08.2022. Zudem wurde der Blog von Herrn Arendts für weitere Informationen herangezogen, vgl. *Arendts*, abgerufen am: 26.08.2022.

[174] Die Stichproben von *Budzinski* (2012), S. 221 f.; *Cleary Gottlieb Steen & Hamilton LLP*, abgerufen am: 26.08.2022, S. 222–255; *Elsland/Weber* (2005), S. 27 f.; *Hecker/Kaserer* (2003), S. 162; *Helmis* (2003), S. 168 f.; *I-ADVISE*, abgerufen am: 26.08.2022, S. 29–33; *Munkert* (2005), S. 477–498; *Weimann* (2015), S. 88–98, sowie die Fortschreibung der Daten

Durch alle Abgleiche ließen sich in der Regel nur die Unternehmensnamen ermitteln.[175] Daher wurden für die gefundenen Unternehmen über die bereits zuvor verwendeten Quellen für Unternehmensnachrichten die erstmaligen Ankündigungen der Strukturmaßnahmen gesucht.

Wenn keine Ad-hoc- oder andere Mitteilung zu finden war, wurde – sofern vorhanden – die Einladung zur beschlussfassenden Hauptversammlung (HV)[176] der Zielgesellschaft verwendet. Das Datum der Einladung wurde über den elektronischen Bundesanzeiger oder wiso (für HV-Einladungen aus dem Jahr 2002) ermittelt. Darüber hinaus wurde das jeweilige Ankündigungsdatum der Strukturmaßnahme, falls vorhanden, mit bekannten Daten aus der Stichprobe von *Budzinski* und der eigenen Sammlung an Bewertungs- und Prüfungsgutachten sowie Urteilen abgeglichen. Bei vorhandenem Ankündigungsdatum aus einer dieser Quellen, aber nicht auffindbarer entsprechender Mitteilung (über eine Datenbank), wurde die Maßnahme in der Stichprobe belassen („Ankündigung n. a.").[177] Maßnahmen ohne Mitteilung und ohne bekanntes Ankündigungsdatum wurden hingegen nicht berücksichtigt.[178]

Die gesamte Stichprobe beinhaltet zunächst 682 gesellschaftsrechtliche Strukturmaßnahmen, die im betrachteten Zeitraum 2002–2020 durch 667 Unternehmen[179] angekündigt wurden. Einzelne, nicht umgesetzte Maßnahmen werden berücksichtigt, da die Nicht-Umsetzung zum Ankündigungszeitpunkt noch nicht bekannt war und den Börsenkurs daher zu diesem Zeitpunkt noch nicht beeinflussen sollte. Alle weiteren in der Analyse benötigten **Daten** für die Maßnahmen in

bis 31.03.2020 von der Internetseite, *VzfK e. V.*(b), abgerufen am: 24.09.2022; *Stange* (2010), S. 289–308; *Stöckl* (2010), S. 165–167; *Schwetzler*, abgerufen am:, S. 26–32 wurden zum Abgleich verwendet.

175 Außer bei dem Abgleich mit der Stichprobe von *Budzinski* (2012), S. 221 f., hier sind auch die Ankündigungszeitpunkte verfügbar.

176 Siehe Abschnitt 2.3 für die Veröffentlichungspflicht.

177 Diese Maßnahmen werden in Bezug auf die Form der Ankündigung unter 2.9.3 und den Inhalt der Ankündigung in 2.9.4 separat betrachtet („Ankünd_na").

178 Es besteht die Möglichkeit, dass einzelne Mitteilungen aufgrund des großen zeitlichen Abstands seit der Ankündigung nicht mehr vorhanden sind und stattdessen lediglich die etwas später veröffentlichte Einladung zur Hauptversammlung verfügbar ist oder aber keine Ankündigung.

179 Auf eine Börsennotierung/Einbeziehung in den Freiverkehr wurde zunächst nicht geprüft. Im späteren Verlauf werden jedoch Strukturmaßnahmen bei Unternehmen, für die kein Börsenkurs vorliegt, aus der Stichprobe eliminiert. Daher wird angenommen, dass nur noch Maßnahmen mit börsennotierten oder in den Freiverkehr einbezogenen Unternehmen als Zielgesellschaften in der Stichprobe verbleiben. Ad-hoc-Mitteilungen sollten zudem nur von Unternehmen veröffentlicht werden, deren Aktien an der Börse gehandelt werden.

der Stichprobe wurden aus S&P Capital IQ (CIQ) gewonnen. Beispielsweise wurden die Zeitreihen der dividendenadjustierten (um Aktiensplits, Bardividenden, Bezugsangebote und Spin-offs korrigierten) Tagesschlusskurse für die relevanten Zeiträume der Ereignisstudie extrahiert oder die Marktkapitalisierung identifiziert. Strukturmaßnahmen, bei denen sowohl Stamm- als auch Vorzugsaktien betroffen sind, wurden jeweils ausschließlich mit dem Kurs der Hauptnotierung aus CIQ in die Stichprobe einbezogen.[180] Weitere Daten wurden händisch ergänzt, so bspw. die Mitteilung einer Abfindungshöhe (aus der Ankündigung), der Streubesitz (aus der Ankündigung bzw. dem Hoppenstedt Aktienführer oder spätestens der HV-Einladung) oder das Datum der Hauptversammlung (aus den entsprechenden im elektronischen Bundesanzeiger oder bei wiso verfügbaren Einladungen).

292 der 682 Maßnahmen mussten wegen nicht vorhandener Börsenkursdaten im Schätz- oder Ereignisfenster der Ereignisstudie aus der **Stichprobe** eliminiert werden. Eine Maßnahme wurde aufgrund ungewöhnlich starker Kursschwankungen entfernt.[181] In einem Fall wurden zwei Unternehmen auf ein drittes verschmolzen. Es werden beide übertragenden Gesellschaften betrachtet.[182] Zwei Maßnahmen eines Unternehmens sowie jeweils eine Maßnahme von zwei weiteren Unternehmen (von denen eine Maßnahme bereits mangels Kursdaten entfernt wurde) werden aus der Stichprobe entfernt, da sich hier jeweils die betrachteten Zeitfenster für die Ereignisstudie überschneiden würden.[183] Bei der jeweils anderen Ankündigung würde es sich um ein den Kurs voraussichtlich ebenfalls beeinflussendes Fremdereignis („confounding" oder „extraneous event") handeln.[184] Sie werden aufgrund fehlender Abgrenzungsmöglichkeit unmittelbar bereinigt. Ansonsten wurde für die Stichprobe keine spezielle Suche nach „confounding events" durchgeführt, da die Strukturmaßnahmen zu verschiedenen Zeitpunkten stattfinden. Daher sollten „confounding events" über die

---

[180] Es handelt sich hier um die von S&P Capital IQ eigens festgelegte Hauptnotierung (primary listing) der Aktie.

[181] Es handelt sich hier um die Areal Immobilien und Beteiligungs-AG. Zwei der 292 Maßnahmen weisen bei Anwendung des Lumped Return-Verfahrens ausschließlich Nullrenditen im Schätz- und Ereignisfenster auf.

[182] Die beiden Gesellschaften sind die freenet.de AG und die mobilcom AG.

[183] Es liegen weniger als 448 Handelstage (Schätzfenster von 256 Tagen + 128 Tage Ereignisfenster vor Ankündigung + 64 Tage Ereignisfenster der vorhergehenden Maßnahme nach Ankündigung) zwischen den Ankündigungen.

[184] Vgl. *Lubatkin* (1987), S. 43; für die Bezeichnung als „confounding event" vgl. bspw. *Campbell/Lo/MacKinlay* (1997), S. 150; *Goerke* (2009), in: Methodik der empirischen Forschung, Event Studies S. 470 f.

Gesamtstichprobe keinen oder nur einen sehr geringen Einfluss haben. Drei Zielgesellschaften verbleiben mit jeweils zwei Maßnahmen in der Stichprobe, da sich die Zeitfenster nicht überschneiden.[185]

Die Stichprobe umfasst nach Bereinigung schlussendlich 385 Ankündigungen gesellschaftsrechtlicher Strukturmaßnahmen (die Zielgesellschaften der finalen Stichprobe sind in Anlage 1 im elektronischen Zusatzmaterial abgebildet).[186] Tabelle 2.2 zeigt die Bereinigungsschritte.

Tabelle 2.2 Umfang der betrachteten Stichprobe und Bereinigungsschritte

Erläuterung	Verbleibender Stichprobenumfang (Anzahl Strukturmaßnahmen)
Gesamte ursprüngliche Stichprobe	682
Bereinigung um Maßnahmen ohne Kursdaten im Schätz- oder Ereignisfenster oder mit starken Kursschwankungen	389
Bereinigung um Maßnahmen derselben Unternehmen, für die sich die Fenster der Ereignisstudie überschneiden	385

Die Tabelle zeigt den ursprünglichen Stichprobenumfang vor Bereinigung sowie die einzelnen Bereinigungsschritte mit dem nach diesen verbleibenden Umfang (in Anzahl an Strukturmaßnahmen).

Als Rechtsform der Zielgesellschaft (Kapitalgesellschaft) ist bei den Strukturmaßnahmen am häufigsten die Aktiengesellschaft vertreten (mit 373 Maßnahmen), gefolgt von der SE mit neun Maßnahmen, der GmbH & Co. KGaA mit zwei Maßnahmen und der KGaA mit einer Maßnahme.

[185] Dies sind infor business solutions AG (Beherrschungsvertrag, Verschmelzung; der Beherrschungsvertrag wurde wegen des anderen Hauptaktionärs berücksichtigt, auch wenn ansonsten keine vorausgehenden BGVs betrachtet werden), Kontron Embedded Computers AG/Kontron AG (beides Verschmelzungen, Kontron AG entstand aus erster Verschmelzung), Leica Camera AG (beides aktienrechtliche Squeeze-outs, erster nicht umgesetzt).

[186] Öffentlich angekündigt wird (auch wenn das Verlangen meist von dem Hauptaktionär an die Zielgesellschaft gerichtet wird) in der Regel durch die Zielgesellschaft als Emittentin. In einzelnen Fällen wird jedoch erstmals durch den Hauptaktionär veröffentlicht, dann wurde für die Ereignisstudie diese Ankündigung verwendet. Bei doppelten Maßnahmen bei drei der Gesellschaften wird die Zielgesellschaft dennoch doppelt aufgeführt, da in manchen Fällen der Name geändert wurde.

2.6.2 Beschreibung der Stichprobe

Abbildung 2.1 zeigt die noch nicht um fehlende Daten bereinigte Stichprobe der 682 Ankündigungen von Strukturmaßnahmen im Zeitverlauf.

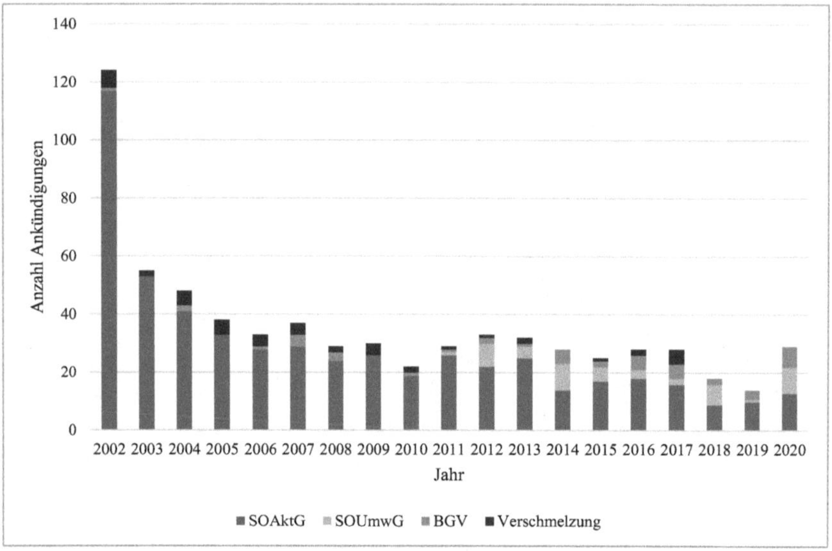

Abbildung 2.1 Anzahl angekündigter Strukturmaßnahmen nach Jahr und Art der Strukturmaßnahme[187]
Die Abbildung zeigt die Anzahl angekündigter Strukturmaßnahmen (anhand der unbereinigten Stichprobe der 682 Ankündigungen) für jedes Jahr innerhalb des Zeitraums, über den die Stichprobe ermittelt wird. Abgebildet wird die Ankündigungsanzahl nach verschiedenen Arten von Maßnahmen: Aktienrechtlicher Squeeze-out (SOAktG), umwandlungsrechtlicher Squeeze-out (SOUmwG), Beherrschungs- und/oder Gewinnabführungsvertrag (BGV) sowie Verschmelzung.

In dieser Übersicht (vor Berücksichtigung einer Börsennotierung oder Einbeziehung in den Freiverkehr) ist zu erkennen, dass der aktienrechtliche Squeeze-out die mit Abstand am häufigsten vorkommende Strukturmaßnahme (540 Ankündigungen) darstellt. In bisherigen Studien zum Thema wird dieser hauptsächlich

[187] Zwei Ankündigungen aus dem Jahr 2001 wurden für das Jahr 2002 mit einbezogen.

und häufig ausschließlich betrachtet.[188] In 2002, dem Jahr der Einführung der Möglichkeit des Squeeze-out in das Aktienrecht, sind die meisten Ankündigungen desselben zu verzeichnen (117). In den Folgejahren nimmt die Anzahl an Ankündigungen leicht ab, schwankt allerdings auch etwas im Zeitverlauf. Der umwandlungsrechtliche Squeeze-out ist erst in den Jahren nach 2010 in der Stichprobe zu finden, da ein solcher erst seit dem Jahr 2011 möglich ist. Für diesen sind leichte Schwankungen in der Ankündigungsanzahl über die Jahre sichtbar. Die Obergrenze liegt bei neun bekannten Ankündigungen in einem Jahr (2014). Verschmelzungen werden in den Jahren ab 2002 regelmäßig in ähnlicher Anzahl pro Jahr angekündigt (zwischen zwei und sechs), ab 2011 jedoch seltener (zwischen null und zwei pro Jahr, nur in 2017 mit fünf außergewöhnlich häufig). Die abnehmende Anzahl könnte durch die neu geschaffene Möglichkeit des umwandlungsrechtlichen Squeeze-out bedingt sein. Dieser wurde ab 2011 möglicherweise teilweise statt einer (ausschließlichen) Verschmelzung angewendet. BGVs sind über die Jahre in leicht schwankender, aber geringer Anzahl zu identifizieren. Sie treten zu Beginn des Betrachtungszeitraums etwas seltener auf als in den späteren Jahren (maximal sieben, teilweise aber auch null innerhalb eines Jahres).

Tabelle 2.3 liefert einen Überblick über die in der Stichprobe der 385 Strukturmaßnahmen vertretenen Arten von Strukturmaßnahmen (nach Bereinigung) und die Formen der Ankündigung.

---

[188] Siehe den Literaturüberblick in Abschnitt 2.5. Weimann wertet in seiner aktuellen Studie sogar 632 wirksame (von 652 geplanten) Squeeze-outs zwischen 01.01.2002 und 31.12.2022 hinsichtlich verschiedener Daten (nicht Ankündigungsreaktionen) aus, vgl. *Weimann* (2024), S. XX, 367–381 (diese wurde nach finaler Fertigstellung der Stichprobe veröffentlicht und stand daher nicht mehr für einen Abgleich zur Verfügung).

Tabelle 2.3 Stichprobe nach Art der Strukturmaßnahme[189]

Art der Strukturmaßnahme	Anzahl Ankündigungen von Strukturmaßnahmen (Summe: 385)	davon Ad-hoc-Mitteilungen	davon sonstige Mitteilungen	davon HV-Einladungen	davon Ankündigung n. a.
Aktienrechtlicher Squeeze-out	302	173	60	60	9
Umwandlungsrechtlicher Squeeze-out	37	23	14	–	–
BGV	24	21	2	–	1
Verschmelzung	22	19	3	–	–

Die Tabelle zeigt die bereinigte Stichprobe der 385 Strukturmaßnahmen, aufgeteilt nach Art der Maßnahme (aktienrechtlicher Squeeze-out, umwandlungsrechtlicher Squeeze-out, BGV und Verschmelzung). Zudem wird dargestellt wie viele Strukturmaßnahmen (aufgeteilt nach Arten von Strukturmaßnahmen) über Ad-hoc-Mitteilungen, sonstige Mitteilungen und HV-Einladungen angekündigt wurden sowie für wie viele keine Datei einer Ankündigung vorhanden ist (Ankündigung n. a.).

Den mit Abstand größten Anteil an den Strukturmaßnahmen in der Stichprobe weist der aktienrechtliche Squeeze-out auf mit ca. 78,4 %, gefolgt vom umwandlungsrechtlichen Squeeze-out mit 9,6 % und dem BGV mit 6,2 % (13 Beherrschungs- und Gewinnabführungsverträge, 9 Beherrschungsverträge, 2 Gewinnabführungsverträge). Verschmelzungen sind zu 5,7 % vertreten. Die Tabelle zeigt zusätzlich die Formen der Ankündigung der in der Stichprobe enthaltenen Strukturmaßnahmen. Der größte Anteil der Maßnahmen wird jeweils durch eine Ad-hoc-Mitteilung angekündigt, vor allem beim BGV mit 87,5 % und der Verschmelzung mit 86,4 %; bei den Squeeze-outs sind es jeweils annähernd 60 %. Bei Squeeze-outs werden auch andere Mitteilungsformen häufig angewendet – Mitteilungen, die nicht direkt als ad-hoc erkennbar sind oder aus anderen Quellen für Finanznachrichten. Dies könnte jedoch durch eine leichte Verzerrung der Stichprobe bedingt sein. Für die Teilstichprobe der Squeeze-outs

[189] Der korrigierte (normierte) Kontingenzkoeffizient zeigt mit 0,32 einen schwachen bis mittleren Zusammenhang zwischen der Art der Strukturmaßnahme und der Ankündigungsform.

bestanden die meisten Möglichkeiten eines Abgleichs. Somit wurden dort möglicherweise durch eine Rückwärtssuche auch eher Ankündigungen abseits der bekannten Nachrichtendienstleister gefunden. Zudem sind Daten wie Börsenkurse für Unternehmen, die Ad-hoc-Mitteilungen veröffentlichen, vermutlich eher verfügbar. Unternehmen mit anderen Ankündigungsformen würden daher mit ihren Maßnahmen tendenziell aus der Stichprobe ausscheiden.

Die folgende Tabelle liefert einen Überblick über die Größe der Unternehmen[190] in der Stichprobe, gemessen anhand der durchschnittlichen Marktkapitalisierung im dreimonatigen Zeitraum vor der Ankündigung und der letzten verfügbaren Bilanzsumme vor dem Ankündigungstag.

Tabelle 2.4 Marktkapitalisierung und Bilanzsumme der Zielgesellschaften in der Stichprobe[191]

	Marktkapitalisierung (in Mio. EUR)[192]	Bilanzsumme (in Mio. EUR)[193]
Mittelwert	1.269,48	8.987,71
Median	183,27	194,32
Standardabweichung	3.894,60	47.312,08
Minimum	0,66	0,03
Maximum	34.975,13	519.706,00

Die Tabelle zeigt eine deskriptive Statistik der Marktkapitalisierung (in Mio. Euro) und der Bilanzsumme (in Mio. Euro) für die in der Gesamtstichprobe als Zielgesellschaften vertretenen 382 Unternehmen. Abgebildet werden Mittelwert, Median, Standardabweichung, Minimum und Maximum. Gemessen wird die Marktkapitalisierung anhand eines ungewichteten Durchschnittes über die drei Monate vor der Ankündigung. Die Bilanzsumme stellt die vor Ankündigung letzte verfügbare Summe dar.

---

[190] Hier werden die Zielgesellschaften betrachtet, nicht alle Strukturmaßnahmen, da ansonsten einzelne Unternehmen mit mehreren Maßnahmen doppelt erfasst würden.

[191] Für die drei Unternehmen, die in der Stichprobe der 385 Maßnahmen mit jeweils zwei Maßnahmen vertreten sind, wurde die Unternehmensgröße zum Zeitpunkt der Ankündigung der zeitlich ersten Maßnahme verwendet. Die Tabelle umfasst daher Daten zur Größe von 382 Unternehmen.

[192] Für 44 Unternehmen sind keine ausreichenden Daten verfügbar, hier wurde aus dem letzten verfügbaren Jahres-/Konzernabschluss die Anzahl ausgegebener Aktien ermittelt und mit dem entsprechenden Börsenkurs multipliziert.

[193] Für 32 Unternehmen in der Stichprobe ist die Bilanzsumme nicht verfügbar, daher wurde die Bilanzsumme aus dem letzten verfügbaren Jahres-/Konzernabschluss vor Ankündigung bzw. dem Hoppenstedt Aktienführer verwendet.

Wenig überraschend zeigt sich in Tabelle 2.4 eine sehr große Streuung der Größe der betrachteten Unternehmen, insbesondere hinsichtlich der Bilanzsumme. Dies kann auf einer tatsächlich unterschiedlichen Größe der Unternehmen beruhen. Eine Ursache könnte auch in dem besonderen Geschäftsmodell und der daran angepassten Bilanzstruktur von Banken und Versicherungen in der Stichprobe liegen (diese sind wie nachfolgend sichtbar häufig vertreten).

Tabelle 2.5 zeigt die Branchen der Zielgesellschaften. Für die Zuteilung wurden die fünf Branchenportfolios verwendet, die auf der Homepage von Kenneth R. French abrufbar sind.[194] Zugeteilt wurde anhand der vierstelligen SIC-Codes.

Tabelle 2.5 Branchen der Zielgesellschaften in der Stichprobe

Nummer	Branchen-Portfolio	Anzahl an Unternehmen (Summe: 382 Unternehmen)
1	Consumer Durables, Nondurables, Wholesale, Retail, and Some Services (Laundries, Repair Shops)	60
2	Manufacturing, Energy, and Utilities	90
3	Business Equipment, Telephone and Television Transmission	79
4	Healthcare, Medical Equipment, and Drugs	9
5	Other – Mines, Construction, Building Materials, Transportation, Hotels, Business Services, Entertainment, Finance	144 (davon 101 Finance, Insurance, Real Estate)

Die Tabelle zeigt die von Fama/French vorgenommene Einteilung in fünf Branchen-Portfolios und die jeweils anhand der vierstelligen SIC-Codes zuzuordnenden Unternehmen (insgesamt 382 Zielgesellschaften; die Finanzbranche wird zudem separat aufgeführt).

[194] Vgl. *French*, abgerufen am: 16.04.2024. Die Basis für die dort zu findende Unterteilung in fünf Branchen stellt die Klassifizierung durch Fama/French in 17 Branchen dar, vgl. *Fama/French* (1988), S. 252. Diese Unterteilung basiert bspw. auf ähnlicher Tätigkeit innerhalb einer Industrie, diversifizierter Portfolios in der Industrie, einer geringen Konzentration an Firmen in Bezug auf die Größe innerhalb einer Branche. Die Einteilung in fünf Branchen wurde gewählt, da die SIC-Codes für die meisten Unternehmen verfügbar sind und da durch die Zuteilung zu wenigen Branchen für die meisten Branchen ein ausreichender Stichprobenumfang für weitere Analysen besteht.

Die Tabelle zeigt, dass mit 101 Zielgesellschaften die meisten der Finanzbranche angehören.[195] An zweiter Stelle folgt das verarbeitende Gewerbe, Energie und Versorgung, gefolgt von Geschäftsausstattung, Telefon- und Fernsehübertragung. Der geringste Anteil an Unternehmen gehört dem Bereich des Gesundheitswesens an.

2.7 Methodik der Ereignisstudie

Für die Analyse der Kapitalmarktreaktionen auf Ankündigungen gesellschaftsrechtlicher Strukturmaßnahmen (in Form von Bewegungen der Börsenkurse der Aktien von Zielgesellschaften) wird eine Ereignisstudie verwendet. Die Ankündigung der Strukturmaßnahme stellt das betrachtete **Ereignis** dar. Der Zeitpunkt $t = 0$ entspricht dem Ereigniszeitpunkt[196] und damit im betrachteten Fall dem Tag der Ankündigung der gesellschaftsrechtlichen Strukturmaßnahme.

Bei der Ankündigung handelt es sich in der Regel um die Ad-hoc-Mitteilung der Zielgesellschaft nach Art. 17 MMVO bzw. vor dem 03.07.2016 nach § 15 WpHG.[197] Dieser Stichtag wird regelmäßig als Endzeitpunkt des Dreimonatszeitraums der Abfindungsbemessung anhand des Börsenkurses verwendet.[198] Bereits zuvor kann sich mit dem Auftreten von Gerüchten die Markterwartung ändern (und damit eine abnormale Rendite entstehen). Hinweise auf Gerüchte werden ebenfalls im Rahmen der Ereignisstudie analysiert.

Für die Modellierung der Renditen im Ereignisfenster, die sich ohne das Ereignis ergeben hätten, wird das **Marktmodell** verwendet. Beim Marktmodell handelt es sich um ein risikoadjustiertes Modell.[199] Gegenüber den nicht risikoadjustierten Modellen ohne Einbezug von Risiko sind diese etwas präziser.[200]

[195] Diese werden hier in der Stichprobe belassen, da es für die Ereignisstudie nicht auf die Unternehmensstruktur und die Tätigkeit ankommt, sondern lediglich auf den Aktienkurs. Dennoch wird im Rahmen der multivariaten Regression in Abschnitt 2.9.2 der Einfluss der Branche auf abnormale Renditen betrachtet.

[196] Vgl. *Kothari/Warner* (2007), S. 9.

[197] In manchen Fällen wird sie jedoch nicht explizit als solche bezeichnet oder kategorisiert, vgl. dazu Abschnitt 2.6.2.

[198] Vgl. BGH v. 19.07.2010 – II ZB 18/09 (Stollwerck), juris Rz. 25.

[199] Vgl. *Thomas* (2008), S. 178–183 für eine Erläuterung zu risikoadjustierten Modellen.

[200] Vgl. *Brown/Warner* (1980), S. 205 f.

Brown/Warner finden keine Evidenz, dass komplexere Modelle dem hier verwendeten Ein-Faktor-Marktmodell überlegen sind.[201] Auch *Campbell/Lo/MacKinlay* sehen nur einen begrenzten zusätzlichen Nutzen durch die Verwendung von Mehr-Faktor-Modellen anstelle von Modellen mit einem einzelnen erklärenden Faktor.[202] Das Marktmodell ist in empirischen Studien üblich und wird in den meisten im Literaturüberblick aufgeführten Studien (mit Ereignisstudie) verwendet.[203]

Das **Ereignisfenster** – das Zeitfenster um den Ereigniszeitpunkt, für das die Kapitalmarktreaktionen betrachtet werden – kann sich je nach Untersuchungsgegenstand über kürzere oder längere Zeiträume vor und nach dem Ereignis erstrecken.[204] Im vorliegenden Fall sind ebenfalls Zeiträume vor dem Ereignistag von Interesse, da eine mögliche Antizipation des Ereignisses am Kapitalmarkt untersucht werden soll. Außerdem wird die Kursentwicklung für Zeiträume nach dem Ereignis betrachtet, um die weitere Verarbeitung der Information (Diffusion) im Markt zu analysieren. Die Länge des Ereignisfensters wird je nach empirischer Studie stets individuell gewählt. Diesbezüglich besteht bisher keine Einigkeit in der Wirtschaftswissenschaft.[205] Für ein kürzeres Zeitfenster spricht eine im Vergleich zu längeren Zeiträumen bessere Möglichkeit abnormale Performance zu erkennen.[206] Treten andere Ereignisse im Ereignisfenster auf, ist es schwierig, den Effekt eines einzelnen Ereignisses zu separieren. Die abnormale Rendite[207] wird grundsätzlich (der Methode entsprechend) dem betrachteten Ereignis zugeordnet.[208] Durch den großen Umfang der betrachteten Stichprobe (und die verschiedenen Ereigniszeitpunkte) sollte der Einfluss von anderen Ereignissen im Mittelwert für die Stichprobe jedoch kaum noch bis gar nicht vorhanden

---

[201] Vgl. *Brown/Warner* (1980), S. 249 für Monatsrenditen und *Brown/Warner* (1985), S. 25 für Tagesrenditen.

[202] Vgl. *Campbell/Lo/MacKinlay* (1997), S. 156.

[203] Vgl. *Eisele/Walter* (2003), S. 17 f.; *Ehrhardt/Lahr/Wessel* (2004), S. 363; *Elsland/Weber* (2005), S. 12; *Budzinski* (2012), S. 122; *Schilling/Kaspar* (2015), S. 71.

[204] Vgl. *Campbell/Lo/MacKinlay* (1997), S. 151.

[205] Vgl. die Ereignisfenster bisheriger Studien zum Thema im Literaturüberblick in Abschnitt 2.5; vgl. auch *Thomas* (2008), S. 159 f., 188.

[206] Vgl. *Kothari/Warner* (2007), S. 15; für die Bezeichnung als „confounding event" vgl. bspw. *Campbell/Lo/MacKinlay* (1997), S. 150.

[207] In der deutschen Sprache wäre eine Bezeichnung als „anormale" Rendite gebräuchlicher. Im Sinne der Einheitlichkeit zu anderen wissenschaftlichen Arbeiten und der Nähe zum englischen Terminus „abnormal return" wird dennoch die Bezeichnung als abnormale Rendite (oder Überrendite) verwendet.

[208] Vgl. *McWilliams/Siegel* (1997), S. 629.

sein. Für einen längeren Zeitraum spricht die Möglichkeit zur Erfassung von Reaktionen im Börsenkurs, die bereits sehr früh vor dem Ereignis oder deutlich nachgelagert auftreten.[209] Das hier verwendete maximale Ereignisfenster reicht von 128 Tagen vor bis 64 Tage nach dem Ereignis der Ankündigung. Es wurde gewählt, um auch Effekte im Zeitraum vor dem (für die Abfindungsbemessung relevanten) Dreimonatszeitraum vor Ankündigung betrachten zu können. Danach sollen Entwicklungen bis etwa zur beschlussfassenden Hauptversammlung erfasst werden.[210]

Da für die Ereignisstudie das Marktmodell[211] angewendet wird, muss zusätzlich ein **Schätzfenster** festgelegt werden. Bei der Entscheidung über die Länge des Schätzzeitraums ist ebenfalls zu beachten, dass dieser nach Möglichkeit keine anderen Ereignisse umfasst, die bereits zu einer Reaktion des Börsenkurses führen. Bei kürzeren Zeiträumen ist die Wahrscheinlichkeit einer Verzerrung geschätzter Renditen durch andere Ereignisse (sog. confounding events) geringer.[212] Wiederum ist die Größe der betrachteten Stichprobe von Vorteil, um solche Effekte zu reduzieren. Andererseits ist eine lange Schätzperiode vorteilhaft für eine ausreichende Datenverfügbarkeit und die Robustheit im Vergleich zu kürzeren Fenstern.[213] Als Schätzfenster wird ein Kalenderjahr verwendet, was ca. 256 Handelstagen entspricht.[214] Da das Schätzfenster direkt vor dem Ereignisfenster liegt, umfasst es relativ zum Ereignistag $t = 0$ das Intervall $[-384; -129]$ Tage. Anhand des Zusammenhangs zwischen der Rendite der Aktie und des

---

209 Vgl. hierzu auch *Schilling/Kaspar* (2015), S. 73.

210 Vgl. auch die gewählten Fenster bei *Elsland/Weber* (2005), S. 11. 128 Handelstage entspricht ca. einem halben Jahr und 64 Handelstage ca. drei Monaten. Der Mittelwert (Median) der Differenz in Tagen zwischen der Ankündigung und dem Tag der Hauptversammlung beträgt für die betrachtete Stichprobe 79,4 (79) Handelstage. Durch vor der Ankündigung der betrachteten Maßnahme ggf. abgeschlossene BGVs oder durchgeführte Angebote nach dem WpÜG können Effekte in der Stichprobe enthalten sein, die sich allerdings durch die unterschiedlichen Ankündigungszeitpunkte und die Durchschnittsbildung über die Stichprobe weitgehend ausgleichen sollten.

211 Erstmals *Sharpe* (1963), S. 277 ff.

212 Vgl. *Lubatkin* (1987), S. 43.

213 Vgl. *Budzinski* (2012), S. 122 f. (hier wird jedoch ein kürzeres Schätzfenster von 120 Tagen verwendet); *Schilling/Kaspar* (2015), S. 71. Sie wenden alternativ ein Schätzfenster von einem halben Jahr an und kommen zu ähnlichen Ergebnissen wie bei einem Schätzzeitraum von einem Jahr, vgl. Fn. 15.

214 Vgl. *Schilling/Kaspar* (2015), S. 71 bzw. *Elsland/Weber* (2005), S. 12, die Schätzzeiträume in gleicher bzw. ähnlicher Länge verwenden.

Marktes in diesem Schätzfenster wird die „normale“ – ohne das Ereignis anhand des Modells geschätzte – Rendite der Aktie im Ereignisfenster ermittelt.[215]

Bei Anwendung des Marktmodells[216] wird ein linearer Zusammenhang zwischen der Rendite von Aktie i (R_{it}) und der Marktrendite (R_{mt}) angenommen. Die Parameter werden über eine Minimierung der aufsummierten Abweichungsquadrate berechnet (Ordinary Least Squares, OLS).

$$R_{it} = \alpha_i + \beta_i R_{mt} + \varepsilon_{it} \tag{2.1}$$

Im Anschluss kann durch Subtraktion dieser geschätzten Rendite ($\widehat{\alpha_i} + \widehat{\beta_i} R_{mt}$) von der tatsächlich beobachteten Rendite R_{it} an einem Tag im Ereignisfenster eine abnormale Rendite ermittelt werden.[217] Die geschätzte Überrendite AR_{it} der Aktie i an Tag t beträgt dann:

$$AR_{it} = R_{it} - (\widehat{\alpha_i} + \widehat{\beta_i} R_{mt}) \tag{2.2}$$

Durch Bilden des Mittelwertes dieser Überrenditen über die Stichprobe mit Stichprobenumfang N ergibt sich eine durchschnittliche Überrendite AAR_t an Tag t von:

$$AAR_t = \frac{1}{N} \sum_{i=1}^{N} AR_{it} \tag{2.3}$$

Die kumulative Überrendite $CAR_{i;t_1,t_2}$ (Cumulative Abnormal Return) wird durch Aufsummieren der Überrenditen AR_{it} über ein Zeitfenster von t_1 bis t_2 innerhalb des Ereignisfensters berechnet. Sie beträgt für Aktie i in der Stichprobe:

$$CAR_{i;t_1,t_2} = \sum_{t=t_1}^{t_2} AR_{it} \tag{2.4}$$

Durch Aufsummieren der durchschnittlichen Überrenditen AAR_t der Stichprobe über das entsprechende Zeitfenster t_1 bis t_2 innerhalb des Ereignisfensters ergibt

---

215 Vgl. *Thomas* (2008), S. 182 f.

216 Für die Formeln (2.1) bis (2.5) zum Marktmodell und den Überrenditen vgl. auch *Elsland/Weber* (2005), S. 12 f.; *Thomas* (2008), S. 182 f., 203–205; *Budzinski* (2012), S. 119–125; *MacKinlay* (1997), S. 18, 20 f.; *Kothari/Warner* (2007), S. 9 f.

217 Vgl. *Campbell/Lo/MacKinlay* (1997), S. 152, 158 f.

sich eine kumulierte durchschnittliche Überrendite ($CAAR_{t_1,t_2}$ – Cumulative Average Abnormal Return) von:

$$CAAR_{t_1,t_2} = \sum_{t=t_1}^{t_2} AAR_t \tag{2.5}$$

Es werden diskrete tägliche Renditen R_t verwendet:[218]

$$R_t = \frac{P_t - P_{t-1}}{P_{t-1}} = \frac{P_t}{P_{t-1}} - 1 \tag{2.6}$$

Die täglichen Börsenkurse (P_t), die für die Berechnung der realisierten Rendite verwendet werden, müssen um Dividendenzahlungen sowie Kapitalmaßnahmen bereinigt sein.[219] Längere Renditeintervalle (bspw. Monatsrenditen) könnten nach *Morse* lediglich bei Unklarheit über den Ankündigungszeitpunkt angemessener erscheinen.[220] Da der Ankündigungszeitpunkt für die betrachtete Stichprobe bekannt ist und bereinigte Zeitreihen der Daten verfügbar sind, können Tagesrenditen verwendet werden.[221] Sollte die Ankündigung abends nach Börsenschluss veröffentlicht werden, zeigen sich die entsprechenden Effekte am Folgetag.[222]

Als **Referenzindex**, auf dessen Basis die tägliche Marktrendite (R_{mt}) berechnet wird, wird der CDAX verwendet. Dieser beinhaltet alle deutschen Unternehmen, die an der Frankfurter Börse in den Segmenten des General und des Prime Standard notiert sind.[223] Der CDAX wird in allen Ereignisstudien aus Abschnitt 2.5 verwendet. Er wird analog zu den Aktienkursen der Unternehmen in Form des Performanceindex gebraucht.

---

[218] Vgl. für die Notation *Schmid/Trede* (2006), S. 3. Bei kleinen Renditen und damit in der Regel auch bei Tagesrenditen besteht ein vernachlässigbarer Unterschied zwischen diskreten und stetigen Renditen, vgl. *Schmid/Trede* (2006), S. 5. *Dorfleitner* (2002), S. 238 empfiehlt die Verwendung von diskreten Renditen aufgrund der Portfolio-Idee, auf der Ereignisstudien basieren; auch *Schilling/Kaspar* (2015), S. 70; *Budzinski* (2012), S. 124 verwenden diskrete Renditen.

[219] Vgl. *Ziemer* (2018), S. 164.

[220] Vgl. *Morse* (1984), S. 619.

[221] Dennoch besteht die Möglichkeit, dass es sich bei manchen Unternehmen nicht um den ersten Ankündigungszeitpunkt handelt (da bspw. Mitteilungen mittlerweile nicht mehr verfügbar sind).

[222] Vgl. *Campbell/Lo/MacKinlay* (1997), S. 151.

[223] Vgl. *Börse* Frankfurt, CDAX – Börsenlexikon, abgerufen am: 27.07.2024.

Wenn Tage ohne Handel bestehen, was auf eine eher geringe Liquidität hindeutet, so wird das **Lumped-Return**-Verfahren angewendet. Hierbei wird ein fehlender Kurs durch den Kurs des Vortages ersetzt. Für Tage ohne Handel ergibt sich damit eine Rendite von null. Dem ersten Tag, an dem nach einer Pause wieder Handel stattfindet, wird die Rendite zugeordnet, die sich aus dem Kurs des davorliegenden letzten Handelstages und dem des aktuellen Handelstages berechnet.[224] Im Rahmen der Robustheitsprüfungen wird alternativ das **Trade-to-Trade**-Verfahren angewendet, bei dem Tage ohne Handel nicht berücksichtigt werden – entsprechend auch für den Marktindex. Dadurch entsteht ein geringerer Stichprobenumfang. Heteroskedastische Residuen durch sich ergebende verschiedene Intervalllängen im Rahmen der Regression für das Marktmodell werden durch eine Gewichtung mit Intervalllängen vermieden.[225]

Auf **Signifikanz** wird anhand des parametrischen Signifikanztests (t-Test) nach *Boehmer/Musumeci/Poulsen*[226] mit der cross-sectional Anpassung nach *MacKinlay*[227] (im Folgenden BMP) getestet.[228] Da die Annahme einer Normalverteilung der (abnormalen) Renditen für den parametrischen BMP-Test nicht unbedingt der Realität entspricht, wurde neben dem parametrischen auch ein nicht parametrischer Test verwendet: Der Generalized Rank T-Test nach *Kolari/*

[224] Vgl. *Eger* (1983), S. 551 f.; *Ziemer* (2018), S. 187.

[225] Vgl. für die Berechnung *Dimson/Marsh* (1983), S. 756; *Ziemer* (2018), S. 187. Vgl. für die Anfänge des Trade-to-Trade-Verfahrens *Schwert* (1977), S. 51; *Franks/Broyles/Hecht*, S. 1513; *Marsh* (1979), S. 839.

[226] Vgl. *Boehmer/Musumeci/Poulsen* (1991), S. 253.

[227] Vgl. *MacKinlay* (1997), S. 27 f.

[228] Dieser wird so oder in ähnlicher Form meist verwendet. Vgl. *Budzinski* (2012), S. 126 f.; *Schilling/Kaspar* (2015), S. 71; *Ehrhardt/Lahr/Wessel* (2004), S. 364, kein Hinweis auf Anpassung; *Eisele/Walter* (2003), S. 19 f., wobei diese zusätzlich eine andere Ausprägung des Tests anwenden sowie auch den „einfachen" t-Test. Elsland/Weber verwenden laut Angabe ebenfalls einen cross-sectional t-Test, vgl. *Elsland/Weber* (2005), S. 13. Für die im Rahmen des BMP-Tests angewendeten Formeln vgl. *Boehmer/Musumeci/Poulsen* (1991), S. 269 f.; *Friederich u. a.* (2002), S. 29; *Budzinski* (2012), S. 127; *Kolari/Pynnönen* (2010), S. 4002 f.

Pynnönen[229] (im Folgenden KP),[230] dem keine Verteilungsannahme zugrunde liegt.[231]

Beide verwendeten Tests sind robust bei ereignisinduziert erhöhter Volatilität. Sie lehnen die Nullhypothese, dass das Ereignis die Kurse der Unternehmen nicht beeinflusst (und damit keine abnormalen Renditen vorliegen) in angemessener Häufigkeit ab. Ereignistag-Clustering beeinflusst jedoch die Ergebnisse des BMP-Tests stärker als den KP-Test. Für den BMP- und den KP-Test ist es irrelevant wie die Überrenditen im CAR-Fenster verteilt sind, da kumulative standardisierte Überrenditen verwendet werden (können). Ein Vorteil des KP-Tests besteht in seiner Aussagekraft auch bei geringerer Anzahl an Beobachtungen (powerful). Er kann darüber hinaus insgesamt aussagekräftiger sein als parametrische Tests.[232] Anhand des „einfachen" t-Tests wird auf signifikante Differenzen zwischen Teilstichproben und im Rahmen der multivariaten Regression geprüft.

[229] Vgl. *Kolari/Pynnönen* (2011), S. 953.

[230] Dieser wird auch von *Schilling/Kaspar* angewendet, vgl. *Schilling/Kaspar* (2015), S. 71. Andere wenden als nicht-parametrischen Test bspw. den „Rank-Order-Test" von Corrado an, vgl. *Corrado* (1989), S. 385, so bspw. *Eisele/Walter* (2003), S. 20; *Budzinski* (2012), S. 133. Teilweise wird alternativ der Wilcoxon Signed-Rank Test angewendet, so bspw. bei *Elsland/Weber* (2005), S. 13, die zusätzlich Wilcoxon Sign Tests anwenden; *Ehrhardt/Lahr/Wessel* (2004), S. 364, die zudem den einfachen Vorzeichen-Test anwenden.

[231] Vgl. *Schilling/Kaspar* (2015), S. 71; *Kolari/Pynnönen* (2011), S. 966; *MacKinlay* (1997), S. 21; für die Überprüfung der Normalverteilungsannahme vgl. bspw. *Schmid/Trede* (2006), S. 45–49.

[232] Vgl. *Kolari/Pynnönen* (2011), S. 962–965.

Das Modell der **multiplen linearen Regression** hat folgende Form:[233]

$$AR_0 = \alpha + \beta_1 x_1 + \beta_2 x_2 + \ldots + \varepsilon \quad (2.7)$$

Die abhängige Variable im Modell ist die Überrendite am Ankündigungstag (AR_0) oder alternativ die kumulierte Überrendite für ein bestimmtes Zeitfenster (CAR_{t_1,t_2}). Die jeweils verwendeten unabhängigen Variablen (x_1, x_2, , ...) werden für die spezifische Regression dargestellt und erläutert. Auch hier werden die Parameter mittels OLS geschätzt.

2.8 Ankündigungseffekte bei aktien- und umwandlungsrechtlichen Strukturmaßnahmen für die Gesamtstichprobe

2.8.1 Informationsverarbeitung im Börsenkurs bei Ankündigung einer Strukturmaßnahme

In Verbindung mit gesellschaftsrechtlichen Strukturmaßnahmen können Besonderheiten auftreten, die eine Informationseffizienz des Kapitalmarktes in Frage stellen. So ändern sich bspw. die **Erwartungen** von Aktionären im zeitlichen Umfeld einer Maßnahme möglicherweise nicht auf Basis der Geschäftstätigkeit des Unternehmens und den erwarteten Erträgen daraus.[234] Neben die Erwartungen kann durch ein beim Squeeze-out in jedem Fall – bei einer Verschmelzung und einem BGV potenziell – begrenztes Verbleiben im Unternehmen bzw. die relativ sicher in Zukunft umgesetzte Maßnahme eine Antizipation einer Abfindung (oder von anderen Zahlungen) treten. Eine erwartete Abfindung (auch Abfindungsprämie) bzw. eine potenzielle Erhöhung der Abfindung in einem Spruchverfahren führen möglicherweise zu einem Handel durch Minderheitsaktionäre, welcher bei Antizipation bereits vor oder auch nach der Ankündigung

233 Vgl. bspw. *Wooldridge* (2020), S. 69; *Backhaus u. a.* (2021), S. 81; *Elsland/Weber* (2005), S. 23 f.; *Budzinski* (2012), S. 161 f.

234 Ähnlich hierzu bspw. *Elsland/Weber* (2005), S. 14.

aus Gründen der Abfindungsspekulation stattfindet.[235] So kann es auch vorkommen, dass gezielt Minderheitsbeteiligungen an Zielgesellschaften gekauft werden, da auf eine den Börsenkurs übersteigende Abfindung (spätestens im Rahmen des Spruchverfahrens) spekuliert wird (Abfindungsarbitrage).[236] Damit kann sich vor allem vor der Bekanntgabe (auch vor Bekanntgabe der Höhe der Kompensation), aber sogar bis zu einem möglichen Spruchverfahren die Spekulation auf eine (erhöhte) Kompensation im Börsenkurs widerspiegeln.[237] Abfindungsarbitrage kann zu einem Nachfrageüberhang und steigenden Kursen führen.

Da bei Ankündigung einer Strukturmaßnahme deren Umsetzung sehr wahrscheinlich ist,[238] sollten aber zumindest bei einem Austritt weitere Erwartungen über die Geschäftstätigkeit und Entwicklung des Unternehmens für den Minderheitsaktionär nur noch eine untergeordnete Rolle spielen. Erträge aus der Geschäftstätigkeit sind dann lediglich über einen begrenzten Zeitraum zu erwarten. Bei einem Verbleib in der Aktionärsstellung (BGV oder Verschmelzung) werden (bei Umsetzung) hauptsächlich die Erwartungen über die Geschäftstätigkeit der Obergesellschaft bzw. übernehmenden Gesellschaft anstelle der Zielgesellschaft relevant – für einen variablen Ausgleich oder Dividendenzahlungen. Bei fixierten Ausgleichszahlungen werden Erwartungen hinsichtlich der Geschäftstätigkeit zumindest für die Laufzeit des BGV kaum noch relevant.[239] Wenn Erwartungen über die Geschäftstätigkeit weniger relevant sind, sollten sich zumindest auf deren Basis Börsenkurse eher weniger stark ändern. Reaktionen des Börsenkurses entstehen aber möglicherweise durch (vorübergehend) abgebaute Informationsasymmetrien, wenn eine Abfindung, ein Umtauschverhältnis oder auch eine Ausgleichszahlung mit Ankündigung oder etwas später festgelegt wird.

---

[235] Vgl. *Budzinski* (2012), S. 106; *Hecker/Kaserer* (2003), S. 155. Vgl. bspw. auch *Elsland/Weber* (2005), S. 14; vgl. bei Beherrschungs- und Gewinnabführungsverträgen *Hecker* (2000), S. 233.

[236] Vgl. *Fleischer/Kolb* (2019), S. 57.

[237] Vgl. *Budzinski* (2012), S. 105.

[238] Davon kann aufgrund der Hauptversammlungsmehrheit, die in der Regel besteht, ausgegangen werden.

[239] Vgl. *Jonas* (2008), in: Finanzierungstheorie auf vollkommenen und unvollkommenen Kapitalmärkten (Festschrift für Lutz Kruschwitz zum 65. Geburtstag), S. 114.

2.8.2 Ergebnisse zu Ankündigungseffekten

Zunächst werden für die gesamte Stichprobe von 385 Strukturmaßnahmen Ankündigungseffekte betrachtet. Wenn der Kapitalmarkt informationseffizient ist, wird er auf die Ankündigung reagieren, sofern damit neue wertrelevante Informationen in den Markt gelangen.[240] Vor allem für den aktienrechtlichen Squeeze-out wurde bereits im Rahmen von Studien festgestellt, dass die tatsächliche Abfindung im Durchschnitt höher ist als der Börsenkurs vor der Ankündigung. Es könnte damit spätestens nach der Ankündigung zu einer stärkeren Nachfrage kommen.[241] In bisherigen Studien wurde eine im Durchschnitt positive Reaktion am Markt nachgewiesen.[242] Daher wird auch hier von positiven (kumulierten) durchschnittlichen abnormalen Renditen ausgegangen. Der zeitliche Ablauf der Reaktion und damit die Stärke von Überrenditen sowie die Schnelligkeit der Verarbeitung der Information wird über das Ereignisfenster betrachtet.[243] Vorherige Entwicklungen wie das Entstehen eines Vertragskonzerns oder Angebote nach dem WpÜG können bereits auf eine spätere Ankündigung hindeuten. Es können auch bereits zuvor Gerüchte zur kommenden Strukturmaßnahme kursieren. Dann würde die Ankündigung zumindest von manchen Marktteilnehmern antizipiert und es entstünde schon vorher eine Reaktion des Kapitalmarktes.[244]

Die folgende Grafik zeigt den Effekt am Tag der Ankündigung[245] sowie für das gesamte Ereignisfenster.

---

[240] Vgl. auch *Elsland/Weber* (2005), S. 14.

[241] Vgl. für die Abfindungsprämie bspw. *Helmis* (2003), S. 164–166; *Budzinski* (2012), S. 161, der am Tag vor der Ankündigung eine Prämie von durchschnittlich 2,51 % feststellt.

[242] Für eine Übersicht über Studien, in denen meist positive abnormale Renditen nachgewiesen werden, siehe Abschnitt 2.5.

[243] Vgl. bspw. die frühe Studie zur Informationsverarbeitung von *Fama u. a.* (1969), S. 20 f.

[244] Vgl. ähnlich dazu *Elsland/Weber* (2005), S. 14.

[245] Der Ankündigungstag wird durch den Folgetag ersetzt und damit um einen Tag in die Zukunft verschoben, sofern es sich beim tatsächlichen Ereignistag nicht um einen Handelstag handelt oder kein Aktienkurs für diesen Tag verfügbar ist.

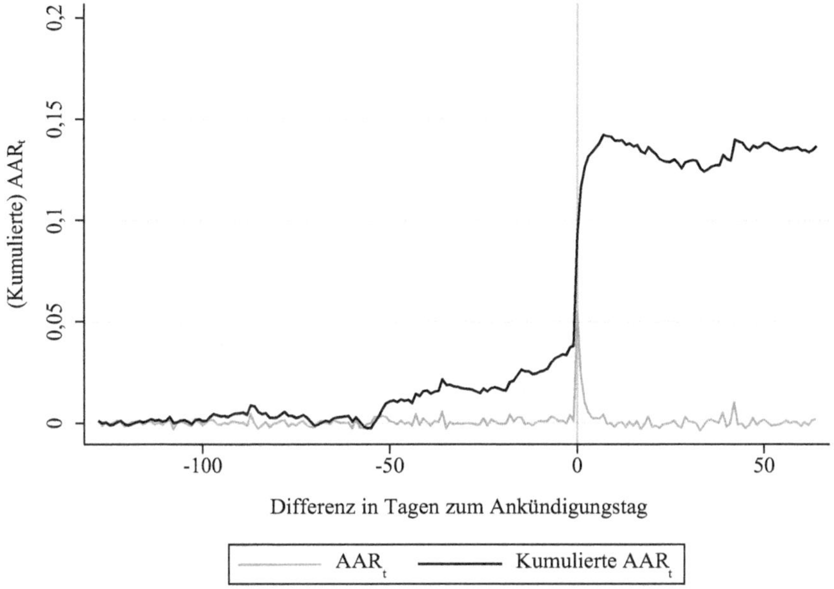

Abbildung 2.2 (Kumulierte) durchschnittliche abnormale Rendite der Gesamtstichprobe
Diese Abbildung zeigt die durchschnittliche tägliche abnormale Rendite (AAR_t) der Stichprobe von 385 Maßnahmen für jeden Tag des Ereignisfensters sowie die über die Zeit kumulierte durchschnittliche abnormale Rendite (kumulierte AAR_t) der Stichprobe. Der Tag der Ankündigung ist Tag 0, die übrigen Tage werden als Differenz in Tagen zu Tag 0 dargestellt. Die zu verschiedenen Zeitpunkten veröffentlichten Ankündigungen werden damit behandelt, als würden sie zeitgleich stattfinden.

In Abbildung 2.2 ist deutlich erkennbar, dass bereits ab etwas mehr als 50 Tagen vor der Ankündigung der Strukturmaßnahme im Durchschnitt einzelne positive Überrenditen vorhanden sind. Diese führen zu einer leicht ansteigenden (über das Ereignisfenster) kumulierten durchschnittlichen Überrendite. Ab ca. 20 Tagen vor der Ankündigung ist ein etwas stärkerer Anstieg zu erkennen. Dies deutet auf eine Antizipation der Maßnahme hin, wodurch die betroffene Aktie bspw. stärker nachgefragt wird. Die größte mittlere Überrendite und damit auch der größte Sprung der kumulierten Überrendite ist am Ereignistag, dem Tag der Ankündigung, erkennbar. Bei Bekanntgabe entsteht damit eine starke Reaktion am Markt. Im Zeitraum nach der Ankündigung beruhigt sich der Markt wieder etwas. Die kumulierte durchschnittliche Überrendite steigt nur bis wenige Tage nach der Ankündigung noch an, danach sinkt sie leicht (möglicherweise erste Gewinn-Mitnahmeeffekte oder Vermeiden der Teilnahme an einem meist langwierigen Spruchverfahren) und schwankt bis zum Ende des Ereignisfensters nur geringfügig. Die Signifikanz der Effekte wird im Folgenden betrachtet.

Tabelle 2.6 (Kumulierte) durchschnittliche abnormale Renditen der Gesamtstichprobe (in %)[246]

Teil A: Durchschnittliche abnormale Renditen			
Tag	AAR_t	Signifikanz BMP-Test (t-Statistik)	Signifikanz KP-Test (t-Statistik)
−5	0,0817	(0,60)	(1,48)
−4	0,1015	(0,98)	(1,29)
−3	−0,0352	(−0,33)	(−0,32)
−2	0,3954	(1,36)	** (3,54)
−1	0,0605	(1,01)	(0,76)
0	5,4780	** (11,16)	** (13,73)
1	2,3276	** (4,98)	** (6,47)
2	1,0136	* (2,55)	** (5,52)
3	0,5247	* (2,51)	** (3,48)
4	0,2250	0,82	** (2,87)
5	0,2287	1,19	** (3,28)

(Fortsetzung)

246 Ein einfacher t-Test liefert sehr ähnliche Ergebnisse wie der BMP-Test.

Tabelle 2.6 (Fortsetzung)

Teil B: Kumulierte durchschnittliche abnormale Renditen			
Zeitfenster	$CAAR_{t_1,t_2}$	Signifikanz BMP-Test (t-Statistik)	Signifikanz KP-Test (t-Statistik)
[−1; + 1]	7,8660	** (11,47)	** (15,04)
[−2; + 2]	9,2749	** (10,91)	** (14,54)
[−128; −1]	3,7890	** (2,81)	(1,60)
[0; + 2]	8,8191	** (11,12)	** (15,04)
[+3; + 5]	0,9784	** (2,58)	** (4,11)
[+6; + 64]	0,0372	(0,31)	(−1,67)
[−128; + 64]	13,6238	** (5,83)	** (7,23)

Diese Tabelle zeigt die durchschnittliche tägliche abnormale Rendite der Stichprobe von 385 Maßnahmen für jeden Tag eines Zeitfensters von 5 Tage vor bis 5 Tage nach dem Ankündigungstag in Prozent (Teil A). Zudem zeigt sie für verschiedene Zeitfenster innerhalb des Ereignisfensters die kumulierte durchschnittliche abnormale Rendite der Stichprobe in Prozent (Teil B). Der Tag der Ankündigung ist Tag 0, die übrigen Tage werden als Differenz in Tagen zu Tag 0 dargestellt. Auf Signifikanz getestet wird anhand des BMP- sowie des KP-Tests (t-Statistik jeweils in Klammern). ** und * zeigen statistische Signifikanz auf einem Signifikanzniveau von $\alpha = 1\ \%$ und $\alpha = 5\ \%$.

Für die Gesamtstichprobe aller Maßnahmen ergibt sich am Tag der Ankündigung eine signifikante, positive durchschnittliche Überrendite in Höhe von ca. 5,5 % (siehe Tabelle 2.6). Deutlich geringer, aber dennoch signifikant fallen die abnormalen Renditen an den Folgetagen aus, mit 2,3 % an Tag eins nach der Ankündigung und 1 % an Tag zwei. Dies weist darauf hin, dass mit der Ankündigung neue, vermutlich relevante (positive) Informationen bekannt werden, die am Markt verarbeitet werden. Alternativ kann es auch auf Abfindungsspekulation und damit verbundene Arbitrage hinweisen. Darauffolgend sinken die Überrenditen weiter, bis an Tag acht nach keinem der beiden angewendeten Signifikanztests mehr eine signifikante Überrendite besteht. An den Tagen nach dem Ankündigungstag auftretende Überrenditen können auf eine Verzögerung in der Informationsverarbeitung hindeuten (durch weiterhin hohe Kurse) und damit auf eine nicht vollständige Informationseffizienz des Kapitalmarktes. Auch bei Effizienz sind jedoch weitere Änderungen der Kurse möglich.[247] Während einige Marktakteure bereits direkt nach der Ankündigung Überrenditen erzielen können, werden bei späteren Transaktionen nur geringere Überrenditen realisiert.

[247] Vgl. *Franke/Hax* (2009), S. 454.

Ein Grund hierfür ist möglicherweise, dass die Information die Aktionäre erst verspätet erreicht.[248] Bei Ankündigungen am Nachmittag oder Abend eines Börsentages ist die Reaktion des Marktes potenziell erst an Tag + 1 sichtbar. Die starke Reaktion an Tag null zeigt aber, dass die Zuordnung des Ereignistages zumindest in den überwiegenden Fällen korrekt sein sollte. Die Reaktion scheint nicht auf den Tag vor der Ankündigung verschoben zu sein, an diesem Tag sind keine signifikanten Überrenditen zu verzeichnen. Vor der Ankündigung ist die positive abnormale Rendite nur an einzelnen Tagen bereits signifikant (nach dem KP-Test). Dies könnte durch eine nicht korrekte Bestimmung des Tages der erstmaligen Ankündigung in einzelnen Fällen bedingt sein. Alternativ könnte bereits zuvor Handel aufgrund einer Antizipation (Abfindungsarbitrage) oder sogar auf Basis von Insiderinformationen stattfinden.[249]

Die kumulierte durchschnittliche Überrendite ist für alle betrachteten Zeiträume außer zwischen 6 und 64 Tagen nach der Ankündigung (fast ausschließlich auf einem 1 %-Signifikanzniveau) signifikant. Sie beträgt für den Zeitraum zwischen einem Tag vor der Ankündigung und einem Tag danach ca. 7,9 %, für das gesamte Ereignisfenster (−128 bis + 64) 13,6 %. Mehr als die Hälfte der erzielbaren Überrendite entfällt damit auf den kurzen Zeitraum um die Bekanntgabe der Maßnahme. Im Ereignisfenster bis einen Tag vor der Ankündigung beträgt die kumulierte durchschnittliche Überrendite 3,8 % und für drei Tage nach der Ankündigung bis drei Monate danach etwas mehr als 1 %. Die entsprechend der Grafik bereits vor der Ankündigung signifikant positiven kumulierten durchschnittlichen Überrenditen (nach dem BMP-Test) könnten auf die Antizipation einer den Börsenkurs übersteigenden Abfindung hindeuten. Die kumulierte durchschnittliche Überrendite steigt ab Tag acht nach der Ankündigung nicht mehr an.

Da die Minderheitsaktionäre meist nur noch für begrenzte Zeit in dieser Stellung verbleiben, sollten geänderte Erwartungen hinsichtlich der wirtschaftlichen Leistungsfähigkeit des Unternehmens auch nur in begrenztem Umfang ein Grund für die starken Überrenditen sein. Ein Grund für positive abnormale Renditen könnte eher in der beschriebenen Abfindungsarbitrage liegen. Minderheitsbeteiligungen an Zielgesellschaften werden möglicherweise gekauft, da auf eine den Börsenkurs übersteigende Abfindung oder andere Kompensation (im Spruchverfahren) spekuliert wird.[250] Der Börsenkurs kann daher spätestens mit

[248] Vgl. auch *Budzinski* (2012), S. 134.

[249] Generell besteht jedoch ein Verbot des Handels auf Basis von Insiderinformationen nach Art. 14 Buchst. a) i. V. m. Art. 8 MMVO.

[250] Vgl. auch *Fleischer/Kolb* (2019), S. 57.

der Ankündigung (da dann die Maßnahme relativ sicher ist) neben den begrenzt relevanten Erwartungen am Markt zur Leistungsfähigkeit vor allem auch durch Spekulation beeinflusst sein.[251]

Die Ergebnisse sind insgesamt sehr ähnlich zu Ergebnissen bisheriger Studien zu Squeeze-outs, zu den Studien von *Schilling/Kaspar*, *Elsland/Weber* und *Budzinski*. Letztgenannter ermittelt eine etwas geringere, aber ebenfalls signifikante Überrendite am Ankündigungstag.[252] Kumulierte Effekte vor einer Ankündigung wurden bisher hauptsächlich von *Schilling/Kaspar* und von *Elsland/Weber* in signifikanter Höhe nachgewiesen.[253]

2.8.3 Robustheitsprüfungen

Für die Gesamtstichprobe werden weitere statistische Tests durchgeführt, um die Ergebnisse auf Robustheit zu prüfen. Zunächst wird ein anderes Vorgehen für den Umgang mit „thin trading" verwendet. So werden die Überrenditen anstelle des Lumped-Return-Verfahrens anhand des Trade-to-Trade-Verfahrens (wie unter 2.7 beschrieben) berechnet. Aufgrund des dadurch verringerten Umfangs zur Verfügung stehender Renditen verbleiben 281 Maßnahmen in der Stichprobe.

Zudem wurde alternativ bei Anwendung des Lumped-Return-Verfahrens das Schätzfenster auf die Hälfte und damit 128 Handelstage verkürzt. Hier verbleiben 381 Maßnahmen in der Stichprobe, da bei vier Maßnahmen ausschließlich Nullrenditen im Schätzfenster vorhanden sind.

Des Weiteren wurde eine Teilstichprobe liquider Aktien betrachtet. Diese wurde anhand des Kriteriums eines mindestens an einem Drittel der Handelstage im Dreimonatszeitraum vor der Ankündigung festgestellten Börsenkurses (Handelsvolumen nicht null) ausgewählt.[254] Hierbei ergibt sich eine Stichprobe von 227 Strukturmaßnahmen.

In Tabelle 2.7 werden die Ergebnisse aller Tests für die Gesamtstichprobe dargestellt.

---

[251] Vgl. auch *Budzinski* (2012), S. 106; *Elsland/Weber* (2005), S. 19.

[252] Vgl. *Schilling/Kaspar* (2015), S. 73; *Elsland/Weber* (2005), S. 14 f.; *Budzinski* (2012), S. 133.

[253] Vgl. *Schilling/Kaspar* (2015), S. 73; *Elsland/Weber* (2005), S. 15. Siehe auch die Übersicht in Abschnitt 2.5 für die Studienergebnisse.

[254] Dies entspricht dem ersten Liquiditätskriterium des § 5 Abs. 4 WpÜGAngebV für den Börsenkurs als Untergrenze der Gegenleistung bei Übernahme- und Pflichtangeboten nach dem WpÜG.

Tabelle 2.7 (Kumulierte) durchschnittliche abnormale Renditen bei Robustheitstests (in %)

Teil A: Durchschnittliche abnormale Renditen

Tag	AAR_t ursprünglich	Signifikanz BMP-Test (t-Statistik)	Signifikanz KP-Test (t-Statistik)	AAR_t Trade-to-Trade	Signifikanz BMP-Test (t-Statistik)	Signifikanz KP-Test (t-Statistik)	AAR_t kürzeres Schätzfenster	Signifikanz BMP-Test (t-Statistik)	Signifikanz KP-Test (t-Statistik)	AAR_t liquide Aktien	Signifikanz BMP-Test (t-Statistik)	Signifikanz KP-Test (t-Statistik)
-5	0,0817	(0,60)	(1,48)	0,3510	(1,78)	(-0,85)	0,0726	(0,57)	(1,39)	0,1691	(0,76)	(0,75)
-4	0,1015	(0,98)	(1,29)	-0,0941	(-0,54)	* (-2,09)	0,0903	(0,89)	(0,84)	0,1791	(1,01)	(0,90)
-3	-0,0352	(-0,33)	(-0,32)	0,3651	(1,51)	(-0,90)	-0,0382	(-0,36)	(-0,19)	-0,0388	(-0,26)	(-0,23)
-2	0,3954	(1,36)	** (3,54)	0,3103	(1,28)	(-1,05)	0,3796	(1,32)	** (2,75)	-0,0996	(-0,47)	(-0,50)
-1	0,0605	(1,01)	(0,76)	0,3546	(1,62)	(-0,68)	0,0635	(0,92)	(0,63)	0,2256	(1,81)	(1,29)
0	5,4780	** (11,16)	** (13,73)	5,2801	** (11,97)	** (7,26)	5,5549	** (11,29)	** (13,83)	5,5818	** (10,45)	** (11,82)
1	2,3276	** (4,98)	** (6,47)	1,6744	** (4,14)	(0,23)	2,3642	** (4,98)	** (6,73)	1,2305	** (3,11)	** (2,73)
2	1,0136	* (2,55)	** (5,52)	0,6323	* (2,17)	(-1,05)	1,0573	** (2,60)	** (5,44)	0,5091	(1,46)	* (1,97)
3	0,5247	* (2,51)	** (3,48)	-0,0687	(-0,53)	(-1,74)	0,5282	** (2,60)	** (3,60)	-0,0070	(-0,01)	(-0,98)
4	0,2250	(0,82)	** (2,87)	-0,1755	(-0,82)	(-1,76)	0,1907	(0,51)	* (2,37)	-0,1082	(-0,46)	(0,23)
5	0,2287	(1,19)	** (3,28)	-0,2235	(-1,33)	** (-2,85)	0,2009	(1,11)	** (3,45)	-0,1205	(-1,20)	(-1,87)

Teil B: Kumulierte durchschnittliche abnormale Renditen

Zeitfenster	$CAAR_{t_1,t_2}$ ursprünglich	Signifikanz BMP-Test (t-Statistik)	Signifikanz KP-Test (t-Statistik)	$CAAR_{t_1,t_2}$ Trade-to-Trade	Signifikanz BMP-Test (t-Statistik)	Signifikanz KP-Test (t-Statistik)	$CAAR_{t_1,t_2}$ kürzeres Schätzfenster	Signifikanz BMP-Test (t-Statistik)	Signifikanz KP-Test (t-Statistik)	$CAAR_{t_1,t_2}$ liquide Aktien	Signifikanz BMP-Test (t-Statistik)	Signifikanz KP-Test (t-Statistik)
[-1; +1]	7,8660	** (11,47)	** (15,04)	7,3092	** (11,25)	** (5,54)	7,9827	** (11,57)	** (15,47)	7,0379	** (10,29)	** (12,10)
[-2; +2]	9,2749	** (10,91)	** (14,54)	8,2518	** (11,00)	** (4,92)	9,4196	** (10,98)	** (15,08)	7,4473	** (9,54)	** (11,22)
[-128; -1]	3,7890	** (2,81)	(1,60)	19,7322	** (7,82)	(1,29)	2,7554	* (2,40)	** (3,41)	5,6561	** (3,26)	** (3,03)
[0; +2]	8,8191	** (11,12)	** (15,04)	7,5869	** (11,19)	** (5,18)	8,9765	** (11,20)	** (15,46)	7,3213	** (9,58)	** (11,34)
[+3; +5]	0,9784	** (2,58)	** (4,11)	-0,4677	(-1,56)	** (-2,65)	0,9198	* (2,42)	** (4,16)	-0,2357	(-0,83)	(-0,94)
[+6; +64]	0,0372	(0,31)	(-1,67)	-2,3819	(-1,90)	** (-3,80)	-0,4265	(0,10)	(-0,71)	-4,4458	** (-3,96)	** (-5,73)
[-128; +64]	13,6238	** (5,83)	** (7,23)	24,4695	** (8,74)	(1,32)	12,2251	** (5,49)	** (7,56)	8,2960	** (4,22)	** (4,35)

Diese Tabelle zeigt die durchschnittliche tägliche abnormale Rendite der Gesamtstichprobe für jeden Tag eines Zeitfensters von 5 Tage vor bis 5 Tage nach dem Ankündigungstag in Prozent (Teil A). Zudem zeigt sie für verschiedene Zeitfenster innerhalb des Ereignisfensters die kumulierte durchschnittliche abnormale Rendite der Gesamtstichprobe in Prozent (Teil B). Die Spalten bilden die ursprünglichen Ergebnisse in 2.8.2 (ursprünglich), die Ergebnisse bei Anwendung des Trade-to-Trade-Verfahrens (Trade-to-Trade), die Ergebnisse bei einem Schätzfenster von 128 Handelstagen (kürzeres Schätzfenster) sowie die Ergebnisse bei festgestelltem Börsenkurs an mindestens einem Drittel der Handelstage im Dreimonatszeitraum vor der Ankündigung (liquide Aktien) ab. Der Tag der Ankündigung ist Tag 0, die übrigen Tage werden als Differenz in Tagen zu Tag 0 dargestellt. Auf Signifikanz getestet wird anhand des BMP- sowie des KP-Tests (t-Statistik jeweils in Klammern). ** und * zeigen statistische Signifikanz auf einem Signifikanzniveau von $\alpha = 1\,\%$ und $\alpha = 5\,\%$.

Bei allen Robustheitstests sind insgesamt keine auffälligen Unterschiede der durchschnittlichen Überrenditen zu den ursprünglichen Ergebnissen erkennbar. Auffallend sind beim Trade-to-Trade-Verfahren deutlich höhere Antizipationseffekte in Form von kumulierten durchschnittlichen Überrenditen vor der Ankündigung und sich nach der Ankündigung schneller wieder abschwächende Überrenditen. Letztgenannter Effekt zeigt sich auch bei den liquiden Aktien. Die Überrenditen an Tag + 1 sind bei Trade-to-Trade und für die liquiden Aktien etwas geringer, was die Annahme einer schnelleren Informationsverarbeitung bei höherer Liquidität stärkt. Zudem sind für beide Gruppen leicht negative abnormale Renditen für das Fenster von 6 bis 64 Tagen nach der Ankündigung zu erkennen. Durch den starken Antizipationseffekt ergibt sich bei Trade-to-Trade auch eine deutlich höhere kumulierte Überrendite für das gesamte Ereignisfenster. Dies könnte bei dünnem Handel dadurch zustande kommen, dass Kurse bereits zu früheren Zeitpunkten einbezogen werden, um ausreichend Daten für die Ereignisstudie zu erhalten. Daher können andere Effekte enthalten sein oder Effekte sind ggf. deutlicher erkennbar (ohne Einbezug von Nullrenditen bei fehlendem Handel). Ergebnisse scheinen in ihrer grundsätzlichen Tendenz (wenn auch in bestimmten Betrachtungszeiträumen nicht die Stärke der Reaktionen) in Bezug auf die vorgenommenen Tests robust zu sein gegenüber Änderungen der Methodik oder Anpassungen der Stichprobe hinsichtlich der Liquidität.[255]

Darüber hinaus wurde als Robustheitsprüfung bezüglich der korrekten Ermittlung des Ereignistages ein Pseudo-Ereignis generiert, indem der Ereignistag zeitlich um bis zu 32 Handelstage (ca. 1,5 Monate) in die Vergangenheit verschoben wurde. Anschließend wurden die Überrenditen am „neuen" Ereignistag sowie die kumulierten Überrenditen für die zuvor betrachteten Zeitfenster um den „neuen" Ereignistag berechnet.

---

[255] Vgl. für eine Teilstichprobe liquider Aktien auch *Elsland/Weber* (2005), S. 15, bei denen die Überrendite der liquiden Aktien am Ankündigungstag etwas geringer ausfällt. Vgl. für ähnliche Ergebnisse bei einem Robustheitstest mit verkürztem Schätzfenster auch *Schilling/Kaspar* (2015), S. 71 Fn. 15.

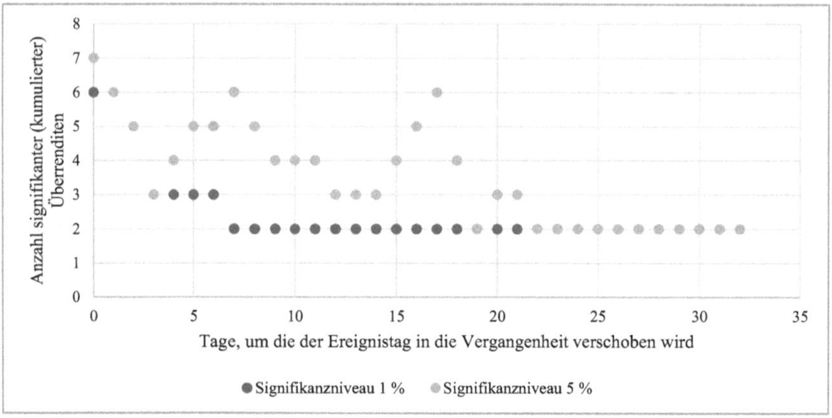

Abbildung 2.3 Verschieben des Ereignistages
Der Ereignistag wird um bis zu 1,5 Monate (in Handelstagen) fiktiv in die Vergangenheit geschoben. Basierend auf den so bestimmten verschobenen Ereignistagen werden die durchschnittliche abnormale Rendite am Ereignistag sowie die kumulierten durchschnittlichen abnormalen Renditen (für die Gesamtstichprobe) für die Zeitfenster −1 bis +1, −2 bis + 2, −128 bis −65, −64 bis −1, 0 bis +2, +3 bis +5, +6 bis +64, −128 bis +64 berechnet. Auf Signifikanz getestet wird anhand des t-Tests. Für jeden fiktiven Ereignistag wird die Anzahl signifikanter (kumulierter) durchschnittlicher abnormaler Renditen abgebildet.

Wird der Ereignistag vorgezogen, zeigen sich (siehe Abbildung 2.3) zunächst noch relativ hoch verbleibende Anzahlen an Zeiträumen mit signifikanten (kumulierten) Überrenditen. Bei einem Signifikanzniveau von 1 % sinken sie jedoch schnell, verbleiben aber bei zwei signifikanten kumulierten Überrenditen (für + 6 bis + 64 und − 128 bis + 64), vermutlich da der ursprüngliche Ereignistag nach wie vor im Fenster enthalten ist. Bei einem Signifikanzniveau von 5 % sinkt die Anzahl langsamer und schwankt leicht. Ab einem Verschieben um 22 Tage liegt jedoch auch für das Signifikanzniveau von 5 % konstant nur noch für zwei Zeiträume der kumulierten Überrenditen statistische Signifikanz vor (dieselben wie für 1 %).

Mit zunehmendem Verschieben des Ereignistages in die Vergangenheit zeigt sich allgemein eine abnehmende Anzahl an Zeiträumen mit signifikanten (kumulierten) Überrenditen. Die abnehmende Anzahl signifikanter CAARs bei Verschieben lässt auf eine korrekte Bestimmung des Ereignistages schließen. Lediglich die Schwankungen zu Beginn könnten auf einen bei einzelnen Unternehmen um wenige Tage verschobenen eigentlichen Ereignistag oder aber auf eine

Antizipation des Ereignisses schließen lassen. Darüber hinaus scheint es keine „confounding events" zu geben, die die Überrenditen über die Gesamtstichprobe im betrachteten Zeitraum sehr stark beeinflussen.

2.9 Analysen potenzieller zum Ankündigungszeitpunkt bestehender Einflussfaktoren auf die abnormalen Renditen

2.9.1 Potenzielle Einflüsse auf die Informationsverarbeitung im Börsenkurs bei Ankündigung einer Strukturmaßnahme

Neben möglicherweise geänderten Erwartungen, die verstärkt das Ergebnis von Abfindungsspekulation sein können (wie unter 2.8.1 beschrieben), werden nachfolgend weitere Besonderheiten betrachtet, die gegen einen informationseffizienten Markt im zeitlichen Umfeld gesellschaftsrechtlicher Strukturmaßnahmen sprechen können bzw. die Informationsverarbeitung beeinflussen können. Im Folgenden werden die Arten von Strukturmaßnahmen, speziell zum Ankündigungszeitpunkt bestehende Besonderheiten der Zielgesellschaft oder der vermittelten Information bei Ankündigung betrachtet.

Für die Reaktion am Kapitalmarkt könnte die Art der spezifischen **Strukturmaßnahme** relevant sein. Diese könnte für die Informationsverarbeitung im Börsenkurs und eine Änderung der Erwartungen der Marktteilnehmer eine Rolle spielen. So werden wie beschrieben bei allen Strukturmaßnahmen jedenfalls bei einem Austritt aus der Aktionärsstellung Ertragserwartungen kaum noch relevant (nur ggf. bis zur Umsetzung): Bei einem Squeeze-out durch den sicheren Ausschluss, bei einem BGV und einer Verschmelzung bei der Wahl des Austritts. Für die Verschmelzung werden bei Verbleib in der Aktionärsstellung durch den Untergang der übertragenden Gesellschaft (§ 20 Abs. 1 Nr. 2 Satz 1 UmwG) hauptsächlich die Erwartungen hinsichtlich der Geschäftstätigkeit des übernehmenden anstelle des übertragenden Rechtsträgers bedeutend. Da beim BGV bei fixem Ausgleich die Ausgleichszahlungen festgelegt sind, wären Ertragserwartungen für die Vertragslaufzeit kaum noch bedeutend.[256] Denn die Zahlungen an Aktionäre hängen nicht von der Entwicklung des operativen Geschäftes ab

[256] Vgl. *Jonas* (2008), in: Finanzierungstheorie auf vollkommenen und unvollkommenen Kapitalmärkten (Festschrift für Lutz Kruschwitz zum 65. Geburtstag), S. 114.

(nur der Erwartung darüber zu Beginn des Vertrags). Bei einem variablen Ausgleich ergibt sich die gleiche Situation wie bei der Verschmelzung, da die Geschäftstätigkeit der oberen Gesellschaft für die Zahlungen bedeutend ist. Geänderte Erwartungen hinsichtlich der Geschäftstätigkeit sollten daher kaum Börsenkursreaktionen hervorrufen.

Mögliche Informationsasymmetrien spielen – solange ein BGV besteht – kaum noch eine Rolle, da der (fixe) Ausgleich (auch die Abfindung, aber weniger zukunftsgerichtet) anhand der verfügbaren Informationen über das Unternehmen ermittelt wurde. Darüber hinaus ist jedoch eine Erwartungshaltung bezüglich der Vertragsdauer, weiterer möglicher Maßnahmen und der Entwicklung nach Vertragsende relevant.[257] Hauptsächlich mit Bekanntgabe des fixen Ausgleichs sind daher beim BGV Informationsasymmetrien zumindest für die Vertragsdauer vermindert. Damit kann es zu sinkender Ungewissheit hinsichtlich zukünftiger Entwicklungen kommen. Dies könnte einerseits in vermehrten Kaufwünschen (auch wegen Spekulation) risikoaverser Anleger resultieren, andererseits aber auch zu Verkaufswünschen tendenziell risikofreudiger Akteure führen. Informationsasymmetrien werden darüber hinaus bei Bekanntgabe des Umtauschverhältnisses für eine Verschmelzung oder des variablen Ausgleichs (auch bei der Abfindung in Aktien) beim BGV abgebaut. Sie werden hier nur kurzfristig vermindert, da weitere Zahlungen von der Geschäftstätigkeit der übernehmenden oder oberen Gesellschaft abhängig sind. Möglicherweise handelt es sich um eine nicht für alle Marktteilnehmer positive Information, wenn bspw. die Erwartungen über die Zukunft des Unternehmens ohne den Vertrag oder die Verschmelzung positiver waren. Dann könnte die Ankündigung auch negative Reaktionen hervorrufen oder es entstehen gemischte Reaktionen, die sich zumindest im Durchschnitt teilweise aufheben. So stellte bspw. Ahlers über einen Zeitraum von 20 Handelstagen vor bis 20 Handelstage nach der Ankündigung für fast die Hälfte der betrachteten Verschmelzungen eine negative Reaktion fest.[258] In jedem Fall werden mit der Ankündigung und zusätzlich mit (möglicherweise gleichzeitiger) Bekanntgabe der Abfindung oder einer anderen Kompensation Informationsasymmetrien (zumindest vorübergehend) abgebaut. Die vermittelte Information kann daher eine Reaktion hervorrufen, deren Richtung (vor allem beim BGV und der Verschmelzung aufgrund der möglichen längerfristigen Bedeutung) nicht eindeutig ist.

---

[257] Vgl. *Jonas* (2008), in: Finanzierungstheorie auf vollkommenen und unvollkommenen Kapitalmärkten (Festschrift für Lutz Kruschwitz zum 65. Geburtstag), S. 114.

[258] Vgl. *Ahlers* (2003), S. 132.

Abfindungsspekulation kann bei allen Maßnahmen auftreten und damit verbunden auch der Kauf von Aktien (Abfindungsarbitrage), da auf eine Kompensation spekuliert wird, die den Börsenkurs übersteigt und ggf. im Laufe eines Spruchverfahrens erhöht wird.[259] Dies ist hauptsächlich für die Kompensation in Form einer Abfindung denkbar und damit bei einer Absicht aus dem Unternehmen auszuscheiden. Es kann aber auch eine Hoffnung auf einen Ausgleich oder ein Umtauschverhältnis bestehen, die aktuelle Börsenkurse oder Börsenkursrelationen übersteigen. Werden Aktien einer Zielgesellschaft (vor oder nach Ankündigung) aus Gründen der Spekulation auf eine erhöhte Abfindung gekauft, beeinflusst dies vor oder ab dem Zeitpunkt der Ankündigung auch den Börsenkurs.[260] Dies kann für alle Arten von Maßnahmen zu steigenden Kursen aufgrund stärkerer Nachfrage führen.

Aufgrund des unumgänglichen Ausschlusses beim Squeeze-out, könnte die Reaktion dort stärker ausgeprägt sein als bei den Maßnahmen des BGV und der Verschmelzung. Bei diesen ist nur optional ein Ausscheiden aus der Aktionärsstellung möglich. Damit kann die Veränderung für den Aktionär weniger tiefgreifend sein. Andererseits ist beim Squeeze-out durch den sehr geringen Streubesitzanteil generell nicht mehr so viel Handel möglich wie bei einem BGV oder einer Verschmelzung ohne Anteilsvoraussetzung. Beim Squeeze-out kann eine zukünftige Maßnahme durch die Voraussetzung des Kapitalanteils am ehesten bspw. bereits bei mitgeteiltem Überschreiten von Stimmrechtsschwellen durch den Hauptaktionär antizipiert werden (Zeitpunkt bspw. unklar). Besonderheiten wie die Anteilsvoraussetzung oder die Liquidität könnten damit für eine Informationsverarbeitung eher entscheidend sein als die Art der Strukturmaßnahme an sich.

Aufgrund dieser möglichen unterschiedlichen Tendenzen bleibt unklar, ob es Unterschiede zwischen den Reaktionen bei den verschiedenen Arten von Strukturmaßnahmen gibt.

Bei einem geringen **Streubesitzanteil** bei Ankündigung kann eine Marktenge entstehen, da nur noch ein kleiner Anteil der Aktien[261] überhaupt gehandelt wird. Ein geringer Streubesitzanteil wird als Indikator für eine mangelnde Liquidität

---

[259] Vgl. auch *Fleischer/Kolb* (2019), S. 57.

[260] Vgl. auch *Budzinski* (2012), S. 106; *Elsland/Weber* (2005), S. 19.

[261] Dies muss nicht unbedingt mit einer absolut geringeren Anzahl an außenstehenden Aktien einhergehen, vgl. *Decher* (2023), S. 112.

eines Wertpapiers angesehen.[262] Ist die Liquidität gering, kann es auch unabhängig einer geänderten Erwartung zu einem Handel mit hoher Preisauswirkung kommen. Dies würde in einer Verzerrung von Marktpreisen resultieren.[263] Eine solche Situation wird häufig als Marktenge bezeichnet.[264] Der Börsenkurs würde damit bei geringer Liquidität nicht dem eigentlichen Verkehrswert der Aktie entsprechen[265] und er ist anfälliger für Manipulationen.[266] Bei einer Marktenge ist es möglich, dass Minderheitsaktionäre ihre Aktien nicht zum existierenden Börsenpreis veräußern können, ohne Abschläge aufgrund fehlender Nachfrage hinnehmen zu müssen. Insofern können Transaktionen vergleichsweise langsamer umgesetzt werden. Daher braucht der Markt hier voraussichtlich länger, um die Information zu verarbeiten.[267] Es kann bspw. der Fall sein, dass einzelne Marktakteure Anteile kaufen oder verkaufen möchten (bei positiver Information oder Abfindungsspekulation tendenziell mehr Kauf- als Verkaufsabsichten), es aber keine passenden Verkaufs- oder Kaufangebote gibt.[268] Möglich ist auch eine ähnliche Erwartung der (potenziellen) Aktionäre hinsichtlich einer potenziellen Abfindungsprämie. Dann kommt ggf. kein Handel zustande (da sich hierfür Erwartungen unterscheiden müssten). Darüber hinaus ist die Information tendenziell (zumindest anteilig) für weniger Akteure relevant. Eine geringere Aufmerksamkeit könnte folglich geringere Reaktionen hervorrufen. Damit wäre bei größerem Streubesitz eine stärkere Reaktion denkbar, aber die Reaktion könnte auch über einen kürzeren Zeitraum auftreten.[269]

Eine Marktenge kann z. B. beim Squeeze-out auftreten, da mindestens 90 % (umwandlungsrechtlich) oder 95 % (aktienrechtlich) der Aktien nicht gehandelt werden.[270] Bei welchem Streubesitzanteil oder welcher Liquidität von einer

---

[262] Vgl. *Krog* (2000), S. 287, tendenziell hoher Streubesitz ist aber keine hinreichende Bedingung einer liquiden Marktbewertung. Die Liquidität wird auch im Rahmen von Spruchverfahren im Zusammenhang mit der Frage, ob der Börsenkurs im speziellen Fall für eine Abfindungsbemessung berücksichtigt werden sollte, häufig thematisiert.

[263] Vgl. *Krog* (2000), S. 281; *Weber* (2004), S. 298.

[264] Vgl. *Budzinski* (2012), S. 102.

[265] Vgl. *Krog* (2000), S. 287.

[266] Vgl. *Weber* (2004), S. 291.

[267] Vgl. auch *Elsland/Weber* (2005), S. 21, die sich die Anzahl an Tagen mit Handel anschauen.

[268] Vgl. auch ähnlich hierzu *Ahlers* (2003), S. 132.

[269] Eisele/Walter stellen in ihren Auswertungen bei größerem Streubesitz bereits höhere kumulierte Überrenditen fest, vgl. *Eisele/Walter* (2003), S. 29.

[270] Vgl. BGH v. 12.03.2001 – II ZB 15/00 (DAT/Altana), juris Rz. 20, 35; BVerfG v. 27.04.1999 – 1 BvR 1613/94 (DAT/Altana), juris Rz. 67.

Marktenge ausgegangen werden muss, ist jedoch nicht generell beantwortbar, da dies einzelfallabhängig ist.[271] In der Rechtsprechung wird eine Marktenge teilweise bei Anteilen kleiner als 5 %[272] oder von z. B. 1 %[273] festgestellt. Eine dennoch hohe Kaufnachfrage oder häufiger Handel bzw. ein dennoch hohes Handelsvolumen können aber auch bei geringem Streubesitzanteil gegen eine Marktenge sprechen (und dafür, dass die Aktien zum Kurs verkauft werden können).[274]

Bei geringeren Anteilen einzelner Aktionäre wird generell weniger stark über den Kapitalmarkt überwacht. So entstehen bei einer Beteiligung von unter 100 % positive externe Effekte, da für überwachende Anleger Kosten für das Monitoring anfallen, der durch die Kontrolle entstehende Wertzuwachs entsteht aber allen Anteilseignern entsprechend ihres Anteils. Je geringer der Anteil, desto geringer ist daher der Anreiz der Aktionäre zur individuellen Informationsbeschaffung und Überwachung des Unternehmens und der Unternehmensleitung (sie verlassen sich dann eher auf andere).[275] Daher könnten die Anteilseigner bei größerem Streubesitz – zumindest wenn die individuellen Anteile der Aktionäre im Streubesitz nicht zu klein sind –besser informiert sein als bei geringem Streubesitz, wodurch gleichzeitig geringere Informationsasymmetrien bestehen.[276] Bei geringem Streubesitz könnten weiterhin durch den Hauptaktionär größere Informationsasymmetrien verursacht werden. Eine gezielt passive Informationspolitik wäre denkbar. Das Ziel könnte sein, die Maßnahme bei angenommener Unterbewertung aufgrund nicht publizierter Informationen (in empirischen Studien aber eher nicht aufgezeigt, siehe folgender Abschnitt) anzukündigen.[277] Dies könnte für eine geringere Reaktion bei größerem Streubesitz sprechen.

Darüber hinaus kann es zu einer mittelbaren **Beeinflussung durch den Hauptaktionär** kommen, sodass der Börsenkurs nicht mehr allein die Markterwartungen widerspiegelt. Eine mögliche Beeinflussung des Kurses durch den

---

[271] Vgl. *Häller/Adolff* (2024a), in: Rechtshandbuch Unternehmensbewertung§ 18 Rz. 18.92; *Wieneke/Hoffmann* (2013), S. 698.

[272] Vgl. BGH v. 12.03.2001 – II ZB 15/00 (DAT/Altana), juris Rz. 35.

[273] Vgl. OLG Düsseldorf v. 04.10.2006 – I-26 W 7/06, 26 W 7/06, juris Rz. 58.

[274] Vgl. OLG München v. 11.07.2006 – 31 Wx 41/05, 66/05, juris Rz. 23 für die Kaufnachfrage; OLG Karlsruhe v. 12.09.2017 – 12 W 1/17, juris Rz. 42 zu den Handelstagen; OLG Düsseldorf v. 04.10.2006 – I-26 W 7/06, 26 W 7/06, juris Rz. 58 für nicht ausreichendes Handelsvolumen und Handelstage.

[275] Vgl. auch die Betrachtungen von *Eisele/Walter* (2003), S. 7.

[276] Der Hauptaktionär wird in jedem Fall eher gut informiert sein.

[277] Vgl. *Daske/Bassemir/Fischer* (2010), S. 259; *Bebchuk/Kahan* (2000), in: Concentrated Corporate Ownership, S. 249.

Hauptaktionär weisen *Daske/Bassemir/Fischer* nach, indem sie aufzeigen, dass der Mehrheitsaktionär im Voraus eines Squeeze-out möglicherweise versucht, die Erwartungen am Kapitalmarkt in eine negative Richtung zu drängen. Sie stellen fest, dass in den sechs Monaten vor einer Squeeze-out-Ankündigung eine signifikant höhere Anzahl an Veröffentlichungen mit pessimistischem Ton und eine signifikant geringere Anzahl an Veröffentlichungen mit optimistischem Ton im Vergleich zur Vergangenheit und einer Kontrollgruppe publiziert wird. Ursache dafür scheinen nicht schlechtere Entwicklungen der Unternehmensergebnisse zu sein. Sie gehen, auch wenn dies kaum nachprüfbar ist, von einer aktiven Substitution positiver durch eher negative Meldungen aus. Außerdem tritt dies häufig dort auf, wo das Management mehr Möglichkeit zur Einflussnahme hat. Die sich daraus ergebenden Effekte in Form von Überrenditen (im Rahmen einer Ereignisstudie) sind jedoch insgesamt relativ gering.[278] Sie stellen fest, dass 35 % der Zielgesellschaften innerhalb von eineinhalb Jahren vor dem Squeeze-out keine Pressemitteilungen veröffentlichen. 27 % der Zielgesellschaften veröffentlichen in der Kontrollperiode (18 bis 12 Monate vor Ankündigung), aber nicht in der Squeeze-out-Periode (6 Monate vor Ankündigung) Pressemitteilungen. Eine solche passive Informationspolitik stellen sie jedoch auch bei der Kontrollgruppe fest. Da für die Kontrollunternehmen aber kein Squeeze-out ansteht, nehmen sie an, dass die Zielgesellschaften diese passive Informationspolitik aufgrund spezieller Charakteristika der Unternehmen betreiben und nicht aufgrund des kommenden Squeeze-out.[279] *Budzinski* geht sogar von einer möglichen Manipulation des Kurses durch auf Insiderinformationen basierenden Handel aus, auch wenn Insiderhandel grundsätzlich verboten ist.[280]

Speziell zum Ankündigungszeitpunkt können neben dem Streubesitz auch Eigenschaften der Zielgesellschaft wie die **Unternehmensgröße** für die Informationsverarbeitung relevant sein. Diese wirken sich möglicherweise auf die Ankündigungsreaktion aus. In Studien aus den USA wurde eine positive Korrelation zwischen der Größe und der Anzahl an Analysten, die ein Unternehmen „covern“ (also regelmäßig wirtschaftlich und strukturiert beurteilen), festgestellt.[281] Aufgrund der Korrelation sollten für größere Unternehmen geringere Informationsasymmetrien bestehen. Deshalb werden für diese weniger starke

---

[278] Vgl. *Daske/Bassemir/Fischer* (2010), Ergebnisse ab S. 265, S. 283 für die Zusammenfassung.

[279] Vgl. *Daske/Bassemir/Fischer* (2010), S. 274 f. Als Beispiel wird genannt, dass bei einem Handel der Aktien im Freiverkehr keine Pressemitteilungen veröffentlicht werden.

[280] Vgl. Budzinski (2012), S. 103.

[281] Vgl. bspw. *Brennan/Hughes* (1991), S. 1667.

Reaktionen auf neue Informationen, die für eine Bewertung relevant sind, erwartet.[282]

Auch Umfang und Inhalt der spezifischen Informationen, die mit der Ankündigung vermittelt werden, sowie die Reichweite der veröffentlichten Information können von Bedeutung sein. Eigenschaften und Besonderheiten der Informationen schränken die Informationseffizienz nicht unbedingt ein, könnten aber Hinweise auf eine Verwendbarkeit von Börsenkursen liefern. Umfang und Inhalt der mit der Ankündigung **vermittelten Informationen** könnten die Ankündigungsreaktion wie folgt beeinflussen: Wird die Höhe der Abfindung mit der Ankündigung der Strukturmaßnahme bekanntgegeben, sollte der Börsenkurs unter der Annahme von Informationseffizienz und rationalen Investoren nach der Ankündigung nicht mehr unter die kommunizierte Abfindungshöhe sinken. Steigt der Kurs höher als die Abfindung, kann dies darauf hindeuten, dass die Minderheitsaktionäre (oder Aktienerwerber) die Abfindung nicht als angemessen empfinden oder eine Erhöhung im Spruchverfahren antizipiert wird.[283] Ohne Ankündigung der Abfindung gehen *Bungert/Wettich* von einem starken Kursanstieg aus, da die Erwartungen nicht „begrenzt" werden, und von ggf. stärkerer Kursvolatilität.[284] Vor Bekanntgabe der Abfindung kann es daher zu vermehrter Spekulation kommen.

Des Weiteren können die **Form der Ankündigung** bzw. das Medium für die Informationsverarbeitung relevant sein. Für einen informationseffizienten Markt sollte sich bei einer Ad-hoc-Mitteilung, die bewertungsrelevante Informationen enthält, ein neues Preisniveau am schnellsten ergeben.[285] Eine öffentliche Ad-hoc-Mitteilung erreicht in der Regel alle Marktteilnehmer zur gleichen Zeit. Es bestehen keine Informationsbeschaffungskosten, wodurch sich Informationsasymmetrien zwischen Marktteilnehmern verringern und sehr viele Teilnehmer die Information unmittelbar erhalten. Marktteilnehmer wissen aufgrund der Einordnung der Information durch das Unternehmen als ad-hoc bereits über deren Bedeutung. Die Information muss damit nicht mehr auf Objektivität oder hinsichtlich der Quelle geprüft werden. Durch zeitgleiches Erreichen aller Marktteilnehmer bestehen für einzelne Marktakteure kaum Möglichkeiten kurzfristige Informationsvorsprünge auszunutzen. Informationen werden somit durch den Wettbewerbsdruck zwischen den Marktteilnehmern annahmegemäß schneller im

---

[282] Vgl. *Budzinski* (2012), S. 167; *Elsland/Weber* (2005), S. 36.

[283] Vgl. *Elsland/Weber* (2005), S. 19.

[284] Vgl. *Bungert/Wettich* (2010), S. 2228.

[285] Zudem dürfen keine anderen bewertungsrelevanten Informationen zu Verzerrungen führen, vgl. *Oerke* (1999), S. 14.

Preis verarbeitet.[286] Daher wird im Vergleich zu anderen Ankündigungsformen von einer stärkeren Reaktion unmittelbar nach der der Ad-hoc-Mitteilung ausgegangen.[287] Für Unternehmen, die über Ad-hoc-Mitteilungen ankündigen und damit von einem erheblichen Potenzial zur Beeinflussung des Kurses ausgehen, könnte ein Kursbeeinflussungspotenzial im Umkehrschluss auch verstärkt bestehen. Dieses ist im Voraus aber schwer messbar.[288] Möglicherweise stehen solche Unternehmen auch stark im Fokus der Öffentlichkeit. Andere Ankündigungsformen rufen unter Umständen nicht in der gleichen Geschwindigkeit Reaktionen hervor, da sie nicht gleichermaßen schnell verbreitet werden und weniger Personen zeitgleich erreichen (bspw. bei ausschließlicher Bekanntgabe über die Unternehmens-Homepage). Mit einer langsameren Informationsverarbeitung würden Überrenditen über einen längeren Zeitraum nach der Ankündigung einhergehen. Eventuell ist die Reaktion zudem geringer, da möglicherweise von geringerer Relevanz der Information ausgegangen wird. Die Einschätzung des Emittenten bezüglich eines nicht vorhandenen Potenzials zur Beeinflussung des Kurses (da keine Ad-hoc-Mitteilung) könnte sich zumindest in Form einer vergleichsweise geringeren Reaktion bewahrheiten.

2.9.2 Ergebnisse zu Ankündigungseffekten im Vergleich zwischen aktien- und umwandlungsrechtlichen Strukturmaßnahmen

Im Folgenden werden die zuvor genannten, auf die Informationsvermittlung bezogenen Faktoren in ihrer Auswirkung auf die Ankündigungsreaktion betrachtet. Zuerst wird die Ankündigungsreaktion bei den verschiedenen betrachteten Arten von Strukturmaßnahmen beleuchtet. Hierfür wird im ersten Schritt die Gesamtstichprobe nach Art der Strukturmaßnahme aufgeteilt und die Reaktionen für die vier sich ergebenden Teilstichproben betrachtet. Mittels einer multivariaten

---

[286] Vgl. für alle aufgeführten Gründe für mehr Informationen im Preissystem durch Ad-hoc-Mitteilungen *Oerke* (1999), S. 16 f.; *Grossman/Stiglitz* (1980), S. 394 f.

[287] Zu beachten ist hier, dass Ad-hoc-Mitteilungen nicht immer explizit als solche bezeichnet oder klassifiziert werden. Daher können auch in der Kategorie „andere Ankündigung" vereinzelt Ad-hoc-Mitteilungen enthalten sein.

[288] Vgl. auch Abschnitt 2.3.

Regression wird im zweiten Schritt geprüft, ob die Art der Strukturmaßnahme jeweils einen signifikanten Einfluss auf die Ankündigungsreaktion aufweist, wenn verschiedene erklärende Variablen gemeinsam betrachtet werden.

Für die vier in der Stichprobe vertretenen Arten gesellschaftsrechtlicher Strukturmaßnahmen ergeben sich zunächst folgende Bilder.

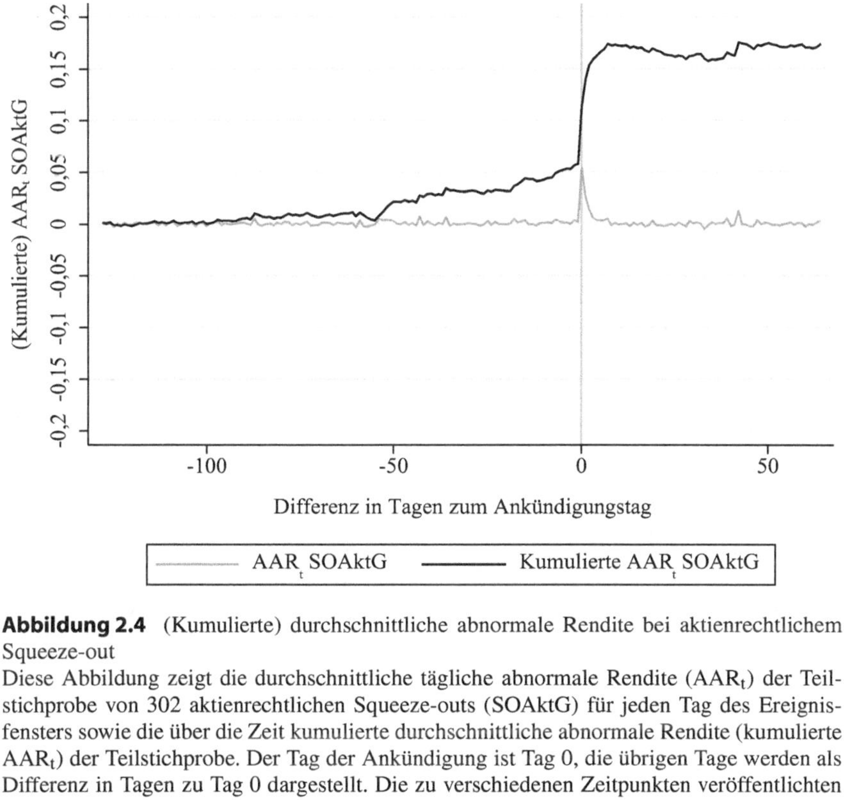

Abbildung 2.4 (Kumulierte) durchschnittliche abnormale Rendite bei aktienrechtlichem Squeeze-out
Diese Abbildung zeigt die durchschnittliche tägliche abnormale Rendite (AAR_t) der Teilstichprobe von 302 aktienrechtlichen Squeeze-outs (SOAktG) für jeden Tag des Ereignisfensters sowie die über die Zeit kumulierte durchschnittliche abnormale Rendite (kumulierte AAR_t) der Teilstichprobe. Der Tag der Ankündigung ist Tag 0, die übrigen Tage werden als Differenz in Tagen zu Tag 0 dargestellt. Die zu verschiedenen Zeitpunkten veröffentlichten Ankündigungen werden damit behandelt, als würden sie zeitgleich stattfinden.

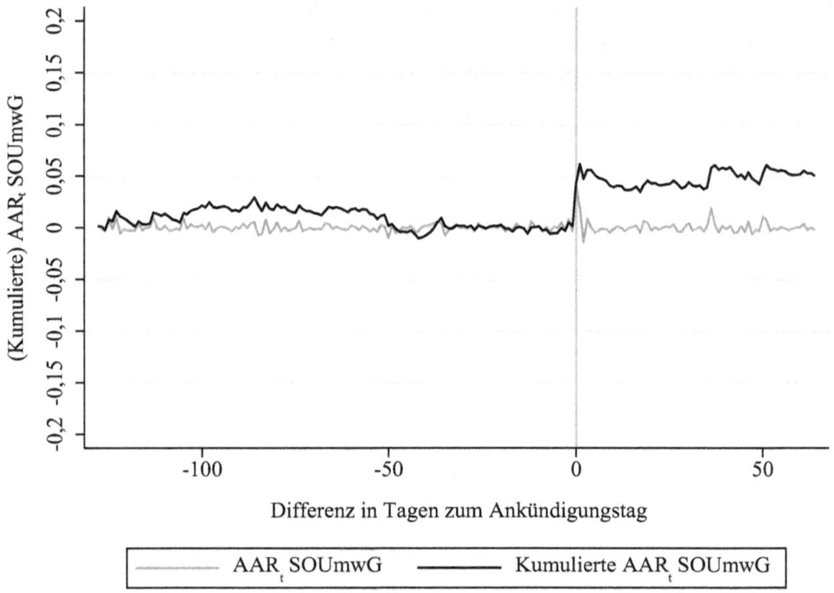

Abbildung 2.5 (Kumulierte) durchschnittliche abnormale Rendite bei umwandlungsrechtlichem Squeeze-out

Diese Abbildung zeigt die durchschnittliche tägliche abnormale Rendite (AAR_t) der Teilstichprobe von 37 umwandlungsrechtlichen Squeeze-outs (SOUmwG) für jeden Tag des Ereignisfensters sowie die über die Zeit kumulierte durchschnittliche abnormale Rendite (kumulierte AAR_t) der Teilstichprobe. Der Tag der Ankündigung ist Tag 0, die übrigen Tage werden als Differenz in Tagen zu Tag 0 dargestellt. Die zu verschiedenen Zeitpunkten veröffentlichten Ankündigungen werden damit behandelt, als würden sie zeitgleich stattfinden.

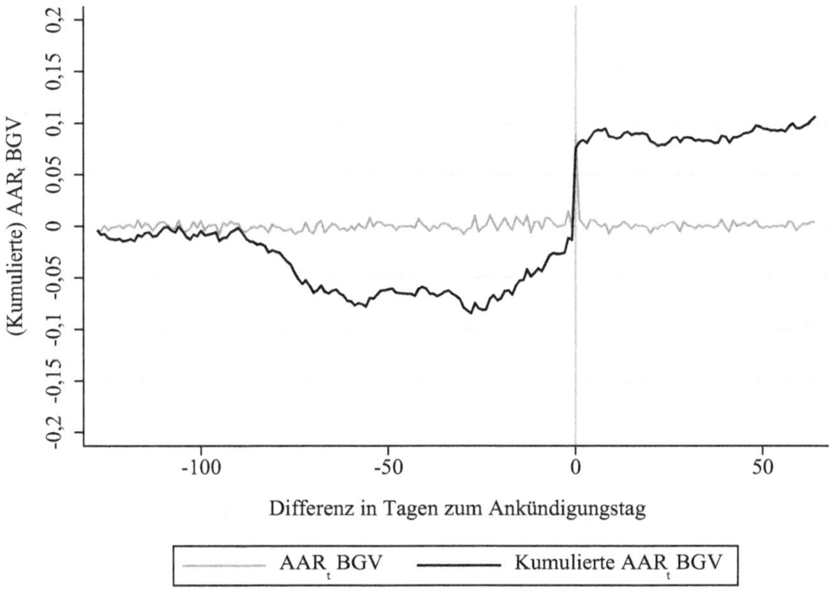

Abbildung 2.6 (Kumulierte) durchschnittliche abnormale Rendite bei Beherrschungs- und/oder Gewinnabführungsvertrag
Diese Abbildung zeigt die durchschnittliche tägliche abnormale Rendite (AAR_t) der Teilstichprobe von 24 BGVs für jeden Tag des Ereignisfensters sowie die über die Zeit kumulierte durchschnittliche abnormale Rendite (kumulierte AAR_t) der Teilstichprobe. Der Tag der Ankündigung ist Tag 0, die übrigen Tage werden als Differenz in Tagen zu Tag 0 dargestellt. Die zu verschiedenen Zeitpunkten veröffentlichten Ankündigungen werden damit behandelt, als würden sie zeitgleich stattfinden.

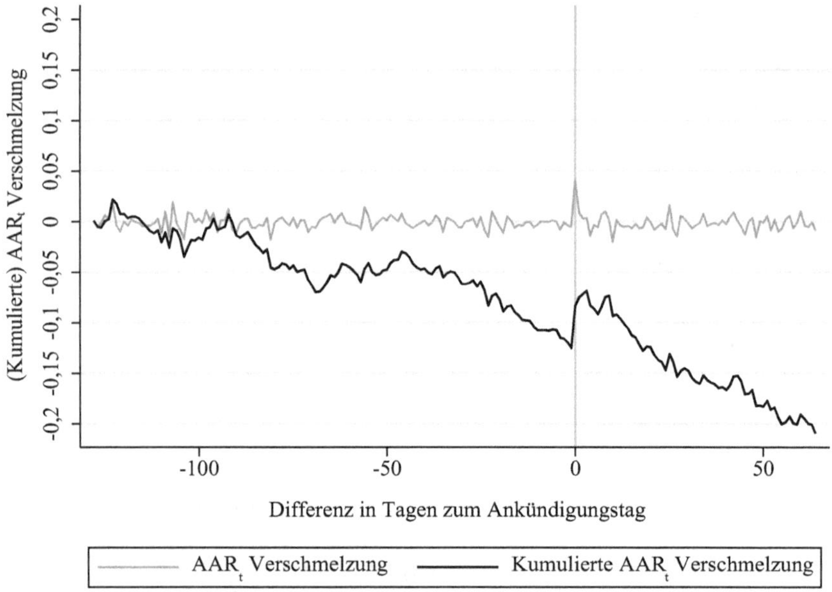

Abbildung 2.7 (Kumulierte) durchschnittliche abnormale Rendite bei Verschmelzung
Diese Abbildung zeigt die durchschnittliche tägliche abnormale Rendite der (AAR_t) Teilstichprobe von 22 Verschmelzungen für jeden Tag des Ereignisfensters sowie die über die Zeit kumulierte durchschnittliche abnormale Rendite (kumulierte AAR_t) der Teilstichprobe. Der Tag der Ankündigung ist Tag 0, die übrigen Tage werden als Differenz in Tagen zu Tag 0 dargestellt. Die zu verschiedenen Zeitpunkten veröffentlichten Ankündigungen werden damit behandelt, als würden sie zeitgleich stattfinden.

Die Auswertungen zeigen deskriptiv für alle Strukturmaßnahmen einen deutlichen Effekt am Ankündigungstag. Beim aktienrechtlichen Squeeze-out (Abbildung 2.4) sind im Ereigniszeitraum bereits vor der Ankündigung leichte Überrenditen erkennbar (ab etwas weniger als 100 Tagen vor Ankündigung). Die kumulierte durchschnittliche Überrendite steigt bis zum Ankündigungstag stets leicht an. Am Ereignistag steigt sie am deutlichsten an, durch die hohe individuelle Überrendite an diesem Tag. Wenige Tage nach der Ankündigung des Squeeze-out sind nur noch vereinzelt Über- und teilweise auch Unterrenditen erkennbar, die sich fast ausgleichen. Dadurch verbleibt die kumulierte durchschnittliche abnormale Rendite bis zum Ende des Ereignisfensters mit nur leichten Schwankungen etwa auf gleichem Niveau von ca. 17 %. Das Bild ist sehr ähnlich zu dem der Gesamtstichprobe, was durch den dort hohen Anteil an aktienrechtlichen Squeeze-outs erklärbar ist.

Beim umwandlungsrechtlichen Squeeze-out (Abbildung 2.5) sind die Überrenditen geringer. Die kumulierte durchschnittliche Überrendite steigt im Zeitraum vor der Ankündigung zunächst zwar etwas über null, sinkt anschließend aber durch einzelne kompensierende Unterrenditen wieder auf null (bei ca. −50) und verbleibt weiterhin etwa bei null. Kurz vor und vor allem mit der Ankündigung steigt sie auf ca. 5 %, hauptsächlich aufgrund der hohen Überrendite am Ankündigungstag. Nach der Ankündigung schwankt sie erneut leicht, verbleibt aber etwa auf dem Niveau von 5 %.

Für BGVs (Abbildung 2.6) sinkt die kumulierte Überrendite ab ca. 80 Tagen vor der Ankündigung deutlich, auf bis zu ca. −8,4 % und steigt ab etwa 25 Tagen vor der Ankündigung wieder an. Am Ereignistag steigt sie von knapp unter 0 schlagartig auf 7,5 %, bedingt durch die hohe Überrendite an diesem Tag. Im Anschluss schwankt sie leicht, verbleibt aber bis zum Ende des Ereignisfensters etwa zwischen 8 und 10 %.

Bei Verschmelzungen (Abbildung 2.7) schwankt die kumulierte abnormale Rendite zunächst leicht um null, sinkt aber ab etwa 90 Tagen vor der Ankündigung stärker (mit leichten Schwankungen). Am Ereignistag steigt sie zwar um ca. 4,1 %, verbleibt aber dennoch im negativen Bereich. Im Anschluss sinkt sie wieder kontinuierlich auf ca. −20,1 % bis zum Ende des Ereignisfensters. Folglich sind hier viele Renditen zu verzeichnen, die geringer sind als die erwartete Rendite anhand des Marktmodells.

Tabelle 2.8 (Kumulierte) durchschnittliche abnormale Renditen nach Arten von Strukturmaßnahmen (in %)

Teil A: Durchschnittliche abnormale Renditen

Tag	AAR_t SOAktG	Signifikanz BMP-Test (t-Statistik)	Signifikanz KP-Test (t-Statistik)	AAR_t SO-UmwG	Signifikanz BMP-Test (t-Statistik)	Signifikanz KP-Test (t-Statistik)	AAR_t BGV	Signifikanz BMP-Test (t-Statistik)	Signifikanz KP-Test (t-Statistik)	AAR_t Verschmelzung	Signifikanz BMP-Test (t-Statistik)	Signifikanz KP-Test (t-Statistik)
-5	0,1129	(0,63)	(1,58)	-0,0064	(-0,11)	(-0,66)	-0,0899	(-0,27)	(0,43)	-0,0125	(0,31)	(0,00)
-4	0,1244	(0,98)	(1,25)	0,4945	(0,70)	(0,89)	0,0360	(0,19)	(0,65)	-0,8031	(-1,50)	(-1,87)
-3	-0,0125	(-0,12)	(-0,02)	-0,2714	(-1,12)	(-1,08)	0,0933	(0,42)	(0,05)	-0,0891	(-0,21)	(-0,19)
-2	0,3197	(0,91)	** (3,01)	0,8041	* (2,51)	(1,88)	1,4358	(0,88)	(0,88)	-0,3881	(-0,34)	(-0,99)
-1	0,1712	(1,68)	(1,58)	-0,3328	(-1,42)	(-1,54)	-0,1890	(-0,52)	(-0,01)	-0,5262	(-1,29)	(-1,85)
0	5,4806	** (9,23)	** (12,08)	4,0805	** (6,75)	** (6,27)	8,8588	** (4,60)	** (5,31)	4,1049	** (3,27)	** (3,48)
1	2,6233	** (4,54)	** (6,58)	1,8814	(1,91)	(1,47)	0,6096	(0,87)	(0,10)	0,8921	(0,80)	(1,02)
2	1,4278	** (2,88)	** (6,57)	-1,4162	(-1,84)	(-1,34)	0,2029	(0,37)	(0,41)	0,2992	(0,50)	(0,20)
3	0,5619	* (2,41)	** (3,62)	0,8700	(0,93)	(1,37)	-0,2972	(-0,92)	(-1,03)	0,3299	(0,64)	(0,51)
4	0,3429	(0,98)	** (3,11)	0,0051	(0,16)	(0,38)	0,5921	(0,79)	(0,75)	-1,4232	(-1,67)	(-1,27)
5	0,3313	(1,43)	** (3,45)	-0,4853	(-0,71)	(0,41)	0,5537	(1,56)	(1,11)	-0,3338	(-0,57)	(-0,33)

Teil B: Kumulierte durchschnittliche abnormale Renditen

Zeitfenster	$CAAR_{t_1,t_2}$ SOAktG	Signifikanz BMP-Test (t-Statistik)	Signifikanz KP-Test (t-Statistik)	$CAAR_{t_1,t_2}$ SOUmwG	Signifikanz BMP-Test (t-Statistik)	Signifikanz KP-Test (t-Statistik)	$CAAR_{t_1,t_2}$ BGV	Signifikanz BMP-Test (t-Statistik)	Signifikanz KP-Test (t-Statistik)	$CAAR_{t_1,t_2}$ Verschmelzung	Signifikanz BMP-Test (t-Statistik)	Signifikanz KP-Test (t-Statistik)
[-1; +1]	8,2750	** (9,88)	** (13,60)	5,6291	** (4,65)	** (5,77)	9,2794	** (4,46)	** (6,01)	4,4707	* (2,82)	** (3,68)
[-2; +2]	10,0225	** (9,63)	** (13,58)	5,0171	** (3,45)	** (4,98)	10,9181	** (4,14)	** (5,33)	4,3819	* (2,49)	* (2,73)
[-128; -1]	5,8319	** (3,05)	* (2,49)	0,1429	(0,06)	(-1,28)	-1,3589	(-0,23)	(-0,99)	-12,5054	(0,09)	(-0,34)
[0; +2]	9,5316	** (9,82)	** (14,13)	4,5457	** (3,23)	** (4,41)	9,6713	** (4,54)	** (6,12)	5,2962	* (2,76)	** (2,93)
[+3; +5]	1,2361	** (2,71)	** (4,48)	0,3897	(0,37)	(0,92)	0,8486	(0,90)	(0,49)	-1,4271	(-1,14)	(-0,65)
[+6; +64]	0,8391	(0,48)	(-1,08)	-0,1051	(-0,05)	(-1,75)	1,4874	(0,52)	(0,15)	-12,3132	(-1,54)	* (-2,14)
[-128; +64]	17,4387	** (5,67)	** (7,95)	4,9732	(0,93)	(0,13)	10,6483	(1,83)	(1,66)	-20,9495	(-0,13)	(-0,18)

Diese Tabelle zeigt die durchschnittlichen täglichen abnormalen Renditen der Teilstichproben der 302 aktienrechtlichen Squeeze-outs, 37 umwandlungsrechtlichen Squeeze-outs, 24 BGVs und 22 Verschmelzungen für jeden Tag eines Zeitfensters von 5 Tage vor bis 5 Tage nach dem Ankündigungstag in Prozent. Zudem zeigt sie für verschiedene Fenster innerhalb des Ereignisfensters die kumulierte durchschnittliche abnormale Rendite der Teilstichproben in Prozent. Der Tag der Ankündigung ist Tag 0, die übrigen Tage werden als Differenz in Tagen zu Tag 0 dargestellt. Auf Signifikanz getestet wird anhand des BMP- sowie des KP-Tests (t-Statistik jeweils in Klammern). ** und * zeigen statistische Signifikanz auf einem Signifikanzniveau von $\alpha = 1$ % und $\alpha = 5$ %.

Tabelle 2.8 zeigt, dass lediglich beim aktienrechtlichen Squeeze-out neben dem Ankündigungstag mit knapp 5,5 % auch über einen weiteren Zeitraum von wenigen Tagen nach der Ankündigung (je nach Signifikanztest 3 bis 5 Tage) signifikant positive abnormale Renditen auftreten.[289] Bei den anderen Teilstichproben sind fast ausschließlich die durchschnittlichen Überrenditen am Ankündigungstag positiv und signifikant. Die Überrenditen bei t = 0 sind für den verschmelzungsrechtlichen Squeeze-out und die Verschmelzung (mit ca. 4 %) geringer. Hauptsächlich beim BGV ist die Überrendite bei Ankündigung mit 8,9 % sehr hoch, an den Folgetagen aber gering und nicht signifikant.

Die Ergebnisse für die einzelnen Überrenditen spiegeln sich auch in den kumulierten durchschnittlichen Überrenditen wider, die für den aktienrechtlichen Squeeze-out für alle betrachteten Zeiträume im Ereignisfenster signifikant positiv sind (nur + 6 bis + 64 nicht) und im gesamten Zeitfenster ca. 17,4 % betragen. Beim BGV sind sie für einen Zeitraum von 2 Handelstage vor bis 2 Handelstage nach dem Ereignistag signifikant positiv mit ca. 10,9 % (α = 1 %). Die hohe Überrendite am Ankündigungstag hat einen starken Einfluss. Die jeweils höchsten positiven CAAR sind bei der Verschmelzung (ca. 5,3 %) und dem umwandlungsrechtlichen Squeeze-out (ca. 5,6 %) niedriger als bei den anderen beiden Arten von Maßnahmen. Beim umwandlungsrechtlichen Squeeze-out sind wie beim BGV und der Verschmelzung die kumulierten Überrenditen für den Zeitraum von bis zu 2 Tagen vor und nach dem Ereignis positiv und signifikant. Insgesamt zeigt sich für die Verschmelzung die schwächste Reaktion auf eine Ankündigung, was die Vermutung einer weniger tiefgreifenden Veränderung mit der Verschmelzung bestätigen könnte. Bei der Verschmelzung scheint eine eher negative Erwartungshaltung vorzuliegen, die eventuell auch mögliche positive Effekte durch Erwartung eines guten Umtauschverhältnisses oder einer Barabfindungsprämie teilweise überschattet.

Anhand eines t-Tests für unabhängige Stichproben kann für den Ankündigungstag lediglich eine **Signifikanz in den Unterschieden** zwischen dem umwandlungsrechtlichen Squeeze-out und dem BGV ermittelt werden (α = 1 %) und für den Tag −2 eine solche zwischen umwandlungsrechtlichem Squeeze-out und Verschmelzung (α = 5 %). Für die betrachteten CAAR-Fenster besteht auf einem 5 %-Signifikanzniveau ein signifikanter Unterschied zwischen umwandlungsrechtlichem Squeeze-out und BGV für [0; + 2] und [−2; + 2],

[289] Systematische zeitliche Unterschiede in der Ankündigungsreaktion lassen sich nicht erkennen. Hierfür wurde die Stichprobe anhand des Jahres der Ankündigung in verschiedene Teilstichproben unterteilt (so bspw. 2002–2011, 2012–2020 oder 2002–2005, 2006–2010, 2011–2015, 2016–2020).

zwischen BGV und Verschmelzung für [+6; + 64] und zwischen aktienrechtlichem Squeeze-out und Verschmelzung für [−128;−1] sowie für diese beiden Maßnahmen für das gesamte Ereignisfenster bei $\alpha = 1$ %.

Fälle mit **negativen Ankündigungsreaktionen** wurden im Anschluss näher betrachtet. Auffallend ist, dass beim aktienrechtlichen Squeeze-out für ca. 31 % aller Fälle eine negative Reaktion entsteht. Die abnormale Rendite am Ankündigungstag beträgt bei negativer Reaktion im Durchschnitt lediglich −1,4 %, bei positiver Reaktion jedoch 8,7 %. Bei ca. 16 % der umwandlungsrechtlichen Squeeze-outs entsteht eine negative Reaktion mit einer abnormalen Rendite von im Durchschnitt −0,7 %, in der Teilstichprobe der positiven Reaktionen beträgt sie 5,0 %. BGV gibt es lediglich einen mit einer geringen negativen abnormalen Rendite bei Ankündigung von −0,1 %. Bei ca. 23 % der Verschmelzungen kommt es zu einer abnormalen Rendite bei negativer Reaktion von durchschnittlich −2,4 % und bei positiver Reaktion i. H. v. 6,0 %. Die positiven abnormalen Renditen sind bei jeder der Maßnahmen signifikant (nach dem BMP- und KP-Test bei $\alpha = 1$ %), die negativen beim aktienrechtlichen Squeeze-out und der Verschmelzung. Negative Ankündigungsreaktionen können bspw. auftreten, wenn für die Aktien vermehrt Verkaufswünsche bestehen, da bspw. kein langwieriges Spruchverfahren abgewartet werden soll. Vielleicht möchten manche Aktionäre auch bereits in Antizipation entstandene Renditen realisieren.

Für einen direkten Vergleich des Einflusses der Arten von Strukturmaßnahmen auf die Informationsverarbeitung, werden diese zusätzlich im Rahmen einer **multivariaten linearen Regression** (Modell in Formel (2.7)) betrachtet. Darüber hinaus werden weitere erklärende Variablen für die Ankündigungsreaktionen einbezogen. Die Höhe der Überrenditen am Ankündigungstag (AR_0) bzw. die kumulierten Überrenditen (CAR_{t_1,t_2}) werden als abhängige Variablen einbezogen. Die spezifische Art der Strukturmaßnahme (SOAKTG, SOUMWG, BGV) wird als unabhängige Variable in Form einer Dummy-Variable berücksichtigt (Verschmelzung als Basisgruppe, daher zeigt Signifikanz einen Unterschied im Vergleich zur Verschmelzung auf). Zusätzlich werden folgende mögliche Erklärungsfaktoren als unabhängige Variablen betrachtet:

- Analog zu den Studien von *Elsland/Weber*[290] und *Budzinski*[291] wird das Kurs-Buchwert-Verhältnis (KBV_3M; auch Price-to-Book Ratio) betrachtet. Dieses gilt einerseits als Indikator dafür, ob das Unternehmen am Markt

---

290 Vgl. *Elsland/Weber* (2005), S. 23, 36.

291 Vgl. *Budzinski* (2012), S. 162, 167, 172.

möglicherweise über- oder unterbewertet ist. Teilweise wird in der Literatur argumentiert, dass der Mehrheitsaktionär aufgrund seiner möglicherweise besseren Informationslage im Vergleich zu den Minderheiten keinen Squeeze-out ankündigen würde, wenn er die Aktien für überbewertet hält, sondern nur bei einer Unterbewertung.[292] Ein Abweichen zwischen Kurs (Marktkapitalisierung) und Buchwert wird andererseits aber als Indikator für immaterielle Werte im Unternehmen (auch stille Reserven oder Lasten) verstanden.[293] Nach dieser Interpretation würde es nicht unbedingt einen Hinweis liefern, in welchen Situationen eine Strukturmaßnahme angekündigt wird.
- Darüber hinaus wird als Kontrollvariable wie bei *Budzinski* der CDAX-Kurs im Durchschnitt der drei Monate vor der Ankündigung (CDAX_3M) einbezogen, da sich die Analyse über einen langen Zeitraum erstreckt. So kann für Effekte verschiedener allgemeiner Kursniveaus am Markt kontrolliert werden, die potenziell eine Ankündigungsreaktion beeinflussen könnten.[294]
- Des Weiteren wird die jeweilige Branche des Unternehmens (FF) einbezogen, um eventuell entstehende Brancheneffekte zu erkennen. Für die Branchen gab es jedoch in bisherigen Studien keine wesentlichen Einflüsse.[295] Es sind auch keine systematischen Unterschiede, die sich speziell auf die Branche beziehen, bekannt. Die Finanzbranche wird aufgrund ihrer Besonderheiten separat gewürdigt.
- Zudem werden die Unternehmensgröße (MARKTKAP), der Streubesitzanteil (SB), die Ankündigungsform (ANK_ADHOC, ANK_ANDERE, ANK_HV) und die Ankündigung der Abfindungshöhe (ABF_JA; bei gleichzeitiger Bekanntgabe mit der Ankündigung der Strukturmaßnahme ist die Dummy-Variable 1) einbezogen. Deren Einflüsse werden in den folgenden Kapiteln betrachtet.

Anhand der multivariaten Regression lassen sich Effekte der verschiedenen unabhängigen Variablen besser separieren und erkennen als in den Teilstichproben. So wird ein Gesamtbild für die Einflüsse gewonnen. Effekte, die die Ergebnisse für die Teilstichproben zusätzlich beeinflussen können, werden so erkennbar gemacht, sofern sie im Rahmen der Variablen abgebildet werden.

---

[292] Vgl. bspw. *Hecker/Kaserer* (2003), S. 155; *Bebchuk/Kahan* (2000), in: Concentrated Corporate Ownership, S. 251.

[293] Vgl. *Ernst/Schneider/Thielen* (2018), S. 232; *Damodaran*, abgerufen am: 24.08.2024.

[294] Vgl. *Budzinski* (2012), S. 157.

[295] Vgl. *Budzinski* (2012), S. 167; *Elsland/Weber* (2005), S. 36 hinsichtlich der Finanzbranche.

Tabelle 2.9 Multivariate Regression für den Einfluss der Arten von Strukturmaßnahmen auf die abnormalen Renditen[296]

VARIABLES	(1) AR_0	(2) $CAR_{-1,+1}$	(3) $CAR_{-2,+2}$	(4) $CAR_{-128,-1}$	(5) $CAR_{0,+2}$	(6) $CAR_{+3,+5}$	(7) $CAR_{+6,+64}$	(8) $CAR_{-128,+64}$
SOAKTG	0,0279 (1,18)	0,0432 (1,57)	0,0613 (1,44)	0,3035* (2,36)	0,0376 (1,01)	0,0178 (1,14)	0,1264* (2,24)	0,4852** (2,70)
SOUMWG	0,0034 (0,15)	0,0132 (0,45)	0,0069 (0,16)	0,1870 (1,39)	−0,0104 (−0,25)	−0,0039 (−0,24)	0,0648 (0,75)	0,2376 (1,20)
BGV	0,0537* (2,06)	0,0602* (2,10)	0,0770 (1,83)	0,1265 (0,85)	0,0569 (1,59)	0,0183 (1,14)	0,1605* (2,32)	0,3623 (1,70)
KBV_3M	0,0001 (0,79)	5,96e−05 (0,39)	−4,07e−05 (−0,20)	−9,40e−05 (−0,31)	−4,91e−05 (−0,26)	−6,77e−05 (−0,71)	0,0005 (0,83)	0,0003 (0,60)
CDAX_3M	1,15e−05 (0,43)	1,09e−05 (0,35)	3,98e−06 (0,09)	4,28e−05 (0,52)	7,35e−06 (0,18)	3,71e−05 (1,91)	1,92e−05 (0,39)	0,0001 (0,87)
MARKTKAP	−0,0081** (−2,76)	−0,0127** (−3,12)	−0,0136* (−2,55)	−0,0125 (−1,13)	−0,0156** (−3,19)	−0,0093** (−2,95)	−0,0292** (−2,65)	−0,0665** (−3,67)
SB	0,0284 (0,33)	−0,0384 (−0,45)	0,0009 (0,01)	0,3866 (1,45)	−0,0606 (−0,60)	−0,0442 (−1,17)	−0,0382 (−0,20)	0,2436 (0,60)

(Fortsetzung)

[296] Die Korrelationsmatrix zeigt keine besonders hohen Korrelationen zwischen erklärenden Variablen. Hier werden jedoch nur bivariate Korrelationen sichtbar. Lineare Abhängigkeiten zwischen mehr als zwei Variablen wären hier nicht sichtbar, daher kann die Matrix nur als Indikator herangezogen werden. Da jedoch manche der Variance Inflation Factors über 10 liegen, kann in manchen Fällen von Multikollinearität ausgegangen werden. Durch das Nicht-Betrachten der jeweiligen Basis-Gruppe lässt sich dies vermeiden.

Tabelle 2.9 (Fortsetzung)

VARIABLES	(1) AR_0	(2) $CAR_{-1,+1}$	(3) $CAR_{-2,+2}$	(4) $CAR_{-128,-1}$	(5) $CAR_{0,+2}$	(6) $CAR_{+3,+5}$	(7) $CAR_{+6,+64}$	(8) $CAR_{-128,+64}$
ANK_ADHOC	0,0777** (4,68)	0,1208** (5,23)	0,1471** (5,66)	0,2293* (2,46)	0,1406** (5,84)	−0,0056 (−0,27)	−0,0171 (−0,34)	0,3473** (2,99)
ANK_ANDERE	0,0699** (3,85)	0,1066** (4,39)	0,1482** (4,54)	0,2025* (2,02)	0,1278** (5,06)	−0,0010 (−0,05)	0,1157 (1,35)	0,4450** (3,15)
ANK_HV	0,0546** (2,83)	0,0823** (3,27)	0,1137** (3,31)	0,1414 (1,44)	0,1120** (3,39)	−0,0024 (−0,10)	−0,0579 (−1,00)	0,1930 (1,59)
ABF_JA	0,0062 (0,35)	0,0336 (1,38)	0,0336 (1,23)	−0,0098 (−0,15)	0,0398 (1,52)	−0,0111 (−1,02)	−0,0341 (−0,99)	−0,0153 (−0,20)
FF	NEIN	NEIN	NEIN	NEIN	NEIN	NEIN	NEIN	NEIN
Constant	0,0905 (1,68)	0,1611* (2,09)	0,1249 (1,30)	−0,2111 (−0,99)	0,1978* (2,18)	0,1545** (2,90)	0,3920 (1,79)	0,5332 (1,58)
Observations	385	385	385	385	385	385	385	385
R-squared	0,0654	0,0976	0,0886	0,0438	0,1025	0,0864	0,0779	0,1009

Die Tabelle zeigt die Ergebnisse einer multivariaten linearen Regression, bei der speziell die Arten von Strukturmaßnahmen betrachtet werden. Alle verwendeten Variablen werden in Anlage 2 im elektronischen Zusatzmaterial definiert. Da sich anhand des Breusch-Pagan-Tests zeigt, dass nicht von Homoskedastizität ausgegangen werden kann, werden robuste Standardfehler verwendet. ** und * zeigen statistische Signifikanz auf einem Signifikanzniveau von $\alpha = 1\ \%$ und $\alpha = 5\ \%$ (t-Statistik in Klammern).

Anlage 2 im elektronischen Zusatzmaterial zeigt die Definition aller einbezogenen Variablen. Anlage 3 im elektronischen Zusatzmaterial beinhaltet eine deskriptive Statistik des durchschnittlichen Kurs-Buchwert-Verhältnisses (KBV) und des durchschnittlichen CDAX-Standes in den drei Monaten vor Ankündigung.

Tabelle 2.9 zeigt die Ergebnisse der Regression.

In Bezug auf die Art der Strukturmaßnahme fällt Folgendes auf: Der BGV beeinflusst die Überrendite am Ereignistag sowie die kumulierte Überrendite für die Zeitfenster [−1; + 1] und [+6; + 64] signifikant positiv. Zu beachten ist, dass Arten von Maßnahmen in deutlich unterschiedlicher Häufigkeit vorkommen. Die multivariate Regression bestätigt den vorherigen Befund der höchsten Überrendite für den BGV.

Weiterhin weist der aktienrechtliche Squeeze-out in den sechs Monaten vor der Ankündigung sowie über das gesamte Zeitfenster und das Zeitfenster [+6; + 64] einen signifikanten, positiven Einfluss auf.

Die Ergebnisse bestätigen damit die höheren positiven Reaktionen innerhalb gewisser Zeitfenster für den aktienrechtlichen Squeeze-out und den BGV im Vergleich zu den anderen Maßnahmen. Die starke Reaktion beim BGV, die sich auf einen kurzen Zeitraum konzentriert, könnte sich durch eine höhere Liquidität und die mit Ankündigung (aufgrund des Ausgleichs stärker als bei anderen Maßnahmen) hauptsächlich bei dieser Maßnahme abgebaute Ungewissheit hinsichtlich der Zukunft ergeben (verstärkte Kaufwünsche risikoaverser Anleger). Bei positiver Zukunftserwartung, die sich im Ausgleich niederschlägt, könnten vermehrt Kaufwünsche auftreten. Auch Abfindungsspekulation könnte für die Ankündigungsreaktionen eine Rolle spielen sowie damit verbundene Abfindungsarbitrage. Vielleicht erreicht die Nachricht des aktienrechtlichen Squeeze-out manche Aktionäre erst etwas später, wodurch es später noch zu einer stärkeren Reaktion kommen kann (hier häufiger nicht ad-hoc). Eine Ursache für eine teilweise verzögerte Reaktion könnte auch im geringen Streubesitzanteil liegen. Die über den gesamten Zeitraum starke Reaktion könnte zudem durch den unumgänglichen Ausschluss bedingt sein. Für die anderen Maßnahmen sind aber auch die Stichprobenumfänge geringer als beim aktienrechtlichen Squeeze-out. Der stärkere Einfluss des aktienrechtlichen Squeeze-out auf die Antizipation könnte auftreten, da der geforderte Anteilsbesitz bereits zuvor aufgebaut wird und dadurch Hinweise auf eine mögliche Strukturmaßnahme an den Kapitalmarkt gelangen.[297] Vor allem beim Squeeze-out scheint eher Abfindungsarbitrage als

[297] Beim umwandlungsrechtlichen Squeeze-out sind möglicherweise aufgrund des geringeren Stichprobenumfangs keine ähnlichen Effekte erkennbar.

geänderte Erwartungen über die Geschäftstätigkeit die Reaktion hervorzurufen, da Erwartungen mit Bekanntgabe der Maßnahme kaum noch bedeutsam sind.

Branche, CDAX-Stand und KBV weisen keinen signifikanten Einfluss auf. Die Ergebnisse bestätigen damit in Bezug auf den Einfluss des Kurs-Buchwert-Verhältnisses die Erkenntnisse von *Elsland/Weber*, nicht aber die Ergebnisse von *Budzinski*. Für die Branche und den CDAX-Stand bestätigen sich die Erkenntnisse von *Budzinski*.[298] Die Branche und damit auch die Finanzbranche weist keinen signifikanten Einfluss auf die Höhe der Ankündigungsreaktion und die Überrenditen über längere Zeiträume auf.

2.9.3 Ergebnisse zu Ankündigungseffekten nach Formen der Ankündigung

Des Weiteren wird betrachtet, welchen Einfluss verschiedene Formen der Ankündigung auf die Höhe der Überrendite haben. Die Ankündigungsform ist für die Verbreitung der eigentlichen Information aus der Ankündigung relevant.

Potenziell könnte ein Zusammenhang zwischen der Mitteilung über eine Ad-hoc-Nachricht und der Art der Strukturmaßnahme, der Unternehmensgröße oder auch der Liquidität bestehen.[299] Bei größeren Unternehmen wird von einer geringeren Reaktion ausgegangen (siehe Abschnitt 2.9.1). Die Liquidität hat zumindest im Rahmen der Robustheitsprüfung in 2.8.3 keinen wesentlichen Einfluss auf die Ankündigungsreaktionen (beim Vergleich zwischen einer Stichprobe liquider Unternehmen und der Gesamtstichprobe). Der korrigierte (normierte) Kontingenzkoeffizient zeigt mit 0,32 einen schwachen bis mittleren Zusammenhang zwischen der Art der Strukturmaßnahme und der Ankündigungsform. Da insgesamt keine wesentlichen Korrelationen zwischen der Ankündigungsform und der Größe oder Liquidität erkennbar sind, wird eher eine stärkere Reaktion auf Ad-hoc-Nachrichten im Vergleich zu anderen Formen angenommen, aufgrund der schnellen Verbreitung dieser Nachrichten.

---

[298] Vgl. *Budzinski* (2012), S. 167; *Elsland/Weber* (2005), S. 36.

[299] Wesentliche Korrelationen zeigen sich jedoch im Rahmen der Korrelationsanalyse unter 2.9.2 nicht.

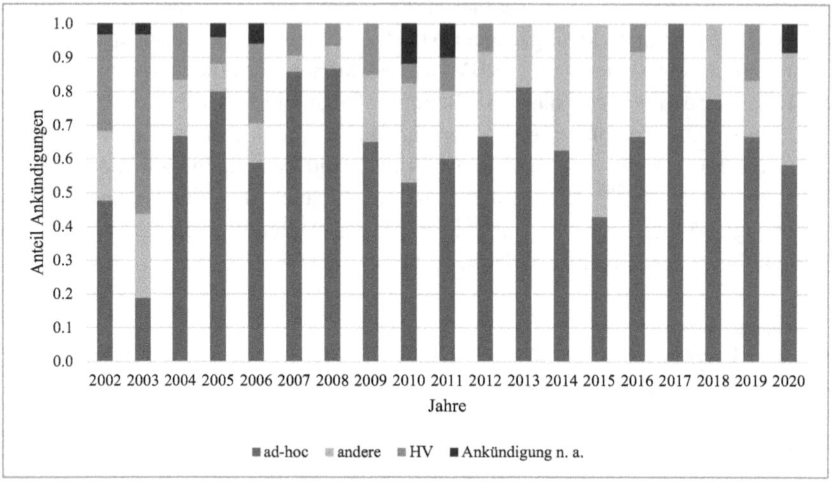

Abbildung 2.8 Anteil der Ankündigungsformen über die Jahre[300]
Diese Abbildung zeigt für die Jahre 2002 bis 2020, über die sich die Stichprobe erstreckt, jeweils den Anteil der Ankündigungsformen ad-hoc, andere (Unternehmensmitteilungen, die nicht direkt als ad-hoc erkennbar sind), HV (Ankündigungen mit der HV-Einladung) und Ankündigung n. a. (wenn keine Datei der Ankündigung verfügbar ist) an der Gesamtanzahl der Ankündigungen.

Abbildung 2.8 zeigt einen schwankenden Anteil der Ad-hoc-Mitteilungen an der Gesamtzahl der Ankündigungen pro Jahr, aber keinen auffälligen Anstieg mit Anwendbarkeit des Art. 17 MMVO zum 03.07.2016. Die unter 2.3 beschriebenen Änderungen in der Ad-hoc-Mitteilungspflicht und die Ausweitung dieser auf den Freiverkehr mit der MMVO weisen keinen deutlichen Effekt auf. Zu berücksichtigen ist jedoch die nach den ersten Jahren fallende Gesamtanzahl an Ankündigungen. Eine tendenziell abnehmende Anzahl der Ankündigungen über HV-Einladungen ist sichtbar. Dies könnte durch Änderungen in der Ad-hoc-Pflicht des § 15 Abs. 1 WpHG in 2004 und die Einführung des § 4 Abs. 1 Ziff. 1a

[300] Bei Mitteilungen, die über die DGAP gewonnen werden, wird die Klassifizierung der DGAP als „ad-hoc" oder andere Mitteilung (z. B. „Corporate") verwendet. Es kann daher in manchen Fällen sein, dass auch bei anderen Mitteilungen dennoch im Nachrichtentext ein Hinweis zu finden ist, dass es sich um eine Ad-hoc-Mitteilung handelt (siehe Abschnitt 2.3), diese aber nicht entsprechend klassifiziert wurde (dies ist auch bei Mitteilungen anderer Quellen möglich).

WpAV oder durch ein eher erkanntes Kursbeeinflussungspotenzial hervorgerufen worden sein.[301]

Im Folgenden werden die Ankündigungsreaktionen nach Form der Ankündigung dargelegt.

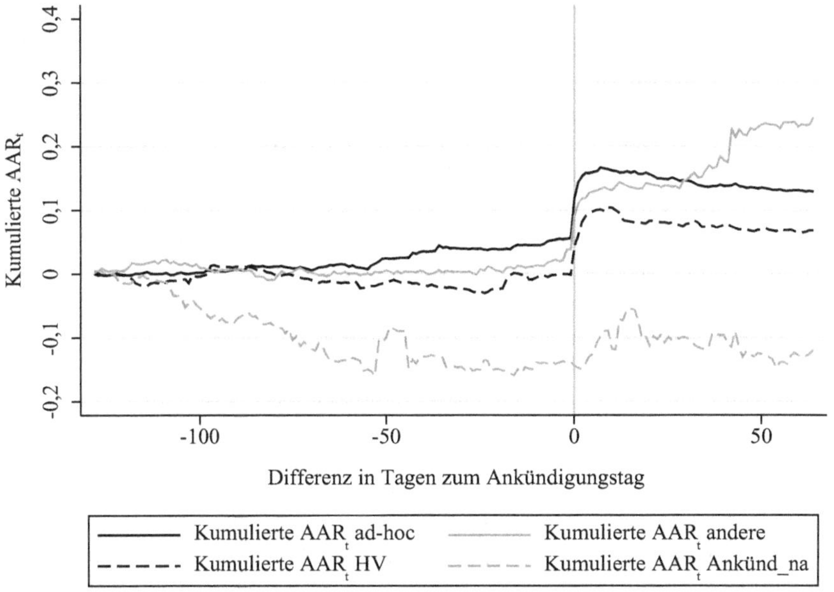

Abbildung 2.9 Kumulierte durchschnittliche abnormale Rendite nach Ankündigungsform
Diese Abbildung zeigt für das Ereignisfenster die kumulierten durchschnittlichen abnormalen Renditen (kumulierte AAR_t) der Teilstichproben: 236 Maßnahmen mit Bekanntgabe über eine Ad-hoc-Mitteilung (ad-hoc), 79 Maßnahmen mit anderer Mitteilung, die nicht als ad-hoc erkennbar ist (andere), 60 Maßnahmen mit HV-Einladung (HV) und 10 Maßnahmen ohne verfügbare Ankündigung (Ankündigung n. a., hier Ankünd_na). Der Tag der Ankündigung ist Tag 0, die übrigen Tage werden als Differenz in Tagen zu Tag 0 dargestellt. Die zu verschiedenen Zeitpunkten veröffentlichten Ankündigungen werden damit behandelt, als würden sie zeitgleich stattfinden.

[301] Möglich ist auch eine leichte Verzerrung in der Stichprobe, da für die ersten Jahre eher Möglichkeiten zum Abgleich bestanden und daher dort eher Ankündigungen über HV-Einladungen identifiziert werden konnten.

Abbildung 2.9 zeigt bei Mitteilung über die HV-Einladung tendenziell die geringsten Überrenditen. Für diese ist hingegen auch vor der Ankündigung kaum eine Überrendite, teils sogar eine negative abnormale Rendite vorhanden. Bei den anderen Mitteilungsformen ergibt sich eine deutliche kumulierte durchschnittliche Überrendite ab dem Zeitpunkt der Ankündigung, zuvor ist bereits ein leichter Anstieg erkennbar. Für die Ad-hoc-Mitteilungen entsteht im Vorfeld die höchste kumulierte Überrendite. Da für die sehr kleine Teilstichprobe ohne verfügbare Ankündigung keine Überrenditen zum Ankündigungstag zu verzeichnen sind, wird sie nicht weiter betrachtet.

In Tabelle 2.10 ist eine von Ad-hoc-Mitteilungen über andere Ankündigungen bis hin zu HV-Einladungen tendenziell abnehmende Reaktion am Ankündigungstag sichtbar. Die Überrenditen sind bei Ad-hoc-Mitteilungen auch noch bis zu drei Tage nach der Ankündigung positiv und signifikant. Bei anderen Ankündigungen treten an den Tagen nach der Bekanntgabe ebenfalls vereinzelt signifikante, positive Überrenditen auf. Für die Teilstichprobe mit HV-Einladung als erster Ankündigung entstehen neben dem Ankündigungstag auch an den Tagen nach der Ankündigung noch relativ hohe Überrenditen. Vor allem an Tag zwei ist die Überrendite mit 2,1 % eher hoch.

Die kumulierten Überrenditen sind bei allen Gruppen jeweils für die meisten Zeiträume signifikant. Bei der Ad-hoc-Mitteilung fällt auf, dass zwar für längere Zeiträume noch signifikante kumulierte Überrenditen bestehen (so auch für den gesamten Ereigniszeitraum), diese jedoch außerhalb des Zeitraums von zwei Tage vor bis zwei Tage nach dem Ereignistag nicht mehr stark ansteigen (ca. 3 %). Positive kumulierte Überrenditen bestehen hier bereits vor der Ankündigung. Bei den anderen beiden Ankündigungsformen sind stärkere Schwankungen erkennbar. Vor allem bei den anderen Ankündigungen gibt es noch deutliche Anstiege der kumulierten Überrenditen (auf mehr als das Doppelte) in einem längeren Zeitraum innerhalb des Ereignisfensters im Vergleich zu den wenigen Tagen um den Ereignistag. Dies deutet darauf hin, dass (wie erwartet) die Information bei Ad-hoc-Mitteilungen im Vergleich schnell und von vielen Akteuren gleichzeitig verarbeitet wird bzw. nicht aus anderen Gründen weitere abnormale Renditen auftreten. Weiterhin kann ein Grund für Unterschiede im unterschiedlichen Stichprobenumfang der Teilstichproben liegen.

Ein signifikanter Unterschied besteht allerdings lediglich zwischen der Gruppe mit Ad-hoc-Mitteilung und der Gruppe mit anderer Mitteilung auf einem 1 %-Niveau für das Zeitfenster + 6 bis + 64.

Tabelle 2.10 (Kumulierte) durchschnittliche abnormale Renditen nach Ankündigungsform (in %)

Teil A: Durchschnittliche abnormale Renditen									
Tag	AAR_t ad-hoc	Signifikanz BMP-Test (t-Statistik)	Signifikanz KP-Test (t-Statistik)	AAR_t andere	Signifikanz BMP-Test (t-Statistik)	Signifikanz KP-Test (t-Statistik)	AAR_t HV	Signifikanz BMP-Test (t-Statistik)	Signifikanz KP-Test (t-Statistik)
−5	0,0885	(0,62)	(0,20)	0,1707	(0,32)	(1,38)	0,0252	(0,01)	(1,44)
−4	0,1831	(1,15)	(0,69)	−0,2623	(−0,80)	(−0,29)	0,2369	(0,65)	* (2,62)
−3	−0,1188	(−0,89)	(−0,88)	0,2239	(0,97)	(0,88)	−0,0836	(−0,71)	* (−2,57)
−2	0,0977	(0,84)	(−0,02)	1,6463	(1,18)	** (2,80)	0,0014	(−0,03)	(0,08)
−1	0,1158	(1,34)	(0,62)	0,0189	(0,07)	(0,48)	−0,1114	(−0,34)	(0,13)
0	6,1474	** (9,34)	** (11,46)	5,1315	** (5,93)	** (7,34)	4,3339	** (3,35)	** (5,14)
1	2,6597	** (4,00)	** (4,40)	2,0956	* (2,46)	** (2,91)	1,7708	(1,85)	** (4,54)
2	0,8794	* (1,99)	** (2,85)	0,7304	(1,07)	** (3,11)	2,1181	(1,29)	** (5,15)
3	0,5349	* (2,05)	(1,64)	0,1117	(0,18)	* (2,13)	0,9681	(1,50)	** (3,48)
4	−0,0806	(−0,70)	(0,51)	0,8692	* (2,29)	** (3,12)	0,4351	(0,75)	** (2,72)
5	0,2457	(1,21)	(1,97)	0,1192	(0,20)	(0,14)	0,2735	(0,69)	** (3,85)

(Fortsetzung)

Tabelle 2.10 (Fortsetzung)

Teil B: Kumulierte durchschnittliche abnormale Renditen

Zeitfenster	$CAAR_{t_1,t_2}$ ad-hoc	Signifikanz BMP-Test (t-Statistik)	Signifikanz KP-Test (t-Statistik)	$CAAR_{t_1,t_2}$ andere	Signifikanz BMP-Test (t-Statistik)	Signifikanz KP-Test (t-Statistik)	$CAAR_{t_1,t_2}$ HV	Signifikanz BMP-Test (t-Statistik)	Signifikanz KP-Test (t-Statistik)
[−1; + 1]	8,9230	** (9,47)	** (13,19)	7,2460	** (5,75)	** (7,26)	5,9932	** (3,71)	** (5,20)
[−2; + 2]	9,9000	** (9,41)	** (12,63)	9,6226	** (4,75)	** (7,21)	8,1128	** (3,53)	** (6,06)
[−128; −1]	5,5389	** (3,12)	(1,91)	3,7816	(1,26)	(−0,09)	−0,1732	(−0,04)	(1,40)
[0; + 2]	9,6865	** (9,29)	** (12,57)	7,9574	** (5,58)	** (7,78)	8,2228	** (3,59)	** (6,40)
[+3; + 5]	0,7000	(1,41)	* (2,10)	1,1000)	(1,15)	** (2,89)	1,6766	(1,73)	** (3,49)
[+6; + 64]	−3,0980	* (−2,03)	** (−3,73)	11,634	(1,62)	(1,82)	−2,9993	(−1,56)	(−1,49)
[−128; + 64]	12,827	** (5,38)	** (6,18)	24,4736	** (2,99)	** (4,04)	6,7270	(1,53)	** (3,32)

Diese Tabelle zeigt die durchschnittlichen täglichen abnormalen Renditen der Teilstichproben: 236 Maßnahmen mit Bekanntgabe über eine Ad-hoc-Mitteilung (ad-hoc), 79 Maßnahmen mit nicht direkt als ad-hoc erkennbarer Mitteilung (andere) und 60 Maßnahmen mit HV-Einladung (HV). Die täglichen abnormalen Renditen werden für jeden Tag eines Zeitfensters von 5 Tage vor bis 5 Tage nach dem Ankündigungstag in Prozent (Teil A) abgebildet. Zudem zeigt sie für verschiedene Zeitfenster innerhalb des Ereignisfensters die kumulierten durchschnittlichen abnormalen Renditen der Teilstichproben in Prozent (Teil B). Der Tag der Ankündigung ist Tag 0, die übrigen Tage werden als Differenz in Tagen zu Tag 0 dargestellt. Auf Signifikanz getestet wird anhand des BMP- sowie des KP-Tests (t-Statistik jeweils in Klammern). ** und * zeigen statistische Signifikanz auf einem Signifikanzniveau von $\alpha = 1\,\%$ und $\alpha = 5\,\%$.

Zusätzlich wurde der Einfluss der Ankündigungsform auf die abnormalen Renditen über die **multivariate lineare Regression** (siehe Tabelle 2.9) analysiert. Auf einem 1 %-Signifikanzniveau hat die Ankündigungsform Ad-hoc-Mitteilung (ANK_ADHOC) einen signifikanten, positiven Einfluss. Dieser zeigt sich am Ereignistag sowie in einem Zeitfenster von bis zu zwei Tagen vor und nach dem Ereignis und für das gesamte Ereignisfenster. Zudem ist der positive Einfluss auf die kumulierte Überrendite für das Zeitfenster bis einen Tag vor der Ankündigung signifikant ($\alpha = 5$ %). Für die anderen Ankündigungen (ANK_ANDERE) resultieren ähnliche Ergebnisse in Bezug auf die Signifikanz. Hier ist der Koeffizient für den Ereignistag etwas geringer, für das gesamte Ereignisfenster etwas höher. Dies bestätigt die Ergebnisse hinsichtlich einer bei anderen Mitteilungen etwas weniger stark auf den Ereignistag konzentrierten Reaktion (wenn auch jeweils signifikant). Eventuell ist der Ankündigungszeitpunkt nicht so eindeutig wie bei Ad-hoc-Mitteilungen. Der geringere Effekt bei HV-Einladungen (ANK_HV) bestätigt sich. Bei solchen ist der Einfluss nur bis zu einem Zeitfenster von zwei Tage vor bis zwei Tage nach dem Ereignis signifikant, am Ankündigungstag selbst ebenfalls.

Mit abnehmender „Stärke“ der Mitteilungsform zeigt sich insgesamt ein leicht abnehmender Einfluss auf die (kumulierten) Überrenditen. Die etwas langsamere Verbreitung der Informationen bei den anderen Mitteilungen – über Zeitungen oder andere Nachrichtenplattformen – oder HV-Einladungen bestätigt sich anhand der multivariaten Regression. Die Ankündigungsform hat damit insgesamt durchaus einen Einfluss auf die Reaktion der Marktteilnehmer und die gesamte Verarbeitung der Information. Lediglich bei Ad-hoc-Mitteilungen und anderen schnell verbreiteten Meldungen ist ein Einfluss auf Antizipationseffekte in signifikantem Maße erkennbar. Dies könnte aus einem stärkeren Interesse der Öffentlichkeit an diesen Unternehmen resultieren, verbunden mit einer möglicherweise stärkeren Antizipation der Maßnahme oder Kaufwünschen aus Gründen einer Abfindungsarbitrage.

Bei Unternehmen, die Ad-hoc-Mitteilungen oder andere, sich schnell verbreitende Mitteilungen, veröffentlichen, scheinen die Nachrichten damit einen größeren Kreis an Adressaten in kurzer Zeit (am Ankündigungstag) zu erreichen. Grund dafür kann das gewählte Medium sein. Eine Ad-hoc-Mitteilungspflicht besteht aber umgekehrt vermutlich eher für Unternehmen, die stärker in öffentlichem Interesse stehen (bspw. bestand vor der MMVO bei Handel im Freiverkehr keine Pflicht) und die daher auch über besser informierte Aktionäre verfügen.[302]

---

[302] Es ist jedoch möglich, dass Ad-hoc- oder andere Mitteilungen evtl. aufgrund des langen Zeitfensters seit der Ankündigung nicht mehr verfügbar oder auffindbar waren und daher

2.9.4 Ergebnisse zu Ankündigungseffekten mit und ohne Bekanntgabe der Abfindungshöhe

Bei 116 (30,13 %) der Strukturmaßnahmen in der Stichprobe wurde die Höhe der Kompensation bei erstmaliger Ankündigung mitgeteilt, davon bei 56 Maßnahmen im Rahmen einer Ad-hoc- oder anderen Mitteilung über Nachrichtendienste, bei 60 zusammen mit der HV-Einladung als erster verfügbarer Ankündigung. Daneben gibt es 259 (67,27 %) Maßnahmen, bei denen die Höhe der Kompensation erst später – zwischen erster Ankündigung und Hauptversammlungseinladung oder mit der Hauptversammlungseinladung (als nicht erster bekannter Ankündigung) – bekanntgegeben wird. Bei 10 Maßnahmen ist keine Ankündigungsdatei verfügbar und daher kann nicht bestimmt werden, ob die Höhe der Kompensation angekündigt wurde.

Analog zu den Untersuchungen von *Elsland/Weber* und *Budzinski* werden Ankündigungsreaktionen in Abhängigkeit der in der Ankündigung vermittelten Informationen betrachtet. Unterschiede bestehen vor allem darin, ob die voraussichtliche Höhe der Abfindung (oder anderen Kompensation) bereits mit angekündigt wird oder es zu einem späteren Zeitpunkt eine gesonderte Mitteilung diesbezüglich gibt. *Hecker/Kaserer* stellen fest, dass die Reaktion auf eine Ankündigung ohne Abfindungshöhe nicht zu einer Erhöhung des Kurses bis hin zur später bekanntgegebenen Abfindung führt.[303]

---

bspw. eine HV-Einladung verwendet wurde. Auf die Überrenditen der Gruppen sollte dies jedoch keine Auswirkungen haben. Es könnte lediglich bei anderen Analysen (auf Basis anderer Teilstichproben) zu einer leichten Abschwächung von Ankündigungseffekten führen, wenn eine „schwächere“ Ankündigungsform in Bezug auf die Reichweite verfügbar ist und die Information zuvor bereits bekannt war.

[303] Vgl. *Hecker/Kaserer* (2003), S. 150.

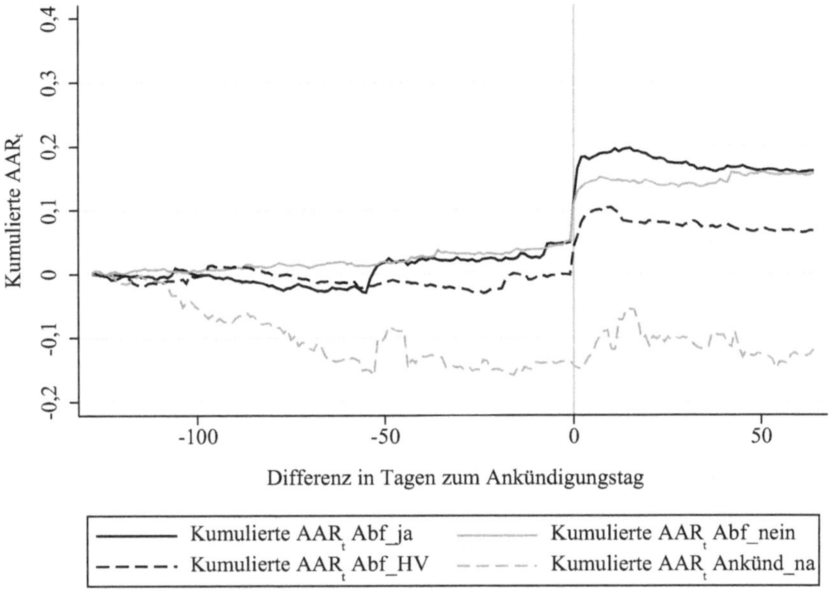

Abbildung 2.10 Kumulierte durchschnittliche abnormale Rendite mit oder ohne Bekanntgabe der Abfindungshöhe
Diese Abbildung zeigt für das Ereignisfenster die kumulierten durchschnittlichen abnormalen Renditen (kumulierte AAR_t) der Teilstichproben: 56 Maßnahmen mit Bekanntgabe der Abfindungshöhe bei erster Ankündigung (ad-hoc oder andere; Abf_ja), 60 Maßnahmen mit Bekanntgabe der Abfindung gleichzeitig mit der ersten verfügbaren Ankündigung als HV-Einladung (Abf_HV), 259 Maßnahmen ohne Bekanntgabe der Abfindung mit erster Ankündigung (Abf_nein) und 10 Maßnahmen ohne verfügbare Ankündigung (Ankündigung n. a., hier Ankünd_na). Der Tag der Ankündigung ist Tag 0, die übrigen Tage werden als Differenz in Tagen zu Tag 0 dargestellt. Die zu verschiedenen Zeitpunkten veröffentlichten Ankündigungen werden damit behandelt, als würden sie zeitgleich stattfinden.

Der Verlauf der Kursentwicklung (Abbildung 2.10) ist für die Teilstichproben ähnlich. Jedoch fällt die Reaktion am Ankündigungstag für die Teilstichprobe der Maßnahmen mit Ankündigung der Abfindungshöhe am stärksten aus, gefolgt von den Zielgesellschaften ohne eine solche Ankündigung. Eine Antizipation ist vor allem für die Maßnahmen, bei denen die Abfindungshöhe zusammen mit der erstmalig bekannten Ankündigung in Form der HV-Einladung mitgeteilt wird, kaum erkennbar (möglicherweise durch geringes öffentliches Interesse). Da bei nicht verfügbarer Datei der Ankündigung keine Ankündigungseffekte erkennbar sind und die Stichprobe sehr klein ist, werden diese Maßnahmen nicht weiter betrachtet.

Tabelle 2.11 (Kumulierte) durchschnittliche abnormale Renditen mit oder ohne Bekanntgabe der Abfindungshöhe (in %)[304]

Teil A: Durchschnittliche abnormale Renditen

Tag	AAR_t Abf_ja	Signifikanz BMP-Test (t-Statistik)	Signifikanz KP-Test (t-Statistik)	AAR_t Abf_ nein	Signifikanz BMP-Test (t-Statistik)	Signifikanz KP-Test (t-Statistik)	AAR_t Abf_ HV	Signifikanz BMP-Test (t-Statistik)	Signifikanz KP-Test (t-Statistik)
−5	−0,0847	(−0,38)	(−0,57)	0,1510	(0,82)	(0,77)	0,0252	(0,01)	(1,44)
−4	−0,0195	(−0,17)	(−0,13)	0,0910	(0,75)	(0,11)	0,2369	(0,65)	(2,62)
−3	0,1661	(0,80)	(1,12)	−0,0759	(−0,58)	(−0,99)	−0,0836	(−0,71)	(−2,57)
−2	−0,0481	(0,08)	(−0,40)	0,6015	(1,38)	* (2,37)	0,0014	(−0,03)	(0,08)
−1	0,1345	(0,45)	(−0,29)	0,0822	(1,11)	(0,79)	−0,1114	(−0,34)	(0,13)
0	6,4236	** (3,43)	** (5,01)	5,7778	** (11,06)	** (12,84)	4,3339	** (3,35)	** (5,14)
1	5,1088	* (2,48)	** (3,16)	1,9581	** (4,18)	** (4,09)	1,7708	(1,85)	** (4,54)
2	1,7185	(1,48)	** (3,58)	0,6525	(1,72)	* (2,61)	2,1181	(1,29)	** (5,15)
3	0,0781	(0,03)	(0,79)	0,5046	* (2,02)	* (2,36)	0,9681	(1,50)	** (3,48)
4	−0,3908	(−0,63)	(0,57)	0,2761	(0,71)	(1,87)	0,4351	(0,75)	** (2,72)
5	0,2220	(0,64)	(0,78)	0,2123	(0,80)	(1,74)	0,2735	(0,69)	** (3,85)

(Fortsetzung)

[304] Wenn die Zielgesellschaften mit Ankündigung der Abfindungshöhe gleichzeitig mit der HV-Einladung als erster Ankündigung der Gruppe mit Abfindungsankündigung zugeordnet werden, ergeben sich kaum Unterschiede in den Überrenditen am Ankündigungstag. Lediglich an den Folgetagen entstehen mit Ankündigung der Abfindung etwas höhere Überrenditen.

Tabelle 2.11 (Fortsetzung)

Teil B: Kumulierte durchschnittliche abnormale Renditen

Zeitfenster	$CAAR_{t_1,t_2}$ Abf_ja	Signifikanz BMP-Test (t-Statistik)	Signifikanz KP-Test (t-Statistik)	$CAAR_{t_1,t_2}$ Abf_nein	Signifikanz BMP-Test (t-Statistik)	Signifikanz KP-Test (t-Statistik)	$CAAR_{t_1,t_2}$ Abf_HV	Signifikanz BMP-Test (t-Statistik)	Signifikanz KP-Test (t-Statistik)
[−1; + 1]	11,6669	** (4,12)	** (6,20)	7,8182	** (11,06)	** (14,13)	5,9932	** (3,71)	** (5,20)
[−2; + 2]	13,3373	** (4,35)	** (6,56)	9,0722	** (9,87)	** (13,07)	8,1128	** (3,53)	** (6,06)
[−128; −1]	4,9298	(1,14)	(−0,66)	5,1345	** (3,13)	* (2,09)	−0,1732	(−0,04)	(1,40)
[0; + 2]	13,2509	** (4,34)	** (6,57)	8,3885	** (10,48)	** (13,41)	8,2228	** (3,59)	** (6,40)
[+3; + 5]	−0,0907	(−0,08)	(1,10)	0,9930	(1,99)	** (3,02)	1,6766	(1,73)	** (3,49)
[+6; + 64]	−2,0214	(−1,22)	(−1,57)	1,1630	(0,75)	(−1,26)	−2,9993	(−1,56)	(−1,49)
[−128; + 64]	16,0687	** (3,04)	* (2,45)	15,6789	** (5,14)	** (6,84)	6,7270	(1,53)	** (3,32)

Diese Tabelle zeigt die durchschnittlichen täglichen abnormalen Renditen der Teilstichproben: 56 Maßnahmen mit Bekanntgabe der Abfindungshöhe bei erster Ankündigung (ad-hoc oder andere; Abf_ja), 60 Maßnahmen mit Bekanntgabe der Abfindung gleichzeitig mit der ersten verfügbaren Ankündigung als HV-Einladung (Abf_HV) und 259 Maßnahmen ohne Bekanntgabe der Abfindung mit erster Ankündigung (Abf_nein). Die täglichen abnormalen Renditen werden für jeden Tag eines Zeitfensters von 5 Tage vor bis 5 Tage nach dem Ankündigungstag in Prozent (Teil A) abgebildet. Zudem zeigt die Tabelle für verschiedene Zeitfenster innerhalb des Ereignisfensters die kumulierten durchschnittlichen abnormalen Renditen der Teilstichproben in Prozent (Teil B). Der Tag der Ankündigung ist Tag 0, die übrigen Tage werden als Differenz in Tagen zu Tag 0 dargestellt. Auf Signifikanz getestet wird anhand des BMP- sowie des KP-Tests (t-Statistik jeweils in Klammern). ** und * zeigen statistische Signifikanz auf einem Signifikanzniveau von $\alpha = 1$ % und $\alpha = 5$ %.

Die Ergebnisse in Tabelle 2.11 bestätigen die Erkenntnisse von *Elsland/ Weber*[305] in der Hinsicht, dass bei Ankündigung der Abfindungshöhe eine tendenziell höhere Überrendite entsteht als ohne eine solche. Sie beobachten im Vergleich der Teilstichproben mit und ohne Ankündigung auch nur für die Teilstichprobe mit Bekanntgabe signifikante kumulierte Überrenditen nach der Ankündigung.[306] Dies bestätigt sich hier nicht. Wie bei *Budzinski*[307] sind vorliegend für beide Gruppen signifikante, positive (kumulierte) durchschnittliche Überrenditen bei Ankündigung zu verzeichnen. Die kumulierten durchschnittlichen Überrenditen sind mit Ankündigung und ohne Ankündigung jeweils für einen Zeitraum von bis zu zwei Tagen vor und nach der Ankündigung sowie für den gesamten Ereigniszeitraum signifikant. Auffallend sind die bei der Teilstichprobe ohne Ankündigung der Abfindungshöhe signifikanten CAAR für das Zeitfenster vor der Ankündigung und etwas länger nach der Ankündigung. Hier könnte es tendenziell eher zu einer Antizipation kommen als bei der Gruppe mit Abfindungsankündigung. Für die dritte Gruppe, bei der die Abfindung mit der HV-Einladung (als erstmaligem Ankündigungszeitpunkt) bekanntgegeben wird, entstehen etwas geringere Überrenditen als bei den beiden anderen Gruppen. Jedoch sind diese ebenfalls signifikant (entsprechen den Ergebnissen in 2.9.3). Die Unterschiede zu den Ergebnissen von *Budzinski*, der signifikant geringere Überrenditen bei Abfindungsankündigung feststellt,[308] könnten auch in der vorliegend separaten Betrachtung der HV-Einladungen begründet sein. Diese werden aufgrund der möglicherweise nicht auffindbaren vorherigen Ankündigung und der daher evtl. generell geringeren Reaktion auf die HV-Ankündigungen separiert. Werden sie der Gruppe mit Ankündigung der Abfindungshöhe zugeordnet, so liegt die Überrendite bei Bekanntgabe der Abfindung am Ankündigungstag bei ca. 5,4 % und die kumulierten Überrenditen sind etwas geringer, bspw. für das Fenster −1 bis + 1 bei ca. 8,9 %. Der Unterschied in der kumulierten Überrendite im Vergleich zur Gruppe ohne Ankündigung (mit höherer Überrendite) ist signifikant. Hier liegen die Ergebnisse damit näher an den Ergebnissen von *Budzinski*.

[305] Vgl. *Elsland/Weber* (2005), S. 20.

[306] Vgl. *Elsland/Weber* (2005), S. 20.

[307] Vgl. *Budzinski* (2012), S. 136 f.

[308] Vgl. *Budzinski* (2012), S. 136 f.

Signifikante Unterschiede (für Ergebnisse aus Tabelle 2.11) zwischen den Teilstichproben ergeben sich wie folgt: Auf einem 5 %-Signifikanzniveau ist der Unterschied zwischen den Gruppen mit und ohne gleichzeitige Ankündigung der Abfindungshöhe für die Überrendite an Tag + 1 sowie für die kumulierte durchschnittliche Überrendite für −1 bis + 1 und 0 bis + 2 signifikant. Ein signifikanter Unterschied ($\alpha = 5$ %) ergibt sich darüber hinaus für $CAAR_{-1,+1}$ zwischen der Gruppe mit Bekanntgabe der Abfindungshöhe und der Gruppe mit Bekanntgabe bei erstmaliger Ankündigung über eine HV-Einladung.

Der Ankündigungseffekt hängt demnach durchaus von den mit der Ankündigung vermittelten Informationen in Bezug auf die Abfindung ab. Werden HV-Einladungen separat betrachtet, ist er jedoch geringer, wenn keine Abfindungshöhe angekündigt wird. Eine vermehrte Spekulation ohne Ankündigung der Höhe bestätigt sich nicht. Möglich ist eine Annäherung des Kurses bei Ankündigung der Kompensationshöhe an die bekanntgegebene (den Börsenkurs möglicherweise übersteigende) Abfindung oder eine im weiteren Verlauf erwartete Erhöhung der Abfindung.

Zusätzlich wurde für die **multivariate lineare Regression** in Tabelle 2.9 die Bekanntgabe der Abfindungshöhe (ABF_JA) als erklärende Variable einbezogen. Die Ankündigung der Abfindung mit der erstmaligen Mitteilung weist dort keinen deutlichen Einfluss auf die Höhe der Ankündigungsreaktion und die Überrenditen über längere Zeiträume auf. Eine verstärkte Spekulation ohne Abfindungsankündigung bestätigt sich hier nicht. Unterschiede in der Ankündigungsreaktion sind daher im Gesamtblick eher von anderen Einflussgrößen abhängig als von einer Bekanntgabe der Kompensation.

2.9.5 Ergebnisse zu Ankündigungseffekten nach Größe der Zielgesellschaft

Im Folgenden wird auf die unter 2.9.1 genannten Eigenschaften der Zielgesellschaft zum Zeitpunkt der Ankündigung und deren möglichen Einfluss auf die Kursreaktion eingegangen. Die Größe der Zielgesellschaft (bereits in Tabelle 2.4 im Überblick dargestellt) wird wie auch in anderen Studien[309] anhand der Marktkapitalisierung gemessen, da die Bilanzsumme aufgrund branchenspezifischer Bilanzstrukturen einen objektiven Vergleich nicht zulässt. Die Unternehmensgröße wird zusätzlich in Bezug auf die Anzahl covernder Analysten betrachtet. Auch die Aufmerksamkeit professioneller Investoren wird teilweise als Hinweis auf Informationseffizienz gesehen.[310] Diese könnte bei größeren Zielgesellschaften ebenfalls stärker sein.

Aus Gründen der Datenverfügbarkeit kann für die folgende Analyse nicht auf Analystendaten über den gesamten Zeitraum zurückgegriffen werden. Es kann jedoch überprüft werden, ob die Anzahl der generell covernden Finanzinstitute mit der Größe korreliert.[311] Für die vorliegende Stichprobe kann keine wesentliche Korrelation ermittelt werden. Der Anteil an Unternehmen, die gecovered werden, nimmt aber über Portfolios mit abnehmender Größe ab. Des Weiteren liegt bei Portfolios mit Zielgesellschaften geringerer Größe im Mittelwert eine geringere Anzahl an covernden Finanzinstituten vor. Nur bei den kleinsten Unternehmen ist die Anzahl im Vergleich zu den nächstgrößeren wieder leicht erhöht. Die Ergebnisse hierzu zeigt Tabelle 2.12.

---

[309] Vgl. bspw. *Budzinski* (2012), S. 157; *Elsland/Weber* (2005), S. 23.

[310] Vgl. *Gude* (2004), S. 280.

[311] Für die meisten Unternehmen liegen keine Daten zu Analysten/Finanzinstituten vor bzw. sie werden nicht gecovered, siehe auch Tabelle 2.12.

Tabelle 2.12 Coverage der Zielgesellschaften durch Finanzinstitute

	Anteil Zielgesellschaften mit Coverage (in %)	Anzahl Contributors				
		Mittelwert	Median	SD	Min	Max
Größe1	36,56	6,56	2	8,65	1	37
Größe2	19,59	2,63	2	2,03	1	7
Größe3	11,58	1,55	1	1,03	1	4
Größe4	9,38	2,00	1	1,32	1	4

Basierend auf der Anzahl an Finanzinstitutionen („Contributors"), durch die die Zielgesellschaften der Stichprobe jemals gecovered wurden, wird der Anteil an Zielgesellschaften im Größenportfolio (siehe Tabelle 2.13) ermittelt, die überhaupt regelmäßig von Finanzinstitutionen betrachtet werden (in %) sowie Mittelwert, Median, Standardabweichung (SD), Minimum (Min) und Maximum (Max) der Anzahl an covernden Finanzinstituten.

Die Maßnahmen werden anhand der Quartile für die Marktkapitalisierung der Zielgesellschaften in vier Teilstichproben (abnehmende Größe von 1 bis 4) aufgeteilt. Tabelle 2.13 zeigt eine deskriptive Statistik der Portfolios.

Tabelle 2.13 Deskriptive Statistik der Größenportfolios (in Mio. EUR Marktkapitalisierung)

	N	Mittelwert	Median	SD	Min	Max
Größe1	96	4.573,64	1.995,50	6.783,59	738,09	34.975,13
Größe2	97	351,27	334,45	132,95	182,65	735,81
Größe3	96	105,90	103,03	38,56	51,03	182,53
Größe4	96	22,42	17,76	15,42	0,66	50,82

Die Tabelle zeigt den Teilstichprobenumfang (N), Mittelwert, Median, die Standardabweichung (SD), das Minimum (Min) und das Maximum (Max) für die anhand der Quartile der Marktkapitalisierung gebildeten Teilstichproben (Größe1 bis Größe4 mit abnehmender Größe, abgebildet in Mio. EUR Marktkapitalisierung).

Im Folgenden werden die Ergebnisse für die Größenportfolios gezeigt.

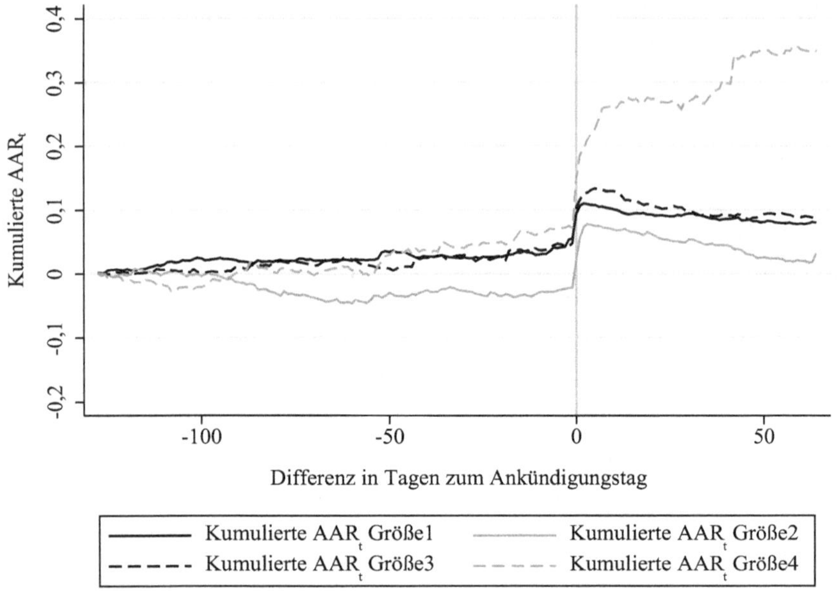

Abbildung 2.11 Kumulierte durchschnittliche abnormale Rendite nach Größe
Diese Abbildung zeigt für das Ereignisfenster die kumulierten durchschnittlichen abnormalen Renditen (kumulierte AAR_t) für Größenportfolios, die anhand der Quartile der Marktkapitalisierung gebildet werden (Größe abnehmend von Portfolio 1 (Größe1) bis Portfolio 4 (Größe4)). Der Tag der Ankündigung ist Tag 0, die übrigen Tage werden als Differenz in Tagen zu Tag 0 dargestellt. Die zu verschiedenen Zeitpunkten veröffentlichten Ankündigungen werden damit behandelt, als würden sie zeitgleich stattfinden.

Wird in vier Größenportfolios unterteilt, zeigt sich die stärkste Reaktion zum Ereigniszeitpunkt für die Maßnahmen in der Gruppe der kleinsten Unternehmen (Abbildung 2.11). Für die weiteren Gruppen sind keine deutlichen Unterschiede erkennbar. Lediglich bei Maßnahmen der Gruppe der zweitgrößten Unternehmen sind vor dem Ereignis einige negative abnormale Renditen zu erkennen, wodurch auch nach der Ankündigung trotz etwas stärkerer Reaktion eine etwas geringere kumulierte Überrendite besteht.

Tabelle 2.14 (Kumulierte) durchschnittliche abnormale Renditen nach Größe (in %)

Teil A: Durchschnittliche abnormale Renditen

Tag	AAR_t Größe1	Signifikanz BMP-Test (t-Statistik)	Signifikanz KP-Test (t-Statistik)	AAR_t Größe2	Signifikanz BMP-Test (t-Statistik)	Signifikanz KP-Test (t-Statistik)	AAR_t Größe3	Signifikanz BMP-Test (t-Statistik)	Signifikanz KP-Test (t-Statistik)	AAR_t Größe4	Signifikanz BMP-Test (t-Statistik)	Signifikanz KP-Test (t-Statistik)
-5	-0,1220	(-0,70)	(-0,07)	0,1863	(0,53)	(0,78)	0,2572	(0,75)	(1,73)	0,0041	(0,01)	(-0,63)
-4	0,1777	(0,60)	(1,46)	0,1291	(0,79)	(0,33)	-0,0980	(-0,29)	(1,00)	0,1968	(0,73)	(-0,36)
-3	0,0505	(0,27)	(0,43)	0,1395	(0,66)	(0,35)	-0,3352	* (-2,13)	* (-2,29)	0,0027	(0,04)	(0,33)
-2	1,1107	(1,05)	** (2,93)	0,1231	(0,54)	(0,51)	0,0178	(0,05)	(-0,16)	0,3328	(0,82)	(0,60)
-1	0,1138	(0,73)	(0,35)	0,0418	(0,55)	(0,77)	0,4446	(1,95)	** (2,75)	-0,3582	** (-2,74)	** (-3,19)
0	3,9371	** (6,12)	** (7,52)	4,4873	** (7,35)	** (8,45)	5,7007	** (6,14)	** (7,75)	7,7971	** (5,11)	** (6,65)
1	1,2405	* (1,99)	(1,77)	3,3730	** (2,97)	** (4,91)	1,1071	* (2,00)	** (3,21)	3,5788	** (2,89)	** (3,47)
2	0,3736	(1,90)	** (3,02)	1,6713	* (2,39)	** (4,68)	1,0182	(0,92)	* (2,06)	0,9845	(1,01)	* (2,09)
3	-0,1083	(-0,91)	(-0,61)	0,4682	(1,59)	* (2,24)	0,1320	(0,39)	(0,51)	1,6075	* (2,47)	** (3,62)
4	-0,1784	(-1,42)	(-0,01)	-0,1590	(-0,42)	(-0,43)	0,3736	(0,98)	* (2,38)	0,8678	(0,80)	* (2,08)
5	0,0250	(0,20)	(0,05)	-0,1086	(-0,26)	(-1,24)	0,2839	(1,32)	(1,55)	0,7179	(0,98)	** (2,74)

Teil B: Kumulierte durchschnittliche abnormale Renditen

Zeitfenster	$CAAR_{t_1,t_2}$ Größe1	Signifikanz BMP-Test (t-Statistik)	Signifikanz KP-Test (t-Statistik)	$CAAR_{t_1,t_2}$ Größe2	Signifikanz BMP-Test (t-Statistik)	Signifikanz KP-Test (t-Statistik)	$CAAR_{t_1,t_2}$ Größe3	Signifikanz BMP-Test (t-Statistik)	Signifikanz KP-Test (t-Statistik)	$CAAR_{t_1,t_2}$ Größe4	Signifikanz BMP-Test (t-Statistik)	Signifikanz KP-Test (t-Statistik)
[-1; +1]	5,2914	** (5,81)	** (6,92)	7,9021	** (6,05)	** (8,73)	7,2524	** (6,48)	** (8,99)	11,0176	** (5,59)	** (8,09)
[-2; +2]	6,7756	** (4,83)	** (7,65)	9,6964	** (6,45)	** (8,91)	8,2885	** (5,29)	** (8,01)	12,3349	** (5,51)	** (7,07)
[-128; -1]	5,4862	* (2,36)	** (2,71)	-2,2069	(0,27)	(0,02)	4,7752	(1,83)	(1,91)	7,1641	(1,36)	(-1,16)
[0; +2]	5,5512	** (6,04)	** (8,02)	9,5315	** (6,43)	** (9,40)	7,8260	** (5,07)	** (7,77)	12,3603	** (5,62)	** (7,75)
[+3; +5]	-0,2617	(-1,26)	(-1,39)	0,2006	(0,56)	(0,41)	0,7895	(1,41)	(1,45)	3,1932	* (2,39)	** (5,10)
[+6; +64]	-2,7937	* (-2,53)	** (-4,01)	-4,3382	(-1,45)	** (-2,69)	-4,7764	* (-2,52)	** (-4,18)	12,1028	(1,86)	** (2,78)
[-128; +64]	7,9820	** (2,96)	** (3,37)	3,1871	* (2,19)	** (3,14)	8,6143	* (2,59)	** (4,09)	34,8204	** (3,99)	** (4,78)

Diese Tabelle zeigt die durchschnittlichen täglichen abnormalen Renditen für anhand der Quartile der Marktkapitalisierung gebildete Größenportfolios (Größe abnehmend von Portfolio 1 (Größe1) bis Portfolio 4 (Größe4)) für jeden Tag eines Zeitfensters von 5 Tage vor bis 5 Tage nach dem Ankündigungstag in Prozent (Teil A). Zudem zeigt sie für verschiedene Fenster innerhalb des Ereignisfensters die kumulierten durchschnittlichen abnormalen Renditen der Portfolios in Prozent (Teil B). Der Tag der Ankündigung ist Tag 0, die übrigen Tage werden als Differenz in Tagen zu Tag 0 dargestellt. Auf Signifikanz getestet wird anhand des BMP- sowie des KP-Tests (t-Statistik jeweils in Klammern). ** und * zeigen statistische Signifikanz auf einem Signifikanzniveau von $\alpha = 1$ % und $\alpha = 5$ %.

Tabelle 2.14 zeigt eine mit abnehmender Größe zunehmende Ankündigungsreaktion. Die Überrendite beträgt am Ankündigungstag 3,9 % für die größten und 7,8 % für die kleinsten Unternehmen. An den Folgetagen entstehen für die Portfolios mit geringerer Marktkapitalisierung (Größe4) tendenziell eher noch signifikante Überrenditen. Für die Gruppe der Maßnahmen der kleinsten Unternehmen fallen die kumulierten Überrenditen vor allem für das gesamte Ereignisfenster (mit 34,8 %) hoch aus. In Zeiträumen nach der Ankündigung sind die kumulierten Überrenditen ebenfalls höher als für die anderen Gruppen.

Signifikante Unterschiede bestehen auf einem 1 %-Signifikanzniveau zwischen den Größenportfolios 1 und 4 für die CAAR-Fenster −1 bis + 1, 0 bis + 2 und das gesamte Ereignisfenster, für dieses zudem zwischen den Portfolios 2 und 4 sowie 3 und 4. Für die Überrenditen bestehen solche signifikanten Unterschiede zwischen Gruppe 3 und 4 an Tag −1 und zwischen Gruppe 1 und 4 an Tag + 3. Auf einem Signifikanzniveau von 5 % unterscheiden sich für das CAAR-Fenster 0 bis + 2 die Portfolios 1 und 2 signifikant, für −2 bis + 2 die Portfolios 1 und 4, für + 3 bis + 5 Portfolio 1 und 4 sowie 2 und 4, zudem für + 6 bis + 64 alle drei übrigen Portfolios jeweils zu Portfolio 4. Für $\alpha = 5$ % bestehen signifikante Unterschiede der Überrenditen für Tag −3 bei Gruppe 2 und 3, für −1 bei Gruppe 1 und 4, für 0 bei Gruppe 1 und 4 sowie 2 und 4 und für + 3 zwischen Gruppe 3 und 4. Damit sind Unterschiede zwischen den Gruppen in vielen Fällen signifikant.

Bei kleineren Unternehmen kommt es insgesamt zu einer stärkeren Reaktion auf die Ankündigung. Darauf weisen die höhere Überrendite am Ankündigungstag und die höheren Überrenditen vor allem nach der Ankündigung bzw. im gesamten Ereignisfenster hin. Dies könnte in Zusammenhang mit zuvor größeren Informationsasymmetrien stehen.

Zusätzlich zeigt Tabelle 2.15 die Ergebnisse einer **multivariaten linearen Regression** zum Einfluss der Größe (anhand der Größenportfolios aus Tabelle 2.13) auf die abnormalen Renditen. Die Größenportfolios werden hierfür als unabhängige Variablen in Form von Dummy-Variablen einbezogen (GRÖSSE1, GRÖSSE2, GRÖSSE3; Portfolio 4 als Basisgruppe, Signifikanz zeigt einen Unterschied verglichen zu Portfolio 4). Die Größe nimmt von Portfolio 1 zu Portfolio 4 ab. Abhängige Variablen sind die Höhe der Überrendite am Ankündigungstag (AR_0) bzw. die kumulierten Überrenditen (CAR_{t_1,t_2}). Anlage 4 im elektronischen Zusatzmaterial zeigt die sehr ähnlichen Ergebnisse einer alternativen multivariaten Regression mit Einbeziehung aller in Anlage 2 im elektronischen Zusatzmaterial definierten Variablen (außer der Marktkapitalisierung, da für die Größe die Dummy-Variablen der Größenportfolios verwendet werden). Über die multivariate Regression können die Einflüsse verschiedener Variablen auf die Ankündigungsreaktion im direkten Vergleich betrachtet werden.

Tabelle 2.15 Multivariate Regression für den Einfluss der Größe auf die abnormalen Renditen

VARIABLES	(1) AR_0	(2) $CAR_{-1,+1}$	(3) $CAR_{-2,+2}$	(4) $CAR_{-128,-1}$	(5) $CAR_{0,+2}$	(6) $CAR_{+3,+5}$	(7) $CAR_{+6,+64}$	(8) $CAR_{-128,+64}$
GRÖSSE1	−0,0386* (−2,41)	−0,0573** (−2,92)	−0,0556* (−2,16)	−0,0168 (−0,32)	−0,0681** (−2,99)	−0,0345* (−2,48)	−0,1490* (−2,14)	−0,2684** (−2,76)
GRÖSSE2	−0,0331* (−2,08)	−0,0312 (−1,44)	−0,0264 (−1,00)	−0,0937 (−1,50)	−0,0283 (−1,12)	−0,0299* (−2,09)	−0,1644* (−2,31)	−0,3163** (−2,90)
GRÖSSE3	−0,0210 (−1,22)	−0,0377 (−1,85)	−0,0405 (−1,52)	−0,0239 (−0,43)	−0,0453 (−1,76)	−0,0240 (−1,62)	−0,1688* (−2,41)	−0,2621** (−2,63)
Constant	0,0780** (5,32)	0,1102** (6,18)	0,1233** (5,52)	0,0716 (1,55)	0,1236** (5,78)	0,0319* (2,32)	0,1210 (1,76)	0,3482** (3,78)
Observations	385	385	385	385	385	385	385	385
R-squared	0,0240	0,0273	0,0161	0,0097	0,0277	0,0299	0,0369	0,0435

Diese Tabelle zeigt die Ergebnisse einer multivariaten linearen Regression, bei der speziell die Größenportfolios betrachtet werden. Die verwendeten Variablen stellen Dummy-Variablen dar, die 1 betragen, wenn die Zielgesellschaft dem jeweiligen Größenportfolio aus Tabelle 2.13 zugeordnet wurde (sonst 0), mit abnehmender Größe von GRÖSSE1 bis GRÖSSE3. GRÖSSE4 als Basisgruppe (wenn alle drei dargestellten Dummy-Variablen 0 sind) der kleinsten Unternehmen wird nicht abgebildet. Da sich anhand des Breusch-Pagan-Tests zeigt, dass nicht von Homoskedastizität ausgegangen werden kann, werden robuste Standardfehler verwendet. ** und * zeigen statistische Signifikanz auf einem Signifikanzniveau von $\alpha = 1\ \%$ und $\alpha = 5\ \%$ (t-Statistik in Klammern).

Bei Strukturmaßnahmen der größten Unternehmen zeigt sich für fast alle betrachteten Zeitfenster und den Ereignistag ein signifikanter, negativer Einfluss der Größe auf die (kumulierten) Überrenditen. Lediglich für den Zeitraum vor der Ankündigung (−128 bis −1) ergibt sich für die größten Unternehmen kein signifikanter Einfluss. Für die zweitgrößte Gruppe ist der Einfluss für den Ereignistag und das gesamte Ereignisfenster sowie für Zeiträume ab 3 Tagen nach der Ankündigung negativ und signifikant. Ein Einfluss der Unternehmensgröße auf den Umfang einer Antizipation ist damit nicht erkennbar. Für die Gruppe der drittgrößten Unternehmen ist der Einfluss der Unternehmensgröße auf die kumulierte Überrendite im Durchschnitt eher über längere Zeiträume signifikant negativ. Der Einfluss am Ereignistag ist hingegen nicht signifikant. Dies deutet auf einen eher auf mehrere Tage (vor allem nach der Ankündigung) verteilten Einfluss auf die Reaktion hin. Insgesamt entsteht für kleinere Unternehmen ein geringerer negativer Einfluss der Unternehmensgröße und damit eine stärkere Reaktion. Für größere Unternehmen bestehen geringere (kumulierte) durchschnittliche Überrenditen bei der Ankündigung einer gesellschaftsrechtlichen Strukturmaßnahme. Dies bestätigt die Ergebnisse der Teilstichproben.

Diese Ergebnisse entsprechen den Befunden von *Elsland/Weber*[312] und *Budzinski*[313] (obwohl dort meist keine ausgeprägten, signifikanten Ergebnisse vorliegen). Auch *Oerke* stellt in seiner Untersuchung stärkere positive Überrenditen als Reaktion auf Ad-hoc-Mitteilungen bei kleineren Unternehmen fest (es handelt sich hier jedoch eher um Meldungen in Bezug auf z. B. Quartalsberichte). Als Grund sieht er an, dass für kleine Unternehmen die mit der Ad-hoc-Mitteilung publizierte relative Menge an Informationen verglichen mit der absoluten Menge verfügbarer Informationen höher ist als dies bei größeren Unternehmen der Fall ist.[314] Die vorliegenden Ergebnisse deuten auf tatsächlich geringere Informationsasymmetrien bei größeren Unternehmen hin, die in Zusammenhang mit einer weniger starken Reaktion auf die Ankündigung stehen könnten. Gleichzeitig weisen die Überrenditen auf einen volatileren Kursverlauf (zumindest im Vergleich zu den geschätzten Renditen) bei der Gruppe der kleineren Zielgesellschaften hin und auf eine länger ansteigende Tendenz. Dies deutet darauf hin, dass die gesamte Information dort langsamer verarbeitet wird – ggf. auch durch den geringeren Fokus der Analysten und generell aller Marktakteure auf diese Unternehmen.

---

[312] Vgl. *Elsland/Weber* (2005), S. 36.

[313] Vgl. *Budzinski* (2012), S. 167, 172.

[314] Vgl. *Oerke* (1999), S. 150.

2.9.6 Ergebnisse zu Ankündigungseffekten nach Streubesitz zum Ankündigungszeitpunkt

Die folgende Tabelle 2.16 zeigt für vordefinierte Bandbreiten des Streubesitzes s jeweils den Anteil an Strukturmaßnahmen, bei dem der Streubesitz zum Ankündigungszeitpunkt (oder spätestens zum Zeitpunkt der HV-Einladung) im angegebenen Bereich liegt.

Tabelle 2.16 Übersicht über den Streubesitzanteil zum Zeitpunkt der Ankündigung (in %)[315]

Anteil Streubesitz	Anteil SOAktG	Anteil SOUmwG	Anteil BGV	Anteil Verschmelzung	Anteil Maßnahmen gesamt
≤ 1 %	18,54	0	0	0	14,55
$1 < s \leq 2$ %	16,23	0	0	4,55	12,99
$2 < s \leq 3$ %	17,88	0	4,17	0	14,29
$3 < s \leq 4$ %	16,56	0	4,17	0	13,25
$4 < s \leq 5$ %	30,79	0	0	0	24,16
$5 < s \leq 10$ %	0	100,00	16,66	13,63	11,43
> 10 %	0	0	75,00	81,82	9,35

Die Tabelle zeigt für verschiedene Bereiche des Streubesitzanteils s (in Prozent) jeweils den Anteil der Maßnahmen der Gesamtstichprobe in Prozent, der in diesen Bereich fällt. Zusätzlich wird für jede Art von Maßnahme jeweils der Anteil (in Prozent) abgebildet, der in diesen Bereich fällt. Die Summe aller Maßnahmen der Stichprobe beträgt 385.

Der Streubesitzanteil liegt annahmegemäß bei den meisten Maßnahmen unter 5 %, da es sich bei dem Großteil der Maßnahmen um aktienrechtliche Squeeze-outs handelt.[316] Deshalb wurde die Stichprobe bis zu einem Streubesitz von 5 % in konstante Intervalle mit einer Bandbreite von 1 % eingeteilt. In den Intervallen kleiner 5 % sind die Anteile ähnlich, lediglich zwischen 4 % und der Grenze von

[315] Es handelt sich dabei in der Regel um den Kapitalanteil (sofern Unterschiede zwischen Kapitalanteil und Stimmrechtsanteil bestehen).

[316] Der Anteil von mindestens 95 % muss jedoch erst zum Zeitpunkt der beschlussfassenden Hauptversammlung bestehen, vgl. *Grunewald* (2023b), in: Münchener Kommentar zum Aktiengesetz, § 327a AktG Rn. 9.

(fast) 5 % ist der Anteil aller Maßnahmen um fast 10 Prozentpunkte höher. Alle umwandlungsrechtlichen Squeeze-outs liegen im Intervall zwischen 5 und 10 %. Ein Streubesitzanteil über 10 % ist lediglich beim BGV und der Verschmelzung möglich und tritt aufgrund des dort geringeren Stichprobenumfangs insgesamt auch tatsächlich weniger häufig auf. Im Bereich > 10 % liegen jedoch die meisten dieser beiden Maßnahmen.

Die Stichprobe wird nach absteigendem Streubesitzanteil der Zielgesellschaften in vier Teilstichproben aufgeteilt, entsprechend der Quartile für den Streubesitzanteil. Tabelle 2.17 zeigt eine deskriptive Statistik der Portfolios.

Tabelle 2.17 Deskriptive Statistik der Streubesitzportfolios (in %)

	N	Mittelwert	Median	SD	Min	Max
Streubesitz1	96	14,96	9,16	13,18	5,00	63,70
Streubesitz2	96	4,47	4,52	0,42	3,68	5,00
Streubesitz3	96	2,71	2,71	0,52	1,79	3,58
Streubesitz4	97	0,90	0,90	0,51	0,02	1,78

Die Tabelle zeigt den Teilstichprobenumfang (N), Mittelwert, Median, die Standardabweichung (SD), das Minimum (Min) und das Maximum (Max) für die anhand der Quartile des Streubesitzanteils gebildeten Teilstichproben (Streubesitz1 bis Streubesitz4 mit abnehmendem Streubesitzanteil, abgebildet in Prozent).

Bei einer Unterteilung in vier Portfolios anhand des Streubesitzes (abnehmend von Gruppe 1 bis 4) zeigt sich das folgende Bild.

Für die Gruppe der Maßnahmen bei Unternehmen mit höchstem Streubesitzanteil (Streubes1) zeigt Abbildung 2.12 die vor Ankündigung leicht negative kumulierte Überrendite. Insgesamt steigt sie mit Ankündigung – durch eine eher geringe Überrendite bei Ankündigung – zunächst zwar in den positiven Bereich, verbleibt aber dennoch gering. Bereits kurz nach der Ankündigung sinkt die kumulierte Überrendite wieder kontinuierlich. Für die anderen Gruppen sind die kumulierten Überrenditen schon vor Ankündigung leicht bis moderat positiv, vor allem für die Gruppe des zweitgrößten Streubesitzes (Streubes2). Hier ist jeweils mit Ankündigung eine deutliche Reaktion erkennbar, die Überrenditen steigen aber meist nur bis kurz nach der Ankündigung noch leicht an (zwei bis drei Kalenderwochen, länger als bei noch höherem Streubesitz). Die drei Gruppen mit geringerem Streubesitz (Streubes2 bis Streubes4) liegen in Bezug auf den Streubesitz nicht so weit auseinander (aufgrund der vielen Maßnahmen mit sehr geringem Streubesitz, vor allem aktienrechtlicher Squeeze-out) und fast alle BGVs oder Verschmelzungen (und auch alle umwandlungsrechtlichen

Squeeze-outs) befinden sich in Gruppe Streubes1 mit einem deutlich höheren durchschnittlichen Streubesitz. Daher scheinen die deskriptiv festgestellten Unterschiede vor allem zu dieser Gruppe plausibel.

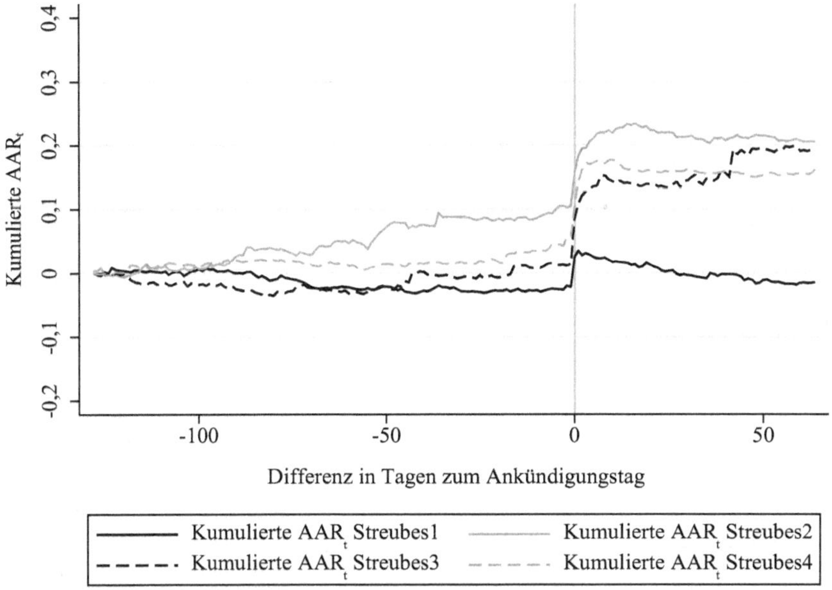

Abbildung 2.12 Kumulierte durchschnittliche abnormale Rendite nach Streubesitzanteil
Diese Abbildung zeigt für das Ereignisfenster die kumulierten durchschnittlichen abnormalen Renditen (kumulierte AAR_t) für Streubesitzportfolios, die anhand der Quartile des Streubesitzanteils gebildet werden (Streubesitz abnehmend von Portfolio 1 (Streubes1) bis Portfolio 4 (Streubes4)). Der Tag der Ankündigung ist Tag 0, die übrigen Tage werden als Differenz in Tagen zu Tag 0 dargestellt. Die zu verschiedenen Zeitpunkten veröffentlichten Ankündigungen werden damit behandelt, als würden sie zeitgleich stattfinden.

Tabelle 2.18 (Kumulierte) abnormale Renditen nach Streubesitzanteil (in %)

Teil A: Durchschnittliche abnormale Renditen

Tag	AAR_t Streubesitz1	Signifikanz BMP-Test (t-Statistik)	Signifikanz KP-Test (t-Statistik)	AAR_t Streubesitz2	Signifikanz BMP-Test (t-Statistik)	Signifikanz KP-Test (t-Statistik)	AAR_t Streubesitz3	Signifikanz BMP-Test (t-Statistik)	Signifikanz KP-Test (t-Statistik)	AAR_t Streubesitz4	Signifikanz BMP-Test (t-Statistik)	Signifikanz KP-Test (t-Statistik)
-5	-0,0349	(-0,04)	(-0,58)	0,6326	(1,34)	(1,14)	-0,2606	(-1,06)	(-0,82)	-0,0095	(0,02)	(0,01)
-4	-0,0231	(0,21)	(0,30)	0,5650	(1,45)	(0,89)	-0,0447	(-0,24)	(-0,89)	-0,0893	(-0,96)	(-1,11)
-3	-0,0516	(-0,34)	(-0,60)	0,0090	(0,14)	(-0,29)	0,0827	(0,62)	(-0,45)	-0,1792	(-1,15)	(-0,99)
-2	0,5855	(1,51)	* (2,53)	-0,2766	(-1,07)	(-0,79)	-0,1488	(-1,00)	(-1,32)	1,4109	(1,28)	** (2,85)
-1	-0,2155	(-0,95)	(-1,08)	0,1966	(1,18)	(0,75)	0,2749	(1,32)	(1,10)	-0,0135	(0,16)	(0,89)
0	4,7370	** (6,11)	** (8,37)	5,1750	** (7,10)	** (7,63)	7,0819	** (6,63)	** (7,71)	4,9239	** (4,06)	** (6,12)
1	0,9238	(1,90)	(1,63)	2,6262	* (2,27)	(1,89)	2,2040	** (2,72)	** (4,02)	3,5436	** (3,10)	** (5,40)
2	-0,6958	(-1,20)	(0,00)	1,2555	(1,70)	(1,82)	1,4506	(1,83)	** (3,94)	2,0334	(1,89)	** (5,07)
3	0,3845	(0,96)	(1,42)	0,0500	(0,25)	(-0,39)	0,5687	(0,90)	* (2,35)	1,0897	** (2,91)	** (3,76)
4	-0,2855	(-0,54)	(1,15)	1,0252	(1,59)	(1,06)	0,4506	(1,06)	* (2,60)	-0,2849	(-0,56)	(1,27)
5	-0,3220	(-0,99)	(0,55)	0,5160	(0,71)	(0,84)	0,4400	(1,42)	(1,97)	0,2803	(1,48)	* (2,25)

Teil B: Kumulierte durchschnittliche abnormale Renditen

Zeitfenster	$CAAR_{t_1,t_2}$ Streubesitz1	Signifikanz BMP-Test (t-Statistik)	Signifikanz KP-Test (t-Statistik)	$CAAR_{t_1,t_2}$ Streubesitz2	Signifikanz BMP-Test (t-Statistik)	Signifikanz KP-Test (t-Statistik)	$CAAR_{t_1,t_2}$ Streubesitz3	Signifikanz BMP-Test (t-Statistik)	Signifikanz KP-Test (t-Statistik)	$CAAR_{t_1,t_2}$ Streubesitz4	Signifikanz BMP-Test (t-Statistik)	Signifikanz KP-Test (t-Statistik)
[-1; +1]	5,4453	** (5,91)	** (8,17)	7,9978	** (5,83)	** (7,76)	9,5607	** (7,01)	** (8,56)	8,4540	** (5,06)	** (7,83)
[-2; +2]	5,3351	** (4,84)	** (7,14)	8,9767	** (5,70)	** (7,14)	10,8624	** (6,85)	** (8,24)	11,8982	** (5,28)	** (8,82)
[-128; -1]	-2,2924	(0,37)	(-1,19)	10,4133	* (2,46)	* (2,22)	1,3710	(0,57)	(-0,39)	5,6448	* (2,04)	* (2,60)
[0; +2]	4,9650	** (4,78)	** (6,87)	9,0567	** (5,83)	** (7,56)	10,7364	** (6,86)	** (8,80)	10,5008	** (5,30)	** (8,69)
[+3; +5]	-0,2230	(-0,23)	(0,69)	1,5912	(1,49)	(1,63)	1,4592	(1,90)	** (3,24)	1,0851	* (2,02)	** (2,99)
[+6; +64]	-3,9617	(-1,21)	** (-3,14)	-0,4653	(-0,33)	(-0,93)	5,6067	(1,00)	(-0,39)	-1,0198	(-0,37)	(-0,75)
[-128; +64]	-1,5120	(0,97)	(0,54)	20,5959	** (4,00)	** (4,01)	19,1733	** (2,78)	** (4,51)	16,2110	** (4,19)	** (6,01)

Diese Tabelle zeigt die durchschnittlichen täglichen abnormalen Renditen für anhand der Quartile des Streubesitzanteils gebildete Portfolios (Streubesitz abnehmend von Portfolio 1 (Streubesitz1) bis Portfolio 4 (Streubesitz4)) für jeden Tag eines Zeitfensters von 5 Tage vor bis 5 Tage nach dem Ankündigungstag in Prozent (Teil A). Zudem zeigt sie für verschiedene Fenster innerhalb des Ereignisfensters die kumulierten durchschnittlichen abnormalen Renditen der Portfolios in Prozent (Teil B). Der Tag der Ankündigung ist Tag 0, die übrigen Tage werden als Differenz in Tagen zu Tag 0 dargestellt. Auf Signifikanz getestet wird anhand des BMP- sowie des KP-Tests (t-Statistik jeweils in Klammern). ** und * zeigen statistische Signifikanz auf einem Signifikanzniveau von $\alpha = 1$ % und $\alpha = 5$ %.

Tabelle 2.18 zeigt die mit abnehmendem Streubesitzanteil tendenziell stärkere Reaktion auf die Ankündigung, sie steigt von 4,7 % hin zu 7,1 %. Bei der Gruppe mit geringstem Streubesitz als Sonderfall fällt die Reaktion wiederum geringer aus (4,9 %). Jedoch sind hier an den Tagen 1 bis 3 nach der Ankündigung die stärksten Überrenditen zu verzeichnen. Entsprechend der längeren Reaktionsdauer sind bei geringerem Streubesitz auch die kumulierten Überrenditen für die etwas längeren Zeitfenster um die Ankündigung tendenziell hoch. Für die Gruppe mit dem höchsten Streubesitz ist über den gesamten Ereigniszeitraum keine signifikante Überrendite zu erkennen, während diese für alle anderen Gruppen signifikant positiv ist mit bis zu 20,6 % (Gruppe Streubesitz2 mit dem zweithöchsten Streubesitz). Bei größtem Streubesitz sind die kumulierten durchschnittlichen Überrenditen insgesamt am geringsten.

Wie für die Größe bestehen auch für den Streubesitz in vielen Fällen signifikante Unterschiede zwischen den Gruppen. So liegen auf einem Signifikanzniveau von 1 % signifikante Unterschiede zwischen Portfolio 1 und 3 sowie 1 und 4 für das CAAR-Fenster −2 bis + 2 und zwischen Portfolio 1 und 3 solche für das Fenster 0 bis + 2 vor. Bei $\alpha = 5$ % bestehen signifikante Unterschiede für kumulierte Überrenditen zwischen −1 und + 1 bei Gruppe 1 und 3, zwischen −128 und −1 bei Gruppe 1 und 2, für 0 bis + 2 bei Gruppe 1 und 2 sowie 1 und 4 und für das gesamte Ereignisfenster zwischen Gruppe 1 und allen weiteren Gruppen. In den Überrenditen bestehen auf diesem Niveau zudem signifikante Unterschiede zwischen Portfolio 1 und 4 an Tag + 1, zwischen Portfolio 1 und allen weiteren an Tag + 2 und zwischen Portfolio 2 und 4 an Tag + 3.

Bei geringerem Streubesitz entsteht damit tendenziell eine langsamere Informationsverarbeitung. Gleichzeitig könnten dort stärker ausgeprägte Informationsasymmetrien bestehen. Dies könnte eine insgesamt stärkere Reaktion erklären.

Tabelle 2.19 zeigt die Ergebnisse einer **multivariaten linearen Regression** zum Einfluss des Streubesitzanteils (anhand der Streubesitzportfolios aus Tabelle 2.17) auf die abnormalen Renditen. Die Streubesitzportfolios stellen die unabhängigen Variablen dar, sie werden in Form von Dummy-Variablen einbezogen (SB1, SB2, SB3; Portfolio 4 als Basisgruppe, Signifikanz zeigt einen Unterschied vergleichen zu Portfolio 4). Der Streubesitzanteil nimmt von Portfolio 1 zu Portfolio 4 ab. Als abhängige Variable werden die Überrendite am Ankündigungstag (AR_0) oder die kumulierten Überrenditen (CAR_{t_1,t_2}) definiert. In Anlage 5 im elektronischen Zusatzmaterial sind die ähnlichen Ergebnisse der multivariaten Regression unter Berücksichtigung aller in Anlage 2 im elektronischen Zusatzmaterial definierten Variablen abgebildet (ausgenommen des Streubesitzes, da für diesen die Dummy-Variablen der Streubesitzportfolios verwendet werden). Die multivariate Regression ermöglicht wiederum ein Gesamtbild verschiedener Einflussfaktoren.

Für die Gruppe des größten Streubesitzanteils zeigt sich ein signifikanter, negativer Einfluss des Streubesitzes auf die kumulierten Überrenditen – bei Zeitfenstern von maximal zwei Tage vor bis zwei Tage nach der Ankündigung sowie für das gesamte Ereignisfenster (bei der Modellspezifikation aus Anlage 5 im elektronischen Zusatzmaterial zusätzlich für die Zeitfenster -1 bis $+ 1$ und $+ 6$ bis $+ 64$). Für die Gruppen mit geringerem Streubesitz ist kein signifikanter Einfluss erkennbar. Der Streubesitzanteil hat im Durchschnitt keinen Einfluss auf die Höhe der Ankündigungsreaktion am Ankündigungstag. Es könnte sein, dass es für die Reaktion weniger auf den Streubesitzanteil, sondern eher auf die Anzahl in Streubesitz befindlicher Aktien ankommt.[317] Eine alternative Betrachtung anhand des absoluten Streubesitzes liefert jedoch sehr ähnliche Ergebnisse (auch wenn der Korrelationskoeffizient zwischen anteiligem und absolutem Streubesitz nur einen mittelstarken Zusammenhang zeigt (0,41)).

Bei großem Streubesitz besteht damit ein negativer Einfluss des Streubesitzes auf kumulierte Überrenditen, was auf eine schnellere Informationsverarbeitung hindeuten kann. Es scheint hier aufgrund tendenziell höherer Liquidität nicht (oder in geringerem Umfang) zu einer Marktenge zu kommen. Die Ergebnisse könnten aber auch auf eine etwas stärkere Überwachung über den Kapitalmarkt und besser informierte Aktionäre sowie damit verbunden geringere Informationsasymmetrien bei großem Streubesitz hindeuten (aufgrund geringerer Reaktion in kurzem Fenster um den Ankündigungstag).

[317] Vgl. für die Bedeutung der absoluten Anzahl *Decher* (2023), S. 112.

Tabelle 2.19 Multivariate Regression für den Einfluss des Streubesitzanteils auf die abnormalen Renditen

VARIABLES	(1) AR_0	(2) $CAR_{-1,+1}$	(3) $CAR_{-2,+2}$	(4) $CAR_{-128,-1}$	(5) $CAR_{0,+2}$	(6) $CAR_{+3,+5}$	(7) $CAR_{+6,+64}$	(8) $CAR_{-128,+64}$
SB1	−0,0019 (−0,13)	−0,0301 (−1,73)	−0,0656** (−2,69)	−0,0794 (−1,57)	−0,0554* (−2,56)	−0,0131 (−1,69)	−0,0294 (−1,12)	−0,1772* (−2,50)
SB2	0,0025 (0,18)	−0,0046 (−0,23)	−0,0292 (−1,13)	0,0477 (0,91)	−0,0144 (−0,61)	0,0051 (0,46)	0,0055 (0,24)	0,0438 (0,63)
SB3	0,0216 (1,33)	0,0111 (0,54)	−0,0104 (−0,40)	−0,0427 (−1,05)	0,0024 (0,10)	0,0037 (0,34)	0,0663 (0,97)	0,0296 (0,35)
Constant	0,0492** (4,15)	0,0845** (5,55)	0,1190** (5,71)	0,0564* (2,08)	0,1050** (5,72)	0,0109* (2,08)	−0,0102 (−0,72)	0,1621** (4,64)
Observations	385	385	385	385	385	385	385	385
R-squared	0,0096	0,0146	0,0241	0,0170	0,0241	0,0087	0,0091	0,0222

Diese Tabelle zeigt die Ergebnisse einer multivariaten linearen Regression, bei der speziell die Streubesitzportfolios betrachtet werden. Die verwendeten Variablen stellen Dummy-Variablen dar, die 1 betragen, wenn die Zielgesellschaft dem jeweiligen Streubesitzportfolio aus Tabelle 2.17 zugeordnet wurde (sonst 0), mit abnehmendem Streubesitzanteil von SB1 bis SB3. SB4 als Basisgruppe (wenn alle drei dargestellten Dummy-Variablen 0 sind) der Unternehmen mit geringstem Streubesitzanteil wird nicht abgebildet. Da sich anhand des Breusch-Pagan-Tests zeigt, dass nicht von Homoskedastizität ausgegangen werden kann, werden robuste Standardfehler verwendet. ** und * zeigen statistische Signifikanz auf einem Signifikanzniveau von $\alpha = 1$ % und $\alpha = 5$ % (t-Statistik in Klammern).

2.10 Fazit

Im Rahmen der vorliegenden Studie wurde eine umfassende Stichprobe an 385 aktien- und umwandlungsrechtlichen Squeeze-outs sowie Beherrschungs- und/ oder Gewinnabführungsverträgen und Verschmelzungen, die zwischen 2002 und 2020 angekündigt wurden, betrachtet. Es wurden Ankündigungsreaktionen der Börsenkurse und damit die Informationsverarbeitung untersucht. Im Ergebnis zeigt sich vor allem am Ankündigungstag eine starke Überrendite von über 5 % und ebenfalls deutliche kumulierte Überrenditen über längere Zeitfenster um die Ankündigung. Die starke positive Reaktion könnte auf eine Abfindungsarbitrage hindeuten. Es sind zudem teilweise signifikante, positive Überrenditen bereits in Antizipation der Ankündigung einer Maßnahme erkennbar. Damit werden Ergebnisse bisheriger Studien weitgehend bestätigt.

Für die Verwendung des Börsenkurses im Rahmen der Abfindungsbemessung bedeutet dies, dass Informationen im Durchschnitt durchaus schnell und effizient im Börsenkurs verarbeitet werden – hauptsächlich, wenn sie über zentrale Nachrichtendienstleister für den Kapitalmarkt veröffentlicht werden. Dies unterstreicht eine mögliche Verwendbarkeit des Kurses als Verkehrswert und damit als Untergrenze der Bewertung sowie auch potenziell als „wahren“ Wert. Da sich teilweise Antizipationseffekte zeigen, sollte der Börsenkurs auch auf Effekte vor der Ankündigung hin untersucht werden. Im Voraus auftretende Überrenditen könnten bereits auf eine Abfindungsspekulation anstelle ausschließlicher Relevanz von Erwartungen hinsichtlich der zukünftigen Entwicklung des Unternehmens hindeuten. Tritt dies verstärkt auf, kann es auf eine nicht mehr den üblichen Marktbedingungen entsprechende Informationsverarbeitung schließen lassen.

Darüber hinaus liefert die Studie Erkenntnisse zu Einflüssen auf die Informationsverarbeitung im Börsenkurs im zeitlichen Umfeld um die Ankündigung:

- Ein BGV als geplante Strukturmaßnahme hat einen positiven Einfluss auf die Ankündigungsreaktion.
- Die Ankündigungsform – vor allem ad-hoc oder andere schnell verbreitete Ankündigungsformen – haben einen positiven Einfluss auf die Ankündigungsreaktion.
- Die Unternehmensgröße hat einen stark negativen Einfluss die Ankündigungsreaktion.
- Bei großem Streubesitz entsteht ein tendenziell negativer Einfluss auf die Ankündigungsreaktion.

Im Ergebnis beeinflusst damit eher die Ankündigungsform und weniger stark der Umfang und die Detailtiefe der mit der Ankündigung vermittelten Informationen die Stärke und Dauer der Reaktion und die Informationsverarbeitung im Börsenkurs. Des Weiteren sind manche Unternehmenseigenschaften zum Ankündigungszeitpunkt relevant für die Informationsverarbeitung. So spielt die Größe eine wichtige Rolle und die Struktur des Anteilsbesitzes in Form des Streubesitzanteils (als Indikator für Liquidität) zumindest für manche Zeitfenster. Nicht von Bedeutung für die Beurteilung (zumindest in Hinblick auf die Informationsverarbeitung) sind in der Gesamtbetrachtung die Branche, die Ankündigung der Abfindungshöhe und das Kurs-Buchwert-Verhältnis.

Als Konsequenz aus den Unterschieden in der Informationsverarbeitung sollten bei einer Bemessung der Abfindung anhand des Börsenkurses durchaus auch Unternehmenseigenschaften wie die Größe im Rahmen der Prüfung auf Verwendbarkeit der Kurse – vor allem in Hinblick auf möglicherweise stärkere Informationsasymmetrien und damit evtl. eingeschränkte Verwendbarkeit bei kleineren Unternehmen – einbezogen werden. Zusätzlich kann bestätigt werden, dass der Streubesitz eine relevante Größe in der Beurteilung auf Verwendbarkeit des Börsenkurses darstellen kann. So scheinen die außenstehenden Aktionäre bei größerem Streubesitz besser informiert zu sein.

Darüber hinaus ist es sinnvoll – wie dies bereits im Rahmen von gutachtlichen Stellungnahmen geschieht – die Liquidität näher zu analysieren und mögliche Hinweise auf eine bestehende Marktenge zu identifizieren. Auch ein originärer Betafaktor als Schwankungsmaß könnte Hinweise für den Börsenkurs bei Strukturmaßnahmen liefern.

Literaturverzeichnis zu Kapitel 2

Adolff, Johannes (2007): Unternehmensbewertung im Recht der börsennotierten Aktiengesellschaft, Habil., München.

Ahlers, Martin (2003): Verschmelzung deutscher börsennotierter Kapitalgesellschaften, Diss., Lohmar – Köln.

Arendts, Martin: SpruchZ: Spruchverfahren Recht & Praxis, verfügbar unter: https://spruchverfahren.blogspot.com/, abgerufen am: 26.08.2022.

Assmann, Heinz-Dieter (2023): § 26 WpHG, in: Assmann, Heinz-Dieter/Schneider, Uwe H./Mülbert, Peter O. (Hrsg.): Wertpapierhandelsrecht, Bd. II, 8. Aufl., Köln.

Backhaus, Klaus/Erichson, Bernd/Gensler, Sonja/Weiber, Rolf/Weiber, Thomas (2021): Multivariate Analysemethoden, 16. Aufl., Wiesbaden.

BaFin (2020): Emittentenleitfaden: Modul C – Regelungen aufgrund der Marktmissbrauchsverordnung, verfügbar unter: file:///C:/Users/user/Downloads/dl_emittentenleitfaden_modul_C-7.pdf, abgerufen am: 20.02.2024.

Baums, Philipp A. (2001): Ausschluss von Minderheitsaktionären, Diss., Frankfurt am Main.

Bebchuk, Lucian A./Kahan, Marcel (2000): Adverse Selection and Gains to Controllers in Corporate Freezeouts, in: Morck, Randall K. (Hrsg.): Concentrated Corporate Ownership, Chicago, London, S. 247–259.

Bekanntmachung der Neufassung des Wertpapierhandelsgesetzes vom 9. September 1998, BGBl. Teil I Nr. 62 v. 17.09.1998, S. 2708.

Berichtigung der Verordnung (EU) Nr. 596/2014 des Europäischen Parlaments und des Rates vom 16. April 2014 über Marktmissbrauch (Marktmissbrauchsverordnung) und zur Aufhebung der Richtlinie 2003/6/EG des Europäischen Parlaments und des Rates und der Richtlinien 2003/124/EG, 2003/125/EG und 2004/72/EG der Kommission, ABl. EU Nr. L 348 v. 21.12.2016, S. 83.

Boehmer, Ekkehart/Musumeci, Jim/Poulsen, Annette B. (1991): Event-study methodology under conditions of event-induced variance, in: JFE, Vol. 30, S. 253–272.

Börse Frankfurt: CDAX – Börsenlexikon, verfügbar unter: https://www.boerse-frankfurt.de/wissen/lexikon/cdax, abgerufen am: 27.07.2024.

Brandi, Tim Oliver/Wilhelm, Alexander (2009): Gesellschaftsrechtliche Strukturmaßnahmen und, in: NZG, 12. Jg., S. 1408–1412.

Brennan, Michael J./Hughes, Patricia J. (1991): Stock Prices and the Supply of Information, in: JoF, Vol. 46, S. 1665–1691.

Brown, Stephen J./Warner, Jerold B. (1980): Measuring security price performance, in: JFE, Vol. 8, S. 205–258.

Brown, Stephen J./Warner, Jerold B. (1985): Using daily stock returns. The case of event studies, in: JFE, Vol. 14, S. 3–31.

Buck-Heeb, Petra (2017): Kapitalmarktrecht, 9. Aufl., Heidelberg.

Buck-Heeb, Petra (2023): Kapitalmarktrecht, 13. Aufl., Heidelberg.

Buck-Heeb, Petra (2024): Art. 17 VO (EU) 596/2014, in: Seibt, Christoph H./Buck-Heeb, Petra/Harnos, Rafael (Hrsg.): BeckOK Wertpapierhandelsrecht, 11. Aufl., München, Stand: 01.07.2024.

Budzinski, Alexander (2012): Der Börsenkurs im Squeeze Out-Verfahren, Diss., Lohmar – Köln.

Bundesgerichtshof: Die Aufgaben des Bundesgerichtshofs, verfügbar unter: https://www.bundesgerichtshof.de/DE/DasGericht/Aufgaben/aufgaben_node.html, abgerufen am: 16.07.2024.

Bungert, Hartwin (2003): Umtauschverhältnis bei Verschmelzungen entspricht nicht den Börsenwerten, in: BB, 58. Jg., S. 699–704.

Bungert, Hartwin (2011): BVerfG: Zur Bestimmung des Umtauschverhältnisses auf der Basis von Börsenwerten bei der Verschmelzung – BVerfG, Beschluss vom 26.4.2011 1 BvR 2658/10, in: BB, 66. Jg., S. 1518–1522.

Bungert, Hartwin (2024): § 22 Unternehmensbewertung im Umwandlungsrecht, in: Fleischer, Holger/Hüttemann, Rainer (Hrsg.): Rechtshandbuch Unternehmensbewertung, 3. Aufl., Köln, S. 703–790.

Bungert, Hartwin/Leyendecker-Langner, Benjamin E. (2014): Börsenkursrechtsprechung beim vorgeschalteten Delisting, in: BB, 69. Jg., S. 521–525.

Bungert, Hartwin/Wettich, Carsten (2010): Vorgaben aus Karlsruhe zum Referenzzeitraum des Börsenwerts für die Abfindung bei Strukturmaßnahmen, in: BB, 65. Jg., S. 2227–2232.

Campbell, John Y./Lo, Andrew W./MacKinlay, A. Craig (1997): The Econometrics of Financial Markets, Princeton (NJ).

Cleary Gottlieb Steen & Hamilton LLP: Public Bids and Squeeze-Outs in Germany, verfügbar unter: https://www.clearygottlieb.com/-/media/organize-archive/cgsh/files/2017/publications/cleary-gottlieb_public-bids-and-squeezeouts-in-germany_a-statistical-survey_20022016-final.pdf, abgerufen am: 26.08.2022.

Corrado, Charles J. (1989): A nonparametric test for abnormal security-price performance in event studies, in: JFE, Vol. 23, S. 385–395.

Damodaran, Aswath: Musing on Markets – My not-so-profound thoughts about valuation, corporate finance and the news of the day! – Invisible, yet Invaluable: Valuing Intangibles in the Birkenstock IPO!, verfügbar unter: https://aswathdamodaran.blogspot.com/2023/10/invisible-yet-invaluable-valuing.html, abgerufen am: 24.08.2024.

Daske, Holger/Bassemir, Moritz/Fischer, Felix F. (2010): Manipulation des Börsenkurses durch gezielte Informationspolitik im Rahmen von Squeeze-Outs? – Eine empirische Untersuchung am deutschen Kapitalmarkt, in: zfbf, 62. Jg., S. 254–288.

Decher, Christian E. (2023): Die Bedeutung des Börsenkurses für die Unternehmensbewertung bei Strukturmaßnahmen, in: AG, 68. Jg., S. 106–117.

Dimson, Elroy/Marsh, Paul R. (1983): The Stability of UK Risk Measures and the Problem of Thin Trading, in: JoF, Vol. 38, S. 753–783.

Dorfleitner, Gregor (2002): Stetige versus diskrete Renditen – Überlegungen zur richtigen Verwendung beider Begriffe in Theorie und Praxis, in: KuK, 35. Jg., S. 216–241.

Drinhausen, Florian (2021): § 122c UmwG, in: Semler, Johannes/Stengel, Arndt/Leonard, Nina (Hrsg.): Umwandlungsgesetz, 5. Aufl., München.

Drygala, Tim (2024): § 5 UmwG, in: Lutter, Marcus/Bayer, Walter/Vetter, Jochen (Hrsg.): UmwG Kommentar, 7. Aufl., Köln.

Durchführungsverordnung (EU) 2016/1055 der Kommission vom 29. Juni 2016 zur Festlegung technischer Durchführungsstandards hinsichtlich der technischen Mittel für die angemessene Bekanntgabe von Insiderinformationen und für den Aufschub der Bekanntgabe von Insiderinformationen gemäß Verordnung (EU) Nr. 596/2014 des Europäischen Parlaments und des Rates, ABl. EU Nr. L 173 v. 30.06.2016, S. 47.

Eger, Carol Ellen (1983): An Empirical Test of the Redistribution Effect in Pure Exchange Mergers, in: JFQA, Vol. 18, S. 547–572.

Ehrhardt, Olaf/Lahr, Henry/Wessel, Maximilian (2004): Kursreaktionen bei der Ankündigung von Squeeze-outs in Deutschland, in: M&AR, 15. Jg., S. 361–366.

Eisele, Florian/Walter, Andreas (2003): Kurswertreaktionen auf die Ankündigung von Going Private-Transaktionen am deutschen Kapitalmarkt, in: Tübinger Diskussionsbeitrag Nr. 274 Dezember 2003, S. 1–33.

Elsland, Silvia/Weber, Martin (2005): Squeeze-outs in Germany: Determinants of the Announcement Effects, Working Paper, verfügbar unter: https://www.fbv.kit.edu/symposium/10th/papers/Elsland_Weber%20-%20Squeeze-outs%20in%20Germany%20Determinants%20of%20the%20Announcement%20Effects.pdf, abgerufen am: 04.09.2024.

Erb, Günther (2001): Der Börsenkurs als Untergrenze der Abfindung auch in Verschmelzungsfällen, in: DB, 54. Jg., S. 523–524.

Ernst, Dietmar/Schneider, Sonja/Thielen, Bjoern (2018): Unternehmensbewertungen erstellen und verstehen, 6. Aufl., München.

Europäische Union: Arten von Rechtsvorschriften, verfügbar unter: https://european-union.europa.eu/institutions-law-budget/law/types-legislation_de, abgerufen am: 16.04.2024.

Fama, Eugene F./Fisher, Lawrence/Jensen, Michael C./Roll, Richard (1969): The Adjustment of Stock Prices to New Information, in: IER, Vol. 10, S. 1–21.

Fama, Eugene F. (1970): Efficient Capital Markets: A Review of Theory and Empirical Work, in: JoF, Vol. 25, S. 383–417.

Fama, Eugene F. (1991): Efficient Capital Markets: II, in: JoF, Vol. 46, S. 1575–1617.

Fama, Eugene F./French, Kenneth R. (1988): Permanent and Temporary Components of Stock Prices, in: JPE, Vol. 96, S. 246–273.

finanzen.net: Suche, verfügbar unter: https://www.finanzen.net/, abgerufen am: 16.04.2024.

FinanzNachrichten.de: Suche, verfügbar unter: https://www.finanznachrichten.de/, abgerufen am: 16.04.2024.

Fleischer, Holger/Kolb, Christian (2019): Abfindungsarbitrage und Unternehmensbewertung, in: AG, 64. Jg., S. 57–68.

Franke, Günter/Hax, Herbert (2009): Finanzwirtschaft des Unternehmens und Kapitalmarkt, 6. Aufl., Berlin, Heidelberg.

Frankfurter Wertpapierbörse: Allgemeine Geschäftsbedingungen der Deutsche Börse AG für den Freiverkehr an der Frankfurter Wertpapierbörse, verfügbar unter: https://www.xetra.com/resource/blob/332658/9b7d1e7e6bc092e1821ef843eca6398f/data/20120701.pdf, abgerufen am: 16.04.2024.

Franks, Julian R./Broyles, Jack E./Hecht, Michael J. (1977): An Industry Study of the Profitability of Mergers in the United Kingdom, in: JoF, Vol. 32, S. 1513–1525.

French, Kenneth R.: Data Library – Industry Portfolios, verfügbar unter: http://mba.tuck.dartmouth.edu/pages/faculty/ken.french/data_library.html, abgerufen am: 16.04.2024.

Friederich, Sylvain/Gregory, Alan/Matatko, John/Tonks, Ian (2002): Short-run returns around the trades of corporate insiders on the London stock exchange, in: EFM, Vol. 8, S. 7–30.

Gesetz über den Wertpapierhandel und zur Änderung börsenrechtlicher und wertpapierrechtlicher Vorschriften (Zweites Finanzmarktförderungsgesetz) vom 26. Juli 1994, BGBl. Teil I Nr. 48 v. 30.07.1994, S. 1749.

Gesetz zur Umsetzung der Richtlinie 2004/109/EG des Europäischen Parlaments und des Rates vom 15. Dezember 2004 zur Harmonisierung der Transparenzanforderungen in Bezug auf Informationen über Emittenten, deren Wertpapiere zum Handel auf einem geregelten Markt zugelassen sind, und zur Änderung der Richtlinie 2001/34/EG (Transparenzrichtlinie-Umsetzungsgesetz – TUG) vom 05.01.2007, BGBl. Teil I Nr. 1 v. 10.01.2007, S. 10.

Gesetz zur Verbesserung des Anlegerschutzes (Anlegerschutzverbesserungsgesetz – AnSVG) vom 28.10.2004, BGBl. Teil I Nr. 56 v. 29.10.2004, S. 2630.

Goerke, Björn (2009): Event-Studies, in: Albers, Sönke/Klapper, Daniel/Konradt, Udo u.a. (Hrsg.): Methodik der empirischen Forschung, 3. Aufl., Wiesbaden, S. 467–484.

Große-Frericks, Christina (2015): Die Angemessenheit des Entgelts für die Übertragung von Eigentumsrechten als Problem rechtsgeprägter Unternehmensbewertung, Diss., Wiesbaden.

Grossman, Sanford J./Stiglitz, Joseph E. (1980): On the Impossibility of Informationally Efficient Markets, in: AER, Vol. 70, S. 393–408.

Grunert, Mirko (2022): Die Methodenwahl zur Ermittlung der angemessenen Barabfindung nach dem AktG, Diss., Baden-Baden.

Grunewald, Barbara (2023a): Vorbemerkung (Vor § 327a AktG), in: Goette, Wulf/Habersack, Mathias/Kalss, Susanne (Hrsg.): Münchener Kommentar zum Aktiengesetz, Bd. 5, 6. Aufl., München.

Grunewald, Barbara (2023b): § 327a AktG, in: Goette, Wulf/Habersack, Mathias/Kalss, Susanne (Hrsg.): Münchener Kommentar zum Aktiengesetz, Bd. 5, 6. Aufl., München.

Grunewald, Barbara (2023c): § 327b AktG, in: Goette, Wulf/Habersack, Mathias/Kalss, Susanne (Hrsg.): Münchener Kommentar zum Aktiengesetz, Bd. 5, 6. Aufl., München.

Gude, Christian (2004): Strukturänderungen und Unternehmensbewertung zum Börsenkurs, Diss., Köln.

Habersack, Mathias (2022): § 327b AktG, in: Emmerich, Volker/Habersack, Mathias (Hrsg.): Aktien- und GmbH-Konzernrecht, 10. Aufl., München.

Häller, Jan (2024): § 305 AktG, in: Schmidt, Karsten/Lutter, Marcus (Hrsg.): Aktiengesetz, 5. Aufl., Köln.

Häller, Jan/Adolff, Johannes (2024a): § 18 Börsenkurs und Unternehmensbewertung, in: Fleischer, Holger/Hüttemann, Rainer (Hrsg.): Rechtshandbuch Unternehmensbewertung, 3. Aufl., Köln, S. 551–602.

Häller, Jan/Adolff, Johannes (2024b): § 21 Unternehmensbewertung im Aktien- und Konzernrecht, in: Fleischer, Holger/Hüttemann, Rainer (Hrsg.): Rechtshandbuch Unternehmensbewertung, 3. Aufl., Köln, S. 663–702.

Happ, Wilhelm/Semler, Johannes (1998): Ad hoc-Publizität im Spannungsfeld von Gesellschaftsrecht und Anlegerschutz, in: ZGR, 27. Jg., S. 116–141.

Hecker, Renate (2000): Regulierung von Unternehmensübernahmen und Konzernrecht, Habil., Wiesbaden.

Hecker, Renate/Kaserer, Christoph (2003): Going Private im Wege des Minderheitenausschlusses: Eine empirisch orientierte Bestandsaufnahme, in: BFuP, 55. Jg., S. 137–162.

Helmis, Sven (2003): Der Ausschluss von Minderheitsaktionären, in: ZBB, 15. Jg., S. 161–260.

Hüttemann, Rainer (2007): Rechtliche Vorgaben für ein Bewertungskonzept, in: WPg, 60. Jg., S. 812–822.

I-ADVISE: Studie zur Bewertungspraxis bei gesellschaftsrechtlichen Anlässen, verfügbar unter: https://www.i-advise.de/wp-content/uploads/2023/07/I-ADVISE-Studie-Bewertungspraxis-9.-Auflage.pdf, abgerufen am: 26.08.2022.

Jonas, Martin (2008): Die Bewertung beherrschter Unternehmen – oder: Das doppelte Maximum als Vorsichtsprinzip, in: Laitenberger, Jörg/Löffler, Andreas (Hrsg.): Finanzierungstheorie auf vollkommenen und unvollkommenen Kapitalmärkten (Festschrift für Lutz Kruschwitz zum 65. Geburtstag), München, S. 105–122.

Jonas, Martin/Wieland-Blöse, Heike (2024): § 10 Besonderheiten des DCF-Verfahrens, in: Fleischer, Holger/Hüttemann, Rainer (Hrsg.): Rechtshandbuch Unternehmensbewertung, 3. Aufl., Köln, S. 294–308.

Junker, Claudia (2024): § 62 UmwG, in: Henssler, Martin/Strohn, Lutz (Hrsg.): Gesellschaftsrecht, 6. Aufl., München.

Klöhn, Lars (2016): Ad-hoc-Publizität und Insiderverbot im neuen Marktmissbrauchsrecht, in: AG, 61. Jg., S. 423–434.

Klöhn, Lars (2023): Einleitung, in: Klöhn, Lars/Brellochs, Michael/Schmolke, Klaus Ulrich u.a. (Hrsg.): Marktmissbrauchsverordnung, 2. Aufl., München.

Koch, Jens (2024a): § 304 AktG, in: Hüffer, Uwe/Koch, Jens (Hrsg.): Aktiengesetz, 18. Aufl., München.

Koch, Jens (2024b): § 305 AktG, in: Hüffer, Uwe/Koch, Jens (Hrsg.): Aktiengesetz, 18. Aufl., München.

Koch, Jens (2024c): § 327b AktG, in: Hüffer, Uwe/Koch, Jens (Hrsg.): Aktiengesetz, 18. Aufl., München.

Kolari, James W./Pynnönen, Seppo (2010): Event Study Testing with Cross-sectional Correlation of Abnormal Returns, in: RFS, Vol. 23, S. 3996–4025.

Kolari, James W./Pynnönen, Seppo (2011): Nonparametric rank tests for event studies, in: JEF, Vol. 18, S. 953–971.

Kolari, James W./Pynnönen, Seppo (2023): Investment Valuation and Asset Pricing, Cham.

Kothari, S. P./Warner, Jerold B. (2007): Econometrics of Event Studies, in: Eckbo, B. Espen (Hrsg.): Corporate Finance, Empirical Corporate Finance, Volume 1, Amsterdam, Oxford, S. 3–36.

Krog, Markus (2000): Marktorientierung und gesellschaftsrechtliche Unternehmensbewertung, Diss., Wiesbaden.

Kubis, Dietmar (2022): § 121 AktG, in: Goette, Wulf/Habersack, Mathias/Kalss, Susanne (Hrsg.): Münchener Kommentar zum AktG, 5. Aufl., München.

Kumpan, Christoph (2016): Ad-hoc-Publizität nach der Marktmissbrauchsverordnung, in: DB, 69. Jg., S. 2039–2046.

Kumpan, Christoph (2020): § 2 WpHG, in: Schwark, Eberhard/Zimmer, Daniel (Hrsg.): Kapitalmarktrechts-Kommentar, 5. Aufl., München.

Kumpan, Christoph (2024a): § 48 BörsG, in: Hopt, Klaus J. (Hrsg.): Handelsgesetzbuch, 43. Aufl., München.

Kumpan, Christoph (2024b): Art. 17 MAR, in: Hopt, Klaus J. (Hrsg.): Handelsgesetzbuch, 43. Aufl., München.

Kumpan, Christoph/Grütze, Ronny (2020): Art. 17 VO (EU) 596/2014, in: Schwark, Eberhard/Zimmer, Daniel (Hrsg.): Kapitalmarktrechts-Kommentar, 5. Aufl., München.

Lubatkin, Michael (1987): Merger Strategies and Stockholder Value, in: SMJ, Vol. 8, S. 39–53.

MacKinlay, A. Craig (1997): Event Studies in Economics and Finance, in: JEL, Vol. 35, S. 13–39.

Marsh, Paul R. (1979): Equity Rights Issues and the Efficiency of the UK Stock Market, in: JoF, Vol. 34, S. 839–862.

McWilliams, Abagail/Siegel, Donald (1997): Event Studies in Management Research: Theoretical and Empirical Issues, in: AMJ, Vol. 40, S. 626–657.

Morse, Dale (1984): An Econometric Analysis of the Choice of Daily Versus Monthly Returns in Tests of Information Content, in: JAR, Vol. 22, S. 605–623.

Moser, Ulrich/Prüher, Markus (2002): Vorteilhaftigkeit von Squeeze-outs am deutschen Markt, in: FB, 3. Jg., S. 361–366.

Munkert, Michael J. (2005): Der Kapitalisierungszinssatz in der Unternehmensbewertung, Diss., Wiesbaden.

Neumeier, Andreas (2015): Unternehmensbewertung bei Squeeze-out, Diss., Lohmar – Köln.

Oerke, Marc (1999): Ad-Hoc-Mitteilungen und deutscher Aktienmarkt, Diss., Wiesbaden.

Pfüller, Markus (2009): § 15 WpHG, in: Fuchs, Andreas (Hrsg.): Wertpapierhandelsgesetz (WpHG), München.

Pfüller, Markus (2016): § 15 WpHG, in: Fuchs, Andreas (Hrsg.): Wertpapierhandelsgesetz (WpHG), 2. Aufl., München.

Pfüller, Markus/Nerz, Joachim (2024): Art. 17 MAR, in: Fuchs, Andreas/Zimmermann, Martin (Hrsg.): Wertpapierhandelsrecht, 3. Aufl., München.

Popp, Matthias/Ruthardt, Frederik (2024): § 12 Bewertungsmethoden im Spiegel der Rechtsprechung, in: Fleischer, Holger/Hüttemann, Rainer (Hrsg.): Rechtshandbuch Unternehmensbewertung, 3. Aufl., Köln. S. 332–416.

Rathausky, Uwe (2007): Squeeze-out in Deutschland, Diss., Baden-Baden.

Regulation (EU) 2019/2115 of the European Parliament and of the Council of 27 November 2019 amending Directive 2014/65/EU and Regulations (EU) No 596/2014 and (EU) 2017/1129 as regards the promotion of the use of SME growth markets, OJ EU No L 320 v. 11.12.2019, S. 1.

Regulation (EU) No 596/2014 of the European Parliament and of the Council of 16 April 2014 on market abuse (market abuse regulation) and repealing Directive 2003/6/EC of the European Parliament and of the Council and Commission Directives 2003/124/EC, 2003/125/EC and 2004/72/EC, OJ EU No L 173 v. 12.06.2014, S. 1.

Roberts, Harry V. (1959): Stock-Market „Patterns" and Financial Analysis: Methodological Suggestions, in: JoF, Vol. 14, S. 1–10.

van Rossum, Katrin (2023): § 305 AktG, in: Goette, Wulf/Habersack, Mathias/Kalss, Susanne (Hrsg.): Münchener Kommentar zum Aktiengesetz, Bd. 5, 6. Aufl., München.

Ruthardt, Frederik (2014): Normzweckkonforme Unternehmensbewertung und Abfindungsbemessung beim aktienrechtlichen Squeeze Out, Diss., Baden-Baden.

Schilling, Dirk/Kaspar, Steffen (2015): Ankündigungseffekte von Squeeze-outs – Eine empirische Analyse des deutschen Kapitalmarkts, in: CF, 6. Jg., S. 68–74.

Schmid, Friedrich/Trede, Mark (2006): Finanzmarktstatistik, Berlin, Heidelberg.

Schmidt, Hartmut/Prigge, Stefan (2001): Börsenkursbildung, in: Gerke, Wolfgang/Steiner, Manfred (Hrsg.): Handwörterbuch des Bank- und Finanzwesens, 3. Aufl., Stuttgart, S. 392–402.

Schmidt, Jessica (2020): Das Abstellen auf den Börsenkurs bei der Ermittlung von Abfindung und Ausgleich, in: NZG, 23. Jg., S. 1361–1368.

Schnorbus, York/Rauch, Stephan/Grimm, Manon (2021): Die marktorientierte Bewertungsmethode im Spruchverfahren, in: AG, 66. Jg., S. 391–402.
Schröder, Michael (2012): Statistische Eigenschaften von Finanzmarkt-Zeitreihen, in: Schröder, Michael (Hrsg.): Finanzmarkt-Ökonometrie, 2. Aufl., Stuttgart, S. 1–27.
Schröder, Oliver/Mendelin, Stefan (2024): § 44 Squeeze-out, in: Schüppen, Matthias/Schaub, Bernhard (Hrsg.): Münchener Anwaltshandbuch Aktienrecht, 4. Aufl., München.
Schwert, G. William (1977): Stock Exchange Seats as Capital Assets, in: JFE, Vol. 4, S. 51–78.
Schwetzler, Bernhard: Wachstums- und Renditeannahmen in der Terminal Value Ermittlung – eine empirische Analyse deutscher Bewertungsgutachten, Working Paper, verfügbar unter: file:///C:/Users/user/Downloads/ssrn−4110771.pdf, abgerufen am: 28.06.2024.
SdK e.V.: Spruchverfahren, verfügbar unter: https://sdk.org/leistungen/spruchverfahren/, abgerufen am: 26.08.2022.
Sharpe, William F. (1963): A Simplified Model for Portfolio Analysis, in: MS, Vol. 9, S. 277–293.
Singhof, Bernd (2024a): § 327a AktG, in: Stilz, Eberhard/Veil, Rüdiger (Hrsg.): beck-online.GROSSKOMMENTAR zum Aktienrecht, München, Stand: 01.06.2024.
Singhof, Bernd (2024b): § 327b AktG, in: Stilz, Eberhard/Veil, Rüdiger (Hrsg.): beck-online.GROSSKOMMENTAR zum Aktienrecht, München, Stand: 01.06.2024.
spruchverfahren direkt: Gerichtsentscheidungen, verfügbar unter: https://www.spruchverfahren-direkt.de/?page_id=555, abgerufen am: 26.08.2022.
Stange, Kristian (2010): Zwangsausschluss von Minderheitsaktionären (Squeeze-out), Diss., Jena.
Steinhauer, Carsten (1999): Der Börsenpreis als Bewertungsgrundlage für den Abfindungsanspruch von Aktionären, in: AG, 54. Jg., S. 299–308.
Stengel, Arndt (2021): § 174 UmwG, in: Semler, Johannes/Stengel, Arndt/Leonard, Nina (Hrsg.): Umwandlungsgesetz, 5. Aufl., München.
Stilz, Eberhard/Schumann, Alexander (2024): § 255 AktG, in: Stilz, Eberhard/Veil, Rüdiger (Hrsg.): beck-online.GROSSKOMMENTAR zum Aktienrecht, München, Stand: 01.06.2024.
Stöckl, Stefan (2010): Der aktien- und übernahmerechtliche Minderheitenausschluss in Deutschland, Diss., Hamburg.
Thomas, Ingo (2008): Grenzüberschreitende Mergers & Acquisitions, Diss., Marburg.
Verchow, Thomas R. (2011): Ad-hoc-Publizität und Kapitalmarkteffizienz, Diss., Berlin.
Verordnung (EU) Nr. 596/2014 des Europäischen Parlaments und des Rates vom 16. April 2014 über Marktmissbrauch (Marktmissbrauchsverordnung) und zur Aufhebung der Richtlinie 2003/6/EG des Europäischen Parlaments und des Rates und der Richtlinien 2003/124/EG, 2003/125/EG und 2004/72/EG der Kommission, ABl. EU Nr. L 173 v. 12.06.2014, S. 1.
VzfK e.V. (a): Abgeschlossene Spruchverfahren, verfügbar unter: https://www.vzfk.de/spruchverfahren/abgeschlossene-spruchverfahren/, abgerufen am: 26.08.2022.
VzfK e.V. (b): Innerer Wert: Ertragswert und Börsenwert, verfügbar unter: https://www.vzfk.de/wp-content/uploads/2020/05/VzfK-Innerer-Wert-Ertragswert-und-B%C3%B6rsenwert-2002-bis-31.03.2020.pdf, abgerufen am: 24.09.2022.

VzfK e.V. (spruchverfahren.info): Spruchverfahren, verfügbar unter: https://www.spruchverfahren.info/, abgerufen am: 26.08.2022.

Weber, Martin (2004): Börsenkursbestimmung aus ökonomischer Perspektive, in: ZGR, 33. Jg., S. 280–300.

Weiler, Lothar/Meyer, Ingo (2003): Berücksichtigung des Börsenkurses bei Ermittlung der Verschmelzungswertrelation, in: NZG, 6. Jg., S. 669–671.

Weimann, Martin (2015): Spruchverfahren nach Squeeze-out, Berlin/Boston.

Weimann, Martin (2024): Strukturmaßnahmen und Kapitalmarktkommunikation, Berlin/Boston.

Wicke, Hartmut (2024): § 5 UmwG, in: Habersack, Mathias/Wicke, Hartmut (Hrsg.): beck-online.GROSSKOMMENTAR zum UmwG, München, Stand: 01.07.2024.

Wieneke, Laurenz/Hoffmann, Thomas (2013): Der Erhalt der Börsennotierung beim echten und unechten Debt Equity Swap in der Insolvenz der börsennotierten AG, in: ZIP, 34. Jg., S. 697–708.

Wikipedia: Liste der Squeeze-out in Deutschland, verfügbar unter: https://de.wikipedia.org/wiki/Liste_der_Squeeze-out_in_Deutschland, abgerufen am: 26.08.2022.

Wilsing, Hans-Ulrich/Kruse, Tobias (2001): Maßgeblichkeit der Börsenkurse bei umwandlungsrechtlichen Verschmelzungen?, in: DStR, 39. Jg., S. 991–997.

Winner, Martin (2024): § 16 Verbundvorteile/Synergieeffekte, in: Fleischer, Holger/Hüttemann, Rainer (Hrsg.): Rechtshandbuch Unternehmensbewertung, 3. Aufl., Köln, S. 446–472.

Winter, Michael (2024): § 5 UmwG, in: Schmitt, Joachim/Hörtnagl, Robert (Hrsg.): Umwandlungsgesetz; Umwandlungssteuergesetz, 10. Aufl., München.

Wooldridge, Jeffrey M. (2020): Introductory Econometrics, 7. Aufl., Boston, MA.

Ziemer, Franziska (2018): Der Betafaktor, Diss., Wiesbaden.

Rechtsprechungsverzeichnis zu Kapitel 2

BGH v. 12.01.2016 – II ZB 25/14, juris.
BGH v. 12.03.2001 – II ZB 15/00 (DAT/Altana), juris.
BGH v. 19.07.2010 – II ZB 18/09 (Stollwerck), juris.
BGH v. 21.02.2023 – II ZB 12/21, juris.
BGH v. 29.09.2015 – II ZB 23/14, juris.
BGH v. 31.01.2024 – II ZB 5/22, juris.
BVerfG v. 07.08.1962 – 1 BvL 16/60 (Feldmühle), juris.
BVerfG v. 16.05.2012 – 1 BVR 96/09, 1 BVR 117/09, 1 BVR 118/09, 1 BVR 128/09 (Deutsche Hypothekenbank), juris.
BVerfG v. 20.12.2010 – 1 BvR 2323/07 (Kuka), juris.
BVerfG v. 24.05.2012 – 1 BvR 3221/10 (Daimler/Chrysler), juris.
BVerfG v. 26.04.2011 – 1 BvR 2658/10 (Telekom/T-Online), juris.
BVerfG v. 27.04.1999 – 1 BvR 1613/94 (DAT/Altana), juris.
BVerfG v. 29.11.2006 – 1 BvR 704/03 (Siemens/SNI), juris.
LG Stuttgart v. 08.05.2019 – 31 O 25/13, juris.
OLG Düsseldorf v. 04.10.2006 – I–26 W 7/06, 26 W 7/06, juris.
OLG Düsseldorf v. 11.05.2015 – I–26 W 2/13, 26 W 2/13, juris.
OLG Düsseldorf v. 18.08.2016 – I–26 W 12/15, 26 W 12/15, juris.
OLG Düsseldorf v. 28.11.2022 – I–26 W 4/21, 26 W 4/21, juris.
OLG Frankfurt v. 09.02.2024 – 21 W 129/22, juris.
OLG Frankfurt v. 15.01.2016 – 21 W 22/13, juris.
OLG Frankfurt v. 21.12.2010 – 5 W 15/10, juris.
OLG Frankfurt v. 26.01.2015 – 21 W 26/13, juris.
OLG Frankfurt v. 26.04.2021 – 21 W 139/19, juris.
OLG Hamburg v. 07.09.2020 – 13 W 122/20, juris.
OLG Karlsruhe v. 10.01.2006 – 12 W 136/04, juris.
OLG Karlsruhe v. 12.09.2017 – 12 W 1/17, juris.
OLG München v. 11.07.2006 – 31 Wx 41/05, 66/05, juris.
OLG München v. 14.05.2007 – 31 Wx 87/06, 31 Wx 087/06, juris.
OLG München v. 14.12.2021 – 31 Wx 190/20, juris.
OLG München v. 17.07.2014 – 31 Wx 407/13, juris.
OLG München v. 21.05.2008 – 31 Wx 62/07, juris.

Einflüsse auf Börsenkurse im Dreimonatszeitraum vor Ankündigungen von aktien- und umwandlungsrechtlichen Strukturmaßnahmen

3

Abstract

In dieser Studie werden Antizipationseffekte sowie Reaktionen des Kapitalmarktes bei Ankündigungen von aktien- und umwandlungsrechtlichen Squeeze-outs, Beherrschungs- und/oder Gewinnabführungsverträgen und Verschmelzungen für die Jahre 2002 bis 2020 näher analysiert. Speziell werden Ereignisse vor diesen Arten von Strukturmaßnahmen auf ihren Einfluss auf die Reaktion und Antizipation des Kapitalmarktes bei der Strukturmaßnahme hin betrachtet. Kurseffekte für Angebote nach dem WpÜG (Erhöhungen von Anteilen) und Beherrschungs- und/oder Gewinnabführungsverträge (entstehende Vertragskonzerne), die zeitlich noch vor den Strukturmaßnahmen der Stichprobe angekündigt wurden, werden anhand von Ereignisstudien betrachtet. Die Ergebnisse zeigen signifikante Überrenditen für Angebote nach dem WpÜG (13 % bei Ankündigung) sowie Beherrschungs- und/oder Gewinnabführungsverträge (4 % bei Ankündigung), die vor den Strukturmaßnahmen

Ich bedanke mich für den Zugang zu S&P Capital IQ, der durch das DALAHO, Universität Hohenheim, zur Verfügung gestellt wurde. Großer Dank geht an Herrn Prof. Dr. Dirk Hachmeister für sein wertvolles Feedback sowie an Dr. Niklas Lampenius für wertvolle Hinweise. Darüber hinaus bedanke ich mich bei den Kolleginnen und Kollegen des Lehrstuhls für Rechnungswesen und Finanzierung für ihre Anregungen und Kommentare.

Ergänzende Information Die elektronische Version dieses Kapitels enthält Zusatzmaterial, auf das über folgenden Link zugegriffen werden kann https://doi.org/10.1007/978-3-658-50371-0_3.

Die Originalversion des Kapitels wurde revidiert. Ein Erratum ist verfügbar unter https://doi.org/10.1007/978-3-658-50371-0_6

C. Bauer, *Börsenkurse bei aktien- und umwandlungsrechtlichen Strukturmaßnahmen*, https://doi.org/10.1007/978-3-658-50371-0_3

der Stichprobe angekündigt wurden. Zudem ergeben sich tendenziell stärkere Überrenditen bei Ankündigung einer Strukturmaßnahme, sofern kein Angebot nach dem WpÜG oder Beherrschungs- und/oder Gewinnabführungsvertrag in zeitlicher Nähe vor einer Strukturmaßnahme angekündigt wurde. Beide sind damit relevant für den Informationsgehalt des Börsenkurses bei Ankündigung einer Strukturmaßnahme. Darüber hinaus werden im Rahmen einer multivariaten linearen Regression offengelegte Informationen aus Finanzberichten (positiver Einfluss) innerhalb des Dreimonatszeitraums als signifikante Einflüsse auf abnormale Renditen im Dreimonatszeitraum vor der Ankündigung einer Strukturmaßnahme aufgezeigt. Tendenziell entstehen geringere Ankündigungsreaktionen bei höherer Liquidität. Die Liquidität vieler Zielgesellschaften ist jedoch gering, was die Verwendbarkeit der Börsenkurse im Rahmen der Abfindungsbemessung in Frage stellt. Bei höherer Liquidität wird eher von einer effizienten Informationsverarbeitung ausgegangen und der Informationsgehalt wäre stets aktueller.

Keywords

Squeeze-out • Verschmelzung • Beherrschungsvertrag • Gewinnabführungsvertrag • Ereignisstudie • Deutscher Kapitalmarkt • Informationseffizienz • Minderheitsaktionär • Abfindungsbemessung • Liquidität • Konzern • (Squeeze-out; Merger; Control Agreement; Profit Transfer Agreement; Event Study; German Capital Market; Information Efficiency; Minority Shareholder; Compensation Calculation; Liquidity; Group)

JEL classification

G14 • G32 • G34 • G38 • K22

3.1 Einleitung

Für die Ermittlung einer „angemessenen"[1] Abfindung (bei Verlust der Mitgliedschaft) oder einer vergleichbaren Kompensation, sofern die Aktionäre als Unternehmensbeteiligte verbleiben, gibt es bei gesellschaftsrechtlichen Strukturmaßnahmen keine gesetzliche oder höchstrichterliche Vorgabe einer Methode.[2] Aufgrund des verfassungsrechtlichen Eigentumsschutzes ist eine wirtschaftlich volle Entschädigung zu gewähren. Der Aktionär muss als Abfindung den „wahren" Wert seiner Beteiligung erhalten, aber mindestens den Verkehrswert (jedenfalls im Barabfindungsfall)[3]. In der Regel entspricht der Börsenkurs dem Verkehrswert und damit der Untergrenze einer angemessenen Abfindung.[4] Als Preis einer freiwilligen Desinvestition darf er bei der Abfindungsbemessung nicht unterschritten werden.[5] Darüber hinaus wird in letzter Zeit vermehrt über den Börsenkurs im Rahmen einer marktorientierten Methode für die Ermittlung des „wahren" Wertes anstelle des üblichen Ertragswertes diskutiert.[6]

Durch die Entscheidung des BGH zu Stollwerck wurde die zuvor viel diskutierte Frage geklärt, wann der Zeitraum für den bereits bis dahin verwendeten dreimonatigen Durchschnittskurs endet. Seither wird ein dreimonatiger volumengewichteter Durchschnittskurs berechnet, dessen Berechnungszeitraum am Tag vor der Ankündigung der Strukturmaßnahme abschließt. Darüber hinaus wird die Berechnungsmethodik nicht näher festgelegt.[7] Auch im Rahmen von jüngeren Urteilen zum Börsenkurs als „wahren" Wert wurde der Dreimonatsdurchschnitt entsprechend angewendet.[8] Eine konkrete Vorgabe besteht ebenfalls nicht.

---

[1] Die Angemessenheit wird für den Squeeze-out explizit in § 327c AktG gefordert, wird aber im Gesetz nicht weiter konkretisiert und ist regelmäßig Gegenstand der wissenschaftlichen und juristischen Diskussion.

[2] Vgl. BVerfG v. 27.04.1999 – 1 BvR 1613/94 (DAT/Altana), juris Rz. 61; BVerfG v. 16.05.2012 – 1 BVR 96/09, 1 BVR 117/09, 1 BVR 118/09, 1 BVR 128/09 (Deutsche Hypothekenbank), juris Rz. 18; *Jonas/Wieland-Blöse* (2024), in: Rechtshandbuch Unternehmensbewertung, § 10 Rz. 10.4.

[3] Ob der Börsenkurs auch bei Umtausch als Untergrenze angewendet werden sollte, ist noch nicht vollständig geklärt.

[4] Vgl. BVerfG v. 27.04.1999 – 1 BvR 1613/94 (DAT/Altana), juris Rz. 66.

[5] Vgl. BVerfG v. 27.04.1999 – 1 BvR 1613/94 (DAT/Altana), juris Rz. 53, 62 f.

[6] Vgl. BGH v. 31.01.2024 – II ZB 5/22, juris Rz. 27 für mögliche Kriterien für die Anwendung des Börsenkurses.

[7] Vgl. BGH v. 19.07.2010 – II ZB 18/09 (Stollwerck), juris Rz. 10.

[8] Vgl. BGH v. 21.02.2023 – II ZB 12/21, juris Rz. 16.

In der Literatur und im Rahmen der Rechtsprechung der Instanzgerichte wird regelmäßig diskutiert, wann der Börsenkurs nicht als Verkehrswert herangezogen werden kann (und damit ggf. unterschritten werden kann). Dies ist bei einer Marktenge der Fall, die bei geringer Liquidität entstehen kann (z. B. geringer Streubesitz). Bei einer Marktenge kann die Aktie ggf. nicht zum Kurs veräußert werden.[9] Ein hoher Anteil des Hauptaktionärs kann die Liquidität einschränken und damit zu Verzögerungen in der Informationsverarbeitung führen.[10] Beim Squeeze-out ist ein geringer Streubesitzanteil Voraussetzung (unter 5 % (aktienrechtlich) oder 10 % (umwandlungsrechtlich)). Auch wenig Handel über längere Zeit[11] oder Manipulation kann ein Grund für ein Abweichen vom Verkehrswert sein.[12] Da Liquidität (als Indikatoren der Streubesitz oder die Handelshäufigkeit) und öffentlich bekannte Informationen von Bedeutung sind für Informationseffizienz,[13] können anhand dieser Kriterien auch Hinweise für die Informationseffizienz gewonnen werden. Informationseffizienz wird hauptsächlich als Voraussetzung für die Anwendung des Börsenkurses als quotalen Anteil am Unternehmenswert genannt,[14] kann bspw. in Verbindung mit der Liquidität aber auch für den Verkehrswert von Bedeutung sein. Eine kritische Informationslage oder Informationsasymmetrien können vor allem bei einer in einen Konzern eingebundenen Zielgesellschaft gegen eine Verwendbarkeit des Börsenkurses sprechen.[15] Damit spielt hauptsächlich der Konzerneinfluss eine große Rolle für den Informationsgehalt des Börsenkurses – durch den Anteil des Hauptaktionärs oder bspw. einen Vertragskonzern. Von besonderer Relevanz ist auch die Liquidität als Basis der Verarbeitung von Informationen.

Für eine Analyse von Einflüssen vorheriger Informationen auf die Informationsverarbeitung von kapitalmarktrelevanten Geschehnissen werden in der Regel Ereignisstudien (für Ankündigungsreaktionen) in Kombination mit einer Analyse von Teilstichproben bzw. Regressionen angewendet. Speziell Ereignisse in etwas längeren Zeiträumen (von meist bis zu einem Jahr oder etwas darüber hinaus) vor der Ankündigung eines aktienrechtlichen Squeeze-out wurden in Studien von *Elsland/Weber* und *Budzinski* sowie *Eisele/Walter* betrachtet. Bei *Schilling/*

[9] Vgl. BVerfG v. 27.04.1999 – 1 BvR 1613/94 (DAT/Altana), juris Rz. 67.

[10] Vgl. auch *Budzinski* (2012), S. 99.

[11] Vgl. BVerfG v. 27.04.1999 – 1 BvR 1613/94 (DAT/Altana), juris Rz. 67.

[12] Vgl. BVerfG v. 27.04.1999 – 1 BvR 1613/94 (DAT/Altana), juris Rz. 31.

[13] Vgl. *Krog* (2000), S. 281; *Steinhauer* (1999), S. 306 f.

[14] Vgl. *Adolff* (2007), S. 347.

[15] Vgl. *Ballwieser/Hachmeister* (2021), S. 280; *IDW* (2018), C Rn. 35; *Adolff* (2007), S. 348 f.

Kaspar wird in die Ereignisstudie ein längerer Zeitraum vor der Ankündigung einbezogen (aber keine vorherigen Einflüsse). Renditen bei der Ankündigung von Strukturmaßnahmen liegen meist mindestens 4 % über der erwarteten Rendite.[16] *Budzinski* stellt in seiner Untersuchung fest, dass ein Überschreiten der 95 %-Stimmrechtsschwelle mehr als zwölf Monate vor der Ankündigung einen positiven Einfluss auf die Ankündigungsreaktion (in Form positiver abnormaler Renditen) hat.[17] *Elsland/Weber* stellen bei vorherigem Beherrschungs- und/oder Gewinnabführungsvertrag und sukzessive erreichter 95 %-Schwelle signifikant geringere Überrenditen in einem Zeitfenster von 90 Tagen vor bis 40 Tagen nach der Ankündigung des Squeeze-out fest.[18] *Schilling/Kaspar* erkennen ab 25 Tagen vor der Ankündigung eine ansteigende kumulierte Überrendite, was auf bereits im Voraus bekannte Informationen über die anstehende Maßnahme hindeutet.[19] *Eisele/Walter* ermitteln zusätzlich einen positiven Einfluss des Streubesitzanteils auf kumulierte Überrenditen.[20]

Mit der vorliegenden Arbeit soll darüber hinaus eine Antwort auf die Frage gefunden werden, ob bereits in oder vor dem aktuell für die Bemessung des Durchschnittskurses im Rahmen der Abfindungsermittlung verwendeten Dreimonatszeitraum tendenziell kursbeeinflussende Effekte erkennbar sind. Durch den damit geänderten Informationsgehalt des Börsenkurses sollten sie bei dessen Verwendung beachtet werden. Der Fokus liegt auf einer vorherigen Erhöhung des Einflusses durch den Hauptaktionär – bspw. durch erhöhte Anteile mittels Angeboten nach dem WpÜG (Erwerbs-, Übernahme- und Pflichtangebote) oder das Entstehen eines Vertragskonzerns. Diese beiden Ereignisse werden mittels Ereignisstudien auf wesentliche Ankündigungsreaktionen hin untersucht. Zudem wird die Liquidität betrachtet, die generell die im Börsenkurs vor Ankündigung verarbeiteten Informationen und damit ebenfalls dessen Informationsgehalt beeinflusst. Der Einfluss vorheriger Ereignisse und der Liquidität auf die Reaktion in Form von Überrenditen (und damit auch den Börsenkurs) vor und bei späteren Strukturmaßnahmen wird mittels einer Unterteilung in Teilstichproben sowie einer multivariaten Regression eingeschätzt. Das mehrstufige Vorgehen ermöglicht zunächst eine genaue Betrachtung der sich ergebenden Gruppen mit relevanten Unterschieden und im Rahmen der multivariaten Regression eine

[16] Vgl. *Elsland/Weber* (2005), S. 15; *Budzinski* (2012), S. 133; *Eisele/Walter* (2003), S. 22; *Schilling/Kaspar* (2015), S. 73.

[17] Vgl. *Budzinski* (2012), S. 167.

[18] Vgl. *Elsland/Weber* (2005), S. 36.

[19] Vgl. *Schilling/Kaspar* (2015), S. 73.

[20] Vgl. *Eisele/Walter* (2003), S. 30.

Gesamtbetrachtung möglicher Einflussgrößen. Daher können in der Regression tatsächliche Einflüsse einzelner Größen besser abgegrenzt werden. Durch vorherige Informationen kann bspw. die Ankündigung der Strukturmaßnahme für den Kapitalmarkt weniger überraschend sein und damit eine (weitere) Reaktion geringer, da der Informationsgehalt des Börsenkurses bereits umfangreicher ist.

Für die Analyse wird ein händisch zusammengestellter Datensatz verwendet, bestehend aus 385 aktien- und umwandlungsrechtlichen Squeeze-outs, Verschmelzungen und Beherrschungs- und/oder Gewinnabführungsverträgen, die zwischen 2002 und 2020 angekündigt wurden. Bedingt durch den umfassenden Datensatz können damit erstmals verschiedene Arten von Strukturmaßnahmen in die Ereignisstudie mit einbezogen werden.

Die Ergebnisse zeigen erhebliche Überrenditen vor allem bei Ankündigungen von Angeboten nach dem WpÜG (am Ankündigungstag 13 %), aber auch in geringerem Maße bei Vertragskonzernen (Beherrschungs- und/oder Gewinnabführungsverträge; am Ankündigungstag 4 %), die im Voraus weiterer gesellschaftsrechtlicher Strukturmaßnahmen angekündigt wurden. Sofern innerhalb eines Jahres vor einer Strukturmaßnahme ein Angebot nach dem WpÜG oder ein Beherrschungs- und/oder Gewinnabführungsvertrag (BGVs und damit Vertragskonzerne) angekündigt wurde, sind tendenziell geringere Ankündigungsreaktionen auf die folgende Strukturmaßnahme zu verzeichnen. Die Ankündigungen der Angebote und BGVs an sich führen jedoch ebenfalls zu Überrenditen. Für Angebote nach dem WpÜG bestätigt die multivariate Regression diesen Einfluss. Für den Dreimonatszeitraum kann darüber hinaus ein positiver Einfluss offengelegter Informationen aus Finanzberichten auf kumulierte Überrenditen nachgewiesen werden und ein negativer Einfluss einer unveränderten Konzernstruktur. Eine höhere Liquidität führt tendenziell zu einer geringeren Ankündigungsreaktion, der Einfluss auf die Antizipation ist meist nicht signifikant. Auffallend ist eine nach bestimmten Liquiditätsmaßen wie bspw. dem Bid-Ask-Spread eher geringe Liquidität der Aktien der Zielgesellschaften. So wäre der Börsenkurs bei Anwendung der in der Rechtsprechung diskutierten Schwelle von 2 % (1,25 %) für den Bid-Ask-Spread bei 68,83 % (77,66 %) der Maßnahmen nicht für die Abfindungsbemessung verwendbar.[21]

[21] Für eine Schwelle von 2 % vgl. OLG Hamburg v. 07.09.2020 – 13 W 122/20, juris Rz. 14; OLG Frankfurt v. 17.01.2017 – 21 W 37/12, juris Rz. 36; OLG Frankfurt v. 26.01.2017 – 21 W 75/15, juris Rz. 32, 34. Für Schwellen von 1,25 % oder geringer vgl. LG München v. 30.05.2018 – 5 HK O 10044/16, 5 HKO 10044/16, juris Rz. 153; OLG Frankfurt v. 20.11.2019 – 21 W 77/14, juris Rz. 78; OLG Düsseldorf v. 05.09.2019 – 26 W 8/17, juris Rz. 25.

Der vorliegende Artikel trägt zur bestehenden juristischen[22] und wirtschaftswissenschaftlichen[23] Diskussion bei, indem der Dreimonatszeitraum genauer auf ebenfalls kursbeeinflussende, vermittelte Informationen und den Informationsgehalt hin untersucht wird. In der Arbeit wird zum einen betrachtet, welche Informationen der Börsenkurs bei Ankündigung bzw. im Dreimonatszeitraum enthält. Zum anderen wird geschaut, welchen Einfluss diese Informationen auf die Ankündigungsreaktion und Antizipation der Strukturmaßnahme haben. Der Beitrag vorliegender Studie liegt erstens in der Analyse eines sehr umfangreichen Datensatzes, der verschiedene Arten von Strukturmaßnahmen einbezieht. Zweitens werden Ankündigungsreaktionen von Beherrschungs- und/oder Gewinnabführungsverträgen sowie Angeboten nach dem WpÜG, die vor den Strukturmaßnahmen aus der Stichprobe stattfinden, separat betrachtet. Darüber hinaus werden drittens bisherige Erkenntnisse (bspw. zu BGVs oder Angeboten nach dem WpÜG) aufgegriffen und erweitert, indem Einflüsse folgender Ereignisse (die den Informationsstand beeinflussen und an sich auch verarbeitet werden) auf die Informationsverarbeitung bei und vor Ankündigung der Strukturmaßnahmen betrachtet werden:

- Vertragskonzerne (BGV)
- Angebote nach dem WpÜG
- Überschreiten von Stimmrechtsschwellen
- weitere häufig vor einer Strukturmaßnahme auftretende Informationen (bspw. Offenlegung von Finanzberichten oder personelle Wechsel in Vorstand oder Aufsichtsrat)

Damit werden bisher nicht betrachtete Einflussgrößen im Rahmen der multivariaten Regression einbezogen. Zudem können Erkenntnisse empirischer Studien anhand einer sehr umfangreichen Stichprobe verifiziert werden. Die Arbeit gibt viertens mithilfe bestimmter Liquiditätsmaße einen Überblick über die Liquidität der Aktien von Zielgesellschaften im Zeitraum vor der Ankündigung sowie den Einfluss der Liquidität auf die Informationsverarbeitung.

Eine Grenze der Studie besteht darin, dass für die Ereignisstudie alle Überrenditen (auch vor der Ankündigung) dem Ereignis der Ankündigung der

---

[22] Vgl. bspw. den Überblick in *Häller/Adolff* (2024), in: Rechtshandbuch Unternehmensbewertung, § 18 mit den entsprechenden Verweisen; *Adolff* (2007); *Decher* (2023). Vgl. auch *Grunert* (2022) für aktienrechtliche Anlässe; vgl. *Stange* (2010) für den Squeeze-out.

[23] Vgl. bspw. *Ruthardt* (2014) für den aktienrechtlichen Squeeze-out, unter Berücksichtigung von Normzweckkonformität und praktischer Anwendbarkeit; vgl. *Große-Frericks* (2015); vgl. auch *Weber* (2004); *Neumeier* (2015).

Strukturmaßnahme zugeordnet werden. Die betrachteten Ereignisse zeitlich vor den Strukturmaßnahmen der Stichprobe können jedoch den Kurs im relevanten Betrachtungszeitraum für die Strukturmaßnahme ebenfalls beeinflussen. Damit werden in der vorliegenden Studie speziell solche Ereignisse aufgezeigt, die aber in ihrer Wirkung auf den Börsenkurs nicht eindeutig von der Strukturmaßnahme abgegrenzt werden können. Durch gebildete Teilstichproben entstehen teilweise geringe oder unterschiedlich große Stichprobenumfänge, wodurch Signifikanz von Zusammenhängen weniger gut erkannt werden kann.

Das Paper ist im weiteren Verlauf wie folgt aufgebaut: In Abschnitt 3.2 werden die aktuell gültigen Grundsätze für die Ermittlung des durchschnittlichen Börsenkurses für die Kompensationsbemessung dargestellt. Abschnitt 3.3 umfasst allgemein die Informationsverarbeitung im Börsenkurs. In 3.4 wird die Bedeutung der Liquidität für die Verwendbarkeit des Börsenkurses thematisiert. Abschnitt 3.5 beinhaltet einen Literaturüberblick, 3.6 die Gewinnung und Beschreibung der Stichprobe, 3.7 die Methodik der Ereignisstudie, der Regression und die verwendeten Liquiditätsmaße. In 3.8 werden verschiedene Ereignisse vor einer Strukturmaßnahme dargelegt, die den Börsenkurs potenziell beeinflussen und damit einen Einfluss auf den Informationsgehalt vor und bei einer Strukturmaßnahme haben können. In Abschnitt 3.9 werden die Ergebnisse zu Ereignissen vor Strukturmaßnahmen wie auch deren Einfluss auf die Überrenditen vor und bei Ankündigung der Strukturmaßnahmen dargestellt und eingeordnet. Abschnitt 3.10 fasst die Ergebnisse zusammen.

3.2 Verwendung des Börsenkurses für die Abfindungsbemessung nach aktuellem Stand der Rechtsprechung – Stichtag, Zeitraum und Berechnung des Durchschnittskurses

Für den **Stichtag**, der für die Ermittlung des Börsenkurses zur Abfindungsbemessung verwendet wird, entwickelten sich erstmals durch den Beschluss des BVerfG im Falle DAT/Altana in 1999 allgemeingültige Vorgaben. Mit diesem Beschluss wurde generell der Börsenkurs als Untergrenze für die Bewertung eingeführt.[24] Demnach soll der Stichtag so gewählt werden, dass der Börsenkurs

[24] Vgl. *Bungert* (2024), in: Rechtshandbuch Unternehmensbewertung, § 22 Rz. 22.17; für die Abfindung sind grundsätzlich auch die Verhältnisse für die Gesellschaft zum Zeitpunkt der beschlussfassenden HV zu berücksichtigen (bei BGV nach § 305 Abs. 3 Satz 2 AktG), BVerfG v. 27.04.1999 – 1 BvR 1613/94 (DAT/Altana), juris Rz. 69.

den im Rahmen einer freien Entscheidung zur Desinvestition erzielbaren Verkaufserlös widerspiegelt, der sich ohne die Strukturmaßnahme ergibt.[25] Zudem soll der Börsenkurs nicht durch gezielte Manipulationen beeinflusst sein.[26] In der Entscheidung des BGH zu DAT/Altana in 2001 wurde als Stichtag der Tag der Hauptversammlung festgelegt. Ein Zeitraum für die Bestimmung des Börsenkurses von drei Monaten unmittelbar vor der Hauptversammlung der beherrschten Gesellschaft (bei BGV) wird für erforderlich, aber gleichzeitig ausreichend, befunden.[27] Damit wird bewusst in Kauf genommen, dass der verwendete Börsenkurs durch die Maßnahme beeinflusst ist,[28] da diese in der Regel bereits zuvor bekanntgegeben wird und somit Spekulationen in Bezug auf die Strukturmaßnahme auftreten können.[29] Es wird auf die reale Möglichkeit der Desinvestition anstelle der vom BVerfG intendierten verlorengegangenen Möglichkeit zur Desinvestition durch die Strukturmaßnahme abgestellt.[30] Aufgrund der Kritik an der Wahl des Stichtages in der Literatur[31] und aufgrund von Hinweisen in der Rechtsprechung des BVerfG,[32] wird mit der Stollwerck-Entscheidung des BGH in 2010 die bis dahin vertretene Auffassung aufgegeben. Zur Ermittlung des Börsenkurses wurde nun auf einen dreimonatigen Referenzzeitraum vor der Bekanntgabe der betrachteten Strukturmaßnahme abgestellt.[33] Der Tag der Bekanntgabe wird

[25] Vgl. BVerfG v. 27.04.1999 – 1 BvR 1613/94 (DAT/Altana), juris Rz. 56; *Häller/Adolff* (2024), in: Rechtshandbuch Unternehmensbewertung, § 18 Rz. 18.85; *Adolff* (2007), S. 318.

[26] Vgl. BVerfG v. 27.04.1999 – 1 BvR 1613/94 (DAT/Altana), juris Rz. 31; *Häller/Adolff* (2024), in: Rechtshandbuch Unternehmensbewertung, § 18 Rz. 18.85.

[27] Vgl. BGH v. 12.03.2001 – II ZB 15/00 (DAT/Altana), juris Rz. 24.

[28] Vgl. BGH v. 12.03.2001 – II ZB 15/00 (DAT/Altana), juris Rz. 25.

[29] Vgl. OLG München v. 14.12.2021 – 31 Wx 190/20, juris Rz. 43.

[30] Vgl. *Adolff* (2007), S. 319.

[31] Vgl. bspw. *Adolff* (2007), S. 319; *Emmerich* (2010), in: Aktien- und GmbH-Konzernrecht, § 305 AktG Rn. 46 f; *Bungert* (2003), S. 701.

[32] Vgl. BVerfG v. 29.11.2006 – 1 BvR 704/03 (Siemens/SNI), juris Rz. 18. Dort wird Folgendes beschrieben: „Zwar mögen auf der Ebene des einfachen Rechts gute Gründe für die im Schrifttum geäußerte Ansicht sprechen, wonach auf einen Durchschnittskurs im Vorfeld der Bekanntgabe der Eingliederungsmaßnahme zurückzugreifen ist. Dies würde auch verfassungsrechtlich keinen Bedenken begegnen, [...]. Daraus folgt jedoch nicht umgekehrt, dass die im Einklang mit der Rechtsprechung des Bundesgerichtshofs stehende Ansicht des Oberlandesgerichts, der Tag der Hauptversammlung sei als Rückrechnungszeitpunkt für die Referenzperiode zu wählen, nicht mit der Eigentumsgarantie des Art. 14 Abs. 1 GG und den Vorgaben des Bundesverfassungsgerichts vereinbar ist."

[33] Vgl. BGH v. 19.07.2010 – II ZB 18/09 (Stollwerck), juris Rz. 10. Dies gilt neben dem Squeeze-out auch für den BGV, vgl. bspw. OLG Frankfurt v. 26.04.2021 – 21 W 139/19, juris Rz. 23, 75. Vgl. auch für die Verschmelzung *Drygala* (2024), in: UmwG Kommentar, §

nicht einberechnet, damit endet der Dreimonatszeitraum entsprechend §§ 187, 188 BGB am Tag vor dieser.[34]

Was genau unter der **Bekanntgabe** zu verstehen ist, die als Ausgangspunkt der Ermittlung des Referenzzeitraums dient, wurde vielfach diskutiert. An erster Stelle sind hierfür bei allen betrachteten Maßnahmen Ad-hoc-Mitteilungen nach Art. 17 MMVO bzw. vor dem 03.07.2016 nach § 15 WpHG (seit der Fassung von 26.07.1994[35]) als formale Bekanntgabe relevant. Andere Formen der Bekanntgabe sind auch möglich, da nicht immer von einem Kursbeeinflussungspotenzial ausgegangen wird und dann keine Ad-hoc-Pflicht bestünde.[36] Entscheidend ist die Bekanntgabe der Maßnahme durch den Emittenten (die Gesellschaft, die von ihr betroffen ist), auch wenn bezüglich einer beeinflussten Markterwartung die früheste Verlautbarung von Bedeutung ist. Bereits diese kann sich auf den Börsenkurs auswirken. Die Verwendung der ersten Verlautbarung wird jedoch mit der Begründung abgelehnt, dass nicht jede Andeutung und vor allem nicht bloße Gerüchte berücksichtigt werden dürfen. So soll eine nicht in nötigem Umfang konkretisierbare Vorverlagerung des Drei-Monats-Zeitraums vermieden werden.[37] Eine noch unpräzise Absichtserklärung durch den Hauptaktionär wird als nicht ausreichend erachtet.[38] Der späteste mögliche Zeitpunkt einer Bekanntgabe der Absicht zur Strukturmaßnahme ist bei Einladung zur beschlussfassenden Hauptversammlung. Die Absicht ist als Tagesordnungspunkt aufzunehmen (§ 327c Abs. 1 AktG).

---

5 UmwG Rn. 44. Bei einem längeren Zeitraum zwischen der Ankündigung und der Hauptversammlung muss eine Hochrechnung stattfinden, vgl. BGH v. 19.07.2010 – II ZB 18/09 (Stollwerck), juris Rz. 29.

[34] Vgl. *Emmerich* (2022), in: Aktien- und GmbH-Konzernrecht, § 305 AktG Rn. 61; OLG Düsseldorf v. 26.09.2016 – I-26 W 3/16, 26 W 3/16, juris Rz. 40.

[35] Vgl. *Oerke* (1999), S. 3 f. Am 17.09.1998 wurde eine Neufassung des WpHG veröffentlicht, die jedoch inhaltlich keine für die vorliegende Arbeit wesentlichen Änderungen umfasst, vgl. Bekanntmachung der Neufassung des Wertpapierhandelsgesetzes vom 9. September 1998, BGBl. Teil I Nr. 62 v. 17.09.1998, S. 2708.

[36] Vgl. BGH v. 19.07.2010 – II ZB 18/09 (Stollwerck), juris Rz. 20. Vgl. für den BGV *Emmerich* (2022), in: Aktien- und GmbH-Konzernrecht, § 305 AktG Rn. 61; *van Rossum* (2023), in: Münchener Kommentar zum Aktiengesetz, § 305 AktG Rn. 104. Vgl. speziell für die Verschmelzung *Bungert/Wettich* (2012), S. 450. Für die Anforderungen an eine Bekanntgabe vgl. *Bücker* (2010), S. 969 f.

[37] Vgl. OLG Frankfurt v. 15.01.2016 – 21 W 22/13, juris Rz. 67; OLG Frankfurt v. 21.12.2010 – 5 W 15/10, juris Rz. 36.

[38] Vgl. OLG Frankfurt v. 21.12.2010 – 5 W 15/10, juris Rz. 40.

Der **Zeitraum** für die Durchschnittsbildung ist nicht unumstritten. Häufig wird der Zeitraum von drei Monaten vor der Bekanntgabe in der Literatur befürwortet. Begründet wird dies bspw. mit der Referenz des § 5 Abs. 1 WpÜGAngebV sowie der simplen Abfrage des entsprechenden Kurses bei der BaFin.[39] Als Basis, von der bei speziellen Umständen abgewichen werden kann, hält *Koch* die Frist von drei Monaten für sachgerecht.[40] *Piltz* hingegen spricht sich für einen Stichtagskurs aus, da der Anspruch der Aktionäre sich nicht auf einen Vergangenheitswert auf Basis eines Durchschnittskurses beziehe. Mit längerem Zeitraum der Durchschnittsbildung verstärke sich die Problematik.[41] *Weber* argumentiert, dass in einer Welt mit gültiger Kapitalmarkttheorie eine Durchschnittsbildung nicht erforderlich wäre, da der Kurs im Kapitalmarktgleichgewicht alle verfügbaren Informationen beinhaltet. Da aber auch Handel stattfinden kann, der nicht auf Informationen und dadurch geänderten Erwartungen basiert, wie bspw. bei Handel ohne die Basis eigener Informationen (sog. noise trading), kann der Kurs für kurze Zeit vom „wahren" Wert abweichen. Anleger, die entsprechend der Kapitalmarkttheorie handeln, würden demnach durch ihre Positionierung und ihren Handel wieder für eine Angleichung an den „wahren" Wert sorgen. Um solche kurzfristigen Preisschwankungen auszugleichen, spricht *Weber* sich aus ökonomischer Sicht für eine Durchschnittsbildung über einen kurzen Zeitraum aus. Aus seiner Sicht kann aber ökonomisch nicht begründet werden, ob dieser Zeitraum regelmäßig bspw. fünf, zehn oder 20 Tage umfassen sollte. Zeiträume, die dies deutlich übersteigen, und bspw. bis zu drei Jahre umfassen, hält er hingegen nicht für ökonomisch sinnvoll.[42] *Veil/Preisser* argumentieren für einen Zeitraum von grundsätzlich sechs Monaten, mit der Begründung einer Abschwächung von Sondereinflüssen oder besonderen Kursschwankungen.[43]

Die **Berechnungsmethodik des Durchschnittskurses** wurde im DAT/Altana-Urteil nicht konkretisiert.[44] Das OLG München weist darauf hin (wird durch das OLG Stuttgart bestätigt), dass anstelle eines ungewichteten Kurses ein

[39] Vgl. *Häller* (2024), in: Aktiengesetz, § 305 AktG Rz. 95.

[40] Vgl. *Koch* (2024b), in: Aktiengesetz, § 305 AktG Rn. 45.

[41] Vgl. *Piltz* (2001), S. 201.

[42] Vgl. *Weber* (2004), S. 290, mit weiteren Nachweisen. In der ökonomischen Literatur wird sich eher für sehr kurze Zeiträume ausgesprochen, in der juristischen Literatur werden teilweise deutlich längere Zeitfenster vorgeschlagen.

[43] Vgl. *Veil/Preisser* (2023), in: beck-online.GROSSKOMMENTAR zum Aktienrecht, § 305 AktG Rn. 66.

[44] Vgl. BVerfG v. 27.04.1999 – 1 BvR 1613/94 (DAT/Altana), juris Rz. 53.

inländischer Börsenkurs in Form eines „nach Umsätzen gewichtete[n] Durchschnittskurs[es] der als börslich gemeldeten Geschäfte"[45] verwendet werden sollte. Beide Gerichte halten den nach § 5 Abs. 1 und 3 WpÜGAngebV ermittelten Börsenkurs auch bei anderen Fällen einer Barabfindung unter Berücksichtigung von Börsenkursen für passend.[46] Der so bestimmte Börsenkurs wird generell bei Übernahme- und Pflichtangeboten nach dem WpÜG als Mindestpreis für die Gegenleistung verwendet.[47] Konkret entspricht dieser dem gewichteten durchschnittlichen inländischen Börsenkurs der Aktien während der letzten drei Monate vor der Veröffentlichung nach § 10 Abs. 1 Satz 1 oder § 35 Abs. 1 Satz 1 WpÜG (§ 5 Abs. 1 WpÜGAngebV). Präzisiert wird die Berechnung des Kurses für ein Angebot nach dem WpÜG in § 5 Abs. 3 WpÜGAngebV. Demnach muss ein gewichteter durchschnittlicher inländischer Börsenkurs ermittelt werden als der nach Umsätzen gewichtete Durchschnittskurs der der Bundesanstalt für Finanzdienstleistungsaufsicht nach Art. 26 der Europäischen Finanzmarktverordnung (MiFIR)[48] oder von einer zentralen Gegenpartei nach § 22 Abs. 3 WpHG als an einem organisierten Markt getätigt gemeldeten oder übermittelten Geschäfte. Mit der Stollwerck-Entscheidung in 2010 wurde schließlich der von vielen Instanzgerichten befürwortete umsatzgewichtete Durchschnittskurs vor der Bekanntgabe der Strukturmaßnahme durch den BGH bestätigt. Dennoch wurden weiterhin keine klaren Vorgaben zur Durchschnittsbildung vorgelegt.[49] Bei einem Rückgriff auf den Kurs, der für Angebote angewendet wird, besteht der Vorteil der Verfügbarkeit eines amtlichen Durchschnittskurses der BaFin.[50] In den Durchschnittskursen der BaFin werden aber Freiverkehrskurse nicht berücksichtigt und die Berechnungen sind weniger transparent. Deshalb wurden in der jüngeren Rechtsprechung eigene Berechnungen im Rahmen der gutachterlichen Stellungnahmen anhand von Daten aus Bloomberg teilweise gegenüber

---

[45] OLG München v. 11.07.2006 – 31 Wx 41/05, 66/05, juris Rz. 25; vgl. auch inklusive der Begründung zum Verwenden eines gewichteten Börsenkurses OLG Stuttgart v. 16.02.2007 – 20 W 6/06, juris Rz. 29.

[46] Vgl. OLG München v. 11.07.2006 – 31 Wx 41/05, 66/05, juris Rz. 25; OLG Stuttgart v. 16.02.2007 – 20 W 6/06, juris Rz. 29.

[47] Vgl. *Oppenhoff* (2018), in: Beck'sches Handbuch der AG, § 23 Rn. 128.

[48] Verordnung (EU) Nr. 600/2014 des Europäischen Parlaments und des Rates vom 15. Mai 2014 über Märkte für Finanzinstrumente und zur Änderung der Verordnung (EU) Nr. 648/2012 ABl. EU Nr. L 173 v. 12.06.2014, S. 84.

[49] Vgl. BGH v. 19.07.2010 – II ZB 18/09 (Stollwerck), juris Rz. 10.

[50] Vgl. *Häller* (2024), in: Aktiengesetz, § 305 AktG Rz. 95.

Durchschnittskursen der BaFin bevorzugt[51] oder zumindest zur Überprüfung herangezogen[52]. Während vor Inkrafttreten der Marktmissbrauchsverordnung (MMVO)[53] aufgrund der fehlenden Ad-hoc-Pflicht im Freiverkehr[54] nur teilweise für eine Berücksichtigung von Kursen des qualifizierten Freiverkehrs argumentiert wurde,[55] wurde seit Einführung der Ad-hoc-Pflicht in der Regel für eine Berücksichtigung argumentiert, sofern Preisbildung und Liquidität es zulassen.[56] So sollten Aktien mindestens ähnlich verkehrsfähig sein wie am regulierten Markt[57] und der Kurs muss die Erwartungen der Marktteilnehmer widerspiegeln.[58] Durchschnittskurse für den Freiverkehr müssten selbst berechnet werden. Nicht geklärt ist bisher, ob bestehende Geldkurse aufgrund eines Nachfrageüberhangs (und damit ohne zustande gekommenen Handel) herangezogen werden sollten.[59]

---

[51] Vgl. OLG Düsseldorf v. 26.09.2016 – I-26 W 3/16, 26 W 3/16, juris Rz. 4, 39; KG Berlin v. 06.05.2015 – 2 W 144/13, juris Rz. 86 bzgl. der Transparenz.

[52] Vgl. OLG Karlsruhe v. 16.04.2024 – 12 W 27/23, juris Rz. 71–75; OLG Frankfurt v. 09.02.2024 – 21 W 129/22, juris Rz. 48.

[53] Verordnung (EU) Nr. 596/2014 des Europäischen Parlaments und des Rates vom 16. April 2014 über Marktmissbrauch (Marktmissbrauchsverordnung) und zur Aufhebung der Richtlinie 2003/6/EG des Europäischen Parlaments und des Rates und der Richtlinien 2003/124/EG, 2003/125/EG und 2004/72/EG der Kommission, ABl. EU Nr. L 173 v. 12.06.2014, S. 1.

[54] Vgl. *Häller* (2024), in: Aktiengesetz, § 305 AktG Rz. 94; *Bungert/Leyendecker-Langner* (2014), S. 523.

[55] Vgl. *Bungert/Leyendecker-Langner* (2014), S. 523 f.; *Koch* (2024b), in: Aktiengesetz, § 305 AktG Rn. 41. Für eine Berücksichtigung von Kursen des qualifizierten Freiverkehrs vgl. OLG Düsseldorf v. 28.11.2022 – I-26 W 4/21, 26 W 4/21, juris Rz. 41.

[56] Vgl. *Bungert* (2024), in: Rechtshandbuch Unternehmensbewertung, § 22 Rz. 22.36; OLG Hamburg v. 07.09.2020 – 13 W 122/20, juris Rz. 26 f., 29; *Schnorbus/Rauch/Grimm* (2021), S. 401; *Häller* (2024), in: Aktiengesetz, § 305 AktG Rz. 94; *Schmidt* (2020), S. 1366. Vgl. auch OLG Düsseldorf v. 11.05.2015 – I-26 W 2/13, 26 W 2/13, juris Rz. 34, das Freiverkehrskurse in diesem Fall anerkennt (vor MMVO). Vgl. für einen Überblick über verschiedene Ansichten aus der Literatur und Rechtsprechung OLG Karlsruhe v. 16.04.2024 – 12 W 27/23, juris Rz. 75.

[57] Vgl. *Bungert/Leyendecker-Langner* (2014), S. 523. Für das Kriterium der Verkehrsfähigkeit der Aktien generell vgl. BVerfG v. 27.04.1999 – 1 BvR 1613/94 (DAT/Altana), juris Rz. 56.

[58] Vgl. *Bungert/Leyendecker-Langner* (2014), S. 523. Für das Kriterium der Preisbildung vgl. BGH v. 12.03.2001 – II ZB 15/00 (DAT/Altana), juris Rz. 20, 29.

[59] Vgl. *Häller* (2024), in: Aktiengesetz, § 305 AktG Rz. 94. Das OLG Stuttgart spricht sich dafür aus, vgl. OLG Stuttgart v. 14.02.2008 – 20 W 9/06, juris Rz. 53; dagegen sind *Land/Hallermayer* (2015), S. 664 f.

Die dargestellten Vorgaben für die Untergrenze wurden bisher auch in Fällen verwendet, in denen eine Ermittlung des „wahren“ Wertes anhand des Börsenkurses anerkannt wurde.[60] Eine explizite Vorgabe besteht auch hier nicht.

3.3 Informationsverarbeitung und Informationsgehalt des Börsenkurses

Gelangen neue Informationen an den Kapitalmarkt, so führt dies zu einer Änderung der Erwartungen der einzelnen Marktteilnehmer, woraus sich aufgrund eines geänderten Angebots und/oder einer anderen Nachfrage ein neuer Börsenkurs in einem neuen Gleichgewicht ergeben kann.[61] Ist der Kapitalmarkt **informationseffizient**, passen sich Kurse in kürzester Zeit an die in den Markt gelangten Informationen an.[62] In der Literatur wird zwischen drei Formen der Informationseffizienz unterschieden: Bei schwacher Effizienz sind historische Preise oder Renditen im Kurs verarbeitet. Die mittelstrenge Form besagt, dass alle öffentlich verfügbaren Informationen bereits im Kurs verarbeitet sind. Nach der strengen Form der Effizienz sind zusätzlich private Informationen von Marktteilnehmern im Kurs widergespiegelt.[63]

Um auf Informationseffizienz im mittelstrengen Sinne zu prüfen, werden in der Regel **Ereignisstudien** angewendet, da mittels solcher Aktienkurseffekte einer Bekanntgabe öffentlich verfügbarer Informationen analysiert werden können.[64]

[60] Vgl. BGH v. 21.02.2023 – II Z{Citation}B 12/21, juris Rz. 16; BGH v. 31.01.2024 – II ZB 5/22, juris Rz. 32.

[61] Vgl. *Schmidt/Prigge* (2001), in: Handwörterbuch des Bank- und Finanzwesens, Börsenkursbildung S. 393 f. Zudem wurden bereits einige Modelle entwickelt, die die Preisbildung am Kapitalmarkt erklären sollen, so bspw. das Capital Asset Pricing Model oder die Arbitrage Pricing Theory, vgl. *Budzinski* (2012), S. 88.

[62] Vgl. *Campbell/Lo/*MacKinlay (1997), S. 20.

[63] Die Unterscheidung in Stufen basierend auf Informationspaketen wurde laut verschiedener Autoren von Harry Roberts vorgenommen, in dessen unveröffentlichtem Manuskript „Statistical versus clinical prediction of the stock market“, Center for Research in Security Prices, University of Chicago, vgl. bspw. *Campbell/Lo/MacKinlay* (1997), S. 22; *Fama* (1970), S. 383, der auf die von Roberts vorgeschlagenen Tests für schwache und starke Effizienz verweist, vgl. *Roberts* (1959), S. 1. Vgl. auch *Schröder* (2012), in: Finanzmarkt-Ökonometrie, S. 21 f. für die Formen der Markteffizienz und Erläuterung anhand der Prognosekraft; *Franke/Hax* (2009), S. 436.

[64] Vgl. *Kolari/Pynnönen* (2023), S. 21 f.

Dadurch wird sichtbar, wie neue Informationen am Kapitalmarkt verarbeitet werden.[65] Ist der Kapitalmarkt effizient, passen sich die Kurse spätestens innerhalb weniger Tage an die neue Information an, sodass lediglich in dieser Zeit abnormale Renditen auftreten.[66] Beobachtbare Ineffizienzen können durch tatsächliche Ineffizienz oder durch ein nicht passend gewähltes Modell entstehen.[67] Häufig wird eine Gültigkeit der mittelstrengen Form von Informationseffizienz (für den deutschen Kapitalmarkt) anerkannt.[68]

Die vermittelten Informationen, auch bereits vor dem aktuell verwendeten Dreimonatszeitraum, sowie die Verarbeitung dieser im Dreimonatszeitraum spielen eine bedeutende Rolle für den Börsenkurs zur Bemessung der (Untergrenze der) Kompensation bei Strukturmaßnahmen. Je nach Art der zuvor bekanntgegebenen Information kann sich der Informationsgehalt des Börsenkurses im Dreimonatszeitraum zwischen den Zielgesellschaften unterscheiden. Zudem ist die Informationseffizienz bei gesellschaftsrechtlichen Strukturmaßnahmen aufgrund einiger Besonderheiten potenziell eingeschränkt. Eine mangelnde **Liquidität** ist häufig ein Grund, weshalb der Börsenkurs nicht dem Verkehrswert entspricht und auch die Informationen weniger effizient verarbeitet werden.[69]

Vor Inkrafttreten der Marktmissbrauchsverordnung[70] war umstritten, ob Kurse des **Freiverkehrs** informationseffizient sein können.[71] Mit dieser wurden die Ad-hoc-Publizitätspflicht (Art. 17 MMVO) sowie weitere Mitteilungspflichten und gesetzliche Vorgaben der Preisfeststellung (§§ 48 Abs. 3 Satz 5 i. V. m.

---

[65] Vgl. *Brown/Warner* (1980), S. 205 f.; *Fama* (1991), S. 1575 f.; vgl. auch *Kothari/Warner* (2007), S. 5.

[66] Vgl. *Fama* (1991), S. 1601, 1607.

[67] Vgl. *Campbell/Lo/MacKinlay* (1997), S. 24 f.

[68] Vgl. OLG München v. 14.12.2021 – 31 Wx 190/20, juris Rz. 85; *Decher* (2023), S. 111.

[69] Vgl. die Inhalte in Abschnitt 3.4. Einen Hinweis auf eine hohe oder geringere Liquidität kann auch das Börsensegment, in dem eine Aktie gehandelt wird, liefern. So sind in der Regel Aktien des Prime Standard liquider als solche des Entry Standard der Frankfurter Wertpapierbörse, vgl. *Decher* (2023), S. 114.

[70] Verordnung (EU) Nr. 596/2014 des Europäischen Parlaments und des Rates vom 16. April 2014 über Marktmissbrauch (Marktmissbrauchsverordnung) und zur Aufhebung der Richtlinie 2003/6/EG des Europäischen Parlaments und des Rates und der Richtlinien 2003/124/EG, 2003/125/EG und 2004/72/EG der Kommission, ABl. EU Nr. L 173 v. 12.06.2014, S. 1.

[71] Vgl. *Popp/Ruthardt* (2024), in: Rechtshandbuch Unternehmensbewertung, § 12 Rz. 12.255 mit weiteren Nachweisen; vgl. OLG Karlsruhe v. 12.09.2017 – 12 W 1/17, juris Rz. 31, das sich entsprechend der von der BaFin ermittelten Kurse für eine Einbeziehung von Geschäften des regulierten Marktes ausspricht. Für eine Berücksichtigung von Kursen des Freiverkehrs vgl. bspw. OLG Düsseldorf v. 11.05.2015 – I-26 W 2/13, 26 W 2/13, juris Rz. 34.

23 ff. BörsG) für den Freiverkehr eingeführt.[72] Sofern es nicht zu Kursmanipulationen oder Verstößen gegen die Publizitäts- und Transparenzpflichten kommt, kann seither auch im Börsensegment des Freiverkehrs in der Regel von Informationseffizienz ausgegangen werden.[73] Voraussetzung ist zusätzlich eine ausreichende Liquidität[74] (die Manipulationen erschwert)[75] und Verkehrsfähigkeit der Aktien[76].

3.4 Relevanz der Liquidität für die Beurteilung der Verwendbarkeit des Börsenkurses bei der Abfindungsbemessung

Die Liquidität der Aktien wird in der jüngeren Gutachtenpraxis und Rechtsprechung vermehrt für eine Einschätzung bezüglich der Verwendbarkeit des Börsenkurses im Rahmen der Abfindungsbemessung betrachtet. Bei perfekter Liquidität können Änderungen in Angebot und Nachfrage auftreten (als Voraussetzung dafür, dass die Allokation am Finanzmarkt funktioniert), die sich aus veränderten Erwartungen ergeben, jedoch keine handelsinduzierten Preisänderungen (fehlender Preiseinfluss bei perfekter Liquidität).[77] Daher kann bei hoher Liquidität eher von einem nicht manipulierten Börsenkurs ausgegangen werden.[78] Daraus ergibt sich, dass bei geringer Liquidität auch Preisänderungen auftreten können, die nicht aus angepassten Erwartungen resultieren. Deshalb

[72] Vgl. *Häller* (2024), in: Aktiengesetz, § 305 AktG Rz. 94; *Schmidt* (2020), S. 1366.

[73] Vgl. OLG Düsseldorf v. 28.11.2022 – I-26 W 4/21, 26 W 4/21, juris Rz. 41, das Kurse des qualifizierten Freiverkehrs vor Einführung der generellen Ad-hoc-Pflicht im Juli 2016 bereits anerkennt, da im Entry Standard der Frankfurter Börse bereits ähnliche Vorschriften galten wie mit genereller Einführung der Ad-hoc-Pflicht im gesamten Freiverkehr; vgl. auch *Decher* (2023), S. 115.

[74] Vgl. OLG Hamburg v. 07.09.2020 – 13 W 122/20, juris Rz. 26 f., 29; *Schnorbus/Rauch/Grimm* (2021), S. 401; *Häller* (2024), in: Aktiengesetz, § 305 AktG Rz. 94; *Schmidt* (2020), S. 1366. Vgl. auch OLG Düsseldorf v. 11.05.2015 – I-26 W 2/13, 26 W 2/13, juris Rz. 34, das Freiverkehrskurse in diesem Fall anerkennt (vor MMVO).

[75] Vgl. *Bungert/Leyendecker-Langner* (2014), S. 523. Für das Kriterium der Preisbildung vgl. BGH v. 12.03.2001 – II ZB 15/00 (DAT/Altana), juris Rz. 20, 29.

[76] Vgl. *Bungert/Leyendecker-Langner* (2014), S. 523. Für das Kriterium der Verkehrsfähigkeit der Aktien generell vgl. BVerfG v. 27.04.1999 – 1 BvR 1613/94 (DAT/Altana), juris Rz. 56.

[77] Vgl. *Kempf* (1999), S. 16.

[78] Vgl. *Krog* (2000), S. 281; *Weber* (2004), S. 298.

kann in diesem Fall auch die Informationseffizienz eingeschränkt sein.[79] Eine solche Phase mit geringer Liquidität wird häufig als **Marktenge** bezeichnet.[80] Verursacht werden kann diese bspw. durch einen geringen Streubesitzanteil oder wenig Handelsaktivität, wodurch einzelne große Kurssprünge entstehen können. So kann es zu einem vom eigentlichen Verkehrswert abweichenden Börsenkurs kommen,[81] was zur Folge hätte, dass Minderheitsaktionäre ggf. nicht zu einem fairen Kurs verkaufen könnten. Hauptsächlich beim Squeeze-out besteht aufgrund des geforderten Kapitalanteils generell ein geringer Streubesitz von unter 5 % (aktienrechtlicher Squeeze-out) oder unter 10 % (umwandlungsrechtlicher Squeeze-out).[82] Mögliche Schwellen für eine mangelnde Liquidität oder Marktenge sind einzelfallabhängig.[83] In der bisherigen Rechtsprechung diskutierte Schwellen werden in 3.9.2.2 näher beleuchtet. Auch der BGH spricht sich gegen eine Verwendung des Börsenkurses als Untergrenze für die Abfindungsbemessung oder Bestimmung der Verschmelzungswertrelation aus, sofern der Börsenkurs nicht dem Verkehrswert der Aktien entspricht.[84] Die Begründung dafür lautet ähnlich.[85] Bei eingeschränkter Informationseffizienz aufgrund geringer Liquidität[86] wäre der Börsenkurs auch in seiner diskutierten Anwendbarkeit als „wahrer" Wert limitiert.[87]

Eine **gesetzliche Vorgabe**, wann der Börsenkurs nicht verwendet werden kann, besteht für Übernahme- und Pflichtangebote nach dem WpÜG. Gemäß § 5 der WpÜGAngebV[88] wird der Börsenkurs nicht als Untergrenze verwendet, wenn an weniger als einem Drittel der Börsentage in den drei Monaten vor Veröffentlichung der Abgabe eines Angebotes Börsenkurse festgestellt wurden und gleichzeitig mehrere in diesem Zeitraum nacheinander festgestellte Börsenkurse

---

[79] Vgl. auch *Budzinski* (2012), S. 99.

[80] Vgl. *Budzinski* (2012), S. 102.

[81] Vgl. *Krog* (2000), S. 287.

[82] Vgl. BVerfG v. 27.04.1999 – 1 BvR 1613/94 (DAT/Altana), juris Rz. 67; BGH v. 12.03.2001 – II ZB 15/00 (DAT/Altana), juris Rz. 20.

[83] Vgl. *Häller/Adolff* (2024), in: Rechtshandbuch Unternehmensbewertung, § 18 Rz. 18.92; *Wieneke/Hoffmann* (2013), S. 698.

[84] Vgl. *Jaskulla* (2002), S. 1095.

[85] Vgl. BGH v. 12.03.2001 – II ZB 15/00 (DAT/Altana), juris Rz. 20.

[86] Vgl. auch *Krog* (2000), S. 281; *Steinhauer* (1999), S. 306 f.

[87] Vgl. *Adolff* (2007), S. 347.

[88] Verordnung über den Inhalt der Angebotsunterlage, die Gegenleistung bei Übernahmeangeboten und Pflichtangeboten und die Befreiung von der Verpflichtung zur Veröffentlichung und zur Abgabe eines Angebotes (WpÜG-Angebotsverordnung) vom 27.12.2001, BGBl. Teil I Nr. 77 v. 31.12.2001, S. 4263.

um mehr als 5 Prozent voneinander abweichen (kumulativ).[89] Das Kriterium der 5 %-Abweichung ist bereits erfüllt, wenn von drei aufeinanderfolgend festgestellten Börsenkursen die Abweichungen zwischen den ersten beiden und dem zweiten und dritten jeweils mehr als 5 % betragen.[90] Aufgrund des anderen Schutzzweckes für Aktionäre bei Angeboten (freiwillige Annahme) wird die Anwendung der Kriterien bei den hier betrachteten Strukturmaßnahmen in der Literatur häufig abgelehnt.[91] In der Praxis werden diese aber dennoch im Sinne einer Indikation für die Liquidität in gutachterlichen Stellungnahmen und der Rechtsprechung herangezogen.[92]

Als Basis geeigneter Maße zur Berechnung der Liquidität sind zunächst die Dimensionen der Liquidität von Bedeutung. Ein liquides Wertpapier ist nach *Kempf* ein solches, das jederzeit und in jeder beliebigen Menge ohne einen Preiszuschlag gekauft sowie ohne einen Preisabschlag verkauft werden kann.[93] Dimensionen der **Liquidität** sind die Zeit- sowie die Preisdimension. Die Preisdimension wird durch die Breite und die Tiefe eines Marktes und diese beiden wiederum durch die Erneuerungskraft des Marktes über die Zeit beeinflusst.[94] Die Tiefe des Marktes besagt, dass Verkaufs- oder Kaufaufträge, die über oder unter dem aktuellen Preis, zu dem das Wertpapier gehandelt wird, liegen, dennoch ausgeführt werden können, ohne dass es durch das Ungleichgewicht zu großen Kursänderungen kommt. Möglich machen dies im Markt vorhandene entsprechende Kauf- oder Verkaufsaufträge.[95] Ein Markt ist breit, wenn solche Aufträge in großem Umfang vorhanden sind. Ein breiterer Markt verfügt dabei über ein größeres Potenzial zur Stabilisierung vorübergehender Preisänderungen, die sich aus vorübergehenden Auftragsungleichgewichten ergeben.[96] Die Erneuerungskraft eines Marktes ist hoch, wenn bei Preisänderungen durch vorübergehende

[89] Vgl. *Krause* (2020), in: Wertpapiererwerbs- und Übernahmegesetz, § 5 WpÜG-AngVO Rz. 22.

[90] Vgl. bspw. *Krause* (2020), in: Wertpapiererwerbs- und Übernahmegesetz, § 5 WpÜG-AngVO Rz. 25; *Noack/Zetzsche* (2020b), in: Kapitalmarktrechts-Kommentar, § 31 WpÜG Rn. 41.

[91] Vgl. *Wasmann* (2007), S. 682.

[92] Vgl. bspw. OLG Düsseldorf v. 28.11.2022 – I-26 W 4/21, 26 W 4/21, juris Rz. 20; OLG München v. 17.07.2014 – 31 Wx 407/13, juris Rz. 15.

[93] Vgl. *Kempf* (1999), S. 13. Die Definition basiert auf der Definition für liquide Vermögensobjekte von Keynes, vgl. *Keynes* (1930), S. 67.

[94] Vgl. *Kempf* (1999), S. 20. Die Dimensionen werden in anderer Literatur teilweise etwas abweichend bezeichnet.

[95] Vgl. *Garbade* (1982), S. 420; *Oesterhelweg/Schiereck* (1993), S. 391.

[96] Vgl. *Garbade* (1982), S. 420; *Oesterhelweg/Schiereck* (1993), S. 391.

Orderungleichgewichte umgehend neue Aufträge zum Ausgleich in den Markt treten.[97] Die Zeitdimension umfasst die Zeit, innerhalb der eine Transaktion umgesetzt werden kann.[98] Im Idealfall sollte durch ein Liquiditätsmaß sowohl die Zeit- als auch die Preisdimension abgebildet werden.[99] Ein geeignetes und allgemeingültiges Konzept zu Messung der Liquidität von Wertpapieren gibt es bisher nicht.[100]

Am besten geeignet für das Messen von Liquidität und gleichzeitig in der Rechtsprechung anerkannt[101] und verbreitet ist der **Bid-Ask-Spread** (Geld-Brief-Spanne), da die ihn determinierenden Größen – das Risiko des Wertpapiers, die vorhandene Handelsaktivität, die Wettbewerbsintensität auf dem Markt und die den Teilnehmern bekannten Informationen[102] – größtenteils mit den Determinanten von Liquidität übereinstimmen.[103] So bildet der Bid-Ask-Spread die Tiefe, Breite sowie die Dimension Zeit ab, allerdings nicht die Erneuerungsfähigkeit.[104]

Weitere Maße stellen eher triviale **Indikatoren** für die Liquidität dar (so das Handelsvolumen und der Handelsumsatz). Durch sie werden keine Liquiditätsdimensionen und lediglich die Vergangenheit abgebildet (letzteres ist für die vorliegende Studie jedoch unproblematisch).[105] Der Indikator Streubesitz (Free Float) kann bei geringem prozentualem Anteil als Hinweis auf eine möglicherweise vorhandene Marktenge herangezogen werden.[106]

Aufgrund der möglichen Auswirkungen der Liquidität auf die Informationseffizienz spielt die Liquidität im Rahmen der folgenden Ereignisstudie eine bedeutende Rolle. Sie ist für die Informationsverarbeitung und damit auch den Informationsgehalt des Börsenkurses vor der Strukturmaßnahme maßgeblich. Für die Abfindungsbemessung generell ist sie ebenfalls von hoher Bedeutung, vor allem in den Fällen, in denen der Börsenkurs bei einer Marktenge nicht mehr dem Verkehrswert entspricht oder sogar manipuliert sein könnte.

---

[97] Vgl. *Garbade* (1982), S. 422; *Schwartz* (1988), S. 36.

[98] Vgl. *Kempf* (1999), S. 17; *Lippman/McCall* (1986), S. 43.

[99] Vgl. *Kempf* (1999), S. 21.

[100] Vgl. *Oesterhelweg/Schiereck* (1993), S. 397.

[101] Vgl. OLG Düsseldorf v. 28.11.2022 – I-26 W 4/21, 26 W 4/21, juris Rz. 44; OLG Frankfurt v. 26.04.2021 – 21 W 139/19, juris Rz. 40 f.

[102] Vgl. *Schwartz* (1988), S. 419 f; *Demsetz* (1968), S. 33–52.

[103] Vgl. *Oesterhelweg/Schiereck* (1993), S. 394.

[104] Vgl. *Oesterhelweg/Schiereck* (1993), S. 395, 397.

[105] Vgl. *Oesterhelweg/Schiereck* (1993), S. 392.

[106] Vgl. BVerfG v. 27.04.1999 – 1 BvR 1613/94 (DAT/Altana), juris Rz. 66 f.

3.5 Empirische Studien zu Einflüssen auf Antizipations- und Ankündigungseffekte bei aktien- und umwandlungsrechtlichen Strukturmaßnahmen

In den meisten der bisherigen empirischen Studien zu Börsenkursen und damit hauptsächlich zu Ankündigungsreaktionen bei gesellschaftsrechtlichen Strukturmaßnahmen werden ausschließlich aktienrechtliche Squeeze-outs betrachtet. Häufig wird ein Beobachtungszeitraum von wenigen Tagen um den Tag der Bekanntgabe der Strukturmaßnahme gewählt. Viele der Studien entstanden in zeitlicher Nähe zur Einführung der Möglichkeit des aktienrechtlichen Squeeze-out im Aktiengesetz in 2002.[107] Im Rahmen der **Ereignisstudien** von *Elsland/Weber* bzw. *Schilling/Kaspar* wurden längere Zeiträume von bis zu 90 Tagen bzw. drei Monaten vor der Ankündigung ausgewertet.[108] Gleichzeitig ist dort mit 254 aktien-, umwandlungs- und übernahmerechtlichen Squeeze-outs (aber nicht separat betrachtet) die umfangreichste Stichprobe zu finden. Dies ist bedingt durch den langen Zeitraum zwischen Anfang 2002 und September 2013, für den Ankündigungen identifiziert wurden.[109] Die Stichprobe der Ereignisstudie von *Budzinski* ist ebenfalls umfangreich, mit 193 Unternehmen, für die Ankündigung und Beschluss zwischen 01.01.2002 und 31.12.2008 stattfanden.[110] Er hat darüber hinaus neben *Elsland/Weber* und *Eisele/Walter* zusätzlich zur Ereignisstudie Ereignisse vor der Ankündigung des Squeeze-out und deren Einfluss auf die Ankündigungsreaktion mittels einer Regression betrachtet.

Budzinski thematisiert mögliche **Erklärungsfaktoren** für die Höhe der Ankündigungsreaktion.[111] Als potenzielle Erklärungsfaktoren werden anhand von Teilstichproben die Abfindungsprämie, die Aktionärsstruktur der Zielgesellschaft, Liquidität und Handelshäufigkeit der Aktien der Zielgesellschaft, vorhergehende Transaktionen und Aktionärserwartungen bezüglich späterer Gerichtsverfahren betrachtet. Bei einem Anteil des Hauptaktionärs am Grundkapital von mindestens 95 %, der schon zwölf Monate vor Ankündigung bestand, ist eine (nicht signifikant) höhere Ankündigungsreaktion zu verzeichnen als bei kurzfristig erlangtem

---

[107] Für Überblicke über Studien zu Ankündigungseffekten vgl. *Schilling/Kaspar* (2015), S. 69; *Budzinski* (2012), S. 22.

[108] Vgl. *Schilling/Kaspar* (2015), S. 70.

[109] Vgl. *Schilling/Kaspar* (2015), S. 71 f.

[110] Vgl. *Budzinski* (2012), S. 115 f.

[111] Vgl. *Budzinski* (2012), S. 4, 138 für die Erklärungsfaktoren.

Anteil. Als signifikant positive Einflussfaktoren auf die Höhe von durchschnittlichen Überrenditen erweisen sich im Rahmen einer multivariaten Regression die Abfindungsprämie (Vergleich Abfindung und Börsenkurs am Handelstag vor Ankündigung) und ein Halten von über 95 % der Anteile an der Zielgesellschaft bereits 12 Monate vor der Bekanntgabe.[112] Zudem ist bei höherem Bid-Ask-Spread (geringerer Liquidität) die kumulierte durchschnittliche Überrendite geringer. Dies gilt auch bei einem angekündigten Übernahmeangebot oder abgeschlossenen BGV[113] in den zwölf Monaten vor der Ankündigung, jedoch nur für die Teilstichprobe mit Ankündigung der Abfindung zusammen mit der Bekanntgabe der Absicht zur Maßnahme.[114]

Auch *Elsland/Weber* betrachten im Rahmen ihrer Studie zunächst Ankündigungsreaktionen und im Anschluss mögliche **Determinanten** der Reaktion. Es werden sowohl univariate Analysen für Teilstichproben als auch multivariate Regressionen durchgeführt.[115] Im Rahmen der multivariaten Analysen wird wie bei *Budzinski* für alle Zeiträume ein signifikant negativer Einfluss auf die Reaktion durch einen nicht länger als ein Jahr zuvor abgeschlossenen BGV gezeigt (bei länger als einem Jahr zuvor besteht kein signifikanter Einfluss). Darüber hinaus entsteht in den Zeiträumen −90 bis −1 sowie + 2 bis + 40 (relativ zum Ankündigungstag $t = 0$) ein signifikant negativer Einfluss auf die Überrenditen bei schrittweisem Erreichen des 95 %-Anteils am Grundkapital der Zielgesellschaft kurz vor der Ankündigung im Vergleich zu einem länger bestehenden Anteil. Eine Kompensationszahlung im Rahmen eines Angebotes nach dem WpÜG oder eines BGV innerhalb eines Jahres vor der Ankündigung der Strukturmaßnahme hat jedoch als Benchmark keinen signifikanten Einfluss. Dasselbe gilt für das Handelsvolumen um die Ankündigung.[116] Zudem zeigen sie, dass ohne vorherige Kompensation (bei Angebot oder BGV) die kumulierten Überrenditen bereits vor der Squeeze-out-Ankündigung ansteigen.[117]

Eisele/Walter stellen für einzelne Zeitfenster einen signifikanten, positiven Einfluss des Streubesitzanteils auf die kumulierte Überrendite fest.[118]

Rathausky führt zwar keine Ereignisstudie durch, aber stellt anhand von Kursvergleichen (volumengewichteter Durchschnittskurs drei Tage vor Ankündigung

[112] Vgl. *Budzinski* (2012), S. 167.

[113] Vgl. *Budzinski* (2012), S. 153.

[114] Vgl. *Budzinski* (2012), S. 172.

[115] Vgl. *Elsland/Weber* (2005), S. 1, 25.

[116] Vgl. *Elsland/Weber* (2005), S. 36.

[117] Vgl. *Elsland/Weber* (2005), S. 17.

[118] Vgl. *Eisele/Walter* (2003), S. 27–29.

mit drei Tage nach dem Ereignis) für Teilstichproben fest, dass ohne vorheriges Übernahme- oder Kaufangebot und ohne vorherigen Unternehmensvertrag höhere Ankündigungsprämien entstehen.[119] Tendenziell stellt er auch bei geringerer Handelshäufigkeit stärkere Ankündigungsreaktionen fest.[120]

Von *Ahlers* wurde eine entsprechende Studie zu Ankündigungsreaktionen bei **Verschmelzungen** deutscher börsennotierter Unternehmen durchgeführt. Er verwendet eine Stichprobe von unter anderem 67 Verschmelzungen zur Aufnahme und 22 Verschmelzungen zur Neugründung zwischen 1966 und 1999 und führt eine Ereignisstudie durch.[121] Andere Studien zu Verschmelzungen sind meist älter.[122] Bei Neugründungen entstehen nach der Ankündigung signifikant negative abnormale Renditen für die übertragenden Gesellschaften, möglicherweise durch relativ hohe Kosten und Signaleffekte.[123] Bei der Aufnahme treten positive abnormale Renditen auf, die aber nur vereinzelt signifikant sind.[124] Kumulierte Überrenditen sind nicht signifikant. Anhand einer Unterteilung dieser Verschmelzungsfälle in Teilstichproben zeigen sich signifikante Überrenditen ($\alpha = 5\ \%$) lediglich für die Verschmelzungen, bei denen es den außenstehenden Aktionären durch ihren Stimmrechtsanteil an der übertragenden Gesellschaft hätte gelingen können, die Verschmelzung zu verhindern. Erklärt wird der Anstieg schon vor der Ankündigung über potenziellen Insiderhandel oder eine Erhöhung der Anteile durch die übernehmende Gesellschaft. Bei vorherigem Unternehmensvertrag besteht vor Ankündigung ein signifikant negativer kumulierter Effekt, mit Ankündigung entsteht eine signifikant positive Reaktion (Überrendite von 1,47 %).[125]

Eine Studie speziell zu der Reaktion des Börsenkurses bei Ankündigungen von **Angeboten nach dem WpÜG** wurde von *Bimberg* veröffentlicht. Die Stichprobe umfasst 88 Ankündigungen öffentlicher Kaufangebote (davon 24 Erwerbsangebote, 28 Pflichtangebote und 36 Übernahmeangebote) zwischen 01.01.2002 und 31.03.2004 bei 85 Zielgesellschaften.[126] Er stellt mittels einer Ereignisstudie

[119] Vgl. *Rathausky* (2007), S. 175.

[120] Vgl. *Rathausky* (2007), S. 176 f.

[121] Vgl. *Ahlers* (2003), S. 130 f., 142.

[122] Vgl. die Übersicht in *Ahlers* (2003), S. 128.

[123] Vgl. *Ahlers* (2003), S. 142 f., 152.

[124] Vgl. *Ahlers* (2003), S. 131.

[125] Vgl. *Ahlers* (2003), S. 150–152.

[126] Vgl. *Bimberg* (2009), S. 128 f.; für eine Übersicht über weitere nationale Studien zu ähnlichen Themen vgl. *Bimberg* (2009), S. 149.

signifikant (α = 1 %) positive Überrenditen am Ankündigungstag (von durchschnittlich 15,16 %) sowie kumuliert für Fenster im Ankündigungszeitraum und davor fest, nicht jedoch für Zeiträume ab einen Tag nach der Ankündigung.[127] Kumulierte Überrenditen steigen vor allem bei Pflichtangeboten, aber auch bei Übernahmeangeboten (wenn auch etwas später) bereits im Voraus der Ankündigung an. Bei Erwerbsangeboten ist der Effekt zum Zeitpunkt der Ankündigung am stärksten (19,32 %), gefolgt von Übernahmeangeboten (16,47 %). Für den gesamten Ereigniszeitraum von −70 bis + 40 Tage ist die kumulierte Überrendite jedoch beim Pflichtangebot am höchsten (45,89 %), gefolgt vom Übernahmeangebot (44,48 %) und dem Erwerbsangebot (26,61 %), dessen Effekt anders als bei den anderen Angebotsarten aber nicht signifikant ist.[128]

3.6 Stichprobe und Datengrundlage

3.6.1 Ermittlung der Stichprobe und Datengewinnung

In einem ersten Schritt werden die **gesellschaftsrechtlichen Strukturmaßnahmen** ermittelt, für die der Börsenkurs in der Rechtsprechung bereits herangezogen wurde – als Untergrenze der Abfindung oder vereinzelt sogar für den quotalen Anteil am Unternehmenswert. Grundvoraussetzung ist die Verfügbarkeit von ausreichenden Kursdaten. In die empirische Studie werden die folgenden Maßnahmen einbezogen:[129]

---

[127] Vgl. *Bimberg* (2009), S. 178.

[128] Vgl. *Bimberg* (2009), S. 178–192.

[129] Vgl. auch § 1 SpruchG. Andere Maßnahmen aus § 1 SpruchG sind Gründungen oder Sitzverlegungen von SE sowie Gründungen von Europäischen Genossenschaften. Im betrachteten Zeitraum konnten keine Ankündigungen solcher gefunden werden. Dasselbe gilt für Eingliederungen von Aktiengesellschaften. Vermögensübertragungen wurden aufgrund ihrer mangelnden Praxisrelevanz nicht berücksichtigt, vgl. *Stengel* (2021), in: Umwandlungsgesetz, § 174 UmwG Rn. 10. Hier wird aufgeführt, dass es seit Inkrafttreten des UmwG am 01.01.1995 lediglich zwölf Vermögensübertragungen nach dem UmwG gab und diese alle von geringer Bedeutung waren. Bei Formwechseln muss in der Regel kein Umtauschverhältnis bestimmt und damit keine Bewertung durchgeführt werden, vgl. *Bungert* (2024), in: Rechtshandbuch Unternehmensbewertung, § 22 Rz. 22.202. Der übernahmerechtliche Squeeze-out ist in der Praxis weniger relevant und wird daher nicht berücksichtigt, vgl. *Schröder/Mendelin* (2024), in: Münchener Anwaltshandbuch Aktienrecht, § 44 Rn. 55. Bei der Spaltung wird die Börsenkursrechtsprechung wegen des nicht vorhandenen Kurses für übertragene Vermögensteile nicht angewendet, vgl. *Bungert* (2024), in: Rechtshandbuch Unternehmensbewertung, § 22 Rz. 22.143. Für einen Ausgleich bei der Kapitalerhöhung nach § 1 Nr. 1 SpruchG wird erst seit dem 15.12.2023 das Spruchverfahren vorgesehen,

- aktienrechtlicher Squeeze-out (§§ 327a-f AktG)
- umwandlungsrechtlicher (verschmelzungsrechtlicher) Squeeze-out (§§ 62 Abs. 5 UmwG i. V. m. 327a-f AktG)
- Beherrschungs- und/oder Gewinnabführungsvertrag (§§ 291 ff. AktG)
- Verschmelzung[130] (§§ 2 ff. UmwG; grenzüberschreitend §§ 305 ff. UmwG, bis 28.02.2023 §§ 122a ff. UmwG)

Da im weiteren Verlauf ein Börsenkurs benötigt wird, werden nach Bereinigung aktien- und umwandlungsrechtliche Strukturmaßnahmen berücksichtigt, bei denen die Zielgesellschaft[131] eine Kapitalgesellschaft ist und darüber hinaus die Aktien an (mindestens) einer deutschen Börse gelistet sind oder im Freiverkehr gehandelt werden.[132]

Verschmelzungen werden berücksichtigt, wenn für das übertragende Unternehmen der Kurs einer Börse in Deutschland verfügbar ist. Die Beschränkung auf Deutschland gilt, um Vergleichbarkeit zu gewährleisten und die Relevanz von Wechselkursen zu vermeiden. Von Bedeutung sind Konzernverschmelzungen mit einem Kapitalanteil des übernehmenden Rechtsträgers von weniger als 100 % („upstream").[133] Auch Verschmelzungen mit ausschließlich vorhandenem Börsenkurs des übertragenden Unternehmens werden einbezogen. Zusätzlich sind grenzüberschreitende Hinaus-Verschmelzungen relevant, da Börsenkursreaktionen für die übertragende Gesellschaft analysiert werden. Die Einbeziehung des Börsenkurses für die Abfindungsbemessung wird in beiden letzteren Fällen noch diskutiert.[134] Außerdem werden sogenannte mergers of equals berücksichtigt, bei

vgl. *Stilz/Schumann* (2024), in: beck-online.GROSSKOMMENTAR zum Aktienrecht, § 255 AktG Rn. 5.

[130] Bei einer Verschmelzung wurden zwei Unternehmen auf ein weiteres verschmolzen, dort werden beide übertragenden Gesellschaften berücksichtigt. Die beiden Gesellschaften sind die freenet.de AG und die mobilcom AG.

[131] Beim Squeeze-out handelt es sich bei der Zielgesellschaft um das Unternehmen, bei dem die Minderheitsaktionäre ausgeschlossen werden sollen, beim BGV um das beherrschte/den Gewinn abführende Unternehmen und bei der Verschmelzung um den übertragenden Rechtsträger.

[132] Für eine Betrachtung der Berücksichtigung von Kursen des Freiverkehrs vgl. Abschnitt 3.2.

[133] Vgl. *Häller/Adolff* (2024), in: Rechtshandbuch Unternehmensbewertung, § 18 Rz. 18.11.

[134] Vgl. *Winter* (2024), in: Umwandlungsgesetz; Umwandlungssteuergesetz, § 5 UmwG Rn. 54; *Bungert* (2024), in: Rechtshandbuch Unternehmensbewertung, § 22 Rz. 22.122–22.124 für die grenzüberschreitende Verschmelzung.

denen nur in einzelnen Fällen die Verwendbarkeit von Börsenkursen anerkannt wurde.[135]

Die Stichprobe von Ankündigungen gesellschaftsrechtlicher Strukturmaßnahmen durch Zielgesellschaften wurde eigenhändig über diverse **Quellen** zusammengestellt. Die Stichprobe umfasst Ankündigungen im Zeitraum von 01.01.2002[136] bis 31.12.2020. Da Strukturmaßnahmen meist über Ad-hoc-Mitteilungen angekündigt werden, wurde zunächst nach solchen gesucht – über die DGAP (Deutsche Gesellschaft für Ad-hoc Publizität mbH, später EQS News), den euro adhoc-Service (bzw. EANS Adhoc) von APA-OTS (Originaltext-Service der Austria Presse Agentur eG) und weitere Finanznachrichtendienste.[137] Ergänzt wurde um nicht direkt als ad-hoc erkennbare Ankündigungen über Quellen wie die DGAP (häufig Corporate News), GSC Research (German Small Caps, GSC Research GmbH) sowie weitere Bezugsquellen für Unternehmensnachrichten (Internetseiten zu Finanznachrichten, Zeitungen, Homepages der Unternehmen).[138]

Abgeglichen wurde die Stichprobe an Strukturmaßnahmen anhand folgender Quellen:

- eigens gesammelte Spruchverfahren und gutachterliche Stellungnahmen[139]
- Hoppenstedt Aktienführer (bis 2018 verfügbar)[140]
- über Internetseiten verfügbare Zusammenstellungen an Strukturmaßnahmen oder Urteilen[141]

---

[135] Für eine Anwendbarkeit wurde im Fall Daimler/Chrysler entschieden, vgl. BVerfG v. 24.05.2012 – 1 BvR 3221/10 (Daimler/Chrysler), juris Rz. 23; dagegen spricht sich das OLG Düsseldorf im Fall Thyssen/Krupp aus, vgl. OLG Düsseldorf v. 18.08.2016 – I-26 W 12/15, 26 W 12/15, juris Rz. 62.

[136] Nach Bereinigung wurde eine Ankündigung aus dem Jahr 2001 für das Jahr 2002 einbezogen: Brainpool TV AG.

[137] So bspw. *FinanzNachrichten.de*, abgerufen am: 16.04.2024; *finanzen.net*, abgerufen am: 16.04.2024.

[138] Als Zeitungen werden bspw. das Handelsblatt oder branchenspezifische Zeitungen herangezogen.

[139] Urteile wurden bspw. über juris oder beck-online gesammelt (zusätzlich über das Internet).

[140] Die Daten aus diesem wurden über das Aktienführer-Datenarchiv der Universitätsbibliothek Mannheim extrahiert.

[141] Ergänzungen wurden anhand der folgenden Zusammenstellungen vorgenommen: *spruchverfahren direkt*, abgerufen am: 26.08.2022; *VzfK e. V.* (a), abgerufen am: 26.08.2022; *VzfK e. V. (spruchverfahren.info)*, abgerufen am: 26.08.2022 (Kategorien für hier betrachtete Maßnahmen); *SdK e. V.*, abgerufen am: 26.08.2022; *Wikipedia*, abgerufen am: 26.08.2022. Zudem

- Stichproben bisheriger Studien (hauptsächlich aktienrechtlicher Squeeze-out)[142]

Da hierdurch meist nur Unternehmensnamen ergänzt werden konnten[143], wurden die entsprechenden Ankündigungen der Strukturmaßnahmen über die genannten Quellen gesucht. Sofern keine Ad-hoc- oder andere Mitteilung verfügbar war, wurde die Einladung zur beschlussfassenden Hauptversammlung[144] der Zielgesellschaft aus dem elektronischen Bundesanzeiger oder wiso (für HV-Einladungen aus dem Jahr 2002) verwendet. Auch das Ankündigungsdatum der Strukturmaßnahme wurde – falls vorhanden – mit Daten der Stichprobe von *Budzinski* und Bewertungs- und Prüfungsgutachten oder Urteilen abgeglichen. Wenn dort ein Ankündigungsdatum ermittelbar war, aber keine Mitteilung dazu verfügbar, wird die Maßnahme dennoch berücksichtigt – nicht jedoch bei gänzlich fehlender Mitteilung und fehlendem Ankündigungsdatum.[145]

Vor Bereinigung umfasst die **Stichprobe** 682 gesellschaftsrechtliche Strukturmaßnahmen, die im Zeitraum 2002–2020 angekündigt wurden, und dabei 667 Zielgesellschaften.[146] Einzelne, nicht umgesetzte Maßnahmen wurden einbezogen, da dies meist erst mit der Hauptversammlung bekannt war. Daher sollte

wurde der Blog von Herrn Arendts für weitere Informationen herangezogen, vgl. *Arendts*, abgerufen am: 26.08.2022.

[142] Die Stichproben von *Budzinski* (2012), S. 221 f.; *Cleary Gottlieb Steen & Hamilton LLP*, abgerufen am: 26.08.2022, S. 222–255; *Elsland/Weber* (2005), S. 27 f.; *Hecker/Kaserer* (2003), S. 162; *Helmis* (2003), S. 168 f.; *I-ADVISE*, abgerufen am: 26.08.2022, S. 29–33; *Munkert* (2005), S. 477–498; *Weimann* (2015), S. 88–98, sowie die Fortschreibung der Daten bis 31.03.2020 von der Internetseite, *VzfK e. V.* (b) abgerufen am: 24.09.2022; *Stange* (2010), S. 289–308; *Stöckl* (2010), S. 165–167; *Schwetzler*, abgerufen am:, S. 26–32 wurden zum Abgleich verwendet.

[143] Außer bei dem Abgleich mit der Stichprobe von *Budzinski* (2012), S. 221 f., hier sind auch die Ankündigungszeitpunkte verfügbar.

[144] Siehe Abschnitt 3.2 für die Veröffentlichungspflicht.

[145] Es besteht die Möglichkeit, dass einzelne Mitteilungen aufgrund des großen zeitlichen Abstands seit der Ankündigung nicht mehr vorhanden sind und stattdessen lediglich die etwas später veröffentlichte Einladung zur Hauptversammlung verfügbar ist oder aber keine Ankündigung.

[146] Auf eine Börsennotierung/Einbeziehung in den Freiverkehr wurde zunächst nicht geprüft. Dadurch, dass im späteren Verlauf Maßnahmen aus der Stichprobe eliminiert werden, für die kein Börsenkurs vorliegt, wird angenommen, dass nur noch Maßnahmen mit börsennotierten oder in den Freiverkehr einbezogenen Unternehmen als Zielgesellschaften in der Stichprobe verbleiben. Ad-hoc-Mitteilungen sollten zudem nur von Unternehmen veröffentlicht werden, deren Aktien an der Börse gehandelt werden.

die Nicht-Umsetzung den Börsenkurs bis dahin nicht beeinflussen. Die Zeitreihen der dividendenadjustierten (um Aktiensplits, Bardividenden, Bezugsangebote und Spin-offs) Tagesschlusskurse für die Zeiträume der Ereignisstudie wurden aus S&P Capital IQ extrahiert. Daten für die Liquiditätsmaße (für die bereinigte Stichprobe) stammen ebenfalls aus S&P Capital IQ. Übrige **Daten** zu Mitteilungen wurden über die DGAP (EQS News) händisch ermittelt (Stimmrechtsmitteilungen, Ankündigungen von Finanzberichten, HV-Einladungen, Wechsel in Vorstand und Aufsichtsrat und Directors' Dealings). Über den Hoppenstedt Aktienführer wurden Zeitpunkte überschrittener Stimmrechtsanteile bestimmt. Wenn Stamm- und Vorzugsaktien von der Strukturmaßnahme betroffen sind, wird der Kurs der Hauptnotierung in S&P Capital IQ verwendet.[147]

Bereinigt wird wie folgt: 292 Strukturmaßnahmen werden mangels Börsenkursdaten für das Schätz- oder Ereignisfenster der Ereignisstudie eliminiert, zusätzlich eine Maßnahme wegen sehr starker und außergewöhnlicher Kursschwankungen.[148] Vier Maßnahmen werden aufgrund von Überschneidungen der Zeitfenster für die Ereignisstudie und gleichen Zielgesellschaften entfernt.[149] Die andere Ankündigung wäre jeweils ein ebenfalls potenziell kursbeeinflussendes Fremdereignis („confounding" oder „extraneous event").[150] Darüber hinaus wurde nicht nach „confounding events" gesucht, da sich für die Gesamtstichprobe mögliche Effekte ausgleichen sollten. Drei Unternehmen verbleiben mit jeweils zwei Maßnahmen in der Stichprobe, da sich die Zeitfenster nicht überschneiden.[151]

Die Stichprobe besteht nach Bereinigung aus 385 Ankündigungen gesellschaftsrechtlicher Strukturmaßnahmen (siehe Tabelle 3.1; die in der finalen

---

[147] Es handelt sich hier um die von S&P Capital IQ eigens festgelegte Hauptnotierung (primary listing) der Aktie.

[148] Es handelt sich hier um die Areal Immobilien und Beteiligungs-AG. Zwei der 292 Maßnahmen weisen bei Anwendung des Lumped Return-Verfahrens ausschließlich Nullrenditen im Schätz- und Ereignisfenster auf.

[149] Es liegen weniger als 448 Handelstage (Schätzfenster von 256 Tagen + 128 Tage Ereignisfenster vor Ankündigung + 64 Tage Ereignisfenster der vorhergehenden Maßnahme nach Ankündigung), zwischen den Ankündigungen.

[150] Vgl. *Lubatkin* (1987), S. 43; für die Bezeichnung als „confounding event" vgl. bspw. *Campbell/Lo/MacKinlay* (1997), S. 150; *Goerke* (2009), in: Methodik der empirischen Forschung, Event Studies S. 470 f.

[151] Dies sind infor business solutions AG (Beherrschungsvertrag, Verschmelzung; der Beherrschungsvertrag wurde wegen des anderen Hauptaktionärs berücksichtigt, auch wenn ansonsten keine vorausgehenden BGVs betrachtet werden), Kontron Embedded Computers AG/Kontron AG (beides Verschmelzungen, Kontron AG entstand aus erster Verschmelzung), Leica Camera AG (beides aktienrechtliche Squeeze-outs, erster nicht umgesetzt).

Stichprobe enthaltenen Zielgesellschaften sind in Anlage 6 im elektronischen Zusatzmaterial aufgelistet).[152]

Tabelle 3.1 Umfang der betrachteten Stichprobe

Erläuterung	Verbleibender Stichprobenumfang (Anzahl Strukturmaßnahmen)
Gesamte ursprüngliche Stichprobe	682
Bereinigung um Maßnahmen ohne Kursdaten im Schätz- oder Ereignisfenster oder mit starken Kursschwankungen	389
Bereinigung um Maßnahmen derselben Unternehmen, für die sich die Fenster der Ereignisstudie überschneiden	385

Die Tabelle zeigt den ursprünglichen Stichprobenumfang vor Bereinigung sowie die einzelnen Bereinigungsschritte mit dem nach diesen verbleibenden Umfang (in Anzahl an Strukturmaßnahmen).

Die Zielgesellschaft (Kapitalgesellschaft) ist bei 373 Maßnahmen eine Aktiengesellschaft, bei neun Maßnahmen eine SE, zweimal eine GmbH & Co. KGaA und einmal eine KGaA.

Im nächsten Schritt wird für die verbleibende Stichprobe ermittelt, ob jeweils im Voraus der Strukturmaßnahme ein **BGV** (Vertragskonzern) und/oder ein **Angebot nach dem WpÜG** angekündigt wurde. Als entsprechende Ankündigungen wurden wie auch für die Strukturmaßnahme in erster Linie Ad-hoc-Mitteilungen bzw. bei Angeboten zu Ad-hoc-Mitteilungen vergleichbare Mitteilungen über die DGAP (EQS News) ermittelt. Alternativ wurde auf die weiteren bereits genannten Quellen zurückgegriffen. Auch für den BGV wäre der letztmögliche Zeitpunkt der Ankündigung die Veröffentlichung oder der Versand der HV-Einladung. Bei Angeboten nach WpÜG gibt es eine solche nicht. Durch die beschriebenen Schritte wird auch für diese beiden vorgelagerten Ereignisse das Datum der erstmaligen öffentlichen Bekanntgabe entsprechend erlangt.

[152] Öffentlich angekündigt wird (auch wenn das Verlangen meist von dem Hauptaktionär an die Zielgesellschaft gerichtet wird) in der Regel durch die Zielgesellschaft als Emittentin. In einzelnen Fällen wird jedoch erstmals durch den Hauptaktionär veröffentlicht, dann wurde für die Ereignisstudie diese Ankündigung verwendet. Bei doppelten Maßnahmen bei drei der Gesellschaften wird die Zielgesellschaft dennoch doppelt aufgeführt, da in manchen Fällen der Name geändert wurde.

3.6.2 Beschreibung der Stichprobe

In der folgenden Abbildung ist die unbereinigte Stichprobe von 682 Ankündigungen gesellschaftsrechtlicher Strukturmaßnahmen dargestellt, aufgeteilt nach Arten von Strukturmaßnahmen und Jahren (noch nicht bereinigt um die Fälle fehlender Börsennotierung oder fehlender Einbeziehung in den Freiverkehr).

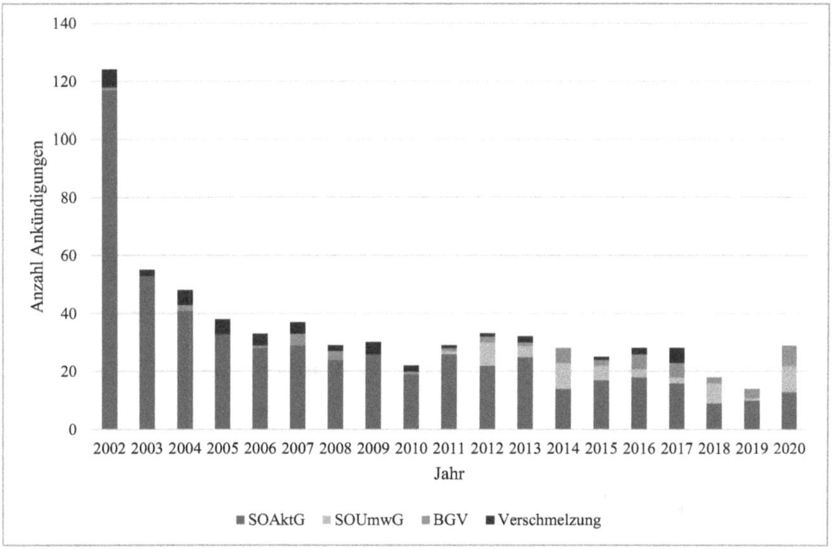

Abbildung 3.1 Anzahl angekündigter Strukturmaßnahmen nach Jahr (und Art der Strukturmaßnahme)[153]
Die Abbildung zeigt die Anzahl angekündigter Strukturmaßnahmen (anhand der unbereinigten Stichprobe der 682 Ankündigungen) für jedes Jahr innerhalb des Zeitraums, über den die Stichprobe ermittelt wird. Abgebildet wird die Ankündigungsanzahl nach verschiedenen Arten von Maßnahmen: Aktienrechtlicher Squeeze-out (SOAktG), umwandlungsrechtlicher Squeeze-out (SOUmwG), Beherrschungs- und/oder Gewinnabführungsvertrag (BGV) sowie Verschmelzung.

Abbildung 3.1 zeigt, dass aktienrechtliche Squeeze-outs im betrachteten Zeitraum am häufigsten vorkommen (540 Ankündigungen). Die Anzahl aktienrechtlicher Squeeze-outs ist vor allem in 2002 – dem Jahr, in dem dieser in

[153] Zwei Maßnahmen wurden im Jahr 2001 angekündigt. Sie werden im Jahr 2002 einbezogen.

das Aktienrecht eingeführt wurde – mit 117 sehr hoch.[154] Im Anschluss daran nimmt die Anzahl ab, mit leichten Schwankungen im Zeitablauf. Seit 2011, dem Jahr, ab dem umwandlungsrechtliche Squeeze-outs möglich sind, sind auch solche in etwas schwankender Anzahl vertreten (nicht mehr als neun im Jahr). Die Anzahl an Verschmelzungen ist relativ konstant – zwischen zwei und sechs pro Jahr. Ab 2011 sind es nur noch maximal zwei Verschmelzungen pro Jahr (außer 2017 mit fünf Ankündigungen). Möglicherweise wird ab 2011 teilweise ersatzweise ein umwandlungsrechtlicher Squeeze-out angewandt. BGVs (als alleinige Strukturmaßnahme) werden ebenfalls in den meisten Jahren angekündigt, in etwas schwankender Anzahl und mit tendenziell leichter Zunahme über die Jahre (bis zu sieben im Jahr). In der Stichprobe könnte eine leichte Verzerrung vorliegen, da die Teilstichprobe aktienrechtlicher Squeeze-outs, vor allem für die ersten Jahre, mit einer höheren Anzahl an Quellen verifizierbar war. Andere Übersichten zeigen aber zumindest für den Squeeze-out ähnliche Ergebnisse.[155]

In der bereinigten Stichprobe der 385 Strukturmaßnahmen sind die einzelnen Arten der Strukturmaßnahmen in nachfolgend dargestellter Anzahl enthalten.

Tabelle 3.2 Stichprobe nach Art der Strukturmaßnahme

Art der Strukturmaßnahme	Anzahl Strukturmaßnahmen in der Stichprobe (Summe: 385)
Aktienrechtlicher Squeeze-out	302
Umwandlungsrechtlicher Squeeze-out	37
Beherrschungs- und/oder Gewinnabführungsvertrag	24
Verschmelzung	22

Die Tabelle zeigt die bereinigte Stichprobe der 385 Maßnahmen, aufgeteilt nach angekündigter Art der Strukturmaßnahme.

[154] Die Häufung der Maßnahme Squeeze-out in der überwiegenden Anzahl der Jahre ist vermutlich auch der Grund für die Fokussierung der bisherigen Studien (vgl. Abschnitt 3.5) auf diese Art der Strukturmaßnahmen, da so mit stark homogenen Datensätzen gearbeitet wurde. Weimann wertet in seiner aktuellen Studie sogar 632 wirksame (von 652 geplanten) Squeeze-outs zwischen 01.01.2002 und 31.12.2022 hinsichtlich verschiedener Daten (nicht Ankündigungsreaktionen) aus, vgl. *Weimann* (2024), S. XX, 367–381 (diese wurde nach finaler Fertigstellung der Stichprobe veröffentlicht und stand daher nicht mehr für einen Abgleich zur Verfügung).

[155] Vgl. *Budzinski* (2012), S. 115, der börsennotierte Zielgesellschaften aufführt.

Der aktienrechtliche Squeeze-out weist mit 78,4 % den größten Anteil an der Gesamtstichprobe auf (siehe Tabelle 3.2), mit deutlichem Abstand zum umwandlungsrechtlichen Squeeze-out, der zu 9,6 % vertreten ist. Einen Anteil von 6,2 % bilden Beherrschungs- und/oder Gewinnabführungsverträge (13 Beherrschungs- und Gewinnabführungsverträge, 9 Beherrschungsverträge, 2 Gewinnabführungsverträge) und 5,7 % der Stichprobe sind Verschmelzungen.

Tabelle 3.3 zeigt die Anzahl an BGVs (Vertragskonzern als Vorstufe) und Angeboten nach dem WpÜG, die bereits vor den betrachteten 385 Ankündigungen von Strukturmaßnahmen angekündigt wurden.

Tabelle 3.3 Anzahl an Angeboten nach WpÜG und BGVs vor Strukturmaßnahmen

Art der Strukturmaßnahme	Anzahl Angebote im Voraus	Anzahl BGVs im Voraus
Aktienrechtlicher Squeeze-out	149	86
Umwandlungsrechtlicher Squeeze-out	30	2
Beherrschungs- und/oder Gewinnabführungsvertrag	19	–
Verschmelzung	9	3
Summe	207 (davon 10 gleichzeitig)	91 (davon 14 gleichzeitig)

Die Tabelle zeigt für die bereinigte Stichprobe der 385 Maßnahmen (jeweils nach Art der Strukturmaßnahme aufgeteilt) vor wie vielen Maßnahmen ein Angebot nach dem WpÜG und/oder ein BGV angekündigt wurde/n.

BGVs als Vorstufe werden hauptsächlich vor aktienrechtlichen Squeeze-outs abgeschlossen. Angebote nach dem WpÜG werden vor einigen der Squeeze-outs, aber auch vor vielen BGVs der Stichprobe angekündigt.

Zusätzlich wurden nach den betrachteten gesellschaftsrechtlichen Strukturmaßnahmen 25 BGVs angekündigt. In 46 Fällen wurden sowohl ein Angebot als auch ein BGV im Voraus angekündigt, davon in fünf Fällen das Angebot nach dem BGV und in 41 Fällen das Angebot vor dem BGV (im Mittelwert 10,8 Monate davor).

3.7 Methodik

Um die Auswirkungen eines BGV oder eines Angebotes nach dem WpÜG auf den Börsenkurs vor einer nachfolgenden (weiteren) gesellschaftsrechtlichen Strukturmaßnahme zu analysieren, wird eine **Ereignisstudie** angewendet. In einem ersten Schritt wird die erstmalige öffentliche Ankündigung des BGV oder des Angebotes als Ereignis betrachtet, im zweiten Schritt die Ankündigung der späteren Strukturmaßnahme[156]. $t = 0$ stellt den jeweiligen Ereigniszeitpunkt,[157] den Tag der entsprechenden Ankündigung, dar.

Zusätzlich wird ein **Ereignisfenster** definiert, das einen gewissen Zeitraum um den Ereigniszeitpunkt umfasst. Innerhalb dieses Fensters werden die Reaktionen am Kapitalmarkt untersucht. Das Ereignisfenster kann je nach betrachteter Fragestellung einen kürzeren oder längeren Zeitraum vor und nach dem Ereignis umfassen.[158] In der Literatur wird keine bestimmte Länge empfohlen. Diese ist jeweils individuell für eine empirische Betrachtung zu bestimmen.[159] Ein kürzeres Zeitfenster ist besser geeignet, um abnormale Renditen zu erkennen. Je länger das Zeitfenster ist, desto schwieriger ist es diese zu identifizieren.[160] Darüber hinaus ist die Güte von Signifikanztests für kürzere besser als für längere Zeitfenster.[161] Die Auswirkungen von ebenfalls kursbeeinflussenden Ereignissen im Ereignisfenster sind schwierig von anderen Effekten abzugrenzen. Abnormale Renditen[162] werden entsprechend der Methode generell dem betrachteten Ereignis zugeschrieben.[163] Die umfangreiche Stichprobe mit verschiedenen Ankündigungszeitpunkten bietet den Vorteil, dass aufgrund der Mittelwertbildung

---

[156] In einzelnen Fällen wurde eine erstmalige Ankündigung durch den Hauptaktionär gefunden und verwendet. Sofern der Ankündigungstag kein Handelstag ist oder kein Kurs für diesen Tag verfügbar ist, wird dieser durch den darauffolgenden Handelstag bzw. Tag mit verfügbarem Börsenkurs ersetzt.

[157] Vgl. *Kothari/Warner* (2007), S. 9.

[158] Vgl. *Campbell/Lo/MacKinlay* (1997), S. 151.

[159] Vgl. die Ereignisfenster bisheriger Studien zum Thema im Literaturüberblick in Abschnitt 3.6; *Thomas* (2008), S. 159 f., 188.

[160] Vgl. *Kothari/Warner* (2007), S. 15; für die Bezeichnung als „confounding event" vgl. bspw. *Campbell/Lo/MacKinlay* (1997), S. 150.

[161] Vgl. *Brown/Warner* (1985), S. 14 f.

[162] In der deutschen Sprache wäre eine Bezeichnung als „anormale" Rendite gebräuchlicher. Im Sinne der Einheitlichkeit zu anderen wissenschaftlichen Arbeiten und der Nähe zum englischen Terminus „abnormal return" wird dennoch die Bezeichnung als abnormale Rendite (oder Überrendite) verwendet.

[163] Vgl. *McWilliams/Siegel* (1997), S. 629.

und der verschiedenen Zeiträume Effekte anderer Ereignisse und gesamtwirtschaftliche Einflüsse für ein Gesamtbild nicht sehr relevant sein sollten. Ein längeres Zeitfenster ermöglicht hingegen die Erfassung von Antizipationseffekten oder auch deutlich nach dem Ereignis auftretenden, verzögerten Reaktionen.[164] Daher wurde im Rahmen der vorliegenden Studie ein maximales Ereignisfenster von 64 (Angebote und BGVs im Voraus) bzw. 128 Handelstage (Strukturmaßnahmen) vor bis 64 Handelstage[165] nach dem jeweiligen Ereignis gewählt. So sollen entsprechend der Fragestellung wesentliche Effekte bei Ankündigung eines BGVs oder Angebotes erfasst werden. Bei der folgenden Strukturmaßnahme sind Effekte speziell im Dreimonatszeitraum von Interesse, aber auch die davor und danach auftretenden.

Von Bedeutung für die vorliegende Studie ist jedoch, dass es sich bei den vorherigen BGVs und Angeboten nach WpÜG sowie bei den weiteren nachfolgend beschriebenen Ereignissen um „confounding events" handelt, deren Einfluss hier speziell betrachtet wird. Durch diese Ereignisse kann im Schätzfenster oder im Ereignisfenster für die spätere Strukturmaßnahme ein Einfluss auf den Börsenkurs entstehen.

Für die Ereignisstudie wird im Folgenden das **Marktmodell**[166] angewendet. Das Marktmodell ist der Gruppe der risikoadjustierten Modelle zuzuordnen, die im Vergleich zu nicht risikoadjustierten Modellen tendenziell präziser sind.[167] Komplexere Modelle sind laut den Erkenntnissen von *Brown/Warner* dem Marktmodell als Ein-Faktor-Marktmodell nicht überlegen.[168] So sehen auch *Campbell/Lo/MacKinlay* nur einen geringen zusätzlichen Nutzen bei Verwenden von Mehr-Faktor-Modellen statt der Ein-Faktor-Modelle.[169] Das Marktmodell ist das in der weiteren empirischen Literatur zu Ankündigungsreaktionen bei Strukturmaßnahmen übliche Verfahren.[170]

---

[164] Vgl. hierzu auch *Schilling/Kaspar* (2015), S. 73.

[165] 64 Handelstage entsprechen etwa drei Monaten, 128 Handelstage entsprechend sechs Monaten.

[166] Erstmals *Sharpe* (1963), S. 277 ff.

[167] Vgl. *Brown/Warner* (1980), S. 205 f.

[168] Vgl. *Brown/Warner* (1980), S. 249 für Monatsrenditen und *Brown/Warner* (1985), S. 25 für Tagesrenditen.

[169] Vgl. *Campbell/Lo/*MacKinlay (1997), S. 156.

[170] Vgl. *Eisele/Walter* (2003), S. 17 f.; *Ehrhardt/Lahr/Wessel* (2004), S. 363; *Elsland/Weber* (2005), S. 12; *Budzinski* (2012), S. 122; *Schilling/Kaspar* (2015), S. 71.

Als **Schätzfenster** wird ein Zeitraum von einem Jahr verwendet, was ca. 256 Handelstagen entspricht.[171] Damit umfasst das Schätzfenster das Intervall [−320; −65] für BGVs und Angebote bzw. [−384; −129] für die Folgemaßnahmen, relativ zum Ereignistag $t = 0$. Wie auch beim Ereignisfenster ist für die Wahl der Länge des Schätzzeitraums relevant, dass (wenn möglich) keine anderen Ereignisse im Zeitraum auftreten, die ebenfalls zu Börsenkursreaktionen führen könnten. Verzerrungen in den geschätzten Renditen durch andere Ereignisse (sog. confounding events) treten bei kürzeren Zeitfenstern weniger häufig auf.[172] An dieser Stelle ist die umfangreiche Stichprobe von Vorteil, da sich Effekte für die Gesamtstichprobe ausgleichen können. Eine längere Schätzperiode bietet allerdings den Vorteil einer größeren Datenverfügbarkeit und Robustheit als kürzere Zeitfenster.[173] Für das Schätzfenster wird ein Zusammenhang zwischen der Rendite der Aktie der Zielgesellschaft und der Marktrendite ermittelt. Darauf basierend wird die „normale“, geschätzte Rendite der Aktie im Ereignisfenster ohne auftretendes Ereignis bestimmt.[174]

Beim Marktmodell[175] wird die Gesamtrendite der Aktie i (R_{it}) in eine wertpapierspezifische (α_i) und eine von Markt abhängige Komponente (β_i) aufgeteilt. Dadurch wird von einem linearen Zusammenhang zwischen der Rendite der Aktie i (R_{it}) und der Marktrendite (R_{mt}) ausgegangen. Die Parameter α_i und β_i werden mittels Ordinary Least Squares (OLS) unter Minimierung des Fehlerterms ε_{it} geschätzt:

$$R_{it} = \alpha_i + \beta_i R_{mt} + \varepsilon_{it} \tag{3.1}$$

[171] Vgl. *Schilling/Kaspar* (2015), S. 71 bzw. *Elsland/Weber* (2005), S. 12, die Schätzzeiträume in gleicher bzw. ähnlicher Länge verwenden.

[172] Vgl. *Lubatkin* (1987), S. 43.

[173] Vgl. *Budzinski* (2012), S. 122 f. (hier wird jedoch ein kürzeres Schätzfenster von 120 Tagen verwendet); *Schilling/Kaspar* (2015), S. 71. Sie wenden alternativ ein Schätzfenster von einem halben Jahr an (Fn. 15) und kommen zu ähnlichen Ergebnissen wie bei einem Schätzzeitraum von einem Jahr.

[174] Vgl. *Thomas* (2008), S. 182 f.

[175] Für die Formeln (3.1) bis (3.5) zum Marktmodell und den Überrenditen vgl. auch *Elsland/Weber* (2005), S. 12 f.; *Thomas* (2008), S. 182 f., 203–205; *Budzinski* (2012), S. 119–125; *MacKinlay* (1997), S. 18, 20 f.; *Kothari/Warner* (2007), S. 9 f.

Die abnormale Rendite wird durch Subtrahieren der geschätzten Rendite $\left(\widehat{\alpha_i} + \widehat{\beta_i} R_{mt}\right)$) von der tatsächlich beobachteten Rendite R_{it} an Tag t im Ereignisfenster berechnet.[176] Die geschätzte abnormale Rendite AR_{it} von Aktie i an Tag t beträgt:

$$AR_{it} = R_{it} - (\widehat{\alpha_i} + \widehat{\beta_i} R_{mt}) \tag{3.2}$$

Durch Berechnung des arithmetischen Mittels der abnormalen Renditen AR_{it} über die Stichprobe (N ist der Stichprobenumfang) ergibt sich für Tag t eine durchschnittliche Überrendite AAR_t von:

$$AAR_t = \frac{1}{N} \sum_{i=1}^{N} AR_{it} \tag{3.3}$$

Die kumulierte Überrendite $CAR_{i;t_1,t_2}$ (Cumulative Abnormal Return) für Aktie i für einen Zeitraum von t_1 bis t_2 innerhalb des Ereignisfensters wird durch Aufsummieren der Überrenditen AR_{it} berechnet:

$$CAR_{i;t_1,t_2} = \sum_{t=t_1}^{t_2} AR_{it} \tag{3.4}$$

Werden die durchschnittlichen Überrenditen AAR_t der Stichprobe über das Zeitfenster t_1 bis t_2 innerhalb des Ereignisfensters aufsummiert, ergibt sich die kumulierte durchschnittliche Überrendite $CAAR_{t_1,t_2}$ (Cumulative Average Abnormal Return):

$$CAAR_{t_1,t_2} = \sum_{t=t_1}^{t_2} AAR_t \tag{3.5}$$

[176] Vgl. *Campbell/Lo/MacKinlay* (1997), S. 152, 158 f.

Es werden diskrete Renditen R_t verwendet:[177]

$$R_t = \frac{P_t - P_{t-1}}{P_{t-1}} = \frac{P_t}{P_{t-1}} - 1 \tag{3.6}$$

Um die realisierten Renditen zu berechnen, werden um Dividenden und Kapitalmaßnahmen bereinigte Tagesschlusskurse (P_t) verwendet.[178] Längere Renditeintervalle (bspw. Monatsrenditen) könnten nach *Morse* sachgerecht sein, wenn der Ankündigungszeitpunkt nicht eindeutig wäre.[179] Aufgrund der bekannten Ankündigungszeitpunkte für die Stichprobe werden Tagesrenditen verwendet.[180] Wenn Ankündigungen nach Börsenschluss veröffentlicht werden, sind Börsenkursreaktionen am folgenden Tag sichtbar.[181]

Als **Referenzindex** für die Berechnung der täglichen Marktrendite (R_{mt}) wird der CDAX verwendet. Dieser umfasst alle an der Frankfurter Börse im General und Prime Standard notieren deutschen Unternehmen.[182] Der CDAX wird in allen aufgeführten Ereignisstudien zu Kursreaktionen (Abschnitt 3.5) als Referenzindex herangezogen. Entsprechend der Aktienkurse wird er als Performanceindex verwendet.

Bei Tagen ohne Handel und damit geringer Liquidität bzw. Angebot und Nachfrage, die nicht zueinanderpassen, wird das **Lumped-Return**-Verfahren verwendet. Fehlende Kurse werden dabei durch Vortageskurse ersetzt. Dadurch wird Tagen ohne Handel eine Nullrendite zugewiesen. Die Rendite auf Basis des davorliegenden letzten Handelstages und des ersten Handelstages nach der Pause wird diesem ersten Handelstag zugeordnet.[183]

---

[177] Vgl. für die Notation *Schmid/Trede* (2006), S. 3. Bei kleinen Renditen und damit in der Regel auch bei Tagesrenditen besteht ein vernachlässigbarer Unterschied zwischen diskreten und stetigen Renditen, vgl. *Schmid/Trede* (2006), S. 5. *Dorfleitner* (2002), S. 238 empfiehlt die Verwendung von diskreten Renditen aufgrund der Portfolio-Idee, auf der Ereignisstudien basieren; auch *Schilling/Kaspar* (2015), S. 70; *Budzinski* (2012), S. 124 verwenden diskrete Renditen.

[178] Vgl. *Ziemer* (2018), S. 164.

[179] Vgl. *Morse* (1984), S. 619.

[180] Dennoch besteht die Möglichkeit, dass es sich bei manchen Unternehmen nicht um den ersten Ankündigungszeitpunkt handelt (da bspw. Mitteilungen mittlerweile nicht mehr verfügbar sind).

[181] Vgl. *Campbell/Lo/MacKinlay* (1997), S. 151.

[182] Vgl. *Börse Frankfurt*, CDAX – Börsenlexikon, abgerufen am: 27.07.2024.

[183] Vgl. *Eger* (1983), S. 551 f.; *Ziemer* (2018), S. 187.

Mittels des parametrischen **Signifikanztests** (t-Test) nach *Boehmer/Musumeci/Poulsen*[184] mit der cross-sectional Anpassung von *MacKinlay*[185] (im Folgenden BMP)[186] und des nicht-parametrischen Generalized Rank T-Tests nach *Kolari/Pynnönen*[187] (im Folgenden KP)[188] wird auf Signifikanz der abnormalen Renditen getestet. Da der BMP-Test auf der Annahme einer Normalverteilung von (abnormalen) Renditen basiert, die nicht unbedingt uneingeschränkt zutrifft, wurde zusätzlich der nicht-parametrische Test ohne Verteilungsannahme verwendet.[189]

Der BMP- und der KP-Test lehnen die Nullhypothese einer nicht vorhandenen Kursbeeinflussung durch das Ereignis (und damit keine abnormalen Renditen) angemessen häufig ab und sind robust gegen ereignisinduziert erhöhte Volatilität. Ereignistag-Clustering hat einen stärkeren Einfluss auf die Ergebnisse beim BMP-Test im Vergleich zum KP-Test. Für beide Tests ist die Verteilung der Überrenditen im CAR-Fenster nicht relevant, wenn kumulative standardisierte Überrenditen betrachtet werden. Der KP-Test kann auch bei geringerer Beobachtungszahl aussagekräftig sein (powerful) und zudem aussagekräftiger als parametrische Tests.[190] Signifikanz in den Unterschieden zwischen Teilstichproben und bei der multivariaten Regression wird mittels des t-Tests ermittelt.

---

[184] Vgl. *Boehmer/Musumeci/Poulsen* (1991), S. 253.

[185] Vgl. *MacKinlay* (1997), S. 27 f.

[186] Dieser wird so oder in ähnlicher Form meist verwendet. Vgl. *Budzinski* (2012), S. 126 f.; *Schilling/Kaspar* (2015), S. 71; *Ehrhardt/Lahr/Wessel* (2004), S. 364, kein Hinweis auf Anpassung; *Eisele/Walter* (2003), S. 19 f., wobei diese zusätzlich eine andere Ausprägung des Tests anwenden sowie auch den „einfachen" t-Test. Elsland/Weber verwenden laut Angabe ebenfalls einen cross-sectional t-Test, vgl. *Elsland/Weber* (2005), S. 13. Für die im Rahmen des BMP-Tests angewendeten Formeln vgl. *Boehmer/Musumeci/Poulsen* (1991), S. 269 f.; *Friederich u. a.* (2002), S. 29; *Budzinski* (2012), S. 127; *Kolari/Pynnönen* (2010), S. 4002 f.

[187] Vgl. *Kolari/Pynnönen* (2011), S. 953.

[188] Dieser wird auch von *Schilling/Kaspar* angewendet, vgl. *Schilling/Kaspar* (2015), S. 71. Andere wenden als nicht-parametrischen Test bspw. den „Rank-Order-Test" von Corrado an, vgl. *Corrado* (1989), S. 385, so bspw. *Eisele/Walter* (2003), S. 20; *Budzinski* (2012), S. 133. Teilweise wird alternativ der Wilcoxon Signed-Rank Test angewendet, so bspw. bei *Elsland/Weber* (2005), S. 13, die zusätzlich Wilcoxon Sign Tests anwenden; *Ehrhardt/Lahr/Wessel* (2004), S. 364, die zudem den einfachen Vorzeichen-Test anwenden.

[189] Vgl. *Schilling/Kaspar* (2015), S. 71; *Kolari/Pynnönen* (2011), S. 966; *MacKinlay* (1997), S. 21; für die Überprüfung der Normalverteilungsannahme vgl. bspw. *Schmid/Trede* (2006), S. 45–49.

[190] Vgl. *Kolari/Pynnönen* (2011), S. 962–965.

Das Modell der **multivariaten linearen Regression** weist folgende Form auf:[191]

$$AR_0 = \alpha + \beta_1 x_1 + \beta_2 x_2 + \ldots + \varepsilon \tag{3.7}$$

Alternativ zur Überrendite am Ankündigungstag (AR_0) ist die abhängige Variable die kumulierte Überrendite eines bestimmten Zeitfensters (CAR_{t_1,t_2}). Die unabhängigen Variablen (x_1, x_2, , ...) werden bei der Erläuterung der Variablen für die spezielle Regression dargestellt. AR_0 und CAR_{t_1,t_2} stellen entweder (kumulierte) Überrenditen für den vorgelagerten BGV oder das Angebot nach WpÜG dar oder im weiteren Teil der Ergebnisdarstellungen (kumulierte) Überrenditen für die Strukturmaßnahmen (aktien- und umwandlungsrechtlicher Squeeze-out, BGV, Verschmelzung). Koeffizienten werden wiederum mittels OLS geschätzt.

Im Rahmen der Prüfung auf ausreichende Liquidität werden folgende Maße berechnet. Der **Bid-Ask-Spread** wird aus Gründen der Datenverfügbarkeit anhand der Tagesschluss-Geld- und -Briefkurse berechnet (auch als Closing Percent Quoted Spread, CPQS, bezeichnet), wodurch eine Überschätzung von Spannen entstehen kann.[192] Es werden prozentuale Spreads verwendet, da so verschiedene Aktien und Handelsplätze besser vergleichbar sind.[193] Die Berechnung basiert auf folgender Formel:[194]

$$\text{Bid-Ask-Spread} = \frac{P_{Ask} - P_{Bid}}{\frac{P_{Ask}+P_{Bid}}{2}} \tag{3.8}$$

---

[191] Vgl. bspw. *Wooldridge* (2020), S. 69; *Backhaus u. a.* (2021), S. 81; *Elsland/Weber* (2005), S. 23 f.; *Budzinski* (2012), S. 161 f.

[192] Vgl. *Fortin/Grube/Joy* (1990), S. 78; *Schmidt/Iversen* (1991), S. 211. Besser wäre es, das höchste Kaufangebot und das niedrigste registrierte Verkaufsangebot am Markt für einen Zeitpunkt des Handelstages zu verwenden, die im vorliegenden Fall nicht verfügbar sind; vgl. für die Begründung *Phillips/Smith* (1980), S. 181; *Fortin/Grube/Joy* (1990), S. 78; *Schmidt/Iversen* (1991), S. 211; *Lüdecke/Schlag* (1992), S. 333.

[193] Vgl. *Oesterhelweg/Schiereck* (1993), S. 394; *Fortin/Grube/Joy* (1990), S. 76; *Schmidt/Iversen* (1991), S. 211.

[194] Vgl. *Lüdecke/Schlag* (1992), S. 333; vgl. auch in der internationalen Literatur (hier als CPQS bezeichnet) *Chung/Zhang* (2014), S. 118; *Díaz/Escribano* (2020), S. 11; viele der dort (S. 10 und 11) aufgeführten, international diskutieren Liquiditätsmaße sind bei den eher wenig gehandelten Aktien der Stichprobe nicht anwendbar (aus Gründen der Datenverfügbarkeit). Auch das teilweise diskutierte XETRA Liquiditätsmaß ist aufgrund mangelnder Daten nicht anwendbar, vgl. bspw. *Gomber/Schweickert* (2002), 485; *Popp/Ruthardt* (2024), in: Rechtshandbuch Unternehmensbewertung, § 12 Rz. 12.123; *Hachmeister* (2007), S. 29 f.; für die Berechnung.

Der Bid-Ask-Spread bildet damit die am Ende des Handelstages bestehende Differenz zwischen Brief- und Geldkurs (für die keine Transaktion mehr stattfand) ab. Er zeigt die Kursnachteile, die bei sofortiger Transaktion akzeptiert werden müssten (im günstigsten Fall).[195]

Darüber hinaus werden die folgenden **Indikatoren** zur Liquidität berücksichtigt:[196]

- das (relative) Handelsvolumen: Anzahl der Aktien, die an einem Handelstag gehandelt werden (in Bezug zur Anzahl ausstehender Aktien)
- der Handelsumsatz: mit dem Tagesschlusskurs bewertetes Handelsvolumen
- der Streubesitz (Free Float) (-anteil): (Anteil der) Aktien, die potenziell gehandelt werden können
- die Handelstage: Tage mit Handel bei den betrachteten Aktien

3.8 Einflüsse auf Börsenkurse vor Ankündigungen aktien- und umwandlungsrechtlicher Strukturmaßnahmen

3.8.1 Mögliche Stufen eines Konzerneinflusses und Stimmrechtsschwellen

Vor jeder der betrachteten Strukturmaßnahmen besteht in der Regel ein hoher Kapitalanteil des Hauptaktionärs. Für einen aktienrechtlichen (95 % nach § 327a Abs. 1 Satz 1 AktG) und umwandlungsrechtlichen (90 % nach § 62 Abs. 5 Satz 1 UmwG) Squeeze-out wird der Kapitalanteil gesetzlich gefordert. Beim Beherrschungs- und/oder Gewinnabführungsvertrag (nach § 293 Abs. 1 Satz 2 AktG) und bei der Verschmelzung (nach § 65 Abs. 1 UmwG) ist grundsätzlich eine qualifizierte Mehrheit bei der beschlussfassenden Hauptversammlung erforderlich. Der Kapitalanteil entsteht vor der Maßnahme, häufig sukzessive oder stufenweise und über einen unterschiedlich langen Zeitraum hinweg. Ein Anteil

---

[195] Vgl. *Oesterhelweg/Schiereck* (1993), S. 394.

[196] Vgl. bspw. *Krog* (2000), S. 283–286; *Oesterhelweg/Schiereck* (1993), S. 392 f.; OLG Düsseldorf v. 28.11.2022 – I-26 W 4/21, 26 W 4/21, juris Rz. 44 für einen Überblick über Liquiditätskennzahlen für die Liquiditätsanalyse hinsichtlich der Aussagekraft des Börsenkurses.

kann bereits auf einen hohen Einflussgrad oder einen Konzerneinfluss hinweisen (faktischer Konzern bei Mehrheit).[197]

Ein **faktischer Konzern** weist die geringste Intensität der Bindung innerhalb des Konzernverbundes auf.[198] Für diesen gibt es keine gesetzliche Definition.[199] Während rechtlich keine Leitungsmacht des herrschenden Unternehmens besteht, liegt jedoch eine Leitung der Konzernspitze faktisch aufgrund von Abhängigkeit in Bezug auf die Konzernspitze vor.[200] Die Abhängigkeit ergibt sich meist aus einer Mehrheitsbeteiligung. Eine solche kann bei Auseinanderfallen der Kapital- und Stimmrechtsanteile durch einen mehrheitlichen Kapitalanteil oder alternativ durch eine Stimmrechtsmehrheit entstehen (vgl. auch § 16 Abs. 1 AktG).[201] Aufgrund der Abhängigkeit nach § 17 AktG besteht eine Konzernvermutung. Es wird von einer tatsächlichen Ausübung der Möglichkeit zum beherrschenden Einfluss (Abhängigkeit) und damit einer Zusammenfassung der Unternehmen des Konzerns unter einer einheitlichen Leitung ausgegangen.[202] Wenn ein faktischer Konzern besteht, muss die abhängige Gesellschaft gemäß § 312 Abs. 1 Satz 1 AktG innerhalb der ersten drei Monate des Geschäftsjahres einen Abhängigkeitsbericht erstellen. Die Schlusserklärung ist nach § 312 Abs. 3 Satz 3 AktG in den Lagebericht nach § 289 HGB aufzunehmen und zusammen mit diesem nach § 325 HGB offenzulegen (§ 326 HGB für kleine Aktiengesellschaften).[203]

Als zweite Konzernierungsstufe bei einer sukzessiven Integration innerhalb des Konzerns gilt ein **Vertragskonzern.**[204] Dieser wird durch einen Beherrschungsvertrag, meist zusammen mit einem Gewinnabführungsvertrag,[205] abgeschlossen. Er kann vor/gleichzeitig oder teilweise nach einer weiteren Strukturmaßnahme (Squeeze-out oder Verschmelzung) vorliegen. Durch die gesetzlich

---

[197] Vgl. *Brüchle/Ehrhardt/Nowak* (2008), S. 465 f. für die Häufigkeit einzelner Stufen des Konzerneinflusses beim Squeeze-out.

[198] Vgl. *Küting* (2012), S. 17.

[199] Vgl. *Bayer* (2024b), in: Münchener Kommentar zum Aktiengesetz, § 18 AktG Rn. 8.

[200] Vgl. *Bayer* (2024b), in: Münchener Kommentar zum Aktiengesetz, § 18 AktG Rn. 9.

[201] Vgl. *Bayer* (2024a), in: Münchener Kommentar zum Aktiengesetz, § 17 AktG Rn. 34.

[202] Vgl. *Bayer* (2024b), in: Münchener Kommentar zum Aktiengesetz, § 18 AktG Rn. 9; *Raiser/Veil* (2015), § 59 Rn. 15.

[203] Vgl. *Altmeppen* (2023), in: Münchener Kommentar zum Aktiengesetz, § 312 AktG Rn. 7.

[204] Vgl. auch *Küting* (2012), S. 18.

[205] Im Folgenden wird ein Beherrschungs- und/oder Gewinnabführungsvertrag als BGV abgekürzt, gemeint sind damit stets alle drei Optionen, es sei denn es werden explizit nur einzelne der Möglichkeiten benannt.

bestehende Leitungsmacht (§ 308 AktG) und da von der tatsächlichen Ausübung einer einheitlichen Leitung ausgegangen wird, liegt eine unwiderlegbare Konzernvermutung nach § 18 Abs. 1 Satz 2 AktG und somit ein Vertragskonzern vor.[206] Auch durch einen separaten Gewinnabführungsvertrag entsteht ein Vertragskonzern.[207] Beherrschungs- und/oder Gewinnabführungsverträge fallen unter die gesellschaftsrechtlichen Strukturmaßnahmen, bei denen eine angemessene Abfindung oder ein Ausgleich zu gewähren ist, da durch das herrschende Unternehmen in die Vermögens- und Mitverwaltungsrechte der außenstehenden Aktionäre (Eigentumsschutz des Art. 14 Abs. 1 GG) eingegriffen wird. Der Beherrschungs- und/oder Gewinnabführungsvertrag (BGV) ist für die vorliegende Arbeit in doppelter Hinsicht relevant:

- Er kann vor einem Squeeze-out oder einer Verschmelzung auftreten. Dann ist er potenziell aufgrund der Konzernverbindung und des damit verbundenen Informationsgehalts für den Dreimonatskurs des Squeeze-out oder der Verschmelzung relevant (auch beim BGV ist der Kurs wiederum für die Abfindung und den Ausgleich relevant). In diesem Fall wird er als vorheriges Ereignis analysiert.
- Alternativ kommt er (bis Ende 2020) als alleinige Strukturmaßnahme vor, für die ebenfalls der Dreimonatszeitraum für Abfindung und Ausgleich relevant ist (es entsteht dann auch ein Vertragskonzern, aber als bislang einziges Ereignis; dieser ist nicht als Vorereignis relevant).[208] Dann wird er im Rahmen der Stichprobe gesellschaftsrechtlicher Strukturmaßnahmen erfasst und analysiert.

Bei einem BGV, der vor einer anderen Strukturmaßnahme stattfindet, ist der Börsenkurs damit nicht nur für die „eigene" Abfindung und den Ausgleich relevant. Einflüsse auf den Börsenkurs stellen auch einen möglichen relevanten Faktor bei der Ermittlung der Abfindung einer nachfolgenden Strukturmaßnahme (Squeeze-out oder Verschmelzung) dar. Der BGV wird in der Regel durch eine Ad-hoc-Mitteilung angekündigt. In manchen Fällen werden die geplante

---

[206] Vgl. *Bayer* (2024b), in: Münchener Kommentar zum Aktiengesetz, § 18 AktG Rn. 44; *Koch* (2024a), in: Aktiengesetz, § 18 AktG Rn. 17.

[207] Vgl. *Bayer* (2024b), in: Münchener Kommentar zum Aktiengesetz, § 18 AktG Rn. 6. Dieser führt jedoch anders als ein Beherrschungsvertrag nicht zu einer vertraglichen Herrschaft durch die Konzernspitze.

[208] Dann wird er wie die weiteren Strukturmaßnahmen des Squeeze-out und der Verschmelzung betrachtet. Für die Stichprobe besteht zudem die Möglichkeit, dass aufgrund der zeitlichen Begrenzung bis Ende des Jahres 2020 danach noch eine weitere Strukturmaßnahme auf den Unternehmensvertrag folgt oder folgen wird, die keine Berücksichtigung findet.

Abfindung und der Ausgleich bereits mit der ersten Bekanntgabe angekündigt. Diese sind jedoch spätestens mit der Einladung zur beschlussfassenden Hauptversammlung (HV) zu kommunizieren (§ 293f Abs. 1 Nr. 1 AktG).

Das Überschreiten bestimmter **Stimmrechtsschwellen** kann eine relevante Information vor einer Strukturmaßnahme darstellen und Hinweise auf einen Konzerneinfluss liefern. Vor allem überschrittene Schwellen von mindestens 50 % deuten auf einen bestehenden Konzernverbund hin. Die Pflicht zur Veröffentlichung von Mitteilungen bei Überschreiten der Schwellen von 3, 5, 10, 15, 20, 25, 30, 50 und 75 % ergibt sich seit 03.01.2018 aus § 33 Abs. 1 Satz 1 WpHG,[209] zuvor bestand sie nach § 21 Abs. 1 Satz 1 WpHG (gültig seit 01.01.1995)[210]. Davor gab es keine entsprechende Verpflichtung.[211] Diese Mitteilungspflichten gelten nach § 33 Abs. 1 Satz 1 WpHG für Meldepflichtige, die die vorgegebenen Schwellen an Stimmrechten aus ihnen gehörenden Aktien (oder zugerechnet) an einem Emittenten, für den die Bundesrepublik Deutschland der Herkunftsstaat[212] ist, erreichen, überschreiten oder unterschreiten. Hierfür sind nach § 34 Abs. 1 Satz 1 Nr. 1 WpHG bspw. Stimmrechte von Tochterunternehmen oder diesen zugerechnete Stimmrechte hinzuzurechnen.[213] Alle natürlichen und juristischen Personen sind meldepflichtig.[214] Meldeempfänger ist sowohl die Gesellschaft als auch die BaFin.[215] Für Inlandsemittenten besteht nach § 40 WpHG eine Veröffentlichungspflicht. Sie müssen die Informationen nach § 33 Abs. 1 Satz 1, Abs. 2 WpHG und § 38 Abs. 1 Satz 1 WpHG sowie § 39 Abs. 1 Satz 1 WpHG oder nach entsprechenden Vorschriften anderer Mitgliedstaaten der Europäischen Union oder anderer Vertragsstaaten des Abkommens über den Europäischen

---

[209] Zweites Gesetz zur Novellierung von Finanzmarktvorschriften auf Grund europäischer Rechtsakte (Zweites Finanzmarktnovellierungsgesetz – 2. FiMaNoG) vom 23. Juni 2017, BGBl. 2017 Teil I Nr. 39 v. 24.06.2017, S. 1693.

[210] Gesetz über den Wertpapierhandel und zur Änderung börsenrechtlicher und wertpapierrechtlicher Vorschriften (Zweites Finanzmarktförderungsgesetz) vom 26. Juli 1994, BGBl. Teil I Nr. 48 v. 30.07.1994, S. 1749. Dies gilt weiterhin mit der Neufassung ab 01.08.1998, Bekanntmachung der Neufassung des Wertpapierhandelsgesetzes vom 9. September 1998, BGBl. Teil I Nr. 62 v. 17.09.1998, S. 2708. Hinzu kamen seither bspw. einzelne Schwellen, die für diese Arbeit nicht von besonderer Bedeutung sind.

[211] Vgl. *Dieckmann* (2024), in: BeckOK Wertpapierhandelsrecht, § 33 WpHG Rn. 16.

[212] Dies sind Inlandsemittenten mit Sitz im Inland und Zulassung der Wertpapiere zum Handel an einem organisierten Markt im Inland oder einem EU/EWR-Mitgliedsstaat (§ 2 Abs. 13 Nr. 1 Buchst. a WpHG). Vgl. auch *von Hein* (2020), in: Kapitalmarktrechts-Kommentar§ 33 WpHG Rn. 3.

[213] Vgl. *Schneider/Schneider* (2023), in: Wertpapierhandelsrecht, § 34 WpHG Rn. 33.

[214] Vgl. *von Hein* (2020), in: Kapitalmarktrechts-Kommentar, § 33 WpHG Rn. 10.

[215] Vgl. *von Hein* (2020), in: Kapitalmarktrechts-Kommentar, § 33 WpHG Rn. 33.

Wirtschaftsraum unverzüglich, spätestens drei Handelstage nach Zugang der Mitteilung, veröffentlichen.[216] Veröffentlicht werden muss in EU- und EWR-weit verbreiteten Medien (§ 3a Abs. 1 und 2 WpAV). Zu diesen Medien zählen sowohl elektronische Wertpapierinformationsdienste als auch Druckerzeugnisse, wie z. B. die Financial Times, die – kumulativ genutzt (Medienbündel) – die Verbreitung der Information sichern.[217]

Im Folgenden ist hauptsächlich die Stimmrechtsschwelle von 50 % für ein mögliches Entstehen eines faktischen Konzerns relevant. Zusätzlich ist beim aktien-/umwandlungsrechtlichen Squeeze-out die (Kapitalanteils-)Schwelle von 95/90 % von Bedeutung, aber der die Maßnahme möglich wird. Diese Schwelle ist aber nicht veröffentlichungspflichtig.

3.8.2 Angebote nach dem Wertpapiererwerbs- und Übernahmegesetz

Ein Angebot nach dem WpÜG bietet eine weitere Möglichkeit den Einfluss des Hauptaktionärs durch eine Konzentration des Anteilsbesitzes zu erhöhen.[218] Mit dem Wertpapiererwerbs- und Übernahmegesetz wurden (mit Inkrafttreten am 01.01.2002)[219] sowohl formelle als auch materielle Vorschriften für öffentliche Angebote zum Kauf oder Tausch von Aktien börsennotierter Gesellschaften eingeführt. Eine ähnliche Regelung gab es zuvor nicht. Der Übernahmekodex der Börsensachverständigenkommission, der 1995 bis 2001 galt, basierte auf einer Zustimmung von börsennotierten Aktiengesellschaften auf freiwilliger Basis. Diese lag jedoch häufig nicht vor.[220]

---

[216] Zudem muss sie unverzüglich, jedoch nicht vor ihrer Veröffentlichung dem Unternehmensregister im Sinne des § 8b des Handelsgesetzbuchs zur Speicherung (§ 40 Abs. 1 WpHG) übermittelt werden und nach § 40 Abs. 2 WpHG gleichzeitig mit der Veröffentlichung nach Absatz 1 Satz 1 und 2 der BaFin mitgeteilt werden.

[217] Vgl. *von Hein* (2020), in: Kapitalmarktrechts-Kommentar, § 40 WpHG Rn. 4; *BaFin* (2020), abgerufen am: 20.02.2024, S. 50, Ziff. I.3.10.2.

[218] Vgl. *Bimberg* (2009), S. 33; *Mühle* (2002), S. 23–25. Beide stellen zudem weitere Möglichkeiten einer Erhöhung des Anteilsbesitzes dar. Auch im Folgenden werden alle drei Angebotsformen als „Angebote nach dem WpÜG“ zusammengefasst.

[219] Gesetz zur Regelung von öffentlichen Angeboten zum Erwerb von Wertpapieren und von Unternehmensübernahmen vom 20. Dezember 2001, BGBl. Teil I Nr. 72 v. 22.12.2001, S. 3822.

[220] Vgl. *Noack/Zetzsche* (2020a), in: Kapitalmarktrechts-Kommentar, WpÜG Einleitung Rn. 1.

Unter **Angeboten** werden nach § 2 Abs. 1 WpÜG freiwillige oder aufgrund einer Verpflichtung nach dem WpÜG durchgeführte öffentliche Kauf- oder Tauschangebote zum Erwerb von Wertpapieren einer Zielgesellschaft verstanden. Die Vorschriften des WpÜG sind für die folgenden drei Arten von Angeboten anzuwenden: Sonstige Erwerbsangebote (§§ 10–28 WpÜG, die für alle Angebote anwendbar sind) und Übernahmeangebote (§§ 29–34 WpÜG) als freiwillige Angebote und Pflichtangebote (§§ 35–39 WpÜG) als verpflichtende Angebote nach WpÜG.[221]

Pflichtangebote sind nach § 35 WpÜG zu veröffentlichen, wenn Kontrolle erlangt wird. Diese Kontrollerlangung muss publiziert werden (Abs. 1) und im Anschluss muss zwingend ein Pflichtangebot abgegeben werden (Abs. 2) – außer wenn die Kontrolle durch ein Übernahmeangebot erlangt wurde (Abs. 3).[222] Kontrolle besteht nach § 29 Abs. 2 Satz 1 WpÜG, wenn mindestens 30 % der Stimmrechte an der Zielgesellschaft (entweder durch dem Bieter gehörende Aktien oder diesem nach § 30 WpÜG zugerechnete Stimmrechte) gehalten werden. Übernahmeangebote nach § 29 Abs. 1 WpÜG sind Angebote, die auf den gezielten Erwerb von Kontrolle gerichtet sind. Sonstige Erwerbsangebote sind nicht an bestimmte Ziele oder Voraussetzungen geknüpft.[223]

Die Entscheidung des Bieters zur Abgabe eins Erwerbs- oder Übernahmeangebotes muss nach § 10 WpÜG unverzüglich öffentlich **angekündigt** werden. Es handelt sich um eine Nachbildung des ehemaligen § 15 WpHG (a. F.) (ab 03.07.2016 Art. 17 MMVO), die jedoch gegenüber der Regelung zur Ad-hoc-Publizität Vorrang hat (§ 10 Abs. 6 WpÜG). Ähnlich wie bei der Ad-hoc-Pflicht sollen frühzeitig Informationen bekanntgegeben werden, sodass diese nicht durch einzelne Marktteilnehmer vorab genutzt werden können.[224] Bei Pflichtangeboten muss anstelle der Entscheidung zur Angebotsabgabe nach §§ 35 Abs. 1 i. V. m. 10 Abs. 3 Satz 1 und 2 WpÜG die Kontrollerlangung mit dem Stimmrechtsanteil innerhalb von sieben Arbeitstagen veröffentlicht werden. Zu veröffentlichen ist nach § 10 Abs. 3 WpÜG im Internet (Nr. 1) und über ein elektronisch betriebenes Informationsverbreitungssystem (Nr. 2). Die Bekanntgabe muss inhaltlich lediglich die Absicht eines Angebotes und davon betroffene Wertpapiere umfassen. Die Gegenleistung in Art und Höhe sollte jedoch, falls sie bereits vorliegt,

---

[221] Vgl. *Winner* (2024), in: Rechtshandbuch Unternehmensbewertung, § 23 Rz. 23.2 f.

[222] Vgl. *Noack/Zetzsche* (2020c), in: Kapitalmarktrechts-Kommentar, § 35 WpÜG Rn. 1.

[223] Vgl. *Schröder/Niggemann* (2024), in: Münchener Anwaltshandbuch Aktienrecht, § 51 Rn. 12.

[224] Vgl. BT-Drs. 14/7034, S. 39.

im Sinne einer möglichst frühzeitigen und umfassenden Informationsvermittlung ebenfalls mit bekanntgegeben werden.[225]

Der Bieter muss nach § 14 Abs. 1 WpÜG bzw. § 35 Abs. 2 WpÜG innerhalb von vier Wochen nach der Veröffentlichung der Entscheidung zur Abgabe eines Angebotes eine Angebotsunterlage an die BaFin übermitteln und diese nach Freigabe oder nach zehn Werktagen unverzüglich im Internet und in der Regel im Bundesanzeiger veröffentlichen (§ 14 Abs. 2 WpÜG bzw. §§ 35 Abs. 2 Satz 1 WpÜG i. V. m. 14 Abs. 2 Satz 1 WpÜG). Zudem müssen Vorstand und Aufsichtsrat eine begründete Stellungnahme zum Angebot abgeben (§ 27 WpÜG). Die Annahmefrist beginnt mit der Veröffentlichung der Angebotsunterlage und muss zwischen vier und zehn Wochen betragen (§ 16 Abs. 1 WpÜG). Sie kann sich aber nach § 21 Abs. 1 WpÜG durch eine Erhöhung der Gegenleistung, eine Erweiterung um eine andere Gegenleistung,[226] eine verringerte Mindestannahmequote oder einen Verzicht auf Bedingungen bis einen Tag vor Ende verlängern. Der Bieter muss nach § 23 Abs. 1 WpÜG regelmäßig Zwischenmeldungen über die Anzahl an Stimmrechten bzw. die Annahmequote veröffentlichen. Bei Übernahme- und Pflichtangeboten muss der Bieter nach § 23 Abs. 2 WpÜG Käufe außerhalb des Angebotes vor Ablauf eines Jahres nach der Veröffentlichung (mit der Gegenleistung) veröffentlichen. Dies gilt dem Schutz der außenstehenden Aktionäre bspw. vor überraschenden Strukturmaßnahmen.[227]

Die Bestimmungen zur **Gegenleistung** bei der Abgabe eines Übernahmeangebotes sind in § 31 WpÜG zu finden. Dies gilt nach § 39 WpÜG ebenfalls für Pflichtangebote. Den Aktionären muss generell eine angemessene Gegenleistung angeboten werden. Dabei gilt die sogenannte Mindestpreisregelung für Pflicht- und Übernahmeangebote.[228] Die in §§ 4–6 WpÜGAngebV genannten Werte sind hierfür als Untergrenzen heranzuziehen. Anders als für Abfindungen bei gesellschaftsrechtlichen Strukturmaßnahmen ist hier eine Ermittlung des Börsenkurses als Untergrenze gesetzlich explizit vorgegeben. Bei Erwerbsangeboten bestehen keine Vorgaben bezüglich der Preisfindung, da keine Kontrolle vorhanden ist oder angestrebt wird.[229] Der Börsenkurs ist jedoch nicht nur für die eigene Gegenleistung relevant, sondern Effekte auf diesen können auch für eine darauffolgende

---

[225] Vgl. BT-Drs. 14/7034, S. 39.

[226] Vgl. *Thun/Brandi* (2023), in: Wertpapiererwerbs- und Übernahmegesetz (WpÜG), § 21 WpÜG Rn. 13.

[227] Vgl. *Bimberg* (2009), S. 49.

[228] Vgl. *Bimberg* (2009), S. 62.

[229] Vgl. *Winner* (2024), in: Rechtshandbuch Unternehmensbewertung, § 23 Rz. 23.3.

Strukturmaßnahme von Bedeutung sein, vor allem in Hinblick auf die im Kurs verarbeiteten Informationen.

3.8.3 Weitere mögliche relevante Ereignisse

Im Einzelfall können gesamtwirtschaftliche Ereignisse wie eine Finanzkrise für den Börsenkurs eines Zielunternehmens relevant sein. Gleichermaßen gilt dies für andere einschneidende Ereignisse des Weltgeschehens wie z. B. die Covid-19-Pandemie, die ebenfalls Auswirkungen auf die Geschäftstätigkeit aller Unternehmen hatte. Diese Ereignisse werden im Folgenden aber nicht näher betrachtet.

Bestimmte weitere Mitteilungen innerhalb eines gewissen Zeitraums (betrachtet wird hierfür ein Zeitraum von bis zu einem Jahr) vor der Ankündigung der gesellschaftsrechtlichen Strukturmaßnahme können für den Börsenkurs im Dreimonatszeitraum relevant sein (so bspw. Umstrukturierungen oder Erweiterungen von Geschäftsfeldern). Etwas häufiger treten für die später betrachtete Stichprobe (aufgrund der Vorgaben zu deren Veröffentlichung) Ankündigungen der Offenlegung von **Finanzberichten** (Jahres-/Konzernabschluss, auch Halbjahres- und Quartalsberichte) auf, die nach § 114 Abs. 1 Satz 2 WpHG (vor 03.01.2018 nach § 37v WpHG a. F.) für den Jahresfinanzbericht, nach § 115 Abs. 1 Satz 2 WpHG für den Halbjahresfinanzbericht (vor 03.01.2018 nach § 37w WpHG a. F.) oder nach § 117 WpHG für den Konzernabschluss (vor 03.01.2018 nach § 37y WpHG a. F.) zu publizieren sind. Auch Zwischenmitteilungen von Kennzahlen aus Finanzberichten werden des Öfteren veröffentlicht. In manchen Fällen findet kurz vor Ankündigung der Strukturmaßnahme eine **Hauptversammlung** statt. Deren Einladung muss hauptsächlich bei börsennotierten Gesellschaften nach § 121 Abs. 4a AktG ebenfalls über Medien mit weitem Verbreitungsgebiet bekanntgegeben werden. Darüber hinaus gibt es für manche Zielgesellschaften vor der Strukturmaßnahme Änderungen in **Vorstand** oder **Aufsichtsrat**, die einen Einfluss auf die Erwartungen der Aktionäre haben könnten. Teilweise werden zudem **Directors' Dealings** (Handelsaktivitäten von Personen in Schlüsselfunktionen des Unternehmens) veröffentlicht.[230] Die Vorgabe dazu besteht seit dem 03.07.2016 nach Art. 19 MMVO und beinhaltet die Pflicht zur Meldung von Handel mit Finanzinstrumenten eines Emittenten durch Personen, die

[230] Diese finden teilweise im Rahmen einer Annahme von Angeboten nach dem WpÜG statt oder es werden Aktienoptionen ausgeübt.

Führungsaufgaben beim Emittenten wahrnehmen (und damit auch über mögliche Insiderinformationen verfügen). Gemeldet wird an den Emittenten und die BaFin. Der Emittent muss die Mitteilung über die Geschäfte veröffentlichen (Art. 19 Abs. 3 MMVO). Zuvor bestand seit dem 01.07.2002 eine entsprechende Verpflichtung nach § 15a WpHG (a. F.).[231]

3.8.4 Besonderheiten der Informationsverarbeitung vor und bei einer Strukturmaßnahme

In zeitlicher Nähe einer Strukturmaßnahme kann es vorkommen, dass **Erwartungen** der Aktionäre nicht durch die Geschäftstätigkeit des Unternehmens oder erwartete Erträge daraus geprägt sind. Stattdessen kann es aufgrund der relativ sicheren Umsetzung einer Maßnahme zur Antizipation einer Kompensation kommen. Die Minderheiten könnten aufgrund von Spekulation in Erwartung einer Abfindung oder anderer Kompensationszahlungen bzw. einer späteren möglichen Erhöhung dieser handeln.[232] Dann kann eine Abfindungsarbitrage auftreten. Minderheitsbeteiligungen an Zielgesellschaften werden ggf. gekauft, da auf eine den Börsenkurs übersteigende Abfindung oder andere Kompensation (im Spruchverfahren) spekuliert wird.[233]

Durch die überwiegend wahrscheinliche Umsetzung nach einer Ankündigung,[234] werden aber generell Erwartungen bezüglich der wirtschaftlichen Geschäftstätigkeit weniger relevant. Hauptsächlich beim Squeeze-out sind sie mit Ankündigung kaum noch relevant und Erträge sind nur noch über einen begrenzten Zeitraum zu erwarten. Bei einem BGV oder einer Verschmelzung ist optional ein Ausscheiden möglich. Bei einem Ausscheiden sind Ertragserwartungen ebenfalls kaum noch relevant. Bei einem Verbleib in der Stellung als Aktionär werden (bei Umsetzung) vor allem die Erwartungen hinsichtlich der Geschäftstätigkeit der Obergesellschaft (bei variablem Ausgleich) oder der übernehmenden Gesellschaft (bei Verschmelzung) statt der Zielgesellschaft relevant. Wird eine feste Ausgleichszahlung angeboten, sind Erwartungen über die Geschäftstätigkeit für die Laufzeit des BGV nur in geringem Maße von Bedeutung.

[231] Vgl. *Pfüller/Nerz* (2024), in: Wertpapierhandelsrecht, Art. 19 MAR Rn. 6.

[232] Vgl. *Budzinski* (2012), S. 106.

[233] Vgl. auch *Fleischer/Kolb* (2019), S. 57.

[234] Dies wird aufgrund der Hauptversammlungsmehrheit, die in der Regel besteht, angenommen.

Weiterhin ist häufig von einer möglichen bewussten **Beeinflussung** der Kurse durch den Hauptaktionär die Rede. Auch in diesem Fall würde der Börsenkurs nicht mehr ausschließlich die Markterwartungen hinsichtlich der Erträge abbilden. So zeigen *Daske/Bassemir/Fischer* eine gezielte Informationsvermittlung durch den Mehrheitsaktionär schon vor einem Squeeze-out, um Erwartungen negativ zu beeinflussen. Dies geschieht durch eine signifikant erhöhte Anzahl an pessimistischen Veröffentlichungen und signifikant weniger optimistische Veröffentlichungen im Vergleich zu vor den sechs Monaten vor Ankündigung sowie im Vergleich zu einer Kontrollgruppe. Die Informationsvermittlung basiert nicht auf einer verschlechterten Situation des Unternehmens und tritt meist für Bereiche auf, auf die das Management mehr Einfluss nehmen kann. Trotz schwieriger Nachprüfbarkeit gehen sie von aktiv durch negative Mitteilungen substituierten positiven Mitteilungen aus. Dadurch entstehende Überrenditen bei Squeeze-out-Ankündigung sind eher gering.[235] Regulierungen und Handlungen der Börsenaufsicht sollen allerdings der gezielten Beeinflussung entgegenwirken. So wird bspw. die Liquidität überprüft,[236] da eine hohe Liquidität Manipulationen erschwert[237]. *Budzinski* hält sogar eine Manipulation von Kursen durch Insiderhandel für möglich, auch wenn dieser grundsätzlich verboten ist.[238]

Nachfolgend werden Angebote nach dem WpÜG und BGVs vor Strukturmaßnahmen thematisiert – die Informationsverarbeitung im Börsenkurs (damit auch der mit ihnen verbundene Informationsgehalt des Börsenkurses) sowie deren Einfluss auf die Antizipation und Reaktion bei einer späteren Strukturmaßnahme.

Ein **Angebot nach dem WpÜG** (zur Erhöhung des Anteils) kann zu Ankündigungsreaktionen führen, da damit erstens eine neue Information in den Markt gelangt und somit Informationsasymmetrien zwischen (zukünftigem) Hauptaktionär und außenstehenden Gesellschaftern abgebaut werden (durch Bekanntgabe, Angebotsunterlage und weitere Mitteilungen, siehe 3.8.2). Zweitens werden über die Annahme des Angebotes meist Aktien (abseits der Börse) verkauft, wodurch ggf. eine deutliche Reaktion des Kurses (durch geringeres Angebot an der Börse) entstehen kann. Drittens kann es auch hier zum Kauf von Aktien am Kapitalmarkt kommen, wenn neben geänderten Erwartungen über die Geschäftstätigkeit des Unternehmens auf eine Erhöhung des Angebotspreises spekuliert wird. Eine Reaktion könnte auch davon abhängen, ob bereits mit der ersten Ankündigung

---

[235] Vgl. *Daske/Bassemir/Fischer* (2010), Ergebnisse ab S. 265, S. 283 für die Zusammenfassung.

[236] Vgl. OLG München v. 14.12.2021 – 31 Wx 190/20, juris Rz. 90.

[237] Vgl. *Weber* (2004), S. 291.

[238] Vgl. *Budzinski* (2012), S. 103.

weitere Daten wie eine Abfindungshöhe veröffentlicht werden. Die begründete Stellungnahme von Vorstand und Aufsichtsrat zum Angebot (§ 27 WpÜG) kann das Verhalten der Aktionäre zusätzlich beeinflussen. Zudem kann es aber auch dazu kommen, dass bereits mit dem Angebot das Eintreten einer später folgenden Strukturmaßnahme angenommen wird, für die ein erhöhter Anteilsbesitz erforderlich oder vorteilhaft ist und sich dadurch Kursreaktionen (z. B. auch hier aufgrund von Spekulation und damit verbundener Abfindungsarbitrage) ergeben. Aufgrund des geringeren Angebotes (wenn die Gegenleistung nicht grundsätzlich als zu gering eingeschätzt wird) und einer möglichen Spekulation auf eine ggf. erhöhte Gegenleistung entstehen bei der Ankündigung vermutlich positive abnormale Renditen.

Bei der Ankündigung eines **BGV** (Vertragskonzern vor weiterer Strukturmaßnahme) werden ebenfalls Informationsasymmetrien zwischen Hauptaktionär und außenstehenden Aktionären abgebaut (vor allem mit Ankündigung der Kompensation). Bei einem Vertragskonzern sind Zahlungen an außenstehende Aktionäre bei einem festen Ausgleich nicht mehr abhängig von der Geschäftsentwicklung. Daher sind Informationsasymmetrien in diesem Fall für die Vertragslaufzeit kaum noch relevant. Unklar bleibt dann meist die Vertragsdauer, folgende Maßnahmen (z. B. ein darauffolgender Squeeze-out) und nach Vertragsende auch die Entwicklung des Unternehmens.[239] Erwartungen in Bezug auf diese Themen können den Börsenkurs beeinflussen.[240] Da Abfindung (bar oder in Aktien) und variabler Ausgleich anhand verfügbarer Informationen bestimmt werden (aber nur kurzfristig relevant sind), sind Informationsasymmetrien hier kurzfristig abgebaut.

Aufgrund abgebauter Informationsasymmetrien werden auch bei BGVs Ankündigungsreaktionen – sichtbar am Börsenkurs des Zielunternehmens – erwartet. Spätestens mit Bekanntgabe der Höhe von Abfindung und Ausgleich werden zusätzlich Informationen über die Erwartungen des Hauptaktionärs hinsichtlich der Zukunft preisgegeben. Im Vergleich zu den Angeboten wird eine geringere Reaktion erwartet, da sich mit der Ankündigung die Ungewissheit der Aktionäre hinsichtlich der Erwartungen tendenziell verringern sollte und daher vermutlich weniger Verkauf gewünscht wird. Gleichzeitig könnten möglicherweise weniger Aktien gekauft werden, da Zahlungen festgelegt und keine besonders hohen Gewinne möglich sind (bei einer Erhöhung der Zahlungen leicht). Spekulation (mit Abfindungsarbitrage) und Gewinnmitnahmen könnten

[239] Vgl. *Jonas* (2008), in: Finanzierungstheorie auf vollkommenen und unvollkommenen Kapitalmärkten (Festschrift für Lutz Kruschwitz zum 65. Geburtstag), S. 114; *Budzinski* (2012), S. 105.

[240] Vgl. *Budzinski* (2012), S. 105.

auch hier auftreten und neben die wirtschaftlichen Erwartungen hinsichtlich des Unternehmens treten. Da vor 46 % der BGVs ein Angebot nach WpÜG stattfindet, könnte der Informationsgehalt des Börsenkurses bereits umfassender sein, was eine geringere Reaktion bedingen kann.[241]

Welche spezifischen Informationen mit der Ankündigung von BGVs oder Angeboten bekanntgegeben werden – hauptsächlich über die Kompensation oder Gegenleistung – wird im Folgenden nicht berücksichtigt.

Welche Relevanz können die unter 3.8.1 bis 3.8.3 beschriebenen Ereignisse für den Börsenkurs vor und bei der **darauffolgenden Strukturmaßnahme** haben?

Der Umfang, in dem mit dem **Angebot nach WpÜG** oder **BGV**, auch über alle dafür erforderlichen Schritte, bereits Informationsasymmetrien abgebaut werden, kann einen Einfluss auf die Überrenditen bei Ankündigung der darauffolgenden Strukturmaßnahme haben. Dadurch können auch Antizipationseffekte der Folgemaßnahme beeinflusst werden und damit der Kurs im Dreimonatszeitraum der späteren Maßnahme. Spätestens mit der Einladung zur beschlussfassenden HV des in der Folge beherrschten Unternehmens (bei BGVs) oder der Veröffentlichung der Angebotsunterlage (bei Angeboten nach WpÜG) sind zunächst alle erforderlichen Informationen bekannt und Informationsasymmetrien weitgehend abgebaut. Daher sollte dann auch keine reine Sachverhalts-Spekulation mehr stattfinden (außer auf Änderungen der relevanten ökonomischen Parameter) und kurz danach alle Informationen verarbeitet sein.

Insofern würde der Börsenkurs im Anschluss an einen BGV oder ein Angebot nach WpÜG **aktuelle Informationen** enthalten, die bis dahin ggf. nur dem Hauptaktionär in dem Umfang bekannt waren. Dadurch wird der Informationsstand der außenstehenden Aktionäre angeglichen, sodass weniger Unsicherheiten über die Entwicklung des operativen Geschäfts bestehen. Je näher ein BGV oder ein Angebot zeitlich an einer Folgemaßnahme liegt, desto mehr Informationen enthält der Börsenkurs im Dreimonatszeitraum. Bei der Strukturmaßnahme wäre der Informationsgehalt des Börsenkurses umfassender als ohne einen vorher entstandenen (Vertrags-)Konzern oder ein Angebot nach WpÜG oder bei längerem Zeitraum dazwischen. Andererseits könnte gerade durch die Information des BGVs oder Angebotes auch wiederum Unsicherheit über die zukünftige Entwicklung der Zielgesellschaft entstehen (auch in Bezug auf Strukturmaßnahmen).

---

[241] Vgl. für den Informationsgehalt bei einem BGV vor einem Squeeze-out *Budzinski* (2012), S. 105.

Die Besonderheit der über einen längeren Zeitraum fixierten Zahlung an außenstehende Aktionäre bei einem BGV (bei festem Ausgleich) führt zu Sicherheit bezüglich der Zuflüsse für die Vertragslaufzeit.[242] Bei einem BGV kann die Angemessenheit von Ausgleich und Abfindung in einem **Spruchverfahren** verifiziert werden, was bei Angeboten nicht möglich ist (hier besteht aber die Möglichkeit, das Angebot nicht anzunehmen). Ein solches Spruchverfahren kann bis zur Hauptmaßnahme andauern.[243] Insofern kann der BGV auch dann noch eine Rolle für den Börsenkurs spielen, wenn dieser bereits längere Zeit vor der weiteren Strukturmaßnahme abgeschlossen wurde, da Ausgleichszahlungen fixiert sind und/oder ein Spruchverfahren ggf. noch nicht abgeschlossen wurde.

Darüber hinaus wurde mit Bekanntgabe der Abfindungs- bzw. Ausgleichszahlung oder Gegenleistung (bei BGV oder Angebot) der Öffentlichkeit bereits eine grobe Orientierung für eine folgende Abfindung im Rahmen der Strukturmaßnahme gegeben.[244]

Durch die bereits kurz zuvor verarbeiteten Informationen im Börsenkurs wird eine **geringere Reaktion** auf Ankündigungen von Strukturmaßnahmen erwartet, die zeitnah auf einen BGV oder ein Angebot folgen, und eine stärkere Reaktion bei längerem Zeitraum dazwischen bzw. ohne vorheriges Angebot oder BGV. Innerhalb eines kürzeren Zeitraums nach einem BGV oder Angebot ist es zudem möglich, dass die Aktionäre eher eine folgende Maßnahme erwarten und daher bei tatsächlicher Ankündigung eine schwächere Reaktion entsteht.[245] Der BGH sowie das OLG Karlsruhe haben in der jüngeren Rechtsprechung den Barwert einer Ausgleichszahlung (nach § 304 AktG) aus dem BGV als Untergrenze einer angemessenen Barabfindung beim nachfolgenden aktienrechtlichen Squeeze-out anerkannt. Dies war bis dahin umstritten. Die Ausgleichszahlung dürfe jedoch nur herangezogen werden, wenn der BGV bei der Beschlussfassung zum Squeeze-out noch Bestand hat und auch davon ausgegangen wird, dass er weiterhin besteht.[246]

Ein übernahmerechtlicher Squeeze-out ist möglich, wenn bei einem Anteilserwerb durch ein Übernahme- oder Pflichtangebot der Bieter einen Anteil am Grundkapital von mindestens 95 % erlangt hat (§ 39a Abs. 1 WpÜG). Es gilt die Regelung, dass wenn mindestens 90 % der Anteile durch das Angebot erlangt wurden, die **Gegenleistung** des Angebots als angemessene **Abfindung** beim

---

[242] Vgl. auch *Budzinski* (2012), S. 105.

[243] Vgl. auch *Elsland/Weber* (2005), S. 18.

[244] Vgl. ähnlich hierzu *Elsland/Weber* (2005), S. 16.

[245] Vgl. auch *Budzinski* (2012), S. 152.

[246] Vgl. BGH v. 15.09.2020 – II ZB 6/20, juris Rz. 27; OLG Karlsruhe v. 21.06.2024 – 12 W 14/23, juris Rz. 36.

Squeeze-out verwendet wird (§ 39a Abs. 3 Satz 3 WpÜG).[247] Eine vergleichbare Regelung besteht für die hier betrachteten aktien- und umwandlungsrechtlichen Squeeze-outs und die anderen Arten von Strukturmaßnahmen jedoch nicht. Für die Berechnung des dreimonatigen durchschnittlichen Börsenkurses wird aber bei aktien- und umwandlungsrechtlichen Squeeze-outs auf § 5 Abs. 3 WpÜG-AngebV verwiesen[248] und damit zu späterem Zeitpunkt gleich berechnet. Die Gegenleistung des vorherigen Angebots wird nicht direkt verwendet. Vor allem bei geringem Zeitabstand kann es vorkommen, dass sich keine wesentlichen Änderungen im Unternehmenswert ergeben.[249]

Von Bedeutung für die im Börsenkurs verarbeiteten Informationen ist auch die **Liquidität**. Bei höherer Liquidität von Aktien wird angenommen, dass Informationen schneller im Kurs verarbeitet werden, da Transaktionen schneller umgesetzt werden können.[250] Möglicherweise verbreiten sich die Informationen zusätzlich schneller bei liquideren Aktien. Daher können bei höherer Liquidität stärkere Reaktionen auftreten, die sich nach der Ankündigung schneller abschwächen bzw. die Kurse konvergieren schneller gegen den fundamentalen Wert oder mindestens ein Kursgleichgewicht. Bei geringerer Liquidität kann es eher zu Manipulation durch einzelne Marktteilnehmer kommen. Ein Kaufauftrag kann zudem möglicherweise nur umgesetzt werden, wenn ein hoher Bid-Ask-Spread akzeptiert wird,[251] was einen für den Käufer unvorteilhaften Kurs bedeutet. Außerdem werden wenig liquide Aktien tendenziell weniger stark von (potenziellen) Aktionären sowie auch der Öffentlichkeit und Analysten beobachtet (wechselseitige Beziehung möglich). Möglicherweise bestehen daher bei weniger liquiden Aktien stärkere Informationsasymmetrien zwischen Hauptaktionär und außenstehenden Aktionären im Vergleich zu liquideren Aktien. Durch die bessere Informationslage bei liquideren Aktien könnte für diese allerdings auch ein geringerer Effekt entstehen. Hinweise auf eine geringe Liquidität kann bereits der geringe Streubesitz bei einem Squeeze-out liefern.

Neben dem betrachteten BGV kann auch ein Anteil des Hauptaktionärs auf einen Konzerneinfluss oder eine spätere Strukturmaßnahme hindeuten. Bei Überschreiten relevanter **Anteilsschwellen** – vor allem der Schwellen von 90 bzw.

---

[247] Vgl. *Austmann/Hoffmann-Becking* (2020), in: Münchener Handbuch des Gesellschaftsrechts, § 75 Rn. 7 f.

[248] Vgl. OLG München v. 11.07.2006 – 31 Wx 41/05, 66/05, juris Rz. 25; *Singhof* (2024), in: beck-online.GROSSKOMMENTAR zum Aktienrecht, § 327b AktG Rn. 9.

[249] Vgl. auch *Budzinski* (2012), S. 152.

[250] Vgl. auch *Elsland/Weber* (2005), S. 21 in Bezug auf die Handelshäufigkeit.

[251] Vgl. dazu auch *Budzinski* (2012), S. 149.

95 % (auch wenn hier keine Veröffentlichungspflicht besteht) oder vorheriger meldepflichtiger Schwellen (Stimmrechte von 50 oder 75 %) – wird potenziell eine Strukturmaßnahme antizipiert. Werden hohe Schwellen überschritten, wird hauptsächlich ein umwandlungs-/aktienrechtlicher Squeeze-out wahrscheinlich. Bei den anderen Maßnahmen können erreichte oder überschrittene Schwellen zumindest auf eine erreichbare HV-Mehrheit hindeuten. Hier könnten bspw. bei Abfindungsarbitrage bereits die Kurse ansteigen.

Informationsasymmetrien können auch durch **Finanzberichte** und **Hauptversammlungen** bereits im Vorfeld abgebaut werden. Wechsel in **Vorstand** oder **Aufsichtsrat** oder sog. **Directors' Dealings** können Hinweise auf Einschätzungen anderer Personen bezüglich des Unternehmens liefern (außer bei Wechseln im Vorstand/Aufsichtsrat nach der maximalen Amtszeit von zehn (§ 84 Abs. 1 AktG)/maximal etwa fünf Jahren (§ 102 Abs. 1 AktG) oder anderen nicht mit dem Unternehmen verbundenen Gründen). Die Einflüsse hierdurch auf den Börsenkurs können je nach Einschätzung durch die (potenziellen) Aktionäre sowohl positiv als auch negativ ausfallen.

3.9 Ergebnisse

3.9.1 Ankündigungseffekte bei Ereignissen vor den aktien- und umwandlungsrechtlichen Strukturmaßnahmen

3.9.1.1 Börsenkursreaktionen bei Ankündigungen von Angeboten nach dem WpÜG

Wie Tabelle 3.3 zeigt, wurde vor 207 der 385 Strukturmaßnahmen der Stichprobe ein Angebot nach dem WpÜG angekündigt. Darin enthalten sind 132 Übernahmeangebote, 37 Erwerbsangebote[252] und 38 Pflichtangebote. Angebote werden, wie unter 3.8.2 beschrieben, häufig erstmals durch den Hauptaktionär angekündigt. Abbildung 3.2 zeigt das zeitliche Auftreten der Angebotsankündigungen.[253]

[252] Angebote vor 2002 wurden als Erwerbsangebote eingestuft, sofern kein bestimmter Zweck angekündigt wird.

[253] Auch für Angebote (wie bei den Strukturmaßnahmen) wird der Ankündigungstag durch den Folgetag ersetzt und damit um einen Tag in die Zukunft verschoben, sofern es sich beim tatsächlichen Ereignistag nicht um einen Handelstag handelt oder kein Aktienkurs für diesen Tag verfügbar ist.

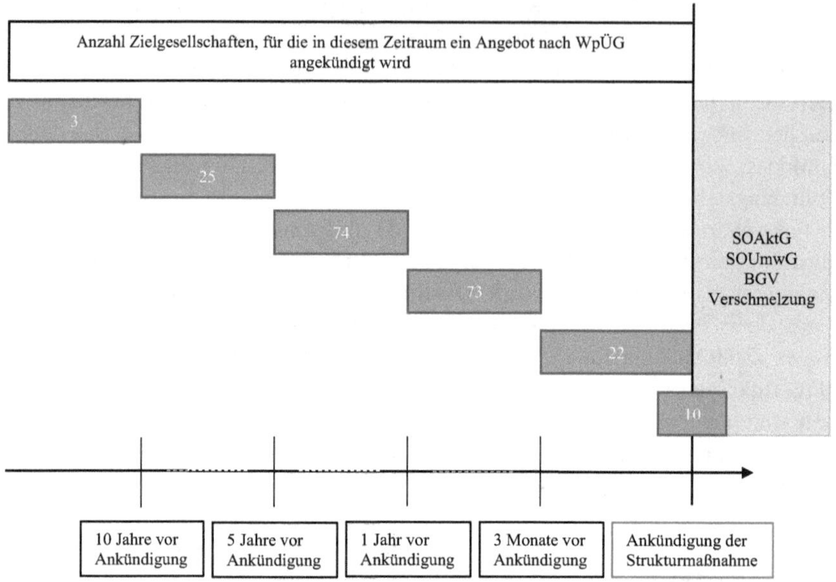

Abbildung 3.2 Anzahl an Zielgesellschaften mit Angeboten nach WpÜG vor gesellschaftsrechtlichen Strukturmaßnahmen
Diese Abbildung zeigt die Anzahl an Zielgesellschaften mit vorheriger Ankündigung eines Angebotes nach dem WpÜG (vor der Strukturmaßnahme). Abgebildet wird die Anzahl nach zeitlichem Abstand des Angebotes zur gesellschaftsrechtlichen Strukturmaßnahme (aktienrechtlicher Squeeze-out (SOAktG), umwandlungsrechtlicher Squeeze-out (SOUmwG), BGV, Verschmelzung).

Die drei Angebote, die mehr als zehn Jahre vor der betrachteten Strukturmaßnahme angekündigt wurden, werden nicht weiter berücksichtigt. Für diese wird angenommen, dass sie den Börsenkurs vor Ankündigung der Hauptmaßnahme[254]

[254] Auch im Folgenden wird die gesellschaftsrechtliche Strukturmaßnahme (aktien-/umwandlungsrechtlicher Squeeze-out, BGV, Verschmelzung), für die vorherige Ereignisse betrachtet werden, häufig vereinfacht als „Hauptmaßnahme" oder auch als „Folgemaßnahme" bezeichnet. Hierdurch sollen keine Rückschlüsse auf die Bedeutung der Maßnahmen gezogen werden, die Bezeichnung wird aus Gründen der Einfachheit und Eindeutigkeit

nicht mehr beeinflussen. Bei den zeitgleich mit der Hauptmaßnahme angekündigten Angeboten ist der Effekt nicht vom Ankündigungseffekt der Hauptmaßnahme separierbar, sie werden daher nicht weiter berücksichtigt. Sieben der Angebote müssen aufgrund nicht ausreichender Börsenkursdaten im Schätzzeitraum aus der Stichprobe entfernt werden. Damit werden insgesamt 187 Angebote im weiteren Verlauf des Kapitels einbezogen. Zunächst wird das Angebot nach WpÜG als ein mögliches kursbeeinflussendes Ereignis vor einer Strukturmaßnahme betrachtet.

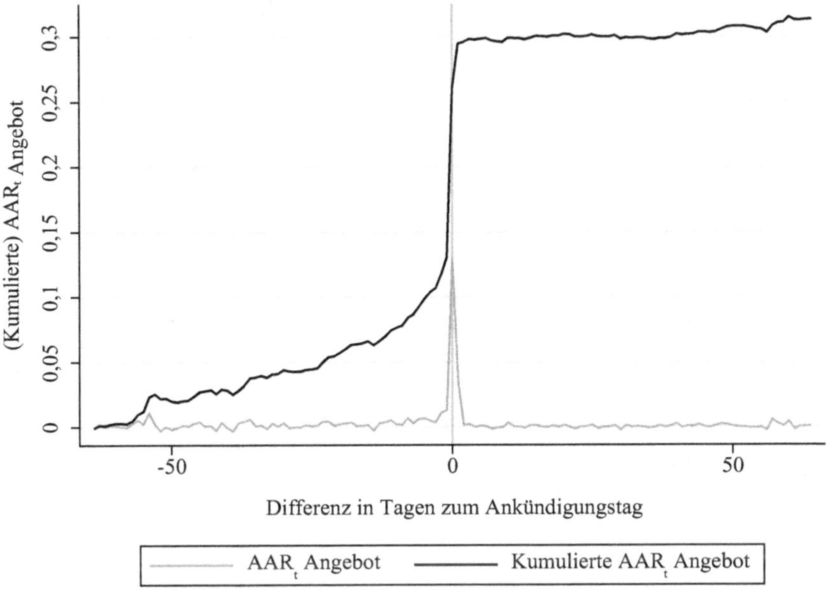

Abbildung 3.3 (Kumulierte) durchschnittliche abnormale Rendite bei Angeboten nach WpÜG
Diese Abbildung zeigt die durchschnittliche tägliche abnormale Rendite (AAR_t) der Stichprobe von 187 angekündigten Angeboten nach WpÜG (Angebot) für jeden Tag des Ereignisfensters sowie die über die Zeit kumulierte durchschnittliche abnormale Rendite (kumulierte AAR_t) der Stichprobe. Der Tag der Ankündigung ist Tag 0, die übrigen Tage werden als Differenz in Tagen zu Tag 0 dargestellt. Die zu verschiedenen Zeitpunkten veröffentlichten Ankündigungen werden damit behandelt, als würden sie zeitgleich stattfinden.

---

in der Unterscheidung zwischen vorherigen und den im Rahmen der Arbeit hauptsächlich betrachteten Maßnahmen verwendet.

Hierbei wird generell analysiert, ob ein solches einen Einfluss auf den Börsenkurs aufweist. Dies wäre für die Abfindungsbemessung hauptsächlich relevant, sofern das Angebot im Dreimonatszeitraum vor einer Strukturmaßnahme stattfindet oder aber wenn es den Börsenkurs bis in den Dreimonatszeitraum der Maßnahme hinein beeinflusst.

Mit der Ankündigung eines Angebotes kommt es zu einer starken Reaktion des Kurses in Form von deutlichen durchschnittlichen Überrenditen (siehe Abbildung 3.3). Die stärkste Überrendite tritt am Ankündigungstag selbst auf. Nach der Ankündigung gibt es kaum noch Änderungen der kumulierten Überrendite, sie verbleibt bis zum Ende des Ereignisfensters auf relativ konstantem Niveau. Jedoch sind bereits vor der erstmaligen Ankündigung leichte Überrenditen erkennbar, die sich auf bis zu ca. 13 % kumulieren. Ab ca. 55 Tagen vor der Ankündigung steigen die kumulierten Überrenditen kontinuierlich an, mit leichter Zunahme im Anstieg ab ca. 20 Tagen vor Ankündigung.

Tabelle 3.4 zeigt die Ergebnisse für bestimmte Tage und Zeitfenster.

Tabelle 3.4 (Kumulierte) durchschnittliche abnormale Renditen bei Angeboten nach WpÜG (in %)

Teil A: Durchschnittliche abnormale Renditen

Tag	AAR_t	Signifikanz BMP-Test (t-Statistik)	Signifikanz KP-Test (t-Statistik)
-5	0,6465	* (1,99)	(1,80)
-4	0,4562	* (2,35)	* (2,48)
-3	0,3291	(1,58)	(1,41)
-2	1,1003	** (3,35)	* (2,28)
-1	1,2842	** (4,08)	** (3,40)
0	12,9496	** (7,76)	** (9,07)
1	3,4706	** (3,75)	** (4,49)
2	0,1252	(0,64)	(0,10)
3	0,2062	(0,76)	(0,72)
4	-0,0365	(-0,33)	(-0,63)
5	0,0651	(0,84)	(0,79)

Teil B: Kumulierte durchschnittliche abnormale Renditen

Zeitfenster	$CAAR_{t_1,t_2}$	Signifikanz BMP-Test (t-Statistik)	Signifikanz KP-Test (t-Statistik)
[-1; +1]	17,7043	** (9,14)	** (11,67)
[-2; +2]	18,9298	** (9,58)	** (12,09)
[-64; -1]	13,0290	** (6,55)	** (6,47)
[0; +2]	16,5453	** (8,63)	** (11,35)
[+3; +5]	0,2348	(0,80)	(0,02)
[+6; +64]	1,5126	(1,15)	(0,07)
[-64; +64]	31,3216	** (10,07)	** (10,15)

Diese Tabelle zeigt die durchschnittliche tägliche abnormale Rendite der Stichprobe von 187 angekündigten Angeboten nach WpÜG für jeden Tag eines Zeitfensters von 5 Tage vor bis 5 Tage nach dem Ankündigungstag in Prozent (Teil A). Zudem zeigt sie für verschiedene Zeitfenster innerhalb des Ereignisfensters die kumulierte durchschnittliche abnormale Rendite der Stichprobe in Prozent (Teil B). Der Tag der Ankündigung ist Tag 0, die übrigen Tage werden als Differenz in Tagen zu Tag 0 dargestellt. Auf Signifikanz getestet wird anhand des BMP- sowie des KP-Tests (t-Statistik jeweils in Klammern). ** und * zeigen statistische Signifikanz auf einem Signifikanzniveau von $\alpha = 1$ % und $\alpha = 5$ %.

In Tabelle 3.4 ist ebenfalls die deutliche Überrendite – vor allem am Ankündigungstag des Angebotes in Höhe von ca. 13 % – sichtbar. Bereits kurz vor der Ankündigung kommt es zu signifikanten Überrenditen von bis zu ca. 1,3 % (am Tag vor der Ankündigung). Die kumulierten durchschnittlichen abnormalen Renditen sind für fast alle Zeitfenster signifikant positiv, außer für den Zeitraum zwischen 3 und 64 Tagen nach der Ankündigung. Neben der positiven Reaktion auf die Ankündigung eines Angebotes zeigt sich auch eine deutliche Antizipation, die bereits in der Grafik (Abbildung 3.3) sichtbar ist. Kumuliert beträgt die

Überrendite in den drei Monaten vor der Ankündigung 13 %. Mit der Ankündigung scheinen die neuen Informationen innerhalb weniger Tage verarbeitet zu werden, denn danach sind keine signifikanten Überrenditen mehr erkennbar (nach Tag + 1).

Eine Angebotsankündigung weist damit sehr deutliche Effekte auf den Börsenkurs auf. Dies kann auch durch viele Aktien, die sich noch im Streubesitz befinden, bedingt sein (damit tendenziell hohe Liquidität). Der Anteil des Hauptaktionärs soll gerade durch das Angebot erhöht werden oder der Hauptaktionär möchte damit erst einen kontrollierenden Anteil erreichen. Mit der Ankündigung scheinen wesentliche Informationen an den Kapitalmarkt zu gelangen, welche schnell und umfangreich verarbeitet werden. Informationsasymmetrien werden (vorübergehend) abgebaut. Darüber hinaus ist hier ein umfangreicher Handel wahrscheinlich, wobei die deutlich ansteigenden Kurse auch auf einen Nachfrageüberhang (oder ein durch das Angebot nach WpÜG reduziertes Angebot) schließen lassen. Spekulationen auf noch nicht bekannte Angebotspreise oder eine mögliche Erhöhung solcher lassen sich nicht ausschließen. Die stark positiven abnormalen Renditen könnten auf eine damit verbundene Abfindungsarbitrage hindeuten (gezielter Kauf der Aktien unter Annahme einer Erhöhung der Gegenleistung). Eine Antizipation könnte bspw. dadurch entstehen, dass bereits zuvor Erhöhungen der Stimmrechtsanteile veröffentlicht werden. Auch eine Antizipation einer späteren Strukturmaßnahme, die die Reaktion erhöht, ist möglich.

Die hohen Reaktionen können auch einen Hinweis auf eine angemessene Gegenleistung darstellen (Annahme des Angebots durch viele Aktionäre) oder aber auf eine vorherige Unterbewertung der Aktien am Kapitalmarkt. Sie können auf einen mangelnden Schutz der Minderheiten bei zuvor bestehendem faktischem Konzern oder (eher selten) Vertragskonzern hindeuten. Dann wurden Aktienkurse möglicherweise gezielt nach unten gedrückt.[255] Dies wird von *Hecker/Kaserer* bspw. damit begründet, dass die Minderheit bei bestehendem BGV mit nachteiligen Weisungen des Mehrheitsgesellschafters rechnen muss. Dies würde einen Unternehmenswert negativ beeinflussen.[256] Auch bei einem faktischen Konzern wäre ein Einfluss auf die Konzernpolitik möglich.[257]

Die Überrenditen sind in Verlauf und Höhe vergleichbar zu den Ergebnissen von *Bimberg*, Er stellt am Ankündigungstag um etwas mehr als zwei Prozentpunkte höhere Überrenditen fest und über das gesamte Ereignisfenster [−70; + 40] etwas höhere kumulierte Überrenditen von 39,82 %. Auch Signifikanzen sind sehr ähnlich.[258]

Aufgrund der unterschiedlichen Zielsetzungen von Erwerbs-, Übernahme- und Pflichtangeboten werden diese im Folgenden zusätzlich separat betrachtet, um Unterschiede in der Informationsverarbeitung oder ggf. der Relevanz der Ankündigung für außenstehende Aktionäre erkennen zu können.

---

[255] Vgl. *Bimberg* (2009), S. 195.

[256] Vgl. *Hecker/Kaserer* (2003), S. 158.

[257] Vgl. *Küting* (2012), S. 17.

[258] Vgl. *Bimberg* (2009), S. 176–178.

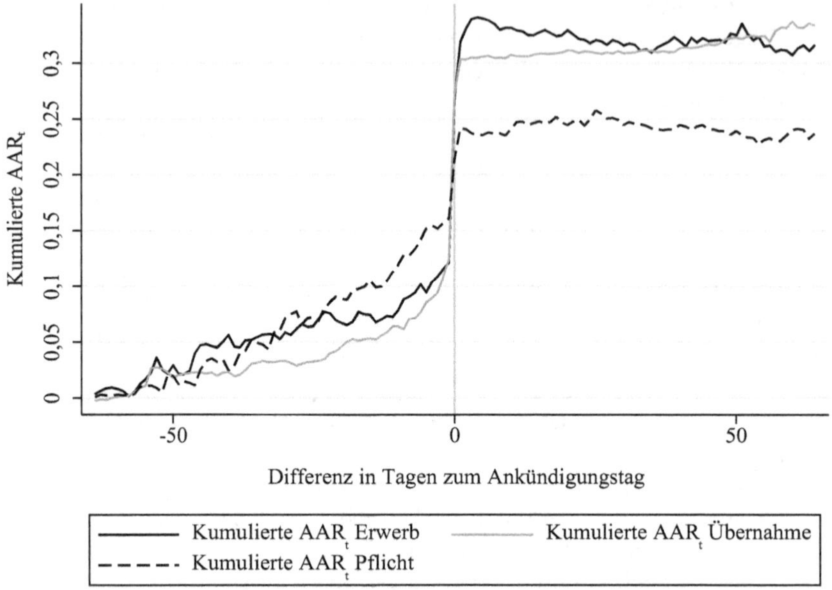

Abbildung 3.4 Kumulierte durchschnittliche abnormale Rendite nach Angebotsart
Diese Abbildung zeigt für das Ereignisfenster [−64; + 64] die kumulierten durchschnittlichen abnormalen Renditen (kumulierte AAR$_t$) für die Teilstichproben (nach Bereinigung): 29 Erwerbsangebote (Erwerb), 124 Übernahmeangebote (Übernahme) und 34 Pflichtangebote (Pflicht). Der Tag der Ankündigung ist Tag 0, die übrigen Tage werden als Differenz in Tagen zu Tag 0 dargestellt. Die zu verschiedenen Zeitpunkten veröffentlichten Ankündigungen werden damit behandelt, als würden sie zeitgleich stattfinden.

Die Verläufe in Abbildung 3.4 sind insgesamt ähnlich. Auffallend ist lediglich eine vor allem kurz vor der Ankündigung etwas höhere kumulierte durchschnittliche Überrendite bei Pflichtangeboten im Vergleich zu den freiwilligen Angeboten. Im Fall der Übernahmeangebote ist die Antizipation etwas geringer als bei den anderen Formen. Mit der Ankündigung entsteht bei Pflichtangeboten die geringste Überrendite und bei Erwerbsangeboten die stärkste Überrendite, die jedoch nicht stark von der Überrendite bei Übernahmeangeboten abweicht. Ab kurz nach der Ankündigung verbleiben die kumulierten durchschnittlichen Überrenditen jeweils auf etwa konstantem Niveau, lediglich beim Erwerbsangebot sinken sie zunächst etwas.

Tabelle 3.5 (Kumulierte) durchschnittliche abnormale Renditen nach Angebotsart (in %)

Teil A: Durchschnittliche abnormale Renditen

Tag	AAR_t Erwerb	Signifikanz BMP-Test (t-Statistik)	Signifikanz KP-Test (t-Statistik)	AAR_t Übernahme	Signifikanz BMP-Test (t-Statistik)	Signifikanz KP-Test (t-Statistik)	AAR_t Pflicht	Signifikanz BMP-Test (t-Statistik)	Signifikanz KP-Test (t-Statistik)
-5	-0,7419	(-1,83)	(-1,90)	0,8613	** (2,74)	* (2,42)	1,0475	(0,78)	(1,25)
-4	0,9351	* (2,17)	(1,76)	0,4020	(1,64)	(1,61)	0,2456	(0,63)	(1,20)
-3	0,5200	(1,08)	(1,14)	0,4472	(1,57)	(1,05)	-0,2648	(-0,89)	(-0,78)
-2	0,6263	(0,83)	(-0,24)	1,3889	** (3,31)	* (2,10)	0,4522	(0,68)	(1,50)
-1	0,6254	(0,70)	(0,03)	1,6715	** (4,15)	** (3,73)	0,4335	(0,83)	(0,34)
0	14,4450	** (4,66)	** (4,58)	14,7228	** (6,30)	** (6,72)	5,2071	** (3,30)	** (4,79)
1	5,3018	* (2,24)	* (2,28)	3,1998	** (2,65)	** (2,99)	2,8961	(2,00)	** (3,00)
2	1,1720	(1,29)	(1,54)	-0,0674	(-0,48)	(-0,93)	-0,0655	(-0,24)	(-0,23)
3	0,8488)	* (2,33)	(1,83)	0,2136	(0,60)	(0,37)	-0,3692	(-0,74)	(-1,05)
4	0,1644	(0,41)	(0,72)	-0,0703	(-0,61)	(-1,30)	-0,0844	(-0,17)	* (2,05)
5	-0,0828	(-0,16)	(0,16)	0,1410	(1,54)	(0,83)	-0,0858	(-0,16)	(0,28)

Teil B: Kumulierte durchschnittliche abnormale Renditen

Zeitfenster	$CAAR_{t_1,t_2}$ Erwerb	Signifikanz BMP-Test (t-Statistik)	Signifikanz KP-Test (t-Statistik)	$CAAR_{t_1,t_2}$ Übernahme	Signifikanz BMP-Test (t-Statistik)	Signifikanz KP-Test (t-Statistik)	$CAAR_{t_1,t_2}$ Pflicht	Signifikanz BMP-Test (t-Statistik)	Signifikanz KP-Test (t-Statistik)
[-1; +1]	20,3722	** (5,06)	** (3,63)	19,5941	** (7,34)	** (9,01)	8,5366	** (3,92)	** (3,77)
[-2; +2]	22,1705	** (5,29)	** (3,55)	20,9157	** (7,72)	** (9,31)	8,9234	** (3,80)	** (3,91)
[-64; -1]	12,1197	* (2,29)	(1,44)	12,4191	** (5,24)	** (5,45)	16,0287	** (3,19)	** (3,31)
[0; +2]	20,9188	** (5,19)	** (3,73)	17,8552	** (6,77)	** (8,41)	8,0376	** (3,70)	** (4,22)
[+3; +5]	0,9304	(1,58)	(0,46)	0,2843	(0,74)	(-0,09)	-0,5394	(-0,68)	(0,03)
[+6; +64]	-2,3759	(-1,01)	(-1,26)	2,8040	(1,50)	(1,10)	0,1190	(0,10)	(-0,58)
[-64; +64]	31,5930	** (4,54)	** (2,84)	33,3627	** (8,24)	** (8,15)	23,6460	** (3,90)	** (4,00)

Diese Tabelle zeigt die durchschnittlichen täglichen abnormalen Renditen der Teilstichproben (nach Bereinigung): 29 Erwerbsangebote (Erwerb), 124 Übernahmeangebote (Übernahme) und 34 Pflichtangebote (Pflicht). Abgebildet werden die durchschnittlichen abnormalen Renditen für jeden Tag eines Zeitfensters von 5 Tage vor bis 5 Tage nach dem Ankündigungstag in Prozent (Teil A). Zudem zeigt die Tabelle für verschiedene Fenster innerhalb des Ereignisfensters die kumulierten durchschnittlichen abnormalen Renditen der Teilstichproben in Prozent (Teil B). Der Tag der Ankündigung ist Tag 0, die übrigen Tage werden als Differenz in Tagen zu Tag 0 dargestellt. Auf Signifikanz getestet wird anhand des BMP- sowie des KP-Tests (t-Statistik jeweils in Klammern). ** und * zeigen statistische Signifikanz auf einem Signifikanzniveau von $\alpha = 1$ % und $\alpha = 5$ %.

Auffallend ist die betragsmäßig deutlich geringere Überrendite am Ankündigungstag für die Pflichtangebote (bei denen jedoch bereits zuvor eine deutliche kumulierte Überrendite erkennbar ist) im Vergleich zu den anderen Angebotsformen (siehe Tabelle 3.5, analog zu Abbildung 3.4). Bei den anderen Angebotsarten liegt die Überrendite am Ankündigungstag jeweils bei etwas über 14 %. Die Überrendite am Ankündigungstag ist für alle Angebote signifikant. Auch am Tag nach der Ankündigung treten noch signifikante Überrenditen auf, ab dem zweiten Tag nach Ankündigung allerdings nur noch vereinzelt. Für das Übernahmeangebot sind die Überrenditen ab zwei Tagen vor der Ankündigung signifikant positiv. Die kumulierten durchschnittlichen Überrenditen sind für alle Angebote über fast alle Zeitfenster signifikant – lediglich für Zeiträume ab drei Tagen nach Ankündigung nicht mehr und speziell bei Erwerbsangeboten im Zeitraum vor der Ankündigung nur nach dem BMP-Test. Auch in der Höhe sind die kumulierten durchschnittlichen Überrenditen bei Erwerbs- und Übernahmeangeboten sehr ähnlich. Bei Pflichtangeboten sind sie für Zeiträume von wenigen Tagen um das Ereignis weniger als halb so hoch, abweichend davon jedoch in der Periode vor der Ankündigung zunächst um ca. vier Prozentpunkte höher (siehe auch Abbildung 3.4). Für das gesamte Ereignisfenster liegen sie um 10 bzw. 8 Prozentpunkte unter den Überrenditen bei den Übernahme- bzw. Erwerbsangeboten.

Für die Ergebnisse in Tabelle 3.5 bestehen bei $\alpha = 5$ % an den Handelstagen -5 und $+ 2$ zwischen Erwerbs- und Übernahmeangeboten und am Ankündigungstag zwischen Übernahme- und Pflichtangeboten signifikante Unterschiede. Zudem liegen zwischen Übernahme- und Pflichtangeboten für Zeitfenster von -1 bis $+ 1$, -2 bis $+ 2$ und 0 bis $+ 2$ signifikante Unterschiede der kumulierten Überrenditen vor. Für $\alpha = 1$ % bestehen signifikante Unterschiede am Ankündigungstag zwischen Erwerbs- und Pflichtangeboten und zwischen diesen Angeboten für kumulierte Überrenditen zwischen -2 und $+ 2$, -1 und $+ 1$ sowie 0 und $+ 2$.

Die geringeren Überrenditen der Pflichtangebote könnten sich dadurch ergeben, dass möglicherweise zuvor bereits gewisse Stimmrechtsschwellen auf dem Weg zur Kontrolle überschritten werden und dies mitgeteilt wird. Dadurch wäre die Information des Angebotes weniger überraschend. Ansonsten sind Zeiträume der Informationsverarbeitung zwischen den Angebotsarten ähnlich.

Anlage 7 im elektronischen Zusatzmaterial zeigt die Ergebnisse aus Abbildung 3.4 ohne Berücksichtigung der Angebote vor 2002, die den Erwerbsangeboten zugeordnet werden. Hier sind für die Erwerbsangebote etwas geringere Überrenditen in Antizipation erkennbar. Ansonsten zeigen sich aber keine deutlichen Unterschiede.

Für Erwerbsangebote sind im Vergleich zu Pflichtangeboten etwas geringere Antizipationseffekte erkennbar. *Bimberg* stellt jedoch für Erwerbsangebote im Vergleich zu beiden anderen Angebotsarten eine geringere Antizipation fest, mit der Begründung eines möglicherweise systematisch nach unten getriebenen Kurses. Bei *Bimberg* treten für die Erwerbsangebote am Ereignistag um etwa vier Prozentpunkte höhere Überrenditen auf (bei Übernahmeangeboten zwei Prozentpunkte), wobei hier ebenfalls die Reaktion bei Pflichtangeboten am geringsten ausfällt. Im Gesamtzeitraum sind kumulierte Überrenditen beim Erwerbsangebot deutlich geringer als bei den anderen beiden Angebotsarten (ca. 27 % im Vergleich zu 41 % bei Pflichtangeboten und 38 % bei Erwerbsangeboten).[259]

3.9.1.2 Börsenkursreaktionen bei Ankündigungen von Beherrschungs- und/oder Gewinnabführungsverträgen

Insgesamt wurde vor bzw. gleichzeitig mit 91 Maßnahmen aus der Stichprobe (siehe Tabelle 3.3) ein BGV angekündigt (meist durch die Zielgesellschaft). Die folgende Abbildung zeigt den zeitlichen Abstand der 91 BGV-Ankündigungen zu den Ankündigungen der Hauptmaßnahmen.[260]

[259] Vgl. *Bimberg* (2009), S. 190–192.

[260] Auch für BGVs wird der Ankündigungstag durch den Folgetag ersetzt und damit um einen Tag in die Zukunft verschoben, sofern es sich beim tatsächlichen Ereignistag nicht um einen Handelstag handelt oder kein Aktienkurs für diesen Tag verfügbar ist.

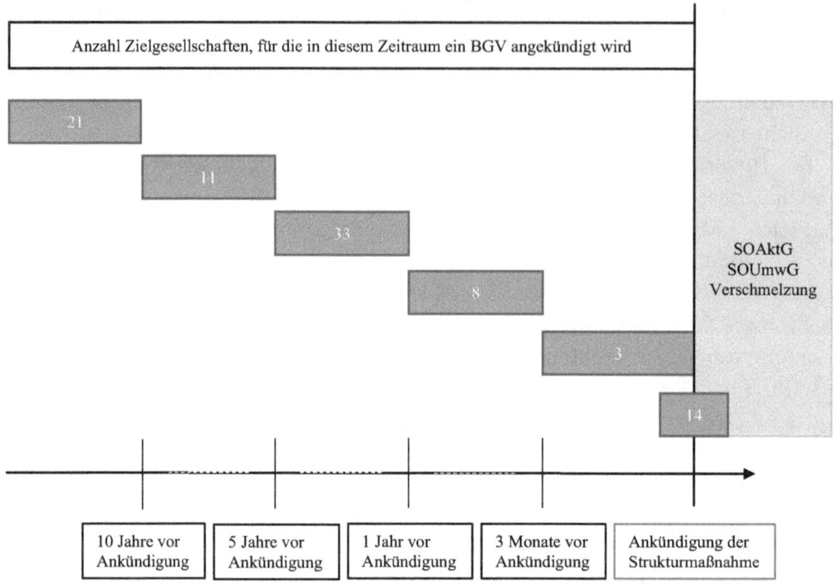

Abbildung 3.5 Anzahl an Zielgesellschaften mit BGVs vor Squeeze-outs oder Verschmelzungen
Diese Abbildung zeigt die Anzahl an Zielgesellschaften mit vorheriger Ankündigung eines BGVs (vor der Strukturmaßnahme). Abgebildet wird die Anzahl nach zeitlichem Abstand des BGVs zur weiteren gesellschaftsrechtlichen Strukturmaßnahme (aktienrechtlicher Squeeze-out (SOAktG), umwandlungsrechtlicher Squeeze-out (SOUmwG), Verschmelzung).

Der Zeitstrahl in Abbildung 3.5 zeigt, dass 21 der Ankündigungen zeitlich mehr als zehn Jahre vor der Ankündigung der weiteren Strukturmaßnahme lagen. Diese werden nicht weiter beachtet, da sie keinen wesentlichen Einfluss auf die Strukturmaßnahme haben sollten. 14 BGVs werden zeitgleich mit der Hauptmaßnahme angekündigt und aufgrund der gleichzeitig auftretenden möglichen Effekte ebenfalls nicht weiter berücksichtigt. Insgesamt liegen drei der Ankündigungen von BGVs innerhalb eines Zeitraums von drei Monaten vor der Ankündigung der weiteren Strukturmaßnahme. Aufgrund mangelnder Börsenkursdaten wird ein BGV nicht weiter berücksichtigt, es werden daher im Folgenden 55 BGVs als Stichprobe herangezogen. Der BGV wird als weiteres potenziell kursbeeinflussendes Ereignis im (Dreimonats-)Zeitraum vor der Ankündigung der weiteren Strukturmaßnahme auf Ankündigungsreaktionen hin betrachtet.

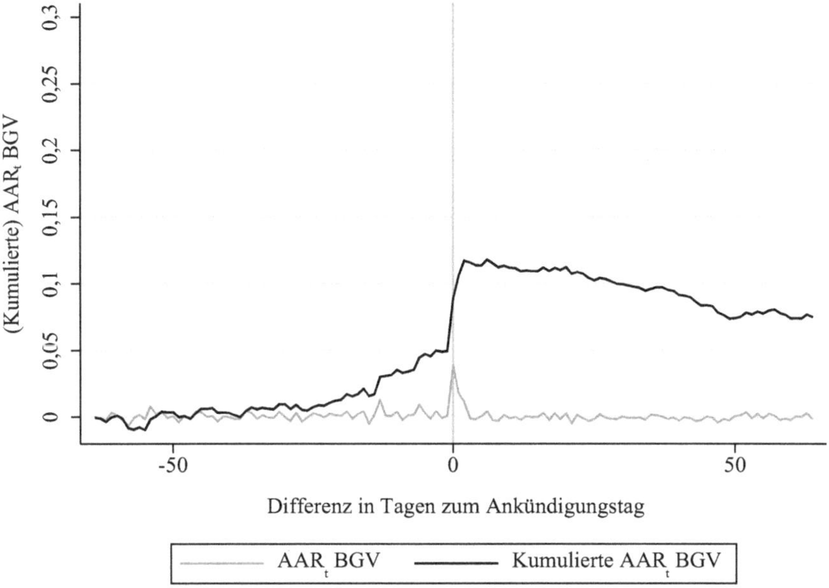

Abbildung 3.6 (Kumulierte) durchschnittliche abnormale Rendite bei BGVs
Diese Abbildung zeigt die durchschnittliche tägliche abnormale Rendite (AAR_t) der Stichprobe von 55 angekündigten BGVs für jeden Tag des Ereignisfensters sowie die über die Zeit kumulierte durchschnittliche abnormale Rendite (kumulierte AAR_t) der Stichprobe. Der Tag der Ankündigung ist Tag 0, die übrigen Tage werden als Differenz in Tagen zu Tag 0 dargestellt. Die zu verschiedenen Zeitpunkten veröffentlichten Ankündigungen werden damit behandelt, als würden sie zeitgleich stattfinden.

Abbildung 3.6 zeigt vor allem am Tag der Ankündigung sowie an dem darauf folgenden Tag eine positive Überrendite. Auch hier ist bereits ab ca. 50 Tagen vor der Ankündigung eine sich leicht aufbauende, positive kumulierte durchschnittliche Überrendite erkennbar (hauptsächlich ab ca. 20 Tagen davor). Nach dem deutlichen Anstieg bei und kurz nach der Ankündigung ist an den Folgetagen kaum eine Veränderung in der kumulierten Überrendite zu erkennen. Ab etwa 25 Tagen nach der Ankündigung sinkt die kumulierte Überrendite leicht, aber lediglich um insgesamt 0,2 bis 0,3 Prozentpunkte.

Tabelle 3.6 (Kumulierte) durchschnittliche abnormale Renditen bei BGVs (in %)

Teil A: Durchschnittliche abnormale Renditen

Tag	AAR_t	Signifikanz BMP-Test (t-Statistik)	Signifikanz KP-Test (t-Statistik)
-5	0,2609	(0,59)	(0,33)
-4	-0,1632	(-0,57)	(-0,43)
-3	0,4420	(1,43)	(1,11)
-2	-0,0941	(-0,57)	(-1,75)
-1	0,0464	(0,18)	(-0,38)
0	3,9038	* (2,05)	* (2,51)
1	1,7381	* (2,37)	** (2,77)
2	1,1345	(1,26)	(1,77)
3	-0,1428	(-0,47)	(0,43)
4	-0,2175	(-1,09)	(-1,99)
5	0,0225	(0,16)	(0,15)

Teil B: Kumulierte durchschnittliche abnormale Renditen

Zeitfenster	$CAAR_{t_1,t_2}$	Signifikanz BMP-Test (t-Statistik)	Signifikanz KP-Test (t-Statistik)
[-1; +1]	3,9502	** (2,74)	** (3,60)
[-2; +2]	3,8561	** (2,97)	** (3,41)
[-64; -1]	4,9377	(1,90)	(1,39)
[0; +2]	6,7764	** (3,01)	** (3,48)
[+3; +5]	-0,3378	(-0,73)	(-0,62)
[+6; +64]	-3,9111	* (-2,51)	** (-3,40)
[-64; +64]	7,4652	(1,95)	(1,01)

Diese Tabelle zeigt die durchschnittliche tägliche abnormale Rendite der Stichprobe von 55 angekündigten BGVs für jeden Tag eines Zeitfensters von 5 Tage vor bis 5 Tage nach dem Ankündigungstag in Prozent (Teil A). Zudem zeigt sie für verschiedene Zeitfenster innerhalb des Ereignisfensters die kumulierte durchschnittliche abnormale Rendite der Stichprobe in Prozent (Teil B). Der Tag der Ankündigung ist Tag 0, die übrigen Tage werden als Differenz in Tagen zu Tag 0 dargestellt. Auf Signifikanz getestet wird anhand des BMP- sowie des KP-Tests (t-Statistik jeweils in Klammern). ** und * zeigen statistische Signifikanz auf einem Signifikanzniveau von $\alpha = 1$ % und $\alpha = 5$ %.

In Tabelle 3.6 sind ebenfalls die deutlichen, aber im Vergleich zu den Angeboten geringeren, Überrenditen erkennbar. Sie fallen am Ereignistag und dem Tag danach signifikant (meist $\alpha = 5\ \%$) aus. Die kumulierten durchschnittlichen Überrenditen sind hauptsächlich für die Zeitfenster von wenigen Tagen um den Ereignistag signifikant, nicht aber für Zeiträume vor der Ankündigung. Nach der Ankündigung treten eher negative kumulierte abnormale Renditen auf, die für das Fenster [+6; + 64] signifikant ausfallen.

Dies deutet auf eine ebenfalls schnelle Informationsverarbeitung bei geringer Antizipation hin. Die Informationen scheinen nicht so relevant zu sein wie bei den Angeboten nach WpÜG (aber auch geringere Stichprobe für BGV). Insgesamt bestätigen die Ergebnisse eine geringere Reaktion bei BGVs im Vergleich zu Angeboten. Die signifikanten, negativen kumulierten Überrenditen für Fenster nach der Ankündigung deuten darauf hin, dass hier lediglich kurzfristig vermehrte Kaufwünsche auftreten. Möglicherweise wählen aber einige Anteilseigner nach der Ankündigung die Option eines Austritts gegen eine Abfindung oder es bestehen bzw. manifestieren sich an der Börse ansonsten vermehrt Verkaufswünsche – potenziell, da Ertragserwartungen eher negativ sind oder jedenfalls bei festgelegtem Ausgleich keine darüber hinausgehenden, besonders hohen Renditen zu erwarten sind.

Vielleicht entspricht die Höhe der Ausgleichszahlungen tendenziell für viele Aktionäre ihren Erwartungen hinsichtlich der operativen Tätigkeit des Unternehmens, wodurch eine geringere Reaktion bei Abbau von Informationsasymmetrien entsteht. Die geringere Reaktion kann auch zeigen, dass durch vor (46 % der) BGVs angekündigte Angebote nach WpÜG bereits mehr Informationen im Kurs verarbeitet wurden (geringere Asymmetrien).[261] Hier entsteht darüber hinaus kein verknapptes Angebot. Ein weiterer Grund für eine geringere Reaktion im Vergleich zu Angeboten nach WpÜG könnte eine längerfristig reduzierte Ungewissheit der Aktionäre (durch die Ausgleichszahlungen) sein. Dann wird vermutlich weniger Verkauf gewünscht. Ein Nachfrageüberhang kann sich für risikoaverse Anleger ergeben, da Zahlungen fixiert sind. Spekulation auf erhöhte Ausgleichs- und Abfindungzahlungen kann jedoch auch auftreten und daher Kauf aus Gründen einer Abfindungsarbitrage.

---

[261] Vgl. für den Informationsgehalt bei einem BGV vor einem Squeeze-out *Budzinski* (2012), S. 105.

Darüber hinaus ist es möglich, dass der Effekt teilweise erst am Folgetag sichtbar wird, wenn unmittelbar vor oder nach Börsenschluss angekündigt wird.[262]

Angebote und BGVs (hier als vor einer weiteren Strukturmaßnahme gebildete Vertragskonzerne) stellen damit in jedem Fall „confounding events" dar, wenn sie in den Zeitraum der Ereignisstudie der Hauptmaßnahme fallen. Der Effekt ist in der Gesamtstichprobe aufgrund der verschiedenen Zeitpunkte weitgehend ausgeglichen.

3.9.2 Einfluss von Ereignissen und Liquidität auf Börsenkurse vor Strukturmaßnahmen

3.9.2.1 Einfluss von Angeboten nach dem WpÜG und Beherrschungs- und/oder Gewinnabführungsverträgen

Im Folgenden wird betrachtet, ob die Ankündigung eines Angebotes oder eines BGV vor einer Strukturmaßnahme die Überrenditen vor und bei Ankündigung der Strukturmaßnahme beeinflusst.

Zunächst werden die Ergebnisse für Angebote nach dem WpÜG betrachtet.

Abbildung 3.7 zeigt bereits, dass bei der Ankündigung der Strukturmaßnahme kaum eine Überrendite entsteht, wenn kurz zuvor ein Angebot angekündigt wurde. Die Überrendite wird tendenziell stärker, je länger das Angebot in der Vergangenheit liegt. Für alle Teilstichproben ist sie vor der Ankündigung der Strukturmaßnahme eher niedrig. Ab Tag −50 sind die Verläufe vor den Strukturmaßnahmen unterschiedlich, dies kann zumindest teilweise durch die Angebote bedingt sein oder durch andere Effekte für einzelne Teilstichroben (insbesondere bei geringem Stichprobenumfang; in diesem Fall können auch für einzelne Unternehmen relevante Sondereffekte eine Rolle spielen).

[262] Aufgrund starker Reaktionen am Tag nach der Ankündigung bei zwei BGVs, die kurz nach Börsenschluss angekündigt wurden, wird hier als Ankündigungstag der Folgetag verwendet.

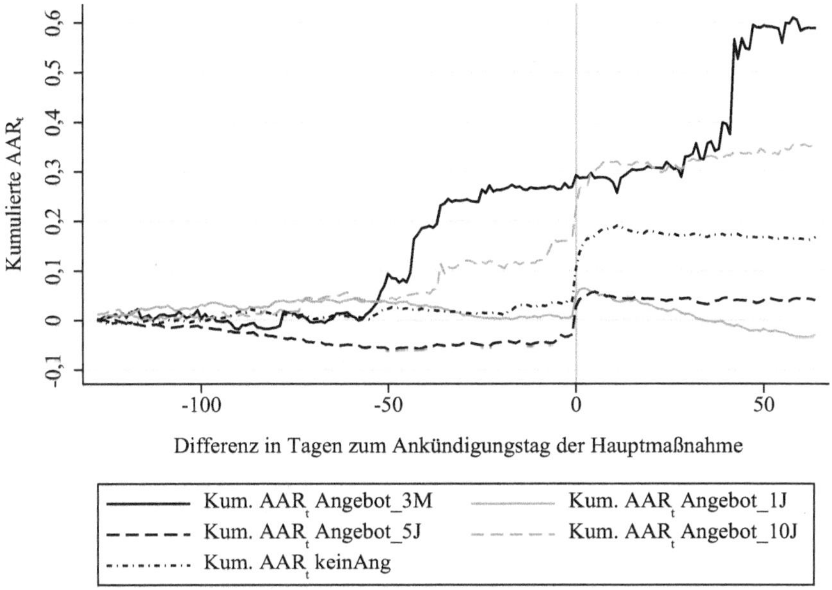

Abbildung 3.7 Kumulierte durchschnittliche abnormale Renditen bei Strukturmaßnahmen – für Teilstichproben nach Zeitabstand zwischen Angebot nach WpÜG und Strukturmaßnahme[263]
Diese Abbildung zeigt die kumulierten durchschnittlichen abnormalen Renditen (kumulierte AAR_t) der Teilstichproben: 22 Strukturmaßnahmen, bei denen innerhalb der drei Monate davor ein Angebot nach WpÜG angekündigt wurde (Angebot_3M), 73 Strukturmaßnahmen, bei denen mehr als drei Monate und bis zu ein Jahr davor ein Angebot angekündigt wurde (Angebot_1J), 74 Strukturmaßnahmen, bei denen mehr als ein Jahr und bis zu fünf Jahre davor ein Angebot angekündigt wurde (Angebot_5J), 25 Strukturmaßnahmen, bei denen mehr als fünf Jahre und bis zu zehn Jahre davor ein Angebot angekündigt wurde (Angebot_10J) und 178 Strukturmaßnahmen, bei denen im Voraus kein Angebot angekündigt wurde (keinAng). Abgebildet werden die kumulierten durchschnittlichen abnormalen Renditen über das Ereignisfenster der Hauptmaßnahme. Der Tag der Ankündigung der Hauptmaßnahme ist Tag 0, die übrigen Tage werden als Differenz in Tagen zu Tag 0 dargestellt.

263 Betrachtet werden hier auch Angebote, für die in 3.9.1.1 zu wenige Kursdaten verfügbar sind, da hier die Hauptmaßnahme relevant ist. Nicht berücksichtigt werden Angebote, die mehr als zehn Jahre vor der Strukturmaßnahme und gleichzeitig mit dieser angekündigt werden.

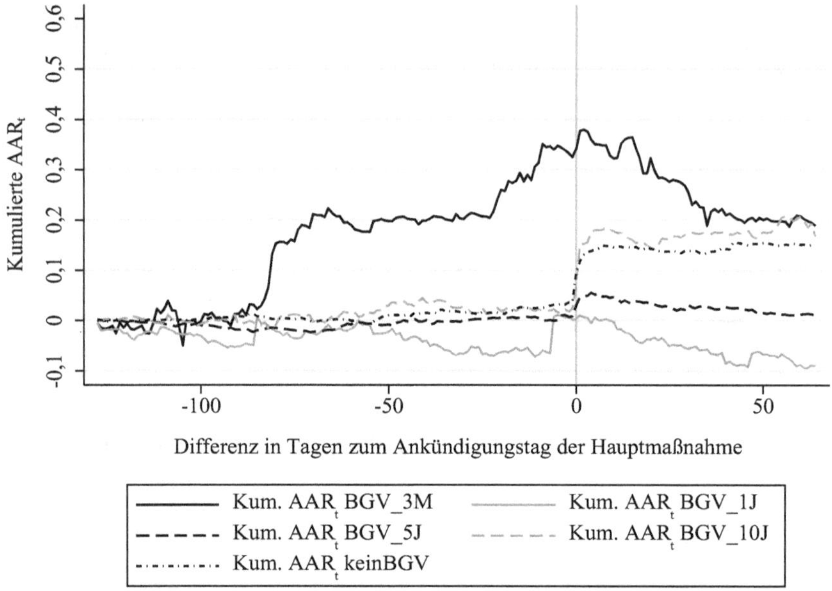

Abbildung 3.8 Kumulierte durchschnittliche abnormale Renditen bei Strukturmaßnahmen – für Teilstichproben nach Zeitabstand zwischen BGV und Strukturmaßnahme[264]
Diese Abbildung zeigt die kumulierten durchschnittlichen abnormalen Renditen (kumulierte AAR_t) der Teilstichproben: 3 Strukturmaßnahmen, bei denen innerhalb der drei Monate davor ein BGV angekündigt wurde (BGV_3M), 8 Strukturmaßnahmen, bei denen mehr als drei Monate und bis zu ein Jahr davor ein BGV angekündigt wurde (BGV_1J), 33 Strukturmaßnahmen, bei denen mehr als ein Jahr und bis zu fünf Jahre davor ein BGV angekündigt wurde (BGV_5J), 11 Strukturmaßnahmen, bei denen mehr als fünf Jahre und bis zu zehn Jahre davor ein BGV angekündigt wurde (BGV_10J) und 295 Strukturmaßnahmen, bei denen im Voraus kein BGV angekündigt wurde (keinBGV). Abgebildet werden die kumulierten durchschnittlichen abnormalen Renditen über das Ereignisfenster der Hauptmaßnahme. Der Tag der Ankündigung der Hauptmaßnahme ist Tag 0, die übrigen Tage werden als Differenz in Tagen zu Tag 0 dargestellt.

[264] Betrachtet werden hier auch Angebote, für die in 3.9.1.1 zu wenige Kursdaten verfügbar sind, da hier die Hauptmaßnahme relevant ist. Nicht berücksichtigt werden Angebote, die mehr als zehn Jahre vor der Strukturmaßnahme und gleichzeitig mit dieser angekündigt werden.

Abbildung 3.8 zeigt ebenfalls tendenziell stärkere Überrenditen zum Ankündigungstag der Hauptmaßnahme, wenn die Ankündigung des vorherigen BGV länger zurückliegt oder sofern kein BGV besteht. Für einen BGV in den drei Monaten oder im Jahr vor der Hauptmaßnahme treten im Vorfeld der Ankündigung der Strukturmaßnahme im Durchschnitt abnormale Renditen (negative und positive) auf. Diese können sich auch hier aus den BGVs oder anderen Effekten ergeben. Geringe Stichprobenumfänge können weiterhin eine Rolle spielen.

Aufgrund ähnlicher Tendenzen zu den Angeboten und geringer Stichprobenumfänge beim BGV, werden im Folgenden Angebote und BGVs zusammen in ihrem Einfluss auf die Überrenditen bei der Hauptmaßnahme betrachtet. Sofern bei Unternehmen sowohl ein BGV als auch ein Angebot angekündigt wurden, wird davon jeweils die zeitlich zuletzt bekanntgegebene Maßnahme berücksichtigt. Anlage 8 und Anlage 9 im elektronischen Zusatzmaterial zeigen die Ergebnisse für Angebote und BGVs noch einmal separat.

Mit längerem Abstand seit der Ankündigung des vorausgehenden Angebotes nach WpÜG oder des BGV treten tendenziell zunehmende Ankündigungsreaktionen bei Ankündigung der Hauptmaßnahme auf (Tabelle 3.7). Die kumulierte Überrendite für das gesamte Ereignisfenster ist am geringsten, wenn im Jahr vor der Hauptmaßnahme ein Angebot oder BGV stattfindet. Sie steigt für längere Zeitabstände zwischen vorherigem BGV oder Angebot und Hauptmaßnahme an und ist bei der Gruppe ohne vorausgehendes Angebot oder BGV wieder etwas geringer (als bei einem Angebot oder BGV innerhalb der zehn Jahre davor). Bei einem Angebot oder BGV innerhalb von drei Monaten vor der Hauptmaßnahme ist die kumulierte Überrendite am höchsten. Die hohen Effekte können sich durch Überschneidung mit Effekten der Hauptmaßnahme ergeben. Die Antizipation für die Hauptmaßnahme fällt hier ebenfalls am höchsten aus. Die kumulierten Überrenditen für die Tage um den Ankündigungszeitpunkt sind für alle Teilstichproben signifikant, außer bei vorherigem BGV oder Angebot im Dreimonatszeitraum. Für einzelne Zeitfenster davor und danach ist auch noch Signifikanz vorhanden. Im gesamten Ereignisfenster bestehen hauptsächlich bei bis zu fünf oder zehn Jahren Abstand sowie bei keiner vorherigen Maßnahme signifikante Effekte.

Tabelle 3.7 (Kumulierte) durchschnittliche abnormale Renditen bei Strukturmaßnahmen – mit vorherigem Angebot nach WpÜG oder BGV (in %)

Teil A: Durchschnittliche abnormale Renditen

Tag	AAR_t Maßn _3M	Signifikanz BMP-Test (t-Statistik)	Signifikanz KP-Test (t-Statistik)	AAR_t Maßn _1J	Signifikanz BMP-Test (t-Statistik)	Signifikanz KP-Test (t-Statistik)	AAR_t Maßn _5J	Signifikanz BMP-Test (t-Statistik)	Signifikanz KP-Test (t-Statistik)	AAR_t Maßn _10J	Signifikanz BMP-Test (t-Statistik)	Signifikanz KP-Test (t-Statistik)	AAR_t keine Maßn	Signifikanz BMP-Test (t-Statistik)	Signifikanz KP-Test (t-Statistik)
-5	-0,3509	(-0,68)	(0,72)	0,0661	(0,48)	(-0,40)	0,4411	(1,02)	(1,48)	-0,7168	(-1,70)	(-0,73)	0,0983	(0,43)	(0,84)
-4	-0,0083	(0,21)	(0,03)	-0,3612	* (-2,27)	** (-4,26)	0,9349	* (2,34)	** (3,79)	0,1965	(0,63)	* (2,74)	-0,1270	(-0,31)	(0,50)
-3	0,9493	(1,92)	(1,70)	0,0250	(0,24)	(-0,37)	-0,3309	(-1,47)	(-1,47)	0,3578	(0,88)	(1,48)	-0,1363	(-1,25)	(-1,46)
-2	-0,8541	(-1,27)	(-0,59)	-0,000008	(0,14)	(-1,25)	0,098	(0,33)	(0,66)	0,0705	(0,28)	(0,93)	0,9561	(1,45)	** (3,16)
-1	0,0371	(0,25)	(-0,33)	0,2574	(1,25)	(0,26)	0,3319	(1,55)	(1,76)	0,4346	(1,09)	** (2,76)	-0,2294	(-1,17)	(-1,39)
0	2,3119	* (2,60)	(2,00)	4,0030	** (6,04)	** (6,96)	5,1295	** (6,62)	** (8,37)	5,1383	* (2,67)	** (3,16)	6,8839	** (7,28)	** (10,19)
1	-0,1081	(-0,04)	(-0,79)	1,1198	(1,15)	(0,95)	1,7255	** (2,73)	** (3,60)	2,8873	(1,81)	** (2,97)	3,5256	** (4,03)	** (6,27)
2	0,1236	(0,64)	(0,04)	0,1328	(0,38)	(-1,06)	0,3412	(0,66)	* (2,02)	0,5273	(1,05)	(1,34)	1,9979	* (2,33)	** (5,63)
3	-0,0276	(0,11)	(-0,36)	-0,0979	(-0,47)	(-1,70)	0,3724	(1,34)	(1,80)	0,3459	(0,41)	(1,19)	1,0086	* (2,36)	** (3,50)
4	0,6188	(0,91)	(1,03)	-0,6362	(-1,62)	(-1,23)	0,4551	(1,48)	(1,71)	3,2658	(1,63)	* (2,12)	-0,0987	(-0,12)	* (2,32)
5	-1,0526	** (-3,29)	** (-3,81)	0,0447	(-0,03)	(0,40)	0,1672	(0,47)	* (2,03)	0,2742	(0,59)	(1,59)	0,5283	(1,43)	** (3,01)

Teil B: Kumulierte durchschnittliche abnormale Renditen

Zeitfenster	$CAAR_{t_1,t_2}$ Maßn _3M	Signifikanz BMP-Test (t-Statistik)	Signifikanz KP-Test (t-Statistik)	$CAAR_{t_1,t_2}$ Maßn _1J	Signifikanz BMP-Test (t-Statistik)	Signifikanz KP-Test (t-Statistik)	$CAAR_{t_1,t_2}$ Maßn _5J	Signifikanz BMP-Test (t-Statistik)	Signifikanz KP-Test (t-Statistik)	$CAAR_{t_1,t_2}$ Maßn _10J	Signifikanz BMP-Test (t-Statistik)	Signifikanz KP-Test (t-Statistik)	$CAAR_{t_1,t_2}$ keine Maßn	Signifikanz BMP-Test (t-Statistik)	Signifikanz KP-Test (t-Statistik)
[-1; +1]	2,2409	(1,82)	(1,54)	5,3803	** (4,42)	** (5,86)	7,1869	** (7,01)	** (9,11)	8,4602	** (3,33)	** (4,30)	10,1801	** (7,87)	** (11,87)
[-2; +2]	1,5105	(1,11)	(1,55)	5,5122	** (4,37)	** (5,58)	7,6261	** (6,54)	** (8,61)	9,0580	** (3,49)	** (4,31)	13,1341	** (7,72)	** (12,06)
[-128; -65]	2,7392	(0,58)	(0,04)	3,1598	(1,35)	(-0,13)	-4,3846	** (-2,78)	** (-3,22)	4,7089	(1,17)	* (2,39)	0,1961	(0,76)	(-0,08)
[-64; -1]	24,7549	** (2,94)	** (4,19)	-3,1446	(-1,65)	** (-2,78)	2,3821	(1,58)	* (2,30)	9,9650	(1,96)	* (2,35)	2,9784	(1,81)	(1,56)
[0; +2]	2,3275	(1,91)	* (2,08)	5,2556	** (4,24)	** (5,83)	7,1961	** (6,44)	** (8,50)	8,5529	** (3,35)	** (4,28)	12,4074	** (7,92)	** (12,35)
[+3; +5]	-0,4615	(-0,64)	(-0,34)	-0,6894	(-1,48)	(-0,73)	0,9947	(1,92)	(1,78)	3,8859	(1,71)	** (2,90)	1,4381	* (2,27)	** (4,28)
[+6; +64]	24,7325	(1,21)	(1,74)	-8,3261	** (-5,04)	** (-7,03)	-2,2567	(-1,50)	** (-2,72)	3,6807	(0,84)	(1,04)	0,6691	(0,79)	(0,25)
[-128; +64]	54,0926	* (2,30)	** (3,22)	-3,7446	(-0,99)	(-1,50)	3,9316	(1,43)	* (2,09)	30,7933	** (3,63)	** (4,66)	17,6892	** (5,50)	** (7,71)

Diese Tabelle zeigt die durchschnittlichen täglichen abnormalen Renditen der Teilstichproben: 25 Strukturmaßnahmen, bei denen innerhalb der drei Monate davor ein BGV oder ein Angebot nach WpÜG angekündigt wurde (Maßn_3M), 76 Strukturmaßnahmen, bei denen mehr als drei Monate und bis zu ein Jahr davor ein BGV oder ein Angebot angekündigt wurde (Maßn_1J), 86 Strukturmaßnahmen, bei denen mehr als ein Jahr und bis zu fünf Jahre davor ein BGV oder ein Angebot angekündigt wurde (Maßn_5J), 29 Strukturmaßnahmen, bei denen mehr als fünf Jahre und bis zu zehn Jahre davor ein BGV oder ein Angebot angekündigt wurde (Maßn_10J) und 167 Strukturmaßnahmen, bei denen im Voraus kein BGV oder Angebot angekündigt wurde (keineMaßn). Abgebildet werden die durchschnittlichen abnormalen Renditen für jeden Tag eines Zeitfensters von 5 Tage vor bis 5 Tage nach dem Ankündigungstag der Strukturmaßnahme in Prozent (Teil A). Zudem zeigt die Tabelle für verschiedene Zeitfenster innerhalb des Ereignisfensters die kumulierten durchschnittlichen abnormalen Renditen der Teilstichproben in Prozent (Teil B). Der Tag der Ankündigung ist Tag 0, die übrigen Tage werden als Differenz in Tagen zu Tag 0 dargestellt. Auf Signifikanz getestet wird anhand des BMP- sowie des KP-Tests (t-Statistik jeweils in Klammern). ** und * zeigen statistische Signifikanz auf einem Signifikanzniveau von $\alpha = 1\,\%$ und $\alpha = 5\,\%$.

Die Unterschiede der Überrenditen für die einzelnen Tage sind zwischen den Gruppen nur vereinzelt signifikant. Für die kumulierten Überrenditen bestehen in den meisten Fällen signifikante Unterschiede zwischen den Gruppen, vor allem zur Gruppe ohne BGV oder Angebot.

Damit bestätigt sich zumindest in der Tendenz die geringere Reaktion bei einer Hauptmaßnahme, wenn in kurzem Abstand zuvor ein BGV oder ein Angebot angekündigt wurde. Hier wird vermutlich eher eine Folgemaßnahme erwartet und es werden kurz vor der Hauptmaßnahme mehr Informationen im Kurs verarbeitet (umfassenderer Informationsgehalt), wodurch Informationsasymmetrien bei der Hauptmaßnahme weniger stark abgebaut werden (müssen).

Elsland/Weber stellen bei Ankündigung eines Squeeze-out ebenfalls eine höhere Überrendite fest, wenn kein vorheriger BGV oder kein Angebot nach WpÜG vorliegt. Dies wird in Hinblick auf die Kompensation als Benchmark für die Abfindung beim späteren Squeeze-out und damit bereits reduzierte Informationsasymmetrien betrachtet. Unterschiede zwischen den Gruppen mit und ohne vorherigen BGV oder vorheriges Angebot (im Jahr zuvor) sind nicht signifikant. Kumulierte Überrenditen steigen in ihren Ergebnissen ohne vorherigen BGV oder vorheriges Angebot nach WpÜG (mit Kompensation) bereits früher an (kein signifikanter Unterschied, aber nur ohne vorausgehende Maßnahme signifikante kumulierte Überrenditen).[265] Dies bestätigt sich in der vorliegenden Studie nicht. Signifikant höhere kumulierte Überrenditen zeigen *Elsland/Weber* für die Gruppe ohne im Vergleich zu derjenigen mit vorherigem BGV.[266] Der BGV wird aufgrund seiner Besonderheiten, bspw. durch fixierte Ausgleichszahlungen, zusätzlich separat betrachtet. Mittels der multivariaten Regression stellen sie für das gesamte Ereignisfenster einen signifikant negativen Effekt durch einen BGV im Jahr vor dem Ereignis fest.[267] Auch *Budzinski* beobachtet geringere Überrenditen bei vorausgehender Maßnahme (Angebot nach WpÜG oder BGV). Er findet aber im Rahmen der multivariaten Regression nur für die Teilstichprobe mit Bekanntgabe der Abfindung zeitgleich mit der Ankündigung des Squeeze-out einen signifikant negativen Einfluss der vorausgehenden Maßnahme.[268]

265 Vgl. *Elsland/Weber* (2005), S. 17.

266 Vgl. *Elsland/Weber* (2005), S. 18.

267 Vgl. *Elsland/Weber* (2005), S. 36.

268 Vgl. *Budzinski* (2012), S. 153 f., 167–172.

3.9.2.2 Liquidität der Aktien und deren Einfluss

Für eine Einschätzung der Liquidität der Zielgesellschaften aus der Stichprobe werden die in Abschnitt 3.7 vorgestellten Kriterien für den Zeitraum von drei Monaten und einem Jahr vor der Ankündigung einer Strukturmaßnahme betrachtet. Als Indikatoren werden zusätzlich die Kriterien des § 5 WpÜGAngebV herangezogen.

Hinsichtlich der Kriterien des **§ 5 Abs. 4 WpÜGAngebV** ergibt sich folgendes Bild: Beide Kriterien für eine mangelnde Liquidität (kumulativ) werden bei 32 (8,3 %) (davon 29 SOAktG, 1 SOUmwG, 1 BGV, 1 Verschmelzung) der 385 Strukturmaßnahmen im Dreimonatszeitraum (im Jahr vor Ankündigung bei 66 Unternehmen) erfüllt. Bei 91 Strukturmaßnahmen (23,6 %) treten für die Zielgesellschaft innerhalb der drei Monate (202 im Jahr) mindestens zu einem Zeitpunkt zwei Kurssprünge in Folge von über 5 % auf. Bei 157 (40,8 %) Unternehmen wird an weniger als einem Drittel der Tage im Dreimonatszeitraum (bei 145 im Jahr) ein Börsenkurs festgestellt. Gemessen wird dies anhand der Tage mit Handelsaktivität.[269] Fänden diese Kriterien für die hier betrachteten gesellschaftsrechtlichen Strukturmaßnahmen Anwendung, könnte somit bei 32 der 385 Strukturmaßnahmen der Börsenkurs nicht für die Abfindungsbemessung verwendet werden, für alle übrigen 353 wäre er hingegen anwendbar (über das Jahr gesehen für 319). Die folgende Tabelle 3.8 zeigt eine deskriptive Statistik für die beiden Kriterien (zusätzlich für das Jahr vor der Ankündigung). Für das Kriterium der Renditen über 5 % werden im Folgenden lediglich einzelne Tage betrachtet anstelle aufeinanderfolgender Tage mit hohen Renditen.

[269] Hierfür wird das festgestellte Handelsvolumen herangezogen, d. h. liegt ein tägliches Handelsvolumen > 0 vor, handelt es sich demnach um einen Handelstag. Die Tage mit Handelsvolumen stimmen nicht immer mit den Tagen überein, an denen ein Börsenkurs aus Capital IQ extrahiert wird.

Tabelle 3.8 Anteil Tage mit Renditen über 5 % und Anteil Handelstage (in %)

		Mittelwert	SD	25 %-Quantil	Median	75 %-Quantil
3 Monate	Anteil Handelstage mit Renditen über 5 %	3,5714	5,2508	0,0000	1,5625	4,6875
	Anteil Tage mit Handel	50,3206	36,5493	12,5000	48,4375	90,6250
1 Jahr	Anteil Handelstage mit Renditen über 5 %	4,2035	5,1252	0,7813	2,3438	5,4688
	Anteil Tage mit Handel	52,1449	35,5217	16,7969	55,0781	91,4063

Die Tabelle zeigt eine deskriptive Statistik des Anteils an potenziellen Handelstagen mit einer Rendite von über 5 % (in Prozent) sowie des Anteils an Tagen mit Handel im Verhältnis zu potenziellen Handelstagen (in Prozent) für die Stichprobe an 385 gesellschaftsrechtlichen Strukturmaßnahmen. Abgebildet werden Mittelwert, Median, Standardabweichung (SD), Minimum (Min) und Maximum (Max). Die beiden Größen werden im Dreimonatszeitraum vor der Ankündigung sowie im gesamten Jahr vor der Ankündigung deskriptiv dargestellt.

Im Mittelwert wird an 50 % der Tage im Dreimonatszeitraum gehandelt. An 3,6 % der Tage sind Kurssprünge von mehr als 5 % (> 5 % oder < −5 %) zu verzeichnen (an 2,3 Tagen im Mittelwert). Leichte Unterschiede zwischen einem Jahr und drei Monaten vor der Ankündigung sind erkennbar.

Im Folgenden werden die Liquiditätsmaße **Bid-Ask-Spread** (berechnet anhand von Formel (3.8)), Handelsvolumen, relatives Handelsvolumen, Handelsumsatz, Streubesitz und Handelsquote näher betrachtet.

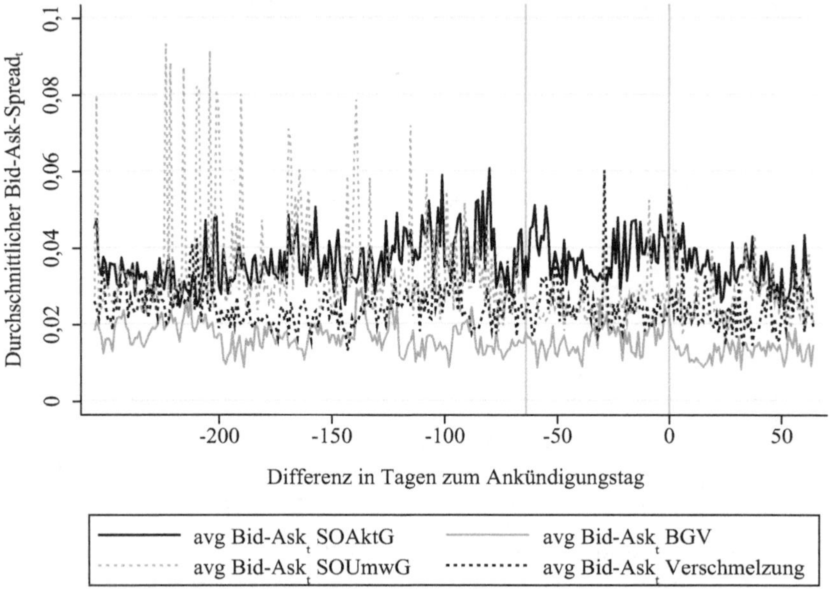

Abbildung 3.9 Verlauf der Bid-Ask-Spreads nach Arten von Strukturmaßnahmen[270]
Die Abbildung zeigt die durchschnittlichen Bid-Ask-Spreads der nach Arten von Strukturmaßnahmen (aktienrechtlicher Squeeze-out (SOAktG), umwandlungsrechtlicher Squeeze-out (SOUmwG), BGV und Verschmelzung) aufgeteilten Teilstichproben für das Jahr vor der Ankündigung (Tag 0) bis kurz danach.

Wie erwartet ist der Bid-Ask-Spread beim BGV am geringsten (Abbildung 3.9). Im Vergleich zu anderen Maßnahmen muss hier (noch) kein bestimmter Kapitalanteil beim später beherrschenden Unternehmen vorliegen. Der geringere Spread bedeutet eine im Vergleich zu den anderen Maßnahmen höhere Liquidität. Für die Verschmelzung ist der durchschnittliche Bid-Ask-Spread leicht höher. Auch für diese besteht nicht das grundsätzliche Mindesterfordernis einer bestimmten Höhe an Kapitalanteilen, um eine Verschmelzung umsetzen zu können. Hier ist lediglich eine Erleichterung ab 90 % Anteil (kein HV-Beschluss der übernehmenden AG erforderlich nach § 62 Abs. 1 UmwG) möglich. Beim

[270] Es wurde hier für die Tage relativ zum Ankündigungstag jeweils pro Art der Strukturmaßnahme das arithmetische Mittel für alle Unternehmen der Teilstichprobe berechnet.

umwandlungsrechtlichen Squeeze-out wird ein Mindestanteil von 90 % gefordert und beim aktienrechtlichen Squeeze-out ein solcher von 95 %. Bei diesen Maßnahmen sind die höchsten Bid-Ask-Spreads zu verzeichnen, wobei die durchschnittliche Spanne beim umwandlungsrechtlichen Squeeze-out im Zeitverlauf durch eine Reihe von Ausreißern stark schwankt. Die vor allem beim aktienrechtlichen Minderheitenausschluss insgesamt hohen Spreads können möglicherweise mit der bei geringem Streubesitzanteil geringen Handelsaktivität zusammenhängen. Starke Abweichungen im Dreimonatszeitraum verglichen zum einjährigen Zeitfenster vor der Ankündigung sind nicht erkennbar. Die Schwankungen nehmen im Zeitverlauf leicht ab. Nach der Ankündigung ist ein leichter Abwärtstrend erkennbar (außer beim umwandlungsrechtlichen Squeeze-out). Im Folgenden werden die Spreads für den Dreimonats- und den Einjahreszeitraum vor der Ankündigung detailliert betrachtet.

Tabelle 3.9 Durchschnittlicher Bid-Ask-Spread im Dreimonatszeitraum und ein Jahr vor Ankündigung (in %)

		N	Mittelwert	SD	25 %-Quantil	Median	75 %-Quantil
3 Monate	SOAktG	222	5,9917	11,6411	1,2262	2,8488	6,0287
	SOUmwG	36	4,2582	8,3484	1,2412	2,5804	4,4420
	BGV	24	1,8171	2,1886	0,6167	1,0952	2,1098
	Verschmelzung	20	2,7327	2,3896	0,6859	2,1886	3,7590
1 Jahr	SOAktG	232	6,2134	11,5704	1,5552	2,9842	6,6822
	SOUmwG	36	5,4050	13,6863	0,8974	2,5711	4,6085
	BGV	24	1,9409	2,3099	0,5735	1,2290	2,0531
	Verschmelzung	20	2,6246	1,9850	0,7533	2,3255	3,8507

Die Tabelle zeigt eine deskriptive Statistik der durchschnittlichen Bid-Ask-Spreads für die Stichprobe an 385 gesellschaftsrechtlichen Strukturmaßnahmen, mit der Datenverfügbarkeit in den Teilstichproben nach Art der Maßnahme (aktienrechtlicher Squeeze-out (SOAktG), umwandlungsrechtlicher Squeeze-out (SOUmwG), BGV und Verschmelzung) (N), Mittelwert, Median, Standardabweichung (SD), Minimum (Min) und Maximum (Max), jeweils in Prozent. Abgebildet werden die Spreads im Dreimonatszeitraum vor der Ankündigung sowie im gesamten Jahr vor der Ankündigung.

Zwischen den durchschnittlichen Spreads nach Art der Maßnahme für die drei Monate und ein Jahr bestehen keine statistisch signifikanten[271] Unterschiede. In Tabelle 3.9 zeigen sich leicht geringere Spreads (ohne signifikante Unterschiede) im Dreimonatszeitraum im Vergleich zum gesamten Jahr vor der Ankündigung, wobei der Spread bei der Verschmelzung demgegenüber leicht höher ist im Dreimonatszeitraum. Zudem bestätigt sich das Bild leicht geringerer Schwankungen im Dreimonatszeitraum.

Bei geringer Liquidität liegt ein großer Bid-Ask-Spread vor und damit liegen die Preisvorstellungen von Verkäufer und potenziellem Käufer weit auseinander. Darüber hinaus kann es in Ausnahmefällen auch dazu kommen, dass lediglich ein Bid- bzw. ein Ask-Kurs ermittelt werden kann, aber kein entgegenstehendes Angebot bzw. Nachfrage besteht. Dann würde kein Handel zustande kommen und sich kein neuer Kurs im Gleichgewicht ergeben. Die Erwartungen (und Liquiditätsbedürfnisse) der Marktteilnehmer können dann bspw. zu ähnlich sein, als dass ein Handel zustande käme. Aktionäre könnten die Aktie nicht kaufen oder verkaufen, da alle anderen Marktteilnehmer aufgrund ihrer ähnlichen Einschätzung die Aktie ebenfalls kaufen bzw. verkaufen wollen. Generell zeigt der Börsenkurs durchschnittliche Erwartungen von Marktteilnehmern, die im entsprechenden Zeitraum tatsächlich Aktien verkauft oder gekauft haben.[272] Wenn der Marktteilnehmer eine Aktie zum Börsenkurs kauft/verkauft, hat er einen Grenzpreis, der höher/niedriger als der Börsenkurs liegt. Es kann ausschließlich dann zu Handel an der Börse kommen, wenn potenzielle Verkäufer und Käufer der Aktie deren Wert unterschiedlich einschätzen.[273] Werden Aktien vor der Ankündigung einer Strukturmaßnahme nicht an der Börse verkauft, ist der Grenzpreis des Minderheitsaktionärs höher als der Börsenkurs.[274]

[271] Gemessen anhand von t-Tests.

[272] Vgl. *Winner* (2008), S. 463.

[273] Vgl. *Olbrich* (2000), S. 460.

[274] Vgl. *Krog* (2000), S. 303.

In der Rechtsprechung werden mögliche **Schwellenwerte** für den **Bid-Ask-Spread** diskutiert. So äußerten bspw. das OLG Hamburg sowie das OLG Frankfurt am Main für einen Squeeze-out ab einem Spread von 2 % erhebliche Bedenken in Bezug auf die Liquidität einer Aktie.[275] In einem anderen Beschluss des OLG Frankfurt wurde argumentiert, dass bei niedrigerer Spanne eine einheitlichere Einschätzung von Marktteilnehmern über den (wahren) Wert der Aktie besteht und es werden ebenfalls erhebliche Bedenken bei einer Spanne von deutlich über 2 % geäußert.[276] Das LG München I sowie Sachverständige bei Entscheidungen des OLG Frankfurt und des OLG Düsseldorf nennen Schwellenwerte von 1,25 % oder 1 % (LG München I sogar teilweise noch geringer).[277] Die genannten und durchaus verschiedenen Schwellenwerte sind nicht wissenschaftlich begründbar. Sie werden meist in Zusammenhang mit einer Verwendbarkeit des originären Betas diskutiert.

Der Mittelwert des Bid-Ask-Spreads liegt im Dreimonatszeitraum für die folgenden Anzahlen an Strukturmaßnahmen (nach Art) in der Stichprobe unter den Schwellenwerten von 2 % (1,25 %):

- 83 (56) aktienrechtliche Squeeze-outs
- 11 (9) umwandlungsrechtliche Squeeze-outs
- 17 (13) BGVs
- 9 (8) Verschmelzungen

Insgesamt wäre demnach für 120 und damit 31,17 % (86 und damit 22,34 %) der Strukturmaßnahmen der Stichprobe die Liquidität ausreichend. Umgekehrt wäre sie für 68,83 % (77,66 %) nicht ausreichend.

Die folgende Tabelle zeigt die deskriptive Statistik zum **Handelsvolumen**.

---

[275] Vgl. OLG Hamburg v. 07.09.2020 – 13 W 122/20, juris Rz. 14; OLG Frankfurt v. 17.01.2017 – 21 W 37/12, juris Rz. 36.

[276] Vgl. OLG Frankfurt v. 26.01.2017 – 21 W 75/15, juris Rz. 32, 34, hier in Bezug auf den Betafaktor.

[277] Vgl. LG München v. 30.05.2018 – 5 HK O 10044/16, 5 HKO 10044/16, juris Rz. 153 (umwandlungsrechtlicher Squeeze-out); OLG Frankfurt v. 20.11.2019 – 21 W 77/14, juris Rz. 78 (aktienrechtlicher Squeeze-out); OLG Düsseldorf v. 05.09.2019 – 26 W 8/17, juris Rz. 25 (aktienrechtlicher Squeeze-out), jeweils in Bezug auf den Betafaktor.

Tabelle 3.10 Durchschnittliches tägliches (relatives; in %) Handelsvolumen im Dreimonatszeitraum und ein Jahr vor Ankündigung

		N	Mittelwert	SD	25 %-Quantil	Median	75 %-Quantil
3 Monate	SOAktG	283 (245)	0,0151 (0,0714)	0,1317 (0,5164)	0,0001 (0,0016)	0,0003 (0,0041)	0,0015 (0,0132)
	SOUmwG	35 (35)	0,0398 (0,0262)	0,2093 (0,0395)	0,0003 (0,0044)	0,0011 (0,0123)	0,0049 (0,0345)
	BGV	24 (23)	0,0859 (0,0768)	0,1925 (0,0818)	0,0008 (0,0087)	0,0036 (0,0456)	0,0792 (0,1387)
	Verschmelzung	22 (22)	0,0246 (0,1045)	0,0350 (0,1932)	0,0013 (0,0165)	0,0063 (0,0377)	0,0311 (0,0912)
1 Jahr	SOAktG	301 (258)	0,0284 (0,1740)	0,2145 (1,8973)	0,0001 (0,0023)	0,0004 (0,0068)	0,0020 (0,0195)
	SOUmwG	36 (36)	0,0273 (0,0545)	0,1167 (0,0927)	0,0004 (0,0080)	0,0019 (0,0250)	0,0093 (0,0446)
	BGV	24 (23)	0,0984 (0,0913)	0,2213 (0,0855)	0,0010 (0,0165)	0,0060 (0,0534)	0,0681 (0,1547)
	Verschmelzung	22 (22)	0,0301 (0,1199)	0,0367 (0,1665)	0,0032 (0,0420)	0,0090 (0,0580)	0,0411 (0,0951)

Die Tabelle zeigt eine deskriptive Statistik des durchschnittlichen Handelsvolumens in Mio. Aktien pro Tag und des relativen Handelsvolumens (in Klammern, in Prozent) für die Stichprobe an 385 gesellschaftsrechtlichen Strukturmaßnahmen, mit der Datenverfügbarkeit in den Teilstichproben nach Art der Maßnahme (N), Mittelwert, Median, Standardabweichung (SD), Minimum (Min) und Maximum (Max). Abgebildet wird das tägliche Volumen im Dreimonatszeitraum vor der Ankündigung sowie im gesamten Jahr vor der Ankündigung.

Bei BGVs wird im Dreimonatszeitraum durchschnittlich ein höheres tägliches Volumen (0,09 Mio. Aktien) gehandelt als bei den anderen Arten von Maßnahmen (siehe Tabelle 3.10). Dies ist plausibel, da durch den höheren Streubesitzanteil bei BGVs (relativ) eine größere Menge an Aktien zum Handel verfügbar ist. Bei den anderen Maßnahmen liegen die Volumina zwischen 0,015 und 0,04 Mio. Aktien pro Tag. Das Volumen sinkt bei allen Maßnahmen bis auf den umwandlungsrechtlichen Squeeze-out (bei dem es steigt) im Dreimonatszeitraum im Vergleich zum gesamten Jahr. Ein statistisch signifikanter Unterschied besteht lediglich zwischen dem Volumen bei aktienrechtlichem Squeeze-out und BGV (5 %) in den drei Monaten. Die Unterschiede für die einzelnen Arten von Maßnahmen zwischen den beiden Zeiträumen sind nicht signifikant.

Das tägliche relative Handelsvolumen bezogen auf die Anzahl der ausstehenden Aktien ist (anders als das absolute tägliche Volumen) beim aktienrechtlichen Squeeze-out im Jahr vor Ankündigung am höchsten, gefolgt von der Verschmelzung und dem BGV. Im Dreimonatszeitraum ist es für alle Maßnahmen geringer, am deutlichsten fällt der Unterschied jedoch beim aktienrechtlichen Squeeze-out aus mit etwa 0,1 %. Die Verschmelzung weist im Dreimonatszeitraum das höchste relative Handelsvolumen auf, gefolgt von BGV, aktienrechtlichem Squeeze-out und umwandlungsrechtlichem Squeeze-out. Im Dreimonatszeitraum besteht ein statistisch signifikanter Unterschied zwischen BGV und umwandlungsrechtlichem Squeeze-out ($\alpha = 1$ %) und zwischen dem umwandlungsrechtlichen Squeeze-out und der Verschmelzung ($\alpha = 5$ %). Die geringeren Volumina im Zeitraum kurz vor der Ankündigung könnten auf eine Antizipation der Marktteilnehmer hindeuten. Wenn eine Maßnahme durch Aktionäre antizipiert wird, werden möglicherweise weniger Aktien verkauft, stattdessen wird auf eine ggf. höhere Kompensationszahlung im Vergleich zum Börsenkurs spekuliert und nur zögerlich gehandelt bzw. die Aktien verstärkt gehalten. Zudem kann es vermehrt zu Kaufwünschen kommen (die möglicherweise nicht erfüllt werden, daher geringes Volumen). Geringere Volumina können auch durch einen geringeren Streubesitz entstehen.

Tabelle 3.11 Durchschnittlicher täglicher Handelsumsatz im Dreimonatszeitraum und ein Jahr vor Ankündigung (in Mio. EUR)[278]

		N	Mittelwert	SD	25 %-Quantil	Median	75 %-Quantil
3 Monate	SOAktG	283	0,1568	0,8163	0,0028	0,0087	0,0313
	SOUmwG	35	1,3693	7,5527	0,0038	0,0131	0,0699
	BGV	24	1,3792	3,4262	0,0147	0,0600	0,7708
	Verschmelzung	22	0,2265	0,4295	0,0063	0,0388	0,2962
1 Jahr	SOAktG	301	0,4442	3,5214	0,0035	0,0090	0,0281
	SOUmwG	36	0,9472	4,2137	0,0069	0,0217	0,1757
	BGV	24	1,6015	3,9127	0,0194	0,0518	0,7768
	Verschmelzung	22	0,2882	0,4761	0,0137	0,0285	0,5271

Die Tabelle zeigt eine deskriptive Statistik des durchschnittlichen Handelsumsatzes in Mio. Euro pro Tag für die Stichprobe an 385 gesellschaftsrechtlichen Strukturmaßnahmen, mit der Datenverfügbarkeit in den Teilstichproben der Maßnahmen (N), Mittelwert, Median, Standardabweichung (SD), Minimum (Min) und Maximum (Max). Abgebildet wird der Umsatz im Dreimonatszeitraum vor der Ankündigung sowie im gesamten Jahr vor der Ankündigung.

Auch der tägliche **Handelsumsatz** ist laut Tabelle 3.11 in den drei Monaten im Vergleich zum Jahr tendenziell geringer (außer beim umwandlungsrechtlichen Squeeze-out). Der Handelsumsatz ist analog zum Volumen beim BGV mit über 1,3 Mio. EUR pro Tag am höchsten. Anders als das Volumen fällt jedoch der Umsatz (Volumen x Tagesschlusskurs) bei Verschmelzungen vergleichsweise gering aus, was auf geringe Kurse hindeutet.

Zwischen dem Umsatz beim aktienrechtlichen und umwandlungsrechtlichen Squeeze-out sowie zwischen dem Umsatz beim aktienrechtlichen Squeeze-out und BGV bestehen im Dreimonatszeitraum signifikante Unterschiede. Für das gesamte Jahr sowie für die Arten der Strukturmaßnahmen zwischen einem Jahr und drei Monaten sind Unterschiede nicht signifikant.

Als **Schwellenwert** für den **Handelsumsatz** nennen das OLG Düsseldorf und das OLG Frankfurt 115.000 EUR im Durchschnitt pro Tag. Eine hinreichende Liquidität sei demnach bei einem Umsatz unter dieser Schwelle nicht gegeben (für die Ermittlung von unverzerrten Betafaktoren beim aktienrechtlichen

[278] Bis zur Hauptversammlung können noch Änderungen des Streubesitzanteils eintreten, die hier nicht berücksichtigt werden. in manchen Fällen wurde mangels Daten der Streubesitzanteil bei HV-Ankündigung verwendet.

Squeeze-out).[279] Für 55 (14,3 %) aller Strukturmaßnahmen liegt der tägliche Handelsumsatz im Durchschnitt über den Dreimonatszeitraum über dieser Schwelle, davon bei …

- 30 Unternehmen mit aktienrechtlichem Squeeze-out,
- 7 Unternehmen mit umwandlungsrechtlichem Squeeze-out
- 9 Unternehmen mit BGV
- 9 Unternehmen mit Verschmelzung.

Der Handelsumsatz würde damit bei 330 (85,7 %) Zielgesellschaften auf eine nicht ausreichende Liquidität hinweisen.

Die folgende Tabelle liefert eine Übersicht für den Streubesitzanteil bzw. absoluten Streubesitz.

Tabelle 3.12 Durchschnittlicher Streubesitzanteil in % (absoluter Streubesitz in Mio. Aktien) zum Zeitpunkt der Ankündigung

	N	Mittelwert	SD	25 %-Quantil	Median	75 %-Quantil
SOAktG	302	2,8151 (1,2394)	1,5885 (3,9567)	1,4000 (0,0497)	2,8800 (0,2543)	4,2240[280] (0,8689)
SOUmwG	37	7,8676 (3,5621)	1,5490 (9,6011)	6,4100 (0,2636)	8,0000 (0,7566)	9,1600 (1,7921)
BGV	24	22,9482 (20,1653)	15,3996 (50,7490)	10,3100 (1,0861)	21,5050 (3,5674)	29,4650 (8,5395)
Verschmelzung	22	23,3014 (17,7225)	15,5384 (52,7469)	10,4800 (0,7584)	21,1500 (2,6114)	35,0800 (6,5027)

Die Tabelle zeigt eine deskriptive Statistik des Streubesitzanteils (in %) zum Ankündigungszeitpunkt und des absoluten Streubesitzes in Mio. Aktien bei Ankündigung (in Klammern) für die Stichprobe an 385 gesellschaftsrechtlichen Strukturmaßnahmen. Wenn zuvor keine Daten bekannt sind, wird der Streubesitz spätestens zum Zeitpunkt der HV-Einladung ermittelt. Dargestellt werden die Datenverfügbarkeit in den Teilstichproben nach Art der Maßnahme (N), Mittelwert, Median, Standardabweichung (SD), Minimum (Min) und Maximum (Max). Abgebildet wird der Streubesitzanteil (absolute Streubesitz) im Dreimonatszeitraum vor der Ankündigung sowie im gesamten Jahr vor der Ankündigung.

[279] Vgl. OLG Frankfurt v. 20.11.2019 – 21 W 77/14, juris Rz. 78; OLG Düsseldorf v. 05.09.2019 – 26 W 8/17, juris Rz. 25.

[280] Konkret wäre der Streubesitz maximal knapp unter 5 %, es wird jedoch gerundet. Genauso ist er bei SOUmwG etwas geringer als 10 %.

Wie erwartet sind der **Streubesitzanteil** und auch der absolute Streubesitz beim aktienrechtlichen Squeeze-out im Mittel am geringsten (Tabelle 3.12). Beim umwandlungsrechtlichen Squeeze-out sind beide etwas höher und beim BGV und der Verschmelzung (mit anteilig jeweils ca. 23 %) am höchsten. Dies entspricht für den Squeeze-out der Voraussetzung des Kapitalanteils. Insgesamt sind die Kapitalanteile im Mittelwert ausreichend für eine entsprechende 75 %-Mehrheit bei der Hauptversammlung.

Die betrachteten Liquiditätsmaße[281] weisen ein relativ einheitliches Bild auf. Die Liquidität ist beim BGV in der Regel am höchsten, gefolgt von der Verschmelzung, dem umwandlungsrechtlichen und schlussendlich dem aktienrechtlichen Squeeze-out. Auffallend ist jedoch das höhere relative Handelsvolumen der Verschmelzung im Vergleich zu den anderen Maßnahmen und der hohe Handelsumsatz bei umwandlungsrechtlichen Squeeze-out im Vergleich zu den anderen Maßnahmen. Zwischen dem Dreimonatszeitraum und einem Jahr vor der Ankündigung bestehen meist keine signifikanten Unterschiede.

Nachfolgend wird der Einfluss der Liquidität in Form des Bid-Ask-Spread auf die Überrenditen der gesellschaftsrechtlichen Strukturmaßnahmen betrachtet.

---

[281] Die zusätzlich betrachtete Liquiditätsrate weist ebenfalls auf die höchste Liquidität beim BGV (1,5) hin, gefolgt jedoch vom umwandlungsrechtlichen Squeeze-out (1,4). Die Liquidität ist bei der Verschmelzung und dem aktienrechtlichen Squeeze-out am geringsten, vgl. für die Berechnung *Cooper/Groth/Avera* (1985), S. 25; *Oesterhelweg/Schiereck* (1993), S. 392.

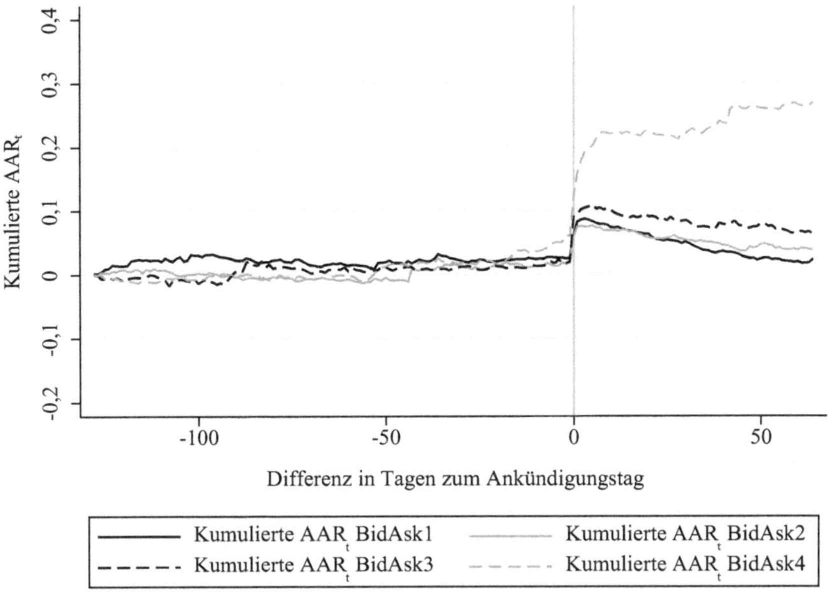

Abbildung 3.10 Kumulierte durchschnittliche abnormale Rendite nach Liquidität
Diese Abbildung zeigt für das Ereignisfenster die kumulierte durchschnittliche abnormale Rendite (kumulierte AAR_t) für Liquiditätsportfolios, die anhand der Quartile des durchschnittlichen Bid-Ask-Spreads im Dreimonatszeitraum vor der Ankündigung gebildet werden (Liquidität abnehmend von Portfolio 1 (BidAsk1) bis Portfolio 4 (BidAsk4)). Der Tag der Ankündigung ist Tag 0, die übrigen Tage werden als Differenz in Tagen zu Tag 0 dargestellt. Die zu verschiedenen Zeitpunkten veröffentlichten Ankündigungen werden damit behandelt, als würden sie zeitgleich stattfinden.

Abbildung 3.10 zeigt nur geringe Unterschiede in der Informationsverarbeitung zwischen den drei Gruppen der liquidesten Aktien. Bei Portfolio 3 ist die kumulierte durchschnittliche Überrendite nach der Ankündigung etwas höher als bei Portfolio 1 und 2. Die kumulierte Überrendite der Gruppe illiquidester Aktien (Portfolio 4) steigt jedoch schon etwas früher vor der Ankündigung leicht an und für diese Gruppe entsteht an den Folgetagen nach der Ankündigung eine deutlich stärkere Überrendite.

Tabelle 3.13 (Kumulierte) durchschnittliche abnormale Renditen nach Liquidität (in %)

Teil A: Durchschnittliche abnormale Renditen

Tag	AAR_t BidAsk 1	Signifikanz BMP-Test (t-Statistik)	Signifikanz KP-Test (t-Statistik)	AAR_t BidAsk 2	Signifikanz BMP-Test (t-Statistik)	Signifikanz KP-Test (t-Statistik)	AAR_t BidAsk 3	Signifikanz BMP-Test (t-Statistik)	Signifikanz KP-Test (t-Statistik)	AAR_t BidAsk 4	Signifikanz BMP-Test (t-Statistik)	Signifikanz KP-Test (t-Statistik)
-5	-0,0608	(-0,24)	(-1,20)	-0,0780	(-0,27)	(0,46)	-0,2014	(-0,84)	(-1,02)	0,3585	(1,08)	(1,82)
-4	-0,0891	(-0,02)	(-0,16)	0,0095	(0,27)	(0,21)	0,6098	(1,27)	(0,22)	-0,0038	(0,12)	(1,00)
-3	0,0487	(0,32)	(-1,07)	0,4252	(1,83)	(1,95)	-0,8105	** (-3,03)	** (-3,07)	0,0733	(0,54)	(0,51)
-2	-0,1556	(-0,48)	(-0,48)	-0,1166	(-0,53)	(0,68)	0,1346	(0,53)	(-0,28)	1,0233	(1,46)	** (2,82)
-1	0,1271	(1,11)	(0,24)	0,1416	(0,81)	(1,24)	0,3175	(1,16)	(0,73)	-0,1310	(-0,66)	(-0,85)
0	3,5566	** (5,89)	** (7,45)	4,1414	** (6,12)	** (7,09)	7,2437	** (8,40)	** (8,92)	6,1940	** (5,97)	** (8,07)
1	2,1035	(1,85)	* (2,42)	1,4715	** (2,66)	** (2,84)	0,2661	(0,57)	(0,24)	3,8108	** (4,25)	** (6,47)
2	0,3492	(1,72)	(1,81)	0,1701	(0,60)	(1,70)	0,6978	(0,83)	(0,84)	1,8780	* (2,14)	** (5,33)
3	0,0973	(0,55)	(0,37)	-0,1911	(-0,72)	(0,68)	0,1855	(0,58)	(-0,29)	1,2266	** (2,75)	** (3,92)
4	-0,1612	(-0,75)	(-0,42)	0,0579	(0,30)	(0,29)	0,1815	(0,65)	(0,97)	0,5090	(0,71)	** (2,65)
5	-0,2341	(-1,94)	** (-2,74)	0,1453	(0,68)	(1,46)	0,2641	(1,14)	(-0,22)	0,4725	(1,06)	** (3,07)

Teil B: Kumulierte durchschnittliche abnormale Renditen

Zeitfenster	$CAAR_{t_1,t_2}$ BidAsk 1	Signifikanz BMP-Test (t-Statistik)	Signifikanz KP-Test (t-Statistik)	$CAAR_{t_1,t_2}$ BidAsk 2	Signifikanz BMP-Test (t-Statistik)	Signifikanz KP-Test (t-Statistik)	$CAAR_{t_1,t_2}$ BidAsk 3	Signifikanz BMP-Test (t-Statistik)	Signifikanz KP-Test (t-Statistik)	$CAAR_{t_1,t_2}$ BidAsk 4	Signifikanz BMP-Test (t-Statistik)	Signifikanz KP-Test (t-Statistik)
[-1; +1]	5,7872	** (4,46)	** (6,78)	5,7545	** (6,41)	** (6,88)	7,8272	** (6,67)	** (9,15)	9,8739	** (7,17)	** (10,26)
[-2; +2]	5,9808	** (4,62)	** (6,55)	5,8080	** (5,96)	** (7,00)	8,6596	** (5,74)	** (8,41)	12,7751	** (7,16)	** (10,49)
[-128; -65]	1,6004	(1,85)	(1,22)	-0,6767	(-0,13)	(-0,51)	0,8223	(0,29)	(-0,98)	-0,3231	(-0,22)	(-1,20)
[-64; -1]	1,0403	(1,57)	(1,05)	2,5481	(1,04)	(0,63)	1,2419	(0,66)	(-0,01)	6,3792	** (2,67)	** (2,66)
[0; +2]	6,0093	** (4,61)	** (6,38)	5,7830	** (6,24)	** (7,58)	8,2075	** (5,61)	** (8,65)	11,8828	** (7,27)	** (10,56)
[+3; +5]	-0,2981	(-0,96)	* (-2,17)	0,0121	(0,02)	(0,67)	0,6311	(1,28)	(1,03)	2,2081	* (2,55)	** (4,75)
[+6; +64]	-5,9463	** (-3,12)	** (-3,14)	-3,7289	(-1,98)	** (-2,70)	-4,7083	* (-2,38)	** (-4,28)	6,9122	(1,70)	* (2,01)
[-128; +64]	2,4056	* (2,59)	** (2,75)	3,9375	(1,37)	* (2,24)	6,1944	(1,63)	(1,60)	27,0593	** (4,91)	** (7,45)

Diese Tabelle zeigt die durchschnittlichen täglichen abnormalen Renditen für anhand der Quartile des durchschnittlichen Bid-Ask-Spreads im Dreimonatszeitraum vor der Ankündigung gebildete Liquiditätsportfolios (Liquidität abnehmend von Portfolio 1 (BidAsk1) bis Portfolio 4 (BidAsk4); die Portfolios umfassen jeweil 75 bzw. 76 Unternehmen) für jeden Tag eines Zeitfensters von 5 Tage vor bis 5 Tage nach dem Ankündigungstag in Prozent (Teil A). Zudem zeigt sie für verschiedene Fenster innerhalb des Ereignisfensters die kumulierten durchschnittlichen abnormalen Renditen der Portfolios in Prozent (Teil B). Der Tag der Ankündigung ist Tag 0, die übrigen Tage werden als Differenz in Tagen zu Tag 0 dargestellt. Auf Signifikanz getestet wird anhand des BMP- sowie des KP-Tests (t-Statistik jeweils in Klammern). ** und * zeigen statistische Signifikanz auf einem Signifikanzniveau von $\alpha = 1\,\%$ und $\alpha = 5\,\%$.

Die Kursreaktion am Ankündigungstag steigt tendenziell mit sinkender Liquidität (Tabelle 3.13). Für die illiquidesten Aktien (Portfolio 4) ist die Überrendite bei Ankündigung (6,2 %) etwas geringer als für die Gruppe etwas liquiderer Aktien (BidAsk3; 7,2 %). Neben dem Ankündigungstag ist die Reaktion für Portfolio 4 jedoch im Gegensatz zu den anderen Gruppen noch einige Tage nach der Ankündigung signifikant und positiv. Entsprechend sind die kumulierten durchschnittlichen Überrenditen um den Ereignistag jeweils signifikant und am höchsten bei geringster Liquidität (BidAsk4). Die kumulierten Überrenditen im Dreimonatszeitraum sowie bis mindestens 5 Tage nach der Ankündigung fallen ausschließlich für die Gruppe der geringsten Liquidität signifikant aus (teilweise bei höchster Liquidität). Die kumulierte durchschnittliche Überrendite für das gesamte Ereignisfenster ist bei geringster Liquidität am höchsten (ca. 27,1 %).

Unterschiede der Überrenditen zwischen den Gruppen sind nur vereinzelt signifikant. Zwischen kumulierten Überrenditen der Gruppen bestehen meist signifikante Unterschiede.

Die Ergebnisse deuten auf eine bei geringerer Liquidität langsamere Verarbeitung und insgesamt stärkere Reaktion, auch über mehrere Tage hinweg, hin. Die stärkere Reaktion kann durch höhere Informationsasymmetrien bedingt sein, die langsamere Verarbeitung durch verzögert zustande kommende Transaktionen. Die starke Reaktion am Ankündigungstag spricht aber eher gegen eine Verzögerung in der Verarbeitung.

Elsland/Weber stellen im Gegensatz zu den obigen Ergebnissen höhere kumulierte Überrenditen im Zeitraum vor der Ankündigung für Zielgesellschaften mit mehr Handelstagen im Zeitfenster [−5; + 5] fest. Sie gehen daher von einer als höher angesehenen Wahrscheinlichkeit eines Squeeze-out aus oder positiveren Erwartungen durch stärkere Spekulation oder bessere Informationen im Voraus. Die Unterschiede sind allerdings nicht signifikant.[282] Im Rahmen der durchgeführten multivariaten Regression stellen sie keine signifikanten Einflüsse der Liquidität fest.[283] *Budzinskis* Ergebnisse zeigen analog der Auswertung in Tabelle 3.13 eine tendenziell langsamere Verarbeitung (geringere Ankündigungsreaktion) bei geringerer Liquidität (für die Gesamtstichprobe nicht signifikant).[284] Eine langsamere Verarbeitung bestätigt sich in der vorliegenden Studie, nicht aber die geringere Ankündigungsreaktion bei geringerer Liquidität.

---

[282] Vgl. *Elsland/Weber* (2005), S. 22, S. 9 für die Unterteilung der Teilstichproben.

[283] Vgl. *Elsland/Weber* (2005), S. 36.

[284] Vgl. *Budzinski* (2012), S. 167, Signifikanz nur für die Teilstichprobe der Ankündigungen mit gleichzeitiger Bekanntgabe der Abfindungshöhe, S. 172 f.

3.9.2.3 Gemeinsame Betrachtung der Einflüsse auf die abnormalen Renditen

Nachfolgend werden die in Abschnitt 3.8 beschriebenen potenziellen Einflussfaktoren gemeinsam im Rahmen einer multivariaten Regression (gemäß Formel (3.7)) betrachtet. Die Definition der einbezogenen Variablen zeigt Anlage 10 im elektronischen Zusatzmaterial. Durch die Einbeziehung verschiedener erklärender Variablen für die Überrenditen können vor allem für den Dreimonatszeitraum relevante Einflüsse ermittelt werden. Die Höhe der Überrenditen am Ankündigungstag (AR_0) bzw. die kumulierten Überrenditen (CAR_{t_1,t_2}) werden als abhängige Variablen einbezogen.

Folgende erklärende Variablen werden einbezogen, häufig mit Hinweis ob die Information im Dreimonatszeitraum (_3M) oder im Jahr (_1J) vor der Ankündigung der Strukturmaßnahme veröffentlicht wurde:

- vor den Strukturmaßnahmen angekündigte BGVs (BGV) und Angebote nach dem WpÜG (ANGEBOT)
- Stimmrechtsmitteilungen vor Strukturmaßnahmen (SCHWELLE, bei Überschreiten von 50, 75 oder 90 %)
- eine unveränderte Konzernstruktur (KONZERN_UNVERÄNDERT) im Jahr vor der Ankündigung (keine Stimmrechtsmitteilung und keine Änderungen der Konzernierung durch Entstehen eines faktischen Konzerns (Anteil > 50 %) oder eines Vertragskonzerns)
- die Liquidität in Form des Bid-Ask-Spreads (BIDASK)
- weitere häufig vermittelte Informationen (Directors' Dealings (DIRECTORSD), personelle Änderungen in Vorstand und Aufsichtsrat (AR_VORST), Hauptversammlungen (HV) und Informationen aus dem Finanzbericht (JA)

Als Kontrollvariablen werden die Arten von Strukturmaßnahmen (SOAKTG, SOUMWG, BGV, Verschmelzung als Basisgruppe) sowie der durchschnittliche CDAX-Stand im Dreimonatszeitraum (CDAX_3M) einbezogen.

Tabelle 3.14 Multivariate Regression für Einflüsse auf (kumulierte) abnormale Renditen[285]

VARIABLES	(1) AR_0	(2) $CAR_{-1,+1}$	(3) $CAR_{-2,+2}$	(4) $CAR_{-128,-65}$	(5) $CAR_{-64,-1}$	(6) $CAR_{0,+2}$	(7) $CAR_{+3,+5}$	(8) $CAR_{+6,+64}$	(9) $CAR_{-128,+64}$
BGV_3M	−0,0338** (−2,62)	0,0020 (0,06)	−0,0138 (−0,34)	0,1712 (1,02)	0,0817 (0,67)	−0,0031 (−0,08)	−0,0291 (−1,60)	0,0116 (0,118)	0,2324 (0,91)
BGV_1J	−0,0092 (−0,37)	0,0192 (0,94)	0,0343 (1,20)	−0,0951 (−0,81)	0,0075 (0,17)	0,0295 (1,05)	0,0376 (1,73)	0,0323 (0,406)	0,0117 (0,05)
ANGEBOT_ 3M	−0,0207 (−1,28)	−0,0550** (−2,77)	−0,0720** (−3,00)	−0,0892 (−1,19)	0,2313** (2,70)	−0,0689** (−2,92)	−0,0116 (−1,08)	0,4206 (1,089)	0,4822 (1,16)
ANGEBOT_ 1J	−0,0105 (−0,86)	−0,0343* (−2,17)	−0,0482* (−2,32)	0,0006 (0,01)	−0,1211** (−2,91)	−0,0486* (−2,50)	−0,0263 (−1,89)	−0,0257 (−0,337)	−0,2212* (−2,07)
BIDASK	0,0858 (1,42)	0,2309** (3,14)	0,2719** (3,10)	0,0133 (0,07)	−0,0823 (−0,56)	0,2694** (3,05)	0,0693 (1,20)	1,3512 (1,413)	1,6209 (1,59)
SCHWELLE_ 3M	0,0014 (0,12)	0,0187 (1,18)	0,0203 (1,28)	−0,0161 (−0,23)	−0,0740 (−1,28)	0,0127 (0,85)	−0,0171 (−1,66)	0,1513 (1,110)	0,0568 (0,33)
SCHWELLE_ 1J	0,0187 (0,83)	0,0113 (0,39)	−0,0098 (−0,30)	−0,0499 (−0,58)	−0,0698 (−0,98)	−0,0105 (−0,33)	−0,0247 (−1,59)	0,1025 (0,771)	−0,0524 (−0,27)
KONZERN_ UN- VERÃNDERT	0,0223 (1,13)	0,0213 (0,83)	0,0187 (0,60)	−0,0765 (−1,01)	−0,1245* (−1,81)	0,0132 (0,45)	−0,0202 (−1,43)	0,1195 (0,919)	−0,0885 (−0,50)
DIREC- TORSD_3M	0,0079 (0,38)	−0,0007 (−0,03)	0,0149 (0,52)	0,0240 (0,40)	−0,0067 (−0,14)	0,0147 (0,54)	0,0064 (0,41)	6,25e-05 (0,00119)	0,0384 (0,29)
DIREC- TORSD_1J	−0,0102 (−0,90)	−0,0029 (−0,17)	−0,0076 (−0,40)	−0,0157 (−0,28)	−0,0062 (−0,17)	−0,0150 (−0,99)	0,0070 (0,97)	−0,0107 (−0,285)	−0,0406 (−0,43)

(Fortsetzung)

285 Die Korrelationsmatrix zeigt keine besonders hohen Korrelationen zwischen erklärenden Variablen. Die Variance Inflation Factors liegen alle unter 5, daher wird angenommen, dass keine Multikollinearität besteht.

Tabelle 3.14 (Fortsetzung)

VARIABLES	(1) AR_0	(2) $CAR_{-1,+1}$	(3) $CAR_{-2,+2}$	(4) $CAR_{-128,-65}$	(5) $CAR_{-64,-1}$	(6) $CAR_{0,+2}$	(7) $CAR_{+3,+5}$	(8) $CAR_{+6,+64}$	(9) $CAR_{-128,+64}$
HV_3M	−0,0153 (−0,60)	−0,0271 (−0,98)	−0,0446 (−1,13)	0,0477 (1,00)	−0,0422 (−0,86)	−0,0445 (−1,15)	−0,0022 (−0,20)	−0,0505 (−0,967)	−0,0917 (−0,75)
JA_3M	0,0361** (2,89)	0,0196 (1,40)	0,0157 (0,80)	0,0362 (1,22)	0,1027* (2,48)	0,0123 (0,66)	0,0096 (1,00)	−0,0064 (−0,213)	0,1543* (2,24)
AR_VORST_3M	0,0025 (0,14)	0,0077 (0,37)	−0,0049 (−0,21)	0,0672 (0,89)	−0,0228 (−0,60)	0,0011 (0,05)	0,0084 (1,02)	0,0256 (0,737)	0,0794 (0,83)
AR_VORST_1J	−0,0049 (−0,34)	0,0088 (0,54)	−0,0005 (−0,02)	−0,0830* (−2,33)	−0,0372 (−1,06)	0,0009 (0,04)	0,0005 (0,06)	0,0120 (0,355)	−0,1067 (−1,31)
SOAKTG	0,0269 (1,44)	0,0338 (1,48)	0,0418 (1,34)	0,0513 (0,48)	0,0929 (1,31)	0,0320 (1,07)	0,0208 (1,53)	0,0509 (0,628)	0,2480 (0,99)
SOUMWG	0,0056 (0,25)	0,0123 (0,48)	0,0165 (0,43)	0,0403 (0,37)	0,0038 (0,05)	0,0077 (0,21)	0,0140 (0,84)	0,0918 (1,041)	0,1576 (0,62)
BGV	0,0502 (1,78)	0,0576* (2,12)	0,0857* (2,18)	−0,0688 (−0,67)	0,0877 (1,25)	0,0665* (2,02)	0,0210 (1,22)	0,1609* (2,098)	0,2672 (1,14)
CDAX_3M	1,46e-06 (0,06)	4,16e-06 (0,14)	−1,69e-05 (−0,38)	1,82e-05 (0,33)	6,32e-05 (1,19)	−2,17e-05 (−0,50)	1,33e-05 (0,80)	−6,09e-05 (−0,884)	1,21e-05 (0,09)
Constant	0,0088 (0,32)	0,0168 (0,48)	0,0401 (0,83)	−0,0208 (−0,15)	−0,0151 (−0,16)	0,0572 (1,22)	−0,0074 (−0,38)	−0,2393 (−1,535)	−0,2254 (−0,71)
Observations	302	302	302	302	302	302	302	302	302
R-squared	0,0931	0,1095	0,1008	0,0685	0,1257	0,0997	0,0567	0,1982	0,1749

Die Tabelle zeigt die Ergebnisse der multivariaten linearen Regression für Einflüsse auf (kumulierte) abnormale Renditen bei gesellschaftsrechtlichen Strukturmaßnahmen. Die verwendeten Variablen werden in Anlage 10 im elektronischen Zusatzmaterial definiert. Die Maßnahme (SOAKTG, SOUMWG und BGV, Verschmelzung als Basisgruppe) sowie der CDAX-Stand (CDAX_3M) werden als Kontrollvariablen einbezogen. Da sich anhand des Breusch-Pagan-Tests zeigt, dass nicht von Homoskedastizität ausgegangen werden kann, werden robuste Standardfehler verwendet. ** und * zeigen statistische Signifikanz auf einem Signifikanzniveau von $\alpha = 1$ % und $\alpha = 5$ % (t-Statistik in Klammern).

Ein innerhalb von drei Monaten vor Ankündigung der Strukturmaßnahme angekündigter BGV hat einen signifikant negativen Einfluss auf die Überrendite am Ankündigungstag der Strukturmaßnahme (Tabelle 3.14). Ein Angebot nach WpÜG innerhalb von drei Monaten vor der Ankündigung der Hauptmaßnahme beeinflusst die Überrendite im Dreimonatszeitraum vor der Hauptmaßnahme signifikant positiv, für die Tage um die Ankündigung signifikant negativ. Ähnliche Effekte zeigen sich für Angebote mehr als drei Monate und bis zu einem Jahr zuvor – es besteht hier jedoch stets ein negativer Einfluss (auch für das gesamte Ereignisfenster). Dieser fällt etwas geringer aus als bei Angeboten in den drei Monaten zuvor. Der Bid-Ask-Spread hat einen signifikant positiven Einfluss auf die kumulierten Überrenditen in Zeitfenstern von zwei Tage vor bis zwei Tage nach der Ankündigung. Bei höherer Liquidität vermindert sich mithin die kumulierte Überrendite. Für die Entwicklung der Beteiligungsstrukturen zeigen sich keine signifikanten Einflüsse, so auch bei Directors' Dealings.[286] Hingegen hat eine Mitteilung von Jahresabschlusszahlen einen signifikant positiven Einfluss auf die Überrendite am Ankündigungstag und im Dreimonatszeitraum. Ein Wechsel in Vorstand und Aufsichtsrat mehr als drei Monate und bis zu einem Jahr vor der Ankündigung weist einen signifikant negativen Einfluss auf die kumulierte Überrendite sechs bis drei Monate vor Ankündigung auf. Ein unveränderter Konzerneinfluss beeinflusst die kumulierte Überrendite im Dreimonatszeitraum negativ.

Einige der betrachteten Ereignisse können damit einen signifikanten Einfluss auf die Überrenditen bei darauffolgenden Strukturmaßnahmen haben. Hauptsächlich durch Angebote nach dem WpÜG, die bis zu einem Jahr vor der Maßnahme angekündigt werden, werden die Überrenditen im für die Börsenkursbemessung verwendeten **Dreimonatszeitraum** beeinflusst. Angebote nach dem WpÜG erhöhen die Überrendite, wenn sie innerhalb der drei Monate angekündigt werden, vermutlich durch die bei ihnen ebenfalls entstehenden positiven Effekte auf den Börsenkurs. Sie senken die Überrendite, wenn sie mehr als drei Monate und bis zu einem Jahr zuvor angekündigt werden, da sie vermutlich durch abgebaute Informationsasymmetrien zu geringeren Reaktionen bei der Hauptmaßnahme führen. Zudem erhöhen offengelegte Informationen im Jahresabschluss die Überrenditen im Dreimonatszeitraum, da sie möglicherweise ebenfalls zu positiven Reaktionen führen. Sie resultieren, eventuell durch erhöhte Transparenz und vorübergehende Sicherheit über den Stand der Geschäftstätigkeit des Unternehmens,

[286] Bei 47 Maßnahmen wurden im Jahr vor Ankündigung der Strukturmaßnahme Directors' Dealings gemeldet. Davon wurden bei 32 Maßnahmen mehr Verkaufs- als Kauftransaktionen gemeldet. Eine separate Betrachtung wurde aufgrund der wenigen Maßnahmen mit mehr Käufen nicht vorgenommen.

in verstärkten Kaufwünschen, vor allem wenn die vermittelten Informationen auf eine sich verbessernde Lage des Unternehmens hinweisen. Eine innerhalb des Jahres vor der Ankündigung unveränderte Konzernstruktur hat einen negativen Einfluss, möglicherweise da es bei längerer Zeit ohne Veränderung der Konzernierung (und damit verbundener Anteile) weniger zu einer Antizipation einer Strukturmaßnahme kommt.

Anlage 11 im elektronischen Zusatzmaterial zeigt die multivariate Regression unter zusätzlicher Einbeziehung von Größe und Streubesitz sowie der Branche als Kontrollvariablen (definiert in Anlage 12 im elektronischen Zusatzmaterial). Es ergeben sich keine wesentlichen Unterschiede.

3.10 Fazit

Mit der vorliegenden Studie wurde erstmals eine sehr umfangreiche Stichprobe von 385 zwischen den Jahren 2002 und 2020 angekündigten aktienrechtlichen und umwandlungsrechtlichen Squeeze-outs, Verschmelzungen und Beherrschungs- und/oder Gewinnabführungsverträgen auf vorherige Ereignisse hin untersucht, die potenziell einen Einfluss auf den Börsenkurs vor (und bei) der Strukturmaßnahme haben. Der Dreimonatszeitraum vor der Ankündigung der Strukturmaßnahme ist besonders relevant, da er regelmäßig für die Abfindungsbemessung (als Untergrenze oder sogar anteiliger Unternehmenswert) anhand des Börsenkurses verwendet wird.

Sowohl Angebote nach dem WpÜG als auch zuvor angekündigte Beherrschungs- und/oder Gewinnabführungsverträge weisen signifikante Ankündigungsreaktionen auf. Diese betragen bei Angeboten im arithmetischen Mittel am Ankündigungstag 13 % sowie kumuliert über ein Zeitfenster von drei Monate vor bis drei Monate nach der Ankündigung mehr als 30 %. Bei BGVs entsteht am Ankündigungstag eine Überrendite von etwa 4 % (7 % kumuliert).

Bei innerhalb eines Jahres vor der Ankündigung der Strukturmaßnahme angekündigten Angeboten oder BGVs ist eine geringere Reaktion bei der eigentlichen Ankündigung der Strukturmaßnahme (Hauptmaßnahme) zu erkennen – im Vergleich zu Strukturmaßnahmen mit länger zurückliegenden oder hauptsächlich auch ohne davor angekündigte Angebote oder BGVs. Dies weist auf einen aktuelleren Informationsgehalt des Börsenkurses bei nicht allzu lange davor stattfindenden Ereignissen hin. Da zu deren Zeitpunkt bereits Informationsasymmetrien abgebaut werden, sind die Informationen bei der Strukturmaßnahme nicht mehr so „neu“ oder es wird eher schon mit einer Maßnahme gerechnet.

Anhand des Liquiditätskriteriums des § 5 Abs. 4 WpÜGAngebV wäre lediglich für 8,3 % der Strukturmaßnahmen ein Börsenkurs nicht für die Abfindungsbemessung verwendbar. Der Bid-Ask-Spread liegt jedoch für 68,83 % (77,66 %) der Maßnahmen über der in der Rechtsprechung diskutierten Schwelle von 2 % (1,25 %), weshalb für diese der Börsenkurs bei einer Allgemeingültigkeit der Schwellen nicht verwendbar wäre. Die diskutierte Schwelle des durchschnittlichen Handelsumsatzes von 115.000 EUR pro Tag wird sogar bei 85,7 % der Zielgesellschaften nicht erreicht. Der Bid-Ask-Spread weist für Zeitfenster von bis zu zwei Tagen um den Ankündigungstag der Strukturmaßnahme einen positiven Effekt auf die kumulierte Überrendite auf. Bei geringerer Liquidität entstehen damit stärkere Überrenditen und die Ergebnisse weisen auf eine langsamere Verarbeitung der Information der Ankündigung hin. Informationsasymmetrien treten hier potenziell in größerem Umfang auf und Transaktionen können tendenziell langsamer umgesetzt werden.

Im Rahmen einer multivariaten Regression können hauptsächlich innerhalb des Jahres vor der angekündigten Strukturmaßnahme angekündigte Angebote sowie im Dreimonatszeitraum bekanntgegebene Daten des Jahresabschlusses als für den Dreimonatszeitraum relevante Ereignisse identifiziert werden. Wenn sie im Dreimonatszeitraum angekündigt werden, erhöhen beide die Überrenditen, vermutlich durch die Verarbeitung dieser Information. Angebote im Jahr vor Ankündigung senken hingegen die Überrenditen. Diese sollten daher im Rahmen der Abfindungsbemessung berücksichtigt werden – zumindest in Hinblick auf eine Vergleichbarkeit zwischen den Börsenkursen bei verschiedenen Zielgesellschaften und den Informationsgehalt des Börsenkurses. Ein insgesamt unveränderter Konzerneinfluss senkt eine Antizipation einer weiteren Maßnahme, während speziell ein angekündigter BGV keinen signifikanten Einfluss aufweist.

In Hinblick auf die Verwendbarkeit des Börsenkurses für die Abfindungsbemessung spielt die Liquidität eine wesentliche Rolle. Bei hoher Liquidität ist die Reaktion um den Ankündigungstag der Strukturmaßnahmen geringer, hier sind möglicherweise nur geringere Informationsasymmetrien vorhanden. Damit spiegelt der Börsenkurs die aktuellen Erwartungen auf Basis umfassend informierter Aktionäre besser wider. Zudem können durch vorherige Angebote nach dem WpÜG und in etwas geringerem Maße durch BGVs im Vorfeld bereits Informationsasymmetrien abgebaut werden. Der Börsenkurs ist damit bei angekündigten Angeboten oder BGVs in einem Zeitabstand von ca. bis zu einem Jahr in Bezug auf verarbeitete Informationen vor der Strukturmaßnahme aussagekräftiger. Speziell der Konzerneinfluss kann auch relevant sein, vor allem wenn sich für diesen keine Änderung ergab (oder ggf. im Einzelfall ein angekündigter BGV). Vermittelte Informationen (auch bspw. Jahresabschlusszahlen) können als

„confounding events“ den Börsenkurs im Dreimonatszeitraum ebenfalls direkt beeinflussen – sie selbst führen meist zu positiven Effekten, aber durch einen umfassenderen Informationsgehalt des Börsenkurses zu tendenziell geringeren Überrenditen für die Strukturmaßnahme. Bei jeglichem Einfluss können sie relevant sein (Vergleichbarkeit). Daher sollte bei der Abfindungsbemessung in jedem Fall ein Zeitraum von mindestens einem Jahr vor Ankündigung der Strukturmaßnahme dahingehend betrachtet werden, welche Informationen veröffentlicht wurden. Im Sinne einer Vergleichbarkeit ist es relevant, welche Informationen im Voraus der Strukturmaßnahme im Vergleich zu anderen Maßnahmen bekanntgegeben werden. Durch gezielte Informationspolitik kann der Börsenkurs ggf. leicht in eine gewollte Richtung gedrängt werden, so insbesondere bei geringer Liquidität.

Literaturverzeichnis zu Kapitel 3

Adolff, Johannes (2007): Unternehmensbewertung im Recht der börsennotierten Aktiengesellschaft, Habil., München.

Ahlers, Martin (2003): Verschmelzung deutscher börsennotierter Kapitalgesellschaften, Diss., Lohmar – Köln.

Altmeppen, Holger (2023): § 312 AktG, in: Goette, Wulf/Habersack, Mathias/Kalss, Susanne (Hrsg.): Münchener Kommentar zum Aktiengesetz, Bd. 5, 6. Aufl., München.

Arendts, Martin: SpruchZ: Spruchverfahren Recht & Praxis, verfügbar unter: https://spruch verfahren.blogspot.com/, abgerufen am: 26.08.2022.

Austmann, Andreas/Hoffmann-Becking, Michael (2020): § 75 Ausschluss von Minderheitsaktionären (Squeeze-out), in: Hoffmann-Becking, Michael (Hrsg.): Münchener Handbuch des Gesellschaftsrechts, Bd. 4, 5. Aufl., München.

Backhaus, Klaus/Erichson, Bernd/Gensler, Sonja/Weiber, Rolf/Weiber, Thomas (2021): Multivariate Analysemethoden, 16. Aufl., Wiesbaden.

BaFin: Emittentenleitfaden: Modul C – Regelungen aufgrund der Marktmissbrauchsverordnung, verfügbar unter: file:///C:/Users/user/Downloads/dl_emittentenleitfaden_modul_C-7.pdf, abgerufen am: 20.02.2024.

Ballwieser, Wolfgang/Hachmeister, Dirk (2021): Unternehmensbewertung, 6. Aufl., Stuttgart.

Bayer, Walter (2024a): § 17 AktG, in: Goette, Wulf/Habersack, Mathias/Kalss, Susanne (Hrsg.): Münchener Kommentar zum Aktiengesetz, Bd. 1, 6. Aufl., München.

Bayer, Walter (2024b): § 18 AktG, in: Goette, Wulf/Habersack, Mathias/Kalss, Susanne (Hrsg.): Münchener Kommentar zum Aktiengesetz, Bd. 1, 6. Aufl., München.

Bekanntmachung der Neufassung des Wertpapierhandelsgesetzes vom 9. September 1998, BGBl. Teil I Nr. 62 v. 17.09.1998, S. 2708.

Bimberg, Mathias Cyril (2009): Unternehmensübernahmen und Erwerbsangebote in Deutschland, Diss., Wiesbaden.

Boehmer, Ekkehart/Musumeci, Jim/Poulsen, Annette B. (1991): Event-study methodology under conditions of event-induced variance, in: JFE, Vol. 30, S. 253–272.

Börse Frankfurt: CDAX – Börsenlexikon, verfügbar unter: https://www.boerse-frankfurt.de/wissen/lexikon/cdax, abgerufen am: 27.07.2024.

Brown, Stephen J./Warner, Jerold B. (1980): Measuring security price performance, in: JFE, Vol. 8, S. 205–258.

Brown, Stephen J./Warner, Jerold B. (1985): Using daily stock returns. The case of event studies, in: JFE, Vol. 14, S. 3–31.

Brüchle, Christian/Ehrhardt, Olaf/Nowak, Eric (2008): Konzerneinfluss und Entkopplung vom Marktrisiko – Eine empirische Analyse der Betafaktoren bei faktischen und Vertragskonzernen, in: JBE, 78. Jg., S. 455–476.

Bücker, Thomas (2010): Die Berücksichtigung des Börsenkurses bei Strukturmaßnahmen – BGH revidiert DAT/Altana, in: NZG, 13. Jg., S. 967–971.

Budzinski, Alexander (2012): Der Börsenkurs im Squeeze Out-Verfahren, Diss., Lohmar – Köln.

Bundesregierung: Entwurf eines Gesetzes zur Regelung von öffentlichen Angeboten zum Erwerb von Wertpapieren und von Unternehmensübernahmen v. 05.10.2001, BT-Drs. 14/7034.

Bungert, Hartwin (2003): Umtauschverhältnis bei Verschmelzungen entspricht nicht den Börsenwerten, in: BB, 58. Jg., S. 699–704.

Bungert, Hartwin (2024): § 22 Unternehmensbewertung im Umwandlungsrecht, in: Fleischer, Holger/Hüttemann, Rainer (Hrsg.): Rechtshandbuch Unternehmensbewertung, 3. Aufl., Köln, S. 703–790.

Bungert, Hartwin/Leyendecker-Langner, Benjamin E. (2014): Börsenkursrechtsprechung beim vorgeschalteten Delisting, in: BB, 69. Jg., S. 521–525.

Bungert, Hartwin/Wettich, Carsten (2012): Neues zur Ermittlung des Börsenwerts bei Strukturmaßnahmen, in: ZIP, 33. Jg., S. 449–455.

Campbell, John Y./Lo, Andrew W./MacKinlay, A. Craig (1997): The Econometrics of Financial Markets, Princeton (NJ).

Chung, Kee H./Zhang, Hao (2014): A simple approximation of intraday spreads using daily data, in: JFMarkets, Vol. 17, S. 94–120.

Cleary Gottlieb Steen & Hamilton LLP: Public Bids and Squeeze-Outs in Germany, verfügbar unter: https://www.clearygottlieb.com/-/media/organize-archive/cgsh/files/2017/publications/cleary-gottlieb_public-bids-and-squeezeouts-in-germany_a-statistical-survey_20022016-final.pdf, abgerufen am: 26.08.2022.

Cooper, S. Kerry/Groth, John C./Avera, William E. (1985): Liquidity, Exchange Listing, and Common Stock Performance, in: JEB, Vol. 37, S. 19–33.

Corrado, Charles J. (1989): A nonparametric test for abnormal security-price performance in event studies, in: JFE, Vol. 23, S. 385–395.

Daske, Holger/Bassemir, Moritz/Fischer, Felix F. (2010): Manipulation des Börsenkurses durch gezielte Informationspolitik im Rahmen von Squeeze-Outs? – Eine empirische Untersuchung am deutschen Kapitalmarkt, in: zfbf, 62. Jg., S. 254–288.

Decher, Christian E. (2023): Die Bedeutung des Börsenkurses für die Unternehmensbewertung bei Strukturmaßnahmen, in: AG, 68. Jg., S. 106–117.

Demsetz, Harold (1968): The Cost of Transacting, in: QJE, Vol. 82, S. 33–53.

Díaz, Antonio/Escribano, Ana (2020): Measuring the multi-faceted dimension of liquidity in financial markets: A literature review, in: RIBAF, Vol. 51, S. 1–16.

Dieckmann, Andreas (2024): § 33 WpHG, in: Seibt, Christoph H./Buck-Heeb, Petra/Harnos, Rafael (Hrsg.): BeckOK Wertpapierhandelsrecht, 12. Aufl., München, Stand: 01.07.2024.

Dorfleitner, Gregor (2002): Stetige versus diskrete Renditen – Überlegungen zur richtigen Verwendung beider Begriffe in Theorie und Praxis, in: KuK, 35. Jg., S. 216–241.

Drygala, Tim (2024): § 5 UmwG, in: Lutter, Marcus/Bayer, Walter/Vetter, Jochen (Hrsg.): UmwG Kommentar, 7. Aufl., Köln.

Eger, Carol Ellen (1983): An Empirical Test of the Redistribution Effect in Pure Exchange Mergers, in: JFQA, Vol. 18, S. 547–572.

Ehrhardt, Olaf/Lahr, Henry/Wessel, Maximilian (2004): Kursreaktionen bei der Ankündigung von Squeeze-outs in Deutschland, in: M&AR, 15. Jg., S. 361–366.

Eisele, Florian/Walter, Andreas (2003): Kurswertreaktionen auf die Ankündigung von Going Private-Transaktionen am deutschen Kapitalmarkt, in: Tübinger Diskussionsbeitrag Nr. 274 Dezember 2003, S. 1–33.

Elsland, Silvia/Weber, Martin (2005): Squeeze-outs in Germany: Determinants of the Announcement Effects, Working Paper, verfügbar unter: https://www.fbv.kit.edu/symposium/10th/papers/Elsland_Weber%20-%20Squeeze-outs%20in%20Germany%20Determinants%20of%20the%20Announcement%20Effects.pdf, abgerufen am: 04.09.2024.

Emmerich, Volker (2010): § 305 AktG, in: Emmerich, Volker/Habersack, Mathias (Hrsg.): Aktien- und GmbH-Konzernrecht, 6. Aufl., München.

Emmerich, Volker (2022): § 305 AktG, in: Emmerich, Volker/Habersack, Mathias (Hrsg.): Aktien- und GmbH-Konzernrecht, 10. Aufl., München.

Fama, Eugene F. (1970): Efficient Capital Markets: A Review of Theory and Empirical Work, in: JoF, Vol. 25, S. 383–417.

Fama, Eugene F. (1991): Efficient Capital Markets: II, in: JoF, Vol. 46, S. 1575–1617.

Fama, Eugene F./French, Kenneth R. (1988): Permanent and Temporary Components of Stock Prices, in: JPE, Vol. 96, S. 246–273.

finanzen.net: Suche, verfügbar unter: https://www.finanzen.net/, abgerufen am: 16.04.2024.

FinanzNachrichten.de: Suche, verfügbar unter: https://www.finanznachrichten.de/, abgerufen am: 16.04.2024.

Fleischer, Holger/Kolb, Christian (2019): Abfindungsarbitrage und Unternehmensbewertung, in: AG, 64. Jg., S. 57–68.

Fortin, Richard D./Grube, R. Corwin/Joy, O. Maurice (1990): Bid-Ask Spreads for OTC NASDAQ Firms, in: FAJ, Vol. 46, S. 76–79.

Franke, Günter/Hax, Herbert (2009): Finanzwirtschaft des Unternehmens und Kapitalmarkt, 6. Aufl., Berlin, Heidelberg.

French, Kenneth R.: Data Library – Industry Portfolios, verfügbar unter: http://mba.tuck.dartmouth.edu/pages/faculty/ken.french/data_library.html, abgerufen am: 16.04.2024.

Friederich, Sylvain/Gregory, Alan/Matatko, John/Tonks, Ian (2002): Short-run returns around the trades of corporate insiders on the London stock exchange, in: EFM, Vol. 8, S. 7–30.

Garbade, Kenneth D. (1982): Securities markets, New York.

Gesetz über den Wertpapierhandel und zur Änderung börsenrechtlicher und wertpapierrechtlicher Vorschriften (Zweites Finanzmarktförderungsgesetz) vom 26. Juli 1994, BGBl. Teil I Nr. 48 v. 30.07.1994, S. 1749.

Gesetz zur Regelung von öffentlichen Angeboten zum Erwerb von Wertpapieren und von Unternehmensübernahmen vom 20. Dezember 2001, BGBl. Teil I Nr. 72 v. 22.12.2001, S. 3822.

Goerke, Björn (2009): Event-Studies, in: Albers, Sönke/Klapper, Daniel/Konradt, Udo u.a. (Hrsg.): Methodik der empirischen Forschung, Wiesbaden, S. 467–484.

Gomber, Peter/Schweickert, Uwe (2002): Der Market Impact: Liquiditätsmaß im elektronischen Wertpapierhandel, in: Die Bank, 42. Jg., 485–489.

Große-Frericks, Christina (2015): Die Angemessenheit des Entgelts für die Übertragung von Eigentumsrechten als Problem rechtsgeprägter Unternehmensbewertung, Diss., Wiesbaden.

Grunert, Mirko (2022): Die Methodenwahl zur Ermittlung der angemessenen Barabfindung nach dem AktG, Diss., Baden-Baden.

Hachmeister, Alexandra (2007): Informed Traders as Liquidity Providers, Diss., Wiesbaden.

Häller, Jan (2024): § 305 AktG, in: Schmidt, Karsten/Lutter, Marcus (Hrsg.): Aktiengesetz, 5. Aufl., Köln.

Häller, Jan/Adolff, Johannes (2024): § 18 Börsenkurs und Unternehmensbewertung, in: Fleischer, Holger/Hüttemann, Rainer (Hrsg.): Rechtshandbuch Unternehmensbewertung, 3. Aufl., Köln, S. 551–602.

Hecker, Renate/Kaserer, Christoph (2003): Going Private im Wege des Minderheitenausschlusses: Eine empirisch orientierte Bestandsaufnahme, in: BFuP, 55. Jg., S. 137–162.

von Hein, Jan (2020): § 33 WpHG, in: Schwark, Eberhard/Zimmer, Daniel (Hrsg.): Kapitalmarktrechts-Kommentar, 5. Aufl., München.

Helmis, Sven (2003): Der Ausschluss von Minderheitsaktionären, in: ZBB, 15. Jg., S. 161–260.

I-ADVISE: Studie zur Bewertungspraxis bei gesellschaftsrechtlichen Anlässen, verfügbar unter: https://www.i-advise.de/wp-content/uploads/2023/07/I-ADVISE-Studie-Bewertungspraxis-9.-Auflage.pdf, abgerufen am: 26.08.2022.

IDW (2018): WPH Edition, Bewertung und Transaktionsberatung, Düsseldorf.

Jaskulla, Ekkehard M. (2002): Voraussetzungen und haftungsrechtliche Konsequenzen einer Aussetzung des Börsenhandels vor dem Hintergrund der Ereignisse des 11. September 2001, in: WM, 56. Jg., S. 1093–1148.

Jonas, Martin (2008): Die Bewertung beherrschter Unternehmen – oder: Das doppelte Maximum als Vorsichtsprinzip, in: Laitenberger, Jörg/Löffler, Andreas (Hrsg.): Finanzierungstheorie auf vollkommenen und unvollkommenen Kapitalmärkten (Festschrift für Lutz Kruschwitz zum 65. Geburtstag), München, S. 105–122.

Jonas, Martin/Wieland-Blöse, Heike (2024): § 10 Besonderheiten des DCF-Verfahrens, in: Fleischer, Holger/Hüttemann, Rainer (Hrsg.): Rechtshandbuch Unternehmensbewertung, 3. Aufl., Köln, S. 294–308.

Kempf, Alexander (1999): Wertpapierliquidität und Wertpapierpreise, Habil., Wiesbaden.

Keynes, John Maynard (1930): A Treatise on Money, Volume II: The Applied Theory of Money, London.

Koch, Jens (2024a): § 18 AktG, in: Hüffer, Uwe/Koch, Jens (Hrsg.): Aktiengesetz, 18. Aufl., München.

Koch, Jens (2024b): § 305 AktG, in: Hüffer, Uwe/Koch, Jens (Hrsg.): Aktiengesetz, 18. Aufl., München.

Kolari, James W./Pynnönen, Seppo (2010): Event Study Testing with Cross-sectional Correlation of Abnormal Returns, in: RFS, Vol. 23, S. 3996–4025.

Kolari, James W./Pynnönen, Seppo (2011): Nonparametric rank tests for event studies, in: JEF, Vol. 18, S. 953–971.

Kolari, James W./Pynnönen, Seppo (2023): Investment Valuation and Asset Pricing, Cham.

Kothari, S. P./Warner, Jerold B. (2007): Econometrics of Event Studies, in: Eckbo, B. Espen (Hrsg.): Corporate Finance, Empirical Corporate Finance, Volume 1, Amsterdam, Oxford, S. 3–36.

Krause, Hartmut (2020): § 5 WpÜG-AngVO, in: Assmann, Heinz-Dieter/Pötzsch, Thorsten/Schneider, Uwe H. (Hrsg.): Wertpapiererwerbs- und Übernahmegesetz, 3. Aufl., Köln.

Krog, Markus (2000): Marktorientierung und gesellschaftsrechtliche Unternehmensbewertung, Diss., Wiesbaden.

Küting, Peter (2012): Konzerninterne Umstrukturierungen, Stuttgart.

Land, Volker/Hallermayer, Jessica (2015): Grenzen der Bedeutung des Börsenkurses bei der Unternehmensbewertung im Rahmen von Strukturmaßnahmen, in: AG, 60. Jg., S. 659–666.

Lippman, Steven A./McCall, John J. (1986): An Operational Measure of Liquidity, in: AER, Vol. 76, S. 43–55.

Lubatkin, Michael (1987): Merger Strategies and Stockholder Value, in: SMJ, Vol. 8, S. 39–53.

Lüdecke, Torsten/Schlag, Christian (1992): Die Marktstruktur der Deutschen Terminbörse: Eine empirische Analyse der Bid-Ask-Spreads, in: zfbf, 44. Jg., S. 323–346.

MacKinlay, A. Craig (1997): Event Studies in Economics and Finance, in: JEL, Vol. 35, S. 13–39.

McWilliams, Abagail/Siegel, Donald (1997): Event Studies in Management Research: Theoretical and Empirical Issues, in: AMJ, Vol. 40, S. 626–657.

Morse, Dale (1984): An Econometric Analysis of the Choice of Daily Versus Monthly Returns in Tests of Information Content, in: JAR, Vol. 22, S. 605–623.

Mühle, Sabine (2002): Das Wertpapiererwerbs- und Übernahmegesetz, Diss., Baden-Baden.

Munkert, Michael J. (2005): Der Kapitalisierungszinssatz in der Unternehmensbewertung, Diss., Wiesbaden.

Neumeier, Andreas (2015): Unternehmensbewertung bei Squeeze-out, Diss., Lohmar – Köln.

Noack, Ulrich/Zetzsche, Dirk (2020a): WpÜG Einleitung, in: Schwark, Eberhard/Zimmer, Daniel (Hrsg.): Kapitalmarktrechts-Kommentar, 5. Aufl., München.

Noack, Ulrich/Zetzsche, Dirk (2020b): § 31 WpÜG, in: Schwark, Eberhard/Zimmer, Daniel (Hrsg.): Kapitalmarktrechts-Kommentar, 5. Aufl., München.

Noack, Ulrich/Zetzsche, Dirk (2020c): § 35 WpÜG, in: Schwark, Eberhard/Zimmer, Daniel (Hrsg.): Kapitalmarktrechts-Kommentar, 5. Aufl., München.

Oerke, Marc (1999): Ad-Hoc-Mitteilungen und deutscher Aktienmarkt, Diss., Wiesbaden.

Oesterhelweg, Olaf/Schiereck, Dirk (1993): Meßkonzepte für die Liquidität von Finanzmärkten, in: Die Bank, 33. Jg., S. 390–397.

Olbrich, Michael (2000): Zur Bedeutung des Börsenkurses für die Bewertung von Unternehmungen und Unternehmungsanteilen, in: BFuP, 52. Jg., S. 454–465.

Oppenhoff, Stephan (2018): § 23 Übernahmerecht, in: Drinhausen, Florian/Eckstein, Hans-Martin (Hrsg.): Beck'sches Handbuch der AG, 3. Aufl., München.

Pfüller, Markus/Nerz, Joachim (2024): Art. 19 MAR, in: Fuchs, Andreas/Zimmermann, Martin (Hrsg.): Wertpapierhandelsrecht, 3. Aufl., München.

Phillips, Susan M./Smith, Clifford W. (1980): Trading costs for listed options, in: JFE, Vol. 8, S. 179–201.

Piltz, Detlev (2001): Unternehmensbewertung und Börsenkurs im aktienrechtlichen Spruchstellenverfahren – zugleich Besprechung der Entscheidung BVerfGE 100, 289, in: ZGR, 30. Jg., S. 185–213.

Popp, Matthias/Ruthardt, Frederik (2024): § 12 Bewertungsmethoden im Spiegel der Rechtsprechung, in: Fleischer, Holger/Hüttemann, Rainer (Hrsg.): Rechtshandbuch Unternehmensbewertung, 3. Aufl., Köln, S. 332–416.

Raiser, Thomas/Veil, Rüdiger (2015): Recht der Kapitalgesellschaften, 6. Aufl., München.

Rathausky, Uwe (2007): Squeeze-out in Deutschland, Diss., Baden-Baden.

Roberts, Harry V. (1959): Stock-Market „Patterns" and Financial Analysis: Methodological Suggestions, in: JoF, Vol. 14, S. 1–10.

van Rossum, Katrin (2023): § 305 AktG, in: Goette, Wulf/Habersack, Mathias/Kalss, Susanne (Hrsg.): Münchener Kommentar zum Aktiengesetz, Bd. 5, 6. Aufl., München.

Ruthardt, Frederik (2014): Normzweckkonforme Unternehmensbewertung und Abfindungsbemessung beim aktienrechtlichen Squeeze Out, Diss., Baden-Baden.
Schilling, Dirk/Kaspar, Steffen (2015): Ankündigungseffekte von Squeeze-outs – Eine empirische Analyse des deutschen Kapitalmarkts, in: CF, 6. Jg., S. 68–74.
Schmid, Friedrich/Trede, Mark (2006): Finanzmarktstatistik, Berlin, Heidelberg.
Schmidt, Hartmut/Iversen, Peter (1991): Geld-Brief-Spannen deutscher Standardwerte in IBIS und MATIS, in: ZBB, 3. Jg., S. 209–226.
Schmidt, Hartmut/Prigge, Stefan (2001): Börsenkursbildung, in: Gerke, Wolfgang/Steiner, Manfred (Hrsg.): Handwörterbuch des Bank- und Finanzwesens, 3. Aufl., Stuttgart, S. 392–402.
Schmidt, Jessica (2020): Das Abstellen auf den Börsenkurs bei der Ermittlung von Abfindung und Ausgleich, in: NZG, 23. Jg., S. 1361–1368.
Schneider, Uwe H./Schneider, Sven H. (2023): § 34 WpHG, in: Assmann, Heinz-Dieter/Schneider, Uwe H./Mülbert, Peter O. (Hrsg.): Wertpapierhandelsrecht, Bd. II, 8. Aufl., Köln.
Schnorbus, York/Rauch, Stephan/Grimm, Manon (2021): Die marktorientierte Bewertungsmethode im Spruchverfahren, in: AG, 66. Jg., S. 391–402.
Schröder, Michael (2012): Statistische Eigenschaften von Finanzmarkt-Zeitreihen, in: Schröder, Michael (Hrsg.): Finanzmarkt-Ökonometrie, 2. Aufl., Stuttgart, S. 1–27.
Schröder, Oliver/Mendelin, Stefan (2024): § 44 Squeeze-out, in: Schüppen, Matthias/Schaub, Bernhard (Hrsg.): Münchener Anwaltshandbuch Aktienrecht, 4. Aufl., München.
Schröder, Oliver/Niggemann, Gerold (2024): § 51 Öffentliche Übernahmeangebote, in: Schüppen, Matthias/Schaub, Bernhard (Hrsg.): Münchener Anwaltshandbuch Aktienrecht, 4. Aufl., München.
Schwartz, Robert A. (1988): Equity Markets, London.
Schwetzler, Bernhard: Wachstums- und Renditeannahmen in der Terminal Value Ermittlung – eine empirische Analyse deutscher Bewertungsgutachten, Working Paper, verfügbar unter: https://papers.ssrn.com/sol3/papers.cfm?abstract_id=4110771, abgerufen am: 28.06.2024.
SdK e. V.: Spruchverfahren, verfügbar unter: https://sdk.org/leistungen/spruchverfahren/, abgerufen am: 26.08.2022.
Sharpe, William F. (1963): A Simplified Model for Portfolio Analysis, in: MS, Vol. 9, S. 277–293.
Singhof, Bernd (2024): § 327b AktG, in: Stilz, Eberhard/Veil, Rüdiger (Hrsg.): beck-online.GROSSKOMMENTAR zum Aktienrecht, München, Stand: 01.06.2024.
spruchverfahren direkt: Gerichtsentscheidungen, verfügbar unter: https://www.spruchverfahren-direkt.de/?page_id=555, abgerufen am: 26.08.2022.
Stange, Kristian (2010): Zwangsausschluss von Minderheitsaktionären (Squeeze-out), Diss., Jena.
Steinhauer, Carsten (1999): Der Börsenpreis als Bewertungsgrundlage für den Abfindungsanspruch von Aktionären, in: AG, 54. Jg., S. 299–308.
Stengel, Arndt (2021): § 174 UmwG, in: Semler, Johannes/Stengel, Arndt/Leonard, Nina (Hrsg.): Umwandlungsgesetz, 5. Aufl., München
Stilz, Eberhard/Schumann, Alexander (2024): § 255 AktG, in: Stilz, Eberhard/Veil, Rüdiger (Hrsg.): beck-online.GROSSKOMMENTAR zum Aktienrecht, München, Stand: 01.06.2024.

Stöckl, Stefan (2010): Der aktien- und übernahmerechtliche Minderheitenausschluss in Deutschland, Diss., Hamburg.

Thomas, Ingo (2008): Grenzüberschreitende Mergers & Acquisitions, Diss., Marburg.

Thun, Andreas/Brandi, Tim Oliver (2023): § 21 WpÜG, in: Angerer, Lutz/Brandi, Tim Oliver/Süßmann, Rainer (Hrsg.): Wertpapiererwerbs- und Übernahmegesetz (WpÜG), 4. Aufl., München.

Veil, Rüdiger/Preisser, Maximilian (2023): § 305 AktG, in: Stilz, Eberhard/Veil, Rüdiger (Hrsg.): beck-online.GROSSKOMMENTAR zum Aktienrecht, München, Stand: 01.07.2023.

Verordnung (EU) Nr. 596/2014 des Europäischen Parlaments und des Rates vom 16. April 2014 über Marktmissbrauch (Marktmissbrauchsverordnung) und zur Aufhebung der Richtlinie 2003/6/EG des Europäischen Parlaments und des Rates und der Richtlinien 2003/124/EG, 2003/125/EG und 2004/72/EG der Kommission, ABl. EU Nr. L 173 v. 12.06.2014, S. 1.

Verordnung (EU) Nr. 600/2014 des Europäischen Parlaments und des Rates vom 15. Mai 2014 über Märkte für Finanzinstrumente und zur Änderung der Verordnung (EU) Nr. 648/2012 ABl. EU Nr. L 173 v. 12.06.2014, S. 84.

Verordnung über den Inhalt der Angebotsunterlage, die Gegenleistung bei Übernahmeangeboten und Pflichtangeboten und die Befreiung von der Verpflichtung zur Veröffentlichung und zur Abgabe eines Angebots (WpÜG-Angebotsverordnung) vom 27.12.2001, BGBl. Teil I Nr. 77 v. 31.12.2001, S. 4263.

VzfK e. V. (a): Abgeschlossene Spruchverfahren, verfügbar unter: https://www.vzfk.de/spruchverfahren/abgeschlossene-spruchverfahren/, abgerufen am: 26.08.2022.

VzfK e. V. (b): Innerer Wert: Ertragswert und Börsenwert, verfügbar unter: https://www.vzfk.de/wp-content/uploads/2020/05/VzfK-Innerer-Wert-Ertragswert-und-B%C3%B6rsenwert-2002-bis-31.03.2020.pdf, abgerufen am: 24.09.2022.

VzfK e. V. (spruchverfahren.info): Spruchverfahren, verfügbar unter: https://www.spruchverfahren.info/, abgerufen am: 26.08.2022.

Wasmann, Dirk (2007): Bewegung im Börsenkurs: Kippt die „Dreimonats"-Rechtsprechung?, in: BB, 62. Jg., S. 680–682.

Weber, Martin (2004): Börsenkursbestimmung aus ökonomischer Perspektive, in: ZGR, 33. Jg., S. 280–300.

Weimann, Martin (2015): Spruchverfahren nach Squeeze-out, Berlin/Boston.

Weimann, Martin (2024): Strukturmaßnahmen und Kapitalmarktkommunikation, Berlin/Boston.

Wieneke, Laurenz/Hoffmann, Thomas (2013): Der Erhalt der Börsennotierung beim echten und unechten Debt Equity Swap in der Insolvenz der börsennotierten AG, in: ZIP, 34. Jg., S. 697–708.

Wikipedia: Liste der Squeeze-out in Deutschland, verfügbar unter: https://de.wikipedia.org/wiki/Liste_der_Squeeze-out_in_Deutschland, abgerufen am: 26.08.2022.

Winner, Martin (2008): Wert und Preis im Zivilrecht, Wien.

Winner, Martin (2024): § 23 Unternehmensbewertung im Übernahmerecht, in: Fleischer, Holger/Hüttemann, Rainer (Hrsg.): Rechtshandbuch Unternehmensbewertung, 3. Aufl., Köln, S. 791–832.

Winter, Michael (2024): § 5 UmwG, in: Schmitt, Joachim/Hörtnagl, Robert (Hrsg.): Umwandlungsgesetz; Umwandlungssteuergesetz, 10. Aufl., München.

Wooldridge, Jeffrey M. (2020): Introductory Econometrics, 7. Aufl., Boston, MA.
Ziemer, Franziska (2018): Der Betafaktor, Diss., Wiesbaden.
Zweites Gesetz zur Novellierung von Finanzmarktvorschriften auf Grund europäischer Rechtsakte (Zweites Finanzmarktnovellierungsgesetz – 2. FiMaNoG) vom 23. Juni 2017, BGBl. 2017 Teil I Nr. 39 v. 24.06.2017, S. 1693.

Rechtsprechungsverzeichnis zu Kapitel 3

BGH v. 12.03.2001 – II ZB 15/00 (DAT/Altana), juris.
BGH v. 15.09.2020 – II ZB 6/20, juris.
BGH v. 19.07.2010 – II ZB 18/09 (Stollwerck), juris.
BGH v. 21.02.2023 – II ZB 12/21, juris.
BGH v. 31.01.2024 – II ZB 5/22, juris.
BVerfG v. 16.05.2012 – 1 BVR 96/09, 1 BVR 117/09, 1 BVR 118/09, 1 BVR 128/09 (Deutsche Hypothekenbank), juris.
BVerfG v. 24.05.2012 – 1 BvR 3221/10 (Daimler/Chrysler), juris.
BVerfG v. 27.04.1999 – 1 BvR 1613/94 (DAT/Altana), juris.
BVerfG v. 29.11.2006 – 1 BvR 704/03 (Siemens/SNI), juris.
KG Berlin v. 06.05.2015 – 2 W 144/13, juris.
LG München v. 30.05.2018 – 5 HK O 10044/16, 5 HKO 10044/16, juris.
OLG Düsseldorf v. 05.09.2019 – 26 W 8/17, juris.
OLG Düsseldorf v. 11.05.2015 – I-26 W 2/13, 26 W 2/13, juris.
OLG Düsseldorf v. 18.08.2016 – I-26 W 12/15, 26 W 12/15, juris.
OLG Düsseldorf v. 26.09.2016 – I-26 W 3/16, 26 W 3/16, juris.
OLG Düsseldorf v. 28.11.2022 – I-26 W 4/21, 26 W 4/21, juris.
OLG Frankfurt v. 09.02.2024 – 21 W 129/22, juris.
OLG Frankfurt v. 15.01.2016 – 21 W 22/13, juris.
OLG Frankfurt v. 17.01.2017 – 21 W 37/12, juris.
OLG Frankfurt v. 20.11.2019 – 21 W 77/14, juris.
OLG Frankfurt v. 21.12.2010 – 5 W 15/10, juris.
OLG Frankfurt v. 26.01.2017 – 21 W 75/15, juris.
OLG Frankfurt v. 26.04.2021 – 21 W 139/19, juris.
OLG Hamburg v. 07.09.2020 – 13 W 122/20, juris.
OLG Karlsruhe v. 12.09.2017 – 12 W 1/17, juris.
OLG Karlsruhe v. 16.04.2024 – 12 W 27/23, juris.
OLG Karlsruhe v. 21.06.2024 – 12 W 14/23, juris.
OLG München v. 11.07.2006 – 31 Wx 41/05, 66/05, juris.
OLG München v. 14.12.2021 – 31 Wx 190/20, juris.
OLG München v. 17.07.2014 – 31 Wx 407/13, juris.
OLG Stuttgart v. 14.02.2008 – 20 W 9/06, juris.
OLG Stuttgart v. 16.02.2007 – 20 W 6/06, juris

Betafaktoren, Volatilität und Liquidität mit zunehmendem Konzerneinfluss vor Squeeze-outs

4

Abstract

In dieser Studie werden der Betafaktor, die Volatilität und die Liquidität in einem längeren Zeitraum vor aktien- und umwandlungsrechtlichen Squeeze-outs analysiert. Die Squeeze-outs wurden zwischen 2002 und 2020 angekündigt. (Zeitreihen-)Daten bis zurück in das Jahr 1992 werden einbezogen, sodass für jede Zielgesellschaft mindestens eine Zeitreihe von zehn Jahren für die Analyse zur Verfügung steht. Ab diesem Zeitpunkt sind meist ausreichend Daten verfügbar. Die genannten Kennzahlen sind im Rahmen der Ermittlung der Kapitalkosten für die Unternehmensbewertung besonders relevant und können für den Börsenkurs bei der Bemessung einer Abfindung und damit auch im Rahmen der Rechtsprechung in Spruchverfahren bedeutsam sein. In Ergänzung zu bisherigen Studien werden diese Kennzahlen erstmals in besonderem Umfang und in Kombination betrachtet.

Ich bedanke mich für den Zugang zu S&P Capital IQ, der durch das DALAHO, Universität Hohenheim, zur Verfügung gestellt wurde. Großer Dank geht an Herrn Prof. Dr. Dirk Hachmeister für sein wertvolles Feedback sowie an Dr. Niklas Lampenius für wertvolle Hinweise. Darüber hinaus bedanke ich mich bei den Kolleginnen und Kollegen des Lehrstuhls für Rechnungswesen und Finanzierung für ihre Anregungen und Kommentare.

Ergänzende Information Die elektronische Version dieses Kapitels enthält Zusatzmaterial, auf das über folgenden Link zugegriffen werden kann https://doi.org/10.1007/978-3-658-50371-0_4.

Die Originalversion des Kapitels wurde revidiert. Ein Erratum ist verfügbar unter https://doi.org/10.1007/978-3-658-50371-0_6

C. Bauer, *Börsenkurse bei aktien- und umwandlungsrechtlichen Strukturmaßnahmen*, https://doi.org/10.1007/978-3-658-50371-0_4

Die Ergebnisse einer Betrachtung im Zeitablauf sowie eines Vergleichs zwischen verschiedenen Einflussgraden eines Konzerns zeigen gegen null konvergierende Betafaktoren über einen längeren Zeitraum vor der Ankündigung eines Squeeze-out (genauso die Volatilität). Zudem sinkt die börsliche Aktienliquidität der Zielgesellschaft meist mit dem erstmaligen Entstehen eines Konzernverbundes. Aus der geringen Liquidität resultieren je nach Einzelfall Zweifel an einer Verwendbarkeit originärer Betafaktoren. Geringe Betafaktoren können jedoch generell bei ausreichender Liquidität im Rahmen der Unternehmensbewertung durchaus angewendet werden.

Im Rahmen von multivariaten linearen Regressionen wird der positive Zusammenhang zwischen der Liquidität (in Form des Handelsumsatzes) und dem Beta sowie zwischen dem Bid-Ask-Spread und der Volatilität aufgezeigt. Darüber hinaus zeigt sich ein negativer Einfluss der Marktkapitalisierung auf die Volatilität und den Bid-Ask-Spread. Diese Erkenntnisse können im Rahmen einer Beurteilung der Verwendbarkeit des Börsenkurses für eine Abfindungsbemessung im Einzelfall herangezogen werden.

Keywords

Squeeze-out • Deutscher Kapitalmarkt • Minderheitsaktionär • Abfindungsbemessung • Beta • Liquidität • Volatilität • Konzerneinfluss • (Squeeze-out; German Capital Market; Minority Shareholder; Compensation Calculation; Beta; Liquidity; Volatility; Group Influence)

JEL classification

G12 • G32 • G34 • K22

4.1 Einleitung

Die Stabilität des Betafaktors einzelner Unternehmen wie auch von Portfolios im Zeitablauf wurde bereits vielfach in der (empirischen) wirtschaftswissenschaftlichen Forschung thematisiert.[1] Weniger Beachtung fand bislang die zeitliche Instabilität des Betafaktors in Bezug auf das Umfeld bzw. die Abhängigkeitsverhältnisse des Unternehmens, für welches der Betafaktor ermittelt wird. Dies ist jedoch relevant, da mit der Entstehung eines Konzernverbunds ein Unternehmen der untergeordneten Konzernstufe vom Mutterunternehmen abhängig ist (§ 17 AktG) und einer einheitlichen Leitung unterliegt (vgl. auch § 18 Abs. 1 AktG). Da mit Beginn der Konzernzugehörigkeit in der Regel ein dominierender Hauptanteilseigner und zumindest kurz vor dem Squeeze-out ein geringer Streubesitzanteil vorliegt, kann davon ausgegangen werden, dass bei diesen Aktien weniger Börsenhandel stattfindet und daher möglicherweise auch die Liquidität eingeschränkt ist.

In einer Studie von *Brüchle/Ehrhardt/Nowak* wurde bereits ein abnehmender und gegen null konvergierender Betafaktor über die Konzerneinflussstufen „kein Konzern", „faktischer Konzern", „Vertragskonzern" und „Squeeze-out" aufgezeigt. Hierfür wurden durchschnittliche Betas der Stichprobe an Squeeze-out-Zielgesellschaften verwendet. Im Ergebnis sind nur die Betas der Stufen „Vertragskonzern" und „Squeeze-out" (bei Anwendung von OLS-Schätzern) nicht statistisch signifikant verschieden.[2]

Die Liquidität der Aktien von Zielgesellschaften wurde bislang hauptsächlich in Bezug auf den Einfluss auf Ankündigungsreaktionen bei Squeeze-outs betrachtet (nicht signifikant im Rahmen der Regression von *Budzinski*)[3]. Darüber hinaus wird sie im Rahmen der gutachterlichen Stellungnahmen und Rechtsprechung zu gesellschaftsrechtlichen Strukturmaßnahmen für eine Einschätzung der Güte von Betas herangezogen.[4] Zudem wurden Größen, die den Betafaktor, die Volatilität von Aktienrenditen und die Liquidität beeinflussen können, in weiteren Studien überwiegend anhand von Regressionen analysiert. So wurden für den

---

[1] Vgl. stellvertretend *Blume* (1971), S. 6; *Ziemer* (2018), S. 185.

[2] Vgl. *Brüchle/Ehrhardt/Nowak* (2008), S. 469.

[3] Vgl. *Budzinski* (2012), S. 167.

[4] Vgl. bspw. OLG Frankfurt v. 17.01.2017 – 21 W 37/12, juris Rz. 36; OLG Frankfurt v. 26.01.2017 – 21 W 75/15, juris Rz. 32, 34; LG München v. 30.05.2018 – 5 HK O 10044/16, 5 HKO 10044/16, juris Rz. 153; OLG Frankfurt v. 20.11.2019 – 21 W 77/14, juris Rz. 78; OLG Düsseldorf v. 05.09.2019 – 26 W 8/17, juris Rz. 25.

Handelsumsatz[5] und den Bid-Ask-Spread[6] jeweils positive Einflüsse auf die Volatilität (und damit ein nicht eindeutiger Einfluss von Liquidität) angenommen bzw. gezeigt. Der Handelsumsatz zeigt einen positiven Einfluss auf Beta.[7] Der Verschuldungsgrad zeigt einen positiven Einfluss auf das Beta[8] und die Volatilität[9] sowie einen negativen Einfluss auf die Liquidität[10]. Der Einfluss der Marktkapitalisierung auf das Beta ist tendenziell positiv,[11] ihr Einfluss auf die Volatilität tendenziell negativ[12] und auf die Liquidität positiv[13].

Die Fragestellungen für die vorliegende Arbeit stellen die Bewegungen dieser Kennzahlen in den Mittelpunkt: Wie entwickelt sich der unterstellte Zusammenhang von Unternehmens- und Marktrisiko in Form des Betafaktors über einen Zeitraum von mindestens zehn Jahren bis hin zu einem Squeeze-out? Was passiert dabei bei gleichzeitig zunehmendem Konzerneinfluss? Wie entwickeln sich in diesem Betrachtungszeitraum die Liquidität und Volatilität der Aktien der Zielgesellschaften? Welche weiteren Einflüsse bestehen auf diese Größen und welche Implikationen lassen sich für die Verwendbarkeit des Börsenkurses bei der Abfindungsbemessung ableiten?

Für die Analyse wird ein eigens zusammengestellter Datensatz mit 385 Ankündigungen von aktien- und umwandlungsrechtlichen Squeeze-outs aus dem Zeitraum zwischen 2002 und 2020 verwendet. Im Ergebnis zeigen sich neben tendenziell sinkenden Betafaktoren bis zum Zeitpunkt des Squeeze-out auch signifikante Unterschiede zwischen der Phase ohne Konzernzugehörigkeit und der Phase, in der sich Unternehmen in einem (faktischen) Konzernverbund befinden. Betas werden über OLS-Schätzer ermittelt und auf Signifikanz wird anhand des t-Tests und des Wilcoxon Signed Rank-Tests geprüft. Mit diesem Phasenübergang sinkt ebenso die Volatilität in signifikantem Maße. Indikatoren

---

[5] Vgl. *Daly* (2008), S. 2378.

[6] Vgl. *Daly* (2008), S. 2378.

[7] Vgl. *Ziemer* (2018), S. 249, für die Stichprobe vgl. S. 241.

[8] Vgl. *Scheld* (2013), S. 211–213.

[9] Vgl. *Li u. a.* (2011), S. 1140 f.

[10] Vgl. *Lipsona/Mortalb* (2009), S. 623 f., 637–640.

[11] Vgl. *Schulz* (2009), S. 191 f., Anhang 6 S. 265, der sich den Betafaktor verschiedener Größenportfolios anschaut und dabei einen Vergleich zwischen OLS-Betas und Dimson-Betas vornimmt; *Ziemer* (2018), S. 246 f., die tendenziell höhere durchschnittliche Tagesbetas für Unternehmen mit höherer Marktkapitalisierung feststellt, diesen Effekt aber für Wochen- und Monatsbetas nicht nachweisen kann.

[12] Vgl. *Bennett/Sias/Starks* (2003), S. 1236, S. 1206 f. für die Datenbasis.

[13] Vgl. *Schulz* (2009), S. 128.

wie der Handelsumsatz oder das (relative) Handelsvolumen zeigen bei diesem Übergang zusätzlich eine deutlich sinkende Liquidität. Daher wäre die Liquidität, gemessen anhand bisheriger Kriterien der Rechtsprechung, für einige der Zielgesellschaften der Stichprobe nicht ausreichend um den Börsenkurs im Rahmen der Abfindungsbemessung zu verwenden. Darüber hinaus zeigen multivariate Regressionen – auch unter Einbeziehung von Interaktionseffekten zwischen unabhängigen Variablen – einen positiven Zusammenhang zwischen der Liquidität (gemessen anhand des Handelsumsatzes) und dem Betafaktor. Gleichzeitig wird aber ein positiver Zusammenhang zwischen dem Bid-Ask-Spread und der Volatilität angenommen. Dies bedeutet in der Regel zunehmende Volatilität bei geringerer Liquidität. Die Unternehmensgröße weist einen negativen Einfluss – vor allem auf die Volatilität und den Bid-Ask-Spread – auf.

Die vorliegende Studie gibt anhand einer umfangreichen Stichprobe einen Überblick über den Betafaktor, die Volatilität und die Liquidität vor und bei einem Squeeze-out. Für längere Zeiträume wird ein Einfluss der Konzernzugehörigkeit und anderer potenziell relevanter Faktoren wie der Unternehmensgröße auf den Betafaktor, die Volatilität und die Liquidität aufgezeigt. Die Studie liefert einen Beitrag, der über bisherige Studien hinausgeht, indem erstens der umfangreichste bekannte Datensatz an Squeeze-outs (für diesen Themenbereich) verwendet wird. Zweitens wird ein Überblick über die Veränderung der Betas, gleichzeitig aber auch der Liquidität (ergänzend auch in Bezug auf die Güte der Betas) und der Volatilität der Renditen mit zunehmendem Konzerneinfluss geliefert. Drittens werden Einflussgrößen (wie die Unternehmensgröße oder der Verschuldungsgrad) auf diese Variablen betrachtet und Abhängigkeiten zwischen den betrachteten Größen aufgezeigt. Die Einflussgrößen können zusätzlich in eine Beurteilung der Verwendbarkeit von Börsenkursen einbezogen werden.

Eine Grenze der Studie liegt hauptsächlich darin, dass in Rechtsprechung und Literatur diskutierte Kriterien für eine Einschätzung über die Verwendbarkeit des Börsenkurses im Rahmen der Abfindungsbemessung (auch für den unternehmenseigenen Betafaktor) im Einzelfall anders eingeordnet werden könnten als im Gesamtblick. Es können aber für die Stichprobe bestehende Zusammenhänge aufgezeigt und verschiedene Hinweise auf eine Verwendbarkeit eingeordnet werden.

Der Beitrag ist wie folgt aufgebaut: Abschnitt 4.2 liefert einen Überblick über die möglichen Stufen eines Konzerneinflusses, die vor einem Squeeze-out auftreten können. In Abschnitt 4.3 werden hauptsächlich die im weiteren Verlauf analysierten Größen Betafaktor, Volatilität und Liquidität definiert und bisherige empirische Erkenntnisse aufbereitet. Abschnitt 4.4 umfasst die Ermittlung und Beschreibung der verwendeten Stichprobe. In Abschnitt 4.5 wird die Untersuchungsmethodik vorgestellt und es wird die Berechnungsmethodik der Maße gezeigt. Abschnitt 4.6 beinhaltet die Ergebnisse zu den drei Maßen sowie auch die darüber hinaus gewonnen Erkenntnisse zu den Einflussfaktoren. Abschnitt 4.7 fasst die Erkenntnisse zusammen.

4.2 Mögliche Stufen eines Konzerneinflusses bis zum Squeeze-out

Ein aktienrechtlicher **Squeeze-out** nach § 327a Abs. 1 Satz 1 AktG erfordert einen Anteil des Hauptaktionärs am Grundkapital der Zielgesellschaft von 95 % und ein umwandlungsrechtlicher Squeeze-out gemäß § 62 Abs. 5 Satz 1 UmwG einen Anteil der übernehmenden Gesellschaft am Grundkapital der übertragenden Gesellschaft von 90 %. Daher besteht spätestens beim Squeeze-out aufgrund des großen Kapitalanteils in der Regel ein starker Einfluss des Hauptaktionärs bzw. des Konzerns. Dieser Anteil muss bis zu dem Zeitpunkt, zu dem der Beschluss auf der Hauptversammlung gefasst wird, vorliegen.[14] Da bei einem Squeeze-out (§ 327a Abs. 1 Satz 1 AktG) die Aktien der Minderheitsaktionäre gegen Barabfindung auf den Hauptaktionär übertragen werden, liegen nach erfolgreicher Durchführung 100 % der Anteile beim Hauptaktionär.[15] Aufgrund des geforderten Mindestkapitalanteils, der häufig stufenweise (er kann auch seit langer Zeit bestehen oder kurz vor dem Squeeze-out entstehen) erlangt wird, muss vor oder spätestens mit der Hauptversammlung zum Squeeze-out auch ein Konzerneinfluss vorliegen.[16] Da vor einem Squeeze-out häufig (aber nicht notwendigerweise) ein sukzessiver Integrationsprozess (innerhalb des Konzerns) stattfindet,[17] ist der Squeeze-out besonders geeignet um verschiedene Konzernierungsstufen zu betrachten.

---

[14] Vgl. *Grunewald* (2023), in: Münchener Kommentar zum Aktiengesetz, § 327a AktG Rn. 9. Der BGH spricht sich jedoch dafür aus, dass dieser Anteil bereits mit Zugang des Verlangens eines Squeeze-out durch den Hauptaktionär bei der Zielgesellschaft bestehen muss, vgl. BGH v. 22.03.2011 – II ZR 229/09, juris Rz. 26. Diese Ansicht ist allerdings umstritten, vgl. *Grunewald* (2023), in: Münchener Kommentar zum Aktiengesetz, § 327a AktG Rn. 10 für einen kurzen Überblick zur Diskussion bezüglich des entscheidenden Zeitpunktes.

[15] Eine Beteiligung von 100 % besteht häufig auch ohne vorherigen Squeeze-out.

[16] Es ist auch möglich, dass bis zur Ankündigung des Squeeze-out kein Konzernverbund besteht und der Anteil erst kurzfristig erreicht wird. Aufgrund der Anteilsvoraussetzung wird dies jedoch eher als unwahrscheinlich eingeschätzt.

[17] Vgl. *Küting* (2012), S. 20 f.

Besteht keine der im Folgenden genannten Stufen eines Konzerneinflusses, so liegt kein (erkennbarer) Konzernverbund vor.

Die niedrigste Stufe eines Konzerneinflusses aufgrund des eher geringen Grades der Intensität der Bindung[18] besteht bei einem **faktischen Konzern**. Dieser ist gesetzlich nicht definiert.[19] Es ergibt sich hier, anders als bei einem Vertrags- oder Eingliederungskonzern, keine rechtliche Leitungsmacht für das herrschende Unternehmen. Wesentliches Merkmal der Unternehmensverbindung ist, dass tatsächlich auf die Konzernpolitik Einfluss genommen wird, ohne eine formelle, gesetzlich festgelegte Weisungsbefugnis und eine damit verbundene Folgepflicht.[20] Faktisch besteht aufgrund einer Abhängigkeit von der Konzernspitze eine Leitung des Konzerns durch die Konzernspitze.[21] Die Abhängigkeit ergibt sich regelmäßig aus einer Mehrheitsbeteiligung. Diese kann bei Auseinanderfallen von Kapital- und Stimmrechtsanteil sowohl durch einen mehrheitlichen Kapitalanteil als auch durch eine Stimmrechtsmehrheit entstehen (vgl. auch § 16 Abs. 1 AktG).[22] Nach § 18 Abs. 1 Satz 3 AktG besteht die Vermutung, dass die Möglichkeit eines beherrschenden Einflusses (Abhängigkeit nach § 17 Abs. 1 AktG)[23] ausgeübt wird. Damit wird von einer Zusammenfassung der Konzernunternehmen unter einheitlicher Leitung ausgegangen.[24] Daher leitet sich bereits aus dem Kriterium der Abhängigkeit des § 17 AktG eine Konzernvermutung ab.[25] Nach § 312 Abs. 1 Satz 1 AktG muss für eine abhängige Gesellschaft, sofern kein Beherrschungsvertrag besteht, innerhalb der ersten drei Monate des Geschäftsjahres ein Bericht über Beziehungen zu verbundenen Unternehmen erstellt werden. Der Abhängigkeitsbericht zeigt das Bestehen eines faktischen Konzerns auf, wenn ein Konzern nicht aufgrund eines Beherrschungsvertrages besteht. Er dient dem Schutz der abhängigen Gesellschaft gegen Benachteiligungen und damit letztlich

[18] Vgl. *Küting* (2012), S. 17.

[19] Vgl. *Bayer* (2024b), in: Münchener Kommentar zum Aktiengesetz, § 18 AktG Rn. 8.

[20] Vgl. *Küting* (2012), S. 17.

[21] Vgl. *Bayer* (2024b), in: Münchener Kommentar zum Aktiengesetz, § 18 AktG Rn. 9.

[22] Vgl. *Bayer* (2024a), in: Münchener Kommentar zum Aktiengesetz, § 17 AktG Rn. 34.

[23] Vgl. *Bayer* (2024a), in: Münchener Kommentar zum Aktiengesetz, § 17 AktG Rn. 11.

[24] Vgl. *Bayer* (2024b), in: Münchener Kommentar zum Aktiengesetz, § 18 AktG Rn. 9; *Raiser/Veil* (2015), § 59 Rn. 15.

[25] Vgl. *Bayer* (2024b), in: Münchener Kommentar zum Aktiengesetz, § 18 AktG Rn. 18; *Raiser/Veil* (2015), § 59 Rn. 15.

dem Schutz der außenstehenden Aktionäre sowie Gläubiger.[26] Abhängigkeitsberichte müssen nicht offengelegt werden, mit Ausnahme der Schlusserklärung sowie des Sonderprüfungsberichts, der gemäß § 315 AktG zu erstellen ist.[27] Die Schlusserklärung muss nach § 312 Abs. 3 Satz 3 AktG in den Lagebericht nach § 289 HGB aufgenommen werden und wird daher grundsätzlich gemeinsam mit diesem entsprechend der Pflichten des § 325 HGB offengelegt (außer nach § 326 HGB bei kleinen Aktiengesellschaften).[28] Aufgrund des erforderlichen Anteils an der Zielgesellschaft besteht vor (spätestens bei) einem Squeeze-out mindestens ein faktischer Konzern.

Vor oder teilweise auch nach einem Squeeze-out entsteht häufig durch einen **Beherrschungsvertrag** – meist zusammen mit einem **Gewinnabführungsvertrag** – ein Vertragskonzern. Er stellt die zweite des Öfteren auftretende Stufe eines sukzessiven Integrationsprozesses innerhalb des Konzerns dar. Für ihn besteht kein Mindestanteil, jedoch ist eine 75 %-Mehrheit des vertretenen Grundkapitals beim Beschluss auf der Hauptversammlung erforderlich.[29] Mit einem Beherrschungs- und/oder Gewinnabführungsvertrag (BGV) besteht aufgrund der im Gesetz verankerten Leitungsmacht (§ 308 AktG) und der Annahme der tatsächlichen Ausübung der einheitlichen Leitung eine unwiderlegbare Konzernvermutung nach § 18 Abs. 1 Satz 2 AktG. Dies fällt unter die Definition eines Vertragskonzerns.[30] Ein isolierter Gewinnabführungsvertrag begründet wie auch der Beherrschungsvertrag einen Vertragskonzern, führt aber nicht zu einer vertraglichen Herrschaft durch die Konzernspitze.[31] Durch das Weisungsrecht (§

---

[26] Vgl. *Altmeppen* (2023c), in: Münchener Kommentar zum Aktiengesetz, § 312 AktG Rn. 1; *Altmeppen* (2023b), in: Münchener Kommentar zum Aktiengesetz, § 311 AktG Rn. 3. Bei einem Beherrschungsvertrag besteht ein Schutz aufgrund spezieller Sicherungen, bspw. die Wahl zwischen Ausgleich (§ 304 AktG) und Abfindung (§ 305 AktG) für Aktionäre sowie die Pflicht zur Verlustübernahme durch die andere Vertragspartei für Gläubiger (§ 302 AktG).

[27] Vgl. *Habersack* (2022), in: Aktien- und GmbH-Konzernrecht, § 312 AktG Rn. 4. Die Schlusserklärung umfasst nach § 312 Abs. 3 Satz 1 AktG eine Aussage dazu, ob bei Rechtsgeschäften jeweils eine angemessene Gegenleistung gewährt wurde und ob aufgrund bei anderen Maßnahmen keine Benachteiligung entstand, sowie ob ein Nachteil, falls dieser entstand, ausgeglichen wurde, vgl. *Habersack* (2022), in: Aktien- und GmbH-Konzernrecht, § 312 AktG Rn. 44.

[28] Vgl. *Altmeppen* (2023c), in: Münchener Kommentar zum Aktiengesetz, § 312 AktG Rn. 7.

[29] Vgl. *Küting* (2012), S. 18.

[30] Vgl. *Bayer* (2024b), in: Münchener Kommentar zum Aktiengesetz, § 18 AktG Rn. 44; *Koch* (2024), in: Aktiengesetz, § 18 AktG Rn. 17.

[31] Vgl. *Bayer* (2024b), in: Münchener Kommentar zum Aktiengesetz, § 18 AktG Rn. 6.

308 AktG) beim Vertragskonzern wird in der Regel ein aufgrund einer mehrheitlichen Beteiligung bereits vor Vertragsschluss bestehender Unterordnungskonzern zusätzlich verstärkt.[32] Meist (aber nicht notwendigerweise) besteht bereits ein faktischer Konzern, der dadurch ergänzt und gefestigt wird.[33] Ein Vertragskonzern stellt eine weitere Möglichkeit für eine zum Zeitpunkt des Squeeze-out bestehende Integrationsstufe in den Konzern dar.

Zum Zeitpunkt des Squeeze-out besteht damit entweder ein faktischer Konzern (bei Anteil > 50 %) oder ein Vertragskonzern. Zusätzlich muss die Anteilsvoraussetzung erfüllt sein. Auch wenn häufig ein Konzernverbund zunächst über einen faktischen Konzern entsteht und im Anschluss die Intensität der Verbindung über den Vertragskonzern zunimmt, müssen nicht beide Konzernierungsstufen in dieser Abfolge vor einem Squeeze-out bestehen. Es kann auch nur eine der Stufen entstehen und eine andere Abfolge ist möglich (aber eher selten).[34]

4.3 Kriterien zur Analyse des Börsenkurses vor einem Squeeze-out und Literaturüberblick

4.3.1 Stabilität von Betafaktoren

Der **Betafaktor**, der mittels des Capital Asset Pricing Models (CAPM) bzw. ex post über das Marktmodell[35] ermittelt werden kann, stellt ein Maß des systematischen Risikos einer Aktie dar, das durch Diversifikation nicht eliminierbar ist und sich aus gesamtwirtschaftlichen oder politischen Einflüssen ergibt. Der Betafaktor zeigt wie stark die Rendite einer betrachteten Aktie auf Änderungen der Marktrendite reagiert.[36] Er spielt bspw. in der Unternehmensbewertung eine wichtige Rolle im Rahmen der Berechnung des Diskontierungszinssatzes, da aufgrund der Annahme risikoaverser Anleger eine Risikoprämie zur Ermittlung der Eigenkapitalkosten bestimmt werden muss. Diese Risikoprämie wird anhand kapitalmarkttheoretischer Modelle, in der Regel anhand des CAPM, ermittelt.[37] Darüber hinaus könnte der Betafaktor als Maß der Schwankung von Renditen in

[32] Vgl. *Bayer* (2024b), in: Münchener Kommentar zum Aktiengesetz, § 18 AktG Rn. 6.

[33] Vgl. *Küting* (2012), S. 18 mit weiteren Nachweisen.

[34] Vgl. auch *Prantl* (1994), S. 72.

[35] Erstmals *Sharpe* (1963), S. 277 ff.

[36] Vgl. *Sharpe* (1964), S. 436; *Ballwieser/Hachmeister* (2018), S. 114–116; *Ziemer* (2018), S. 140.

[37] Vgl. *Ernst/Schneider/Thielen* (2018), S. 56 f.

Zusammenhang mit dem Markt für eine Ermittlung des Börsenkurses als Wert der Desinvestition und Untergrenze der Bewertung beim Squeeze-out Hinweise liefern.[38] Beim Betafaktor handelt es sich nicht um ein klassisches Maß der Volatilität einer Aktie, da er mittels der Kovarianz definiert wird und nicht anhand der Varianz wie übliche Volatilitätsmaße.[39] Daher wird die Volatilität im Folgenden separat berücksichtigt.

In der **empirischen Literatur** wurde der Betafaktor bereits sehr häufig betrachtet.[40] Eine empirische Studie speziell zu Betafaktoren für den deutschen Aktienmarkt bei sich änderndem **Konzerneinfluss** über die Zeit wurde von *Brüchle/Ehrhardt/Nowak* in 2008 durchgeführt. Bereits davor haben *Ehrhardt/Nowak* in 2005 gezeigt, dass die Betas von 81 Unternehmen, die zwischen dem 01.01.2002 und dem 31.12.2003 einen Squeeze-out ankündigten, im Durchschnitt bzw. Median nahe bei 0 liegen (nicht signifikant von 0 verschieden). Für die Berechnung werden OLS-Schätzer verwendet (und Trade-to-Trade).[41] Auch *Knoll* beschreibt und erklärt bereits in 2005 kleine Betafaktoren bei starkem Konzerneinfluss als Marktrisiko-Entkopplungseffekt.[42] Als solcher bezeichnet werden kann dies jedoch – wie *Ziemer* feststellt – erst anhand der Studie von 2008, in der es eine Vergleichsgrundlage gibt und abnehmende Betas mit zunehmendem Konzerneinfluss beobachtet werden.[43] In der Studie von 2008 wurden Betas für die in Abschnitt 4.2 beschriebenen Stufen des Konzerneinflusses berechnet. Die Stichprobe der Unternehmen umfasst solche, für die zwischen dem 01.01.2002 und dem 31.12.2004 die Ankündigung eines Squeeze-out veröffentlicht wurde und ausreichend Informationen verfügbar sind. Letztlich werden Kurse von 133 Unternehmen über einen Zeitraum zwischen dem 01.01.1974 und spätestens dem 31.12.2004 für die Betaberechnung verwendet.[44] Auch hier werden OLS-Schätzer angewendet (zusätzlich mit Berechnung bei unregelmäßigem Handel mittels Trade-to-Trade)[45]. Anhand aller Schätzungen zeigen die Autoren einen

[38] Vgl. *Popp/Ruthardt* (2017), S. 1228. Für eine Einschätzung der Markteffizienz ist Beta jedoch eher nicht geeignet, vgl. *Ruiz de Vargas* (2023), S. 927 f.

[39] Vgl. *Ziemer* (2018), S. 141.

[40] Vgl. bspw. die Übersicht in *Ziemer* (2018), S. 54–78.

[41] Vgl. *Ehrhardt/Nowak* (2005), S. 7 f. Ähnliche Ergebnisse erlangen sie vor der Ankündigung der Barabfindung.

[42] Vgl. *Knoll* (2005), S. 176.

[43] Vgl. *Ziemer* (2018), S. 61.

[44] Vgl. *Brüchle/Ehrhardt/Nowak* (2008), S. 464–466.

[45] Mit dem Ergebnis höherer Betas, vgl. *Brüchle/Ehrhardt/Nowak* (2008), S. 468. Darüber hinaus werden Korrekturen nach Dimson, vgl. *Dimson* (1979), S. 197 und *Cohen/Hawawini/Maier/Schwartz/Whitcomb*, vgl. *Cohen u. a.* (1983), S. 263 vorgenommen.

Markrisiko-Entkopplungseffekt mit zunehmendem Konzerneinfluss. Dieser wird in den mit jeder höheren Stufe des Konzerneinflusses sinkendenden Mittelwerten der Betas bei allen Schätzungen sichtbar. Die Unterschiede sind zudem signifikant (t-Test), mit Ausnahme des Übergangs von einem Vertragskonzern zu einem Squeeze-out.[46] Damit wird eine zeitliche Instabilität der Betas mit Verstärkung des Konzerneinflusses aufgezeigt. Soweit bekannt, handelt es sich hierbei um die einzige umfangreiche Studie, die sich empirisch mit Betafaktoren von Unternehmen am deutschen Aktienmarkt in Zusammenhang mit dem Konzerneinfluss befasst.

Die Verwendbarkeit des **originären Betafaktors** für die Bestimmung eines Risikozuschlags beim Squeeze-out wird in der Literatur diskutiert.[47] Wenn der eigene Betafaktor verwendet wird, würde dies aufgrund einer möglichen Entkopplung von den Risiken des Marktes zu einem hohen Unternehmenswert führen. Das geringe Beta ergibt sich jedoch durch den sehr geringen Streubesitz und damit verbunden geringen Handel. Grund für wenig Handel kann auch sein, dass Minderheitsaktionäre ihre Aktien möglicherweise nicht zum Kurs der Nachfrager verkaufen möchten. Dies begründet aber nicht unbedingt eine Erhöhung des Betafaktors.[48] In Gegenargumenten wird eine mögliche Verzerrung des Kapitalmarkts bei Squeeze-outs genannt (auch mögliches Abweichen des Börsenkurses vom eigentlichen Verkehrswert der Aktie), die eben die niedrigen Betas auch aufzeigen.[49] Bei ausreichender Liquidität treten Verzerrungen und Manipulationen des Kapitalmarktes jedoch weniger auf.[50] Folgend wird davon ausgegangen, dass der originäre Betafaktor bei ausreichender Liquidität (und damit Güte) verwendet werden kann, auch wenn er sehr klein ist. Da der starke Konzerneinfluss äquivalent im Rahmen der Zahlungsströme erfasst wird, wäre auch der entsprechende Betafaktor nahe null passend.[51]

Der Rückgriff auf ein **Peer Group Beta** als am häufigsten verwendetes Surrogat für die Ermittlung eines Betafaktors (auch im Rahmen der Bestimmung des Kapitalisierungszinssatzes) ist zu hinterfragen, wenn die Unternehmen der Peer

---

[46] Vgl. *Brüchle/Ehrhardt/Nowak* (2008), S. 468 f.

[47] Vgl. für die Ansicht der Ungeeignetheit des originären Betas in diesem Fall *IDW* (2018), C Rn. 46; *Popp/Ruthardt* (2017), S. 1227.

[48] Vgl. *Knoll* (2005), S. 176.

[49] Vgl. *Hock* (2005), S. 38.

[50] Vgl. *Krog* (2000), S. 281; *Weber* (2004), S. 298.

[51] Vgl. *Ballwieser/Hachmeister* (2021), S. 309.

Group unter weniger starkem Konzerneinfluss stehen.[52] In einem Fall wurde im Rahmen eines Spruchverfahrens ein Abschlag auf ein Peer Group Beta vorgenommen, da in diesem Fall die Peer Group Unternehmen nicht im Konzernverbund standen und daher Risiken aus dem operativen Geschäft selbst trugen. Für die Zielgesellschaft bestanden Produktions- und Vertriebsverträge und damit verbunden feste Verrechnungspreise, sodass in diesem Fall das Mutterunternehmen (einen Teil der) Risiken trug.[53]

Häufig werden **Branchenbetas** als alternative Surrogate für ein Peer Group Beta diskutiert, hauptsächlich sofern ein originäres Beta nicht ermittelbar ist.[54] Betas innerhalb von Branchen (mit Verschuldung sowie unverschuldet) sind nicht homogen und Betas einzelner Unternehmen können stark vom entsprechenden Branchenbeta abweichen.[55] Daher wird es häufig abgelehnt Branchenbetas als Surrogat zu verwenden, sofern kein eigenes Beta des Unternehmens vorhanden ist.[56] Zudem kann auch für das Branchenbeta die Problematik eines nicht vergleichbaren Konzerneinflusses angeführt werden. Denn letztlich wird bei einer Peer Group wie bei einem Branchenbeta die Branche als ein Kriterium für Vergleichbarkeit angewendet.

Für den Börsenkurs (in der Literatur besprochen in seiner Funktion als Wert einer Desinvestition und Untergrenze) zur Bewertung beim Squeeze-out ist eine Entkopplung von Marktrisiken zu beachten. Eine **Hochrechnung** zum Zeitpunkt der Beschlussfassung – sofern zwischen der Ankündigung und der beschlussfassenden Hauptversammlung ein längerer Zeitraum besteht – anhand der Kurse eines Vergleichsindexes oder einer Peer Group ist bei Betas nahe null ungeeignet, so auch eine Hochrechnung anhand von Peer Group Betas. Bei einem Betafaktor der Zielgesellschaft von nahe null ist zu vermuten, dass sich deren Börsenkurs zwischen Ankündigung und Umsetzung des Squeeze-out nicht wesentlich im Zusammenhang mit Marktentwicklungen bzw. der Peer Group geändert hat.[57]

---

52 Vgl. *Knoll/Kruschwitz/Lorenz* (2019), S. 194; *Brüchle/Ehrhardt/Nowak* (2008), S. 457, die es als andere „Risikoklasse" bezeichnen.

53 Vgl. OLG Frankfurt v. 17.01.2017 – 21 W 37/12, juris Rz. 114.

54 Vgl. *Fleischer/Knoll* (2011), S. 42 f.

55 Vgl. *Zeugner/Göb/Knoll* (2013), S. 39.

56 Vgl. *Ziemer* (2018), S. 294; *Zeugner/Göb/Knoll* (2013), S. 59; *Ernst/Schneider/Thielen* (2018), S. 66; *Zimmermann* (1997), S. 326.

57 Vgl. *Popp/Ruthardt* (2017), S. 1228; für einen kurzen Überblick zur vergleichenden Analyse anhand ökonomischer Faktoren bei der Hochrechnung und deren Anwendbarkeit für die generelle Einschätzung von Börsenkursen für die Unternehmensbewertung vgl. *Decher* (2023), S. 113.

Neben der Konzernierung wurden weitere **Einflussgrößen auf den Betafaktor** diskutiert. Im Zusammenhang mit dem von *Banz* in 1981 beschriebenen „size effect", der besagt, dass Aktien mit geringerer Marktkapitalisierung tendenziell höhere durchschnittliche Renditen aufweisen,[58] fanden viele Diskussionen statt, ob dieser Effekt tatsächlich besteht oder möglicherweise durch Messfehler entsteht.[59] Auch der deutsche Aktienmarkt wurde auf einen size effect hin betrachtet, mit nicht eindeutigen Ergebnissen.[60] Es wurden zudem verschiedene empirische Kapitalmarktmodelle entwickelt, die mögliche Variablen zur Erklärung der Aktienrenditen einbeziehen, unter anderem auch die Unternehmensgröße. Die Modelle sind jedoch häufig modelltheoretisch nicht fundiert, sondern anhand der Empirie abgeleitet.[61] Bspw. beziehen *Fama/French* in ihr Drei-Faktoren-Modell „small minus big" als Unterschied zwischen Renditen der Portfolios an Aktien großer Unternehmen und den Renditen der Portfolios mit Aktien kleiner Unternehmen in ihr Modell ein.[62] Größe wird anhand der Marktkapitalisierung gemessen.[63] Größenabhängige Risikozuschläge in einem modifizierten (die Modifikation ist ebenfalls modelltheoretisch nicht fundiert)[64] CAPM werden aufgrund der empirischen Ergebnisse (mangelnde Signifikanz von size-Prämien) bspw. von *Schulz* abgelehnt.[65]

Eine theoretische Begründung von Effekten aufgrund der Unternehmensgröße fehlt.[66] So stellte bereits *Bowman* (1979) fest, dass theoretisch nicht unbedingt ein Zusammenhang zwischen der Unternehmensgröße und systematischem Risiko besteht.[67] Die Argumentation basiert auf der Wertadditivität, entsprechend der

---

[58] Vgl. *Banz* (1981), S. 7 f.

[59] Vgl. hierfür bspw. die Übersicht in *Jegadeesh* (1992), S. 337; vgl. für die Kritik an der Messung der Unternehmensgröße in diesem Kontext über die Marktkapitalisierung *Schulz* (2009), S. 123 f. (mit weiteren Nachweisen).

[60] Vgl. die Übersicht zu Studien in *Schulz* (2009), S. 124 f. sowie für eine spätere Studie bspw. *Amel-Zadeh* (2011), S. 145; vgl. auch *Ballwieser/Hachmeister* (2021), S. 136.

[61] Vgl. *Hachmeister* (2000), S. 223 f.; *Schulz* (2009), S. 135.

[62] Vgl. *Fama/French* (1993), S. 9.

[63] Vgl. *Fama/French* (1993), S. 3.

[64] Vgl. *Schulz* (2009), S. 116. Teilweise wird jedoch eine generelle Ableitung des Betas nicht börsennotierter Unternehmen anhand bspw. rechnungslegungsbezogener Informationen oder anhand von fundamentalen Unternehmensdaten diskutiert, vgl. bspw. *Scheld* (2013), S. 97–99.

[65] Vgl. *Schulz* (2009), S. 242.

[66] Vgl. *Ballwieser/Hachmeister* (2021), S. 136; *Schulz* (2009), S. 127–130.

[67] Vgl. *Bowman* (1979), S. 626.

ein Marktwert des Unternehmens durch die Summe der Marktwerte von dessen Investitionsprogrammen entsteht.[68] Da das Risiko der Investitionen einem gewichteten Durchschnitt der Risiken der einzelnen Teilinvestitionen entspricht, sollte die Größe keine Rolle für das systematische Risiko spielen.[69] Auch unter der Annahme einer stärkeren Diversifikation größerer Unternehmen im Vergleich zu kleineren Unternehmen, weshalb sie aus portfoliotheoretischer Sicht ein geringeres Risiko haben sollten, ergibt sich letztlich keine Auswirkung der Größe auf Beta, da Anleger als diversifiziert gelten und Diversifikation der Unternehmen nicht entlohnt wird. Daher sollte die Diversifikation der Unternehmen auch keinen Einfluss auf deren Betas haben.[70]

Der Zusammenhang zwischen **Unternehmensgröße** und Beta wurde empirisch näher beleuchtet (so auch allgemein zwischen den möglichen erklärenden Variablen der Aktienrendite). *Scheld* beschreibt, dass implizit eine höhere Rendite für kleine Unternehmen ein erhöhtes systematisches Risiko mit sich bringt.[71] Für den deutschen Aktienmarkt wurden jedoch häufig tendenziell geringere Betafaktoren für kleine Unternehmen im Vergleich zu großen Unternehmen festgestellt, so bei *Schulz* auf Portfolioebene für Monatsbetas.[72] Dies widerspricht der Annahme eines nicht vorhandenen oder ggf. negativen Zusammenhangs zwischen Unternehmensgröße und Beta aus der Literatur und zudem den Beobachtungen am amerikanischen Markt (für den tendenziell größere Betas für kleine Unternehmen empirisch festgestellt wurden)[73]. Die Marktkapitalisierung wird als Kennzahl für die Unternehmensgröße verwendet.[74] *Balz/Bordemann* finden heraus, dass die Betafaktoren von DAX-Unternehmen im Durchschnitt tendenziell größer sind als die Betas der Unternehmen des MDAX und SDAX, die eine geringere Marktkapitalisierung aufweisen (kein Hinweis auf Signifikanz).[75] *Scheld* stellt anhand einer

[68] Vgl. *Franke/Hax* (2009), S. 336–361.

[69] Vgl. *Bowman* (1979), S. 626; vgl. auch *Scheld* (2013), S. 156.

[70] Vgl. *Scheld* (2013), S. 156.

[71] Vgl. *Scheld* (2013), S. 80.

[72] Vgl. *Schulz* (2009), S. 191 f., Anhang 6 S. 265, der sich den Betafaktor verschiedener Größenportfolios anschaut und dabei einen Vergleich zwischen OLS-Betas und Dimson-Betas vornimmt; vgl. *Ziemer* (2018), S. 246 f., die tendenziell höhere durchschnittliche Tagesbetas für Unternehmen mit höherer Marktkapitalisierung feststellt, diesen Effekt aber für Wochen- und Monatsbetas nicht nachweisen kann.

[73] Vgl. bspw. *Jegadeesh* (1992), S. 343.

[74] Vgl. *Schulz* (2009), S. 190 f. Hier wird die Unternehmensgröße über verschiedene Kennzahlen (bspw. Umsatz und EBITDA) abgebildet, die jedoch alle ähnliche Ergebnisse aufweisen.

[75] Vgl. *Balz/Bordemann* (2007), S. 739.

linearen Regression ebenfalls einen positiven Effekt (signifikant für $\alpha = 1$ %) der Marktkapitalisierung auf den Betafaktor fest. Einbezogen werden Aktien des Prime Standard (Prime All Share Index) und Teilperioden zwischen 1996 und 2005.[76] Für diesen auf Basis theoretischer Überlegungen kaum begründbaren Einfluss der Unternehmensgröße auf Beta nennt *Scheld* mögliche Erklärungen: Es könnte auf einen nicht vollkommenen Kapitalmarkt hindeuten. Damit wäre das CAPM nur mit Einschränkung anwendbar, wenn das unsystematische Risiko nicht vollständig durch Diversifizierung eliminiert wird.[77]

Teilweise wird in der Literatur auch versucht, den „size effect" anhand der im Vergleich zu Aktien großer Unternehmen geringen **Liquidität** von Aktien kleiner Unternehmen zu erklären.[78] So findet bspw. *Amihud* für an der New Yorker Börse gelistete Aktien heraus, dass kleine Aktien höheren Illiquiditätsrisiken unterliegen und möglicherweise auf Grund dessen höhere Renditen aufweisen. Er verwendet Größenportfolios und führt eine Regression durch.[79] Auch *Liu* findet (ebenfalls für NYSE Aktien) anhand von Regressionen im Ergebnis eine Liquiditätsprämie (anhand einer eigenen Liquiditätskennzahl).[80] *Stoll/Whaley* stellen für an der NYSE gelistete Stammaktien (anhand auf Basis des Marktmodells ermittelter relativer Risikokoeffizienten für Portfolios) größere Renditen bei kleinen Unternehmen fest, wenn Transaktionskosten (die bei kleinen Unternehmen aufgrund der geringeren Liquidität größer sind) nicht berücksichtigt werden. Werden Renditen um Transaktionskosten korrigiert ermittelt, kehrt sich der Effekt um.[81] *Kempf* schließt daraus auf einen positiven Zusammenhang zwischen Unternehmensgröße und Liquidität der Aktien.[82]

Die Liquidität einer Aktie wurde ebenfalls in direktem Zusammenhang mit dem Betafaktor als Maß der Schwankung der Rendite mit der Marktrendite betrachtet. *Ziemer* stellt anhand einer Einteilung von Aktien des DAX, MDAX, SDAX und TecDAX in Portfolios entsprechend des durchschnittlichen Handelsumsatzes pro Tag fest, dass ein Zusammenhang zwischen dem Handelsumsatz als Indikator für Liquidität von Aktien und dem Betafaktor besteht. Dies gilt für

---

[76] Vgl. *Scheld* (2013), S. 211–213.

[77] Vgl. *Scheld* (2013), S. 156 f. Darüber hinaus könnte laut ihm ein Multifaktormodell potenziell die Aktienrenditen besser erklären als das CAPM.

[78] Vgl. *Schulz* (2009), S. 128.

[79] Vgl. *Amihud* (2002), S. 47.

[80] Vgl. *Liu* (2006), S. 667.

[81] Vgl. *Stoll/Whaley* (1983), S. 68, 74; S. 58 für den angenommenen Zusammenhang zwischen Unternehmensgröße und Transaktionskosten.

[82] Vgl. *Kempf* (1999), S. 147.

Tages-, Wochen und Monatsbetas. Mit einem höheren Handelsumsatz geht dabei ein signifikant höheres durchschnittliches Beta des Portfolios einher.[83]

Ein weiterer Faktor, der zumindest auf den ersten Blick eine Rolle für die Höhe des Betafaktors spielen könnte, ist die **Branche** eines Unternehmens. Anhand des europäischen Marktes für die Praxis ermittelte Betas liegen je nach Branche zwischen 0,6 (bspw. für Einzelhandel mit Lebensmitteln und Grundnahrungsmitteln; Essen, Getränke und Tabak; Produkte für Haushalt und Körperpflege) und 1,4 (Automobile und Komponenten sowie Verbraucherdienstleistungen).[84] Jedoch fanden bspw. *Zeugner/Göb/Knoll* heraus, dass Betas innerhalb der Branchen nicht homogen sind und die Betas für einzelne Unternehmen deutlich vom Branchenbeta abweichen können.[85]

Die generelle **(In-)Stabilität von Betas im Zeitablauf**, auch ohne Zusammenhang zur Konzernierung, wurde in diversen Studien betrachtet. So stellte schon *Blume* in 1971 fest, dass ökonomische Variablen wie der Betafaktor eines Unternehmens über die Zeit nicht konstant sind.[86] *Blume* zeigte sich über die Zeit verändernde Betas, sowohl für einzelne Aktien als auch für Portfolios. Er verwendet dafür bspw. Mittelwerte und Mediane der Betas von an der New York Stock Exchange gehandelten Aktien.[87] *Levy* (1971) bestätigte den Befund von Blume.[88] Der deutsche Markt wurde etwas später Gegenstand der Untersuchungen, so bspw. bei *Pogue/Solnik* (1974), die für ihre Stabilitätsbetrachtungen zwei Teilperioden zwischen 1966 und 1971 vergleichen. Sie ermitteln für sechs von acht (davon sieben in Europa, zusätzlich Amerika) Ländern ein höheres mittleres Beta in der zweiten Periode auf Basis zweiwöchentlicher Renditen.[89] *Frantzmann* (1990) leitet anhand seiner Ergebnisse für 100 deutsche Aktien das Dilemma ab,

[83] Vgl. *Ziemer* (2018), S. 249, für die Stichprobe vgl. S. 241.

[84] Vgl. bspw. für europäische Branchenbetas (im Mittelwert) im Juni 2022 *WOLLNY WP Unternehmensbewertung GmbH Wirtschaftsprüfungsgesellschaft*, abgerufen am: 10.02.2024; *Onvalue GmbH & Co. KG*, abgerufen am: 10.02.2024, die Mediane zum 30.11.2023 betrachten; für deutsche Branchenbetas (2023) vgl. bspw. *Schwetzler/Brefo* (2024), S. 35 f.

[85] Vgl. *Zeugner/Göb/Knoll* (2013), S. 39.

[86] Vgl. *Blume* (1971), S. 6.

[87] Vgl. *Blume* (1971), S. 4–7.

[88] Vgl. *Levy* (1971), S. 56; so auch *Roenfeldt/Griepentrog/Pflaum* (1978), S. 117 in Bezug auf globale Unternehmen und eine Prognose von Betas.

[89] Vgl. *Pogue/Solnik* (1974), S. 940; *Winkelmann* (1984), S. 91 f. betrachtet ebenfalls Betas verschiedener Teilperioden, für an deutschen Börsen notierte Unternehmen.

dass einerseits der Erklärungsgehalt des Marktmodells bei langen Renditeintervallen besser wird. Andererseits ist die relative Einschätzung des Risikos einzelner Aktien bei kürzeren Renditeintervallen stabiler.[90]

In einer aktuelleren Studie von 2018 stellt *Ziemer* zunächst fest, dass rollierende Betas der DAX-Unternehmen, die anhand von Wochenrenditen berechnet werden, zeitlich nicht stabil sind.[91] In ihrer weiteren Analyse der Stabilität von Betas werden im DAX, MDAX, SDAX oder TecDAX zum 31.12.2013 gelistete Aktien betrachtet.[92] Im Ergebnis zeigt sie für die meisten Aktien größere Betas (anhand von Wochenrenditen) in Perioden, in denen die Marktrendite nicht positiv ist (Down-Market oder Bear-Market) im Vergleich zu solchen mit positiver Marktrendite (Up-Market oder Bull-Market). Dieser Unterschied erweist sich (außer für den DAX) anhand eines einseitigen t-Tests der Differenz für einzelne Paare als signifikant ($\alpha = 1\ \%$). Zudem wird die Differenz zwischen Up-Market- und Down-Market-Beta kleiner bei größerer Liquidität, gemessen anhand des Börsenumsatzes.[93]

4.3.2 Volatilität von Aktienrenditen

Volatilität ist die Veränderlichkeit einer betrachteten Variable (hier: der Aktienrenditen). Bei stärkerer Schwankung einer Variablen in einem bestimmten Zeitraum liegt entsprechend eine höhere Volatilität vor. Häufig wird Volatilität mit Unsicherheit, Unvorhersehbarkeit und Risiko assoziiert. Meist wird der Begriff Volatilität allerdings synonym für Risiko verwendet. Daher wird eine hohe Volatilität als Symptom einer Störung des Marktes angesehen, die sich durch nicht fair bewertete Wertpapiere und einen nicht so gut (wie er sollte) funktionierenden Kapitalmarkt äußert. An Finanzmärkten wird unter Volatilität bspw. die Variabilität von Preisen oder den entsprechenden Renditen verstanden und

[90] Vgl. *Frantzmann* (1990), S. 74–76.

[91] Vgl. *Ziemer* (2018), S. 251 f. Es handelt sich um relativ liquide Aktien (sie verwendet den DAX), für die zudem um Ausreißer bereinigt wurde und es wird ein Mittelwert der Wochentage verwendet, um einen Effekt des Wochentags und damit insgesamt Daten- und Schätzprobleme so gut wie möglich auszuschließen.

[92] Vgl. *Ziemer* (2018), S. 185.

[93] Vgl. *Ziemer* (2018), S. 255–257.

damit deren Abweichung vom Mittelwert (meist Standardabweichung).[94] Volatilität wird daher auch bei Investitionsentscheidungen, im Risikomanagement und für Regulierungen berücksichtigt.[95]

Wie der Betafaktor ist auch die Volatilität über die Zeit nicht konstant. Ursachen hierfür wurden bereits häufig untersucht. Für den US-Markt und den internationalen Markt konnten jedoch keine eindeutigen Ursachen für Volatilitätsänderungen bestimmter Zeiträume ermittelt werden.[96] Zudem wurden bereits vielfach Auswirkungen von bspw. regulatorischen Änderungen auf die Volatilität von Aktienrenditen empirisch betrachtet.[97]

Änderungen der Volatilität in Zusammenhang mit bestimmten **Eigentümerstrukturen** bzw. Handelsaktivitäten wurden auch bereits beleuchtet. So ermitteln bspw. *Xu/Malkiel* anhand einer Regression für US-amerikanische Aktien nach dem zweiten Weltkrieg einen positiven Zusammenhang zwischen der idiosynkratischen Volatilität (die gesamte Volatilität einer Aktie kann in systematische und idiosynkratische Volatilität aufgespalten werden) und der Höhe des Anteilsbesitzes institutioneller Investoren. Dies bestätigt sich auch nachdem für die **Unternehmensgröße** kontrolliert wird, da sie einen negativen Zusammenhang zwischen Volatilität und Größe als wahrscheinlich ansehen.[98]

Bennett/Sias/Starks zeigen ebenfalls für den amerikanischen Markt in den 1980er und 1990er-Jahren eine sich ändernde Präferenz institutioneller Investoren hin zu kleineren, risikoreicheren Aktien. Sie nennen dies als mögliche Erklärung für eine Erhöhung von Liquidität und Volatilität dieser Aktien im Vergleich zu größeren.[99] Institutioneller Anteilbesitz wird als Proxy für Handel durch institutionelle Anleger verwendet, da Anteilsbesitz an sich Volatilität nicht beeinflusst.[100]

Brandt/Brav/Graham/Kumar zeigen für den US-amerikanischen Markt anhand von Daten zwischen 1925 und 2008 mittels einer Querschnittsregression unter anderem einen negativen Zusammenhang zwischen idiosynkratischer Volatilität und institutionellem Anteilsbesitz. Für Aktien mit hohen Kursen bestätigen sie

---

[94] Vgl. *Daly* (2008), S. 2378.

[95] Vgl. *Mittnik/Robinzonov/Spindler* (2015), S. 1.

[96] Vgl. bspw. *Zhang* (2010), S. 663 f.

[97] So bspw. Beschränkungen für Short-Sales in Hong Kong bei *Chang/Cheng/Yu* (2007), S. 2097 oder *Bohl/Reher/Wilfling* (2016), S. 159 für den deutschen Aktienmarkt. Zudem wird bspw. eine Einführung der Börsennotierung von Optionen und deren Zusammenhang mit der Volatilität betrachtet, vgl. z. B. *Skinner* (1989), S. 61.

[98] Vgl. *Xu/Malkiel* (2003), S. 636 f.; S. 615 f. für die Datenbasis.

[99] Vgl. *Bennett/Sias/Starks* (2003), S. 1236; S. 1206 f. für die Datenbasis.

[100] Vgl. *Zhang* (2010), S. 666 f.

den Fund von *Xu/Malkiel*.[101] Zudem wurde bspw. von *Chen/Du/Li/Ouyang* (mittels einer Regression mit Fixed Effects) für den chinesischen Markt gezeigt, dass Anteilsbesitz von ausländischen Institutionen (finanziell und nicht-finanziell) zu einer höheren Volatilität der Aktienrenditen führt (nach Kontrolle für Unternehmensgröße etc.), während ausländischer individueller Anteilsbesitz Volatilität senkt. Des Weiteren finden sie einen positiven Zusammenhang zwischen inländischem Anteilsbesitz und Volatilität.[102] Sie beziehen zusätzlich Interaktionsterme in ihre Regression ein und zeigen damit bspw., dass ausländischer institutioneller Anteilsbesitz die Volatilität durch ein Stärken des positiven Einflusses der Liquidität auf die Volatilität erhöht.[103] Nach aktuellem Kenntnisstand gibt es jedoch keine bekannten Studien zum Zusammenhang zwischen der Stärke eines Einflusses durch den Konzern bzw. auch einer Anteilshöhe (oder Handel durch den Konzern) und der Volatilität der Aktienrenditen am deutschen Kapitalmarkt.

Als weitere potenzielle Einflussgrößen auf die Volatilität wurden die **Unternehmensgröße**, das Handelsvolumen in Bezug auf die Anzahl ausgegebener Aktien (als Maß der Liquidität) sowie der Verschuldungsgrad in verschiedenen Studien (im Rahmen linearer Regressionen) einbezogen. Für die Größe, meist gemessen über die Marktkapitalisierung, ergibt sich in der Regel ein signifikanter und negativer Zusammenhang zur Volatilität und damit eine geringere Volatilität bei steigender Unternehmensgröße.[104] Bei *Chen/Du/Li/Ouyang* zeigt sich dieser Zusammenhang jedoch nur, wenn logarithmierte quadrierte Renditen als Volatilitätsmaß verwendet werden. Für die Standardabweichung der Renditen als Volatilitätsmaß ergibt sich ein signifikant positiver Zusammenhang. Das relative Handelsvolumen weist einen positiven, meist signifikanten Zusammenhang zur Volatilität auf.[105] *Daly* beschreibt jedoch (nicht empirisch) die wichtige Rolle der Volatilität für den Bid-Ask-Spread als Liquiditätsmaß. Mit höherer Volatilität einer Aktie geht laut ihm ein höherer Spread zwischen Bid- und Ask-Kursen der Market Maker einher. Damit besteht hinsichtlich der Richtung des Zusammenhangs zwischen der Volatilität einer Aktie und der **Liquidität** des Marktes keine Einigkeit.[106] Für die Fremdkapitalquote ergibt sich bei *Li et al.* ein meist signifikanter, positiver Zusammenhang zur Volatilität.[107] *Chen/Du/Li/Ouyang* ermitteln

---

[101] Vgl. *Brandt u. a.* (2010), S. 884 f.; S. 865 f. für die Datenbasis.

[102] Vgl. *Chen u. a.* (2013), S. 660.

[103] Vgl. *Chen u. a.* (2013), S. 664.

[104] Vgl. *Bae/Chan/Ng* (2004), S. 251 f.; *Li u. a.* (2011), S. 1140 f.; *Chen u. a.* (2013), S. 664 f.

[105] Vgl. *Chen u. a.* (2013), S. 664 f.

[106] Vgl. *Daly* (2008), S. 2378.

[107] Vgl. *Li u. a.* (2011), S. 1140 f.

für logarithmierte quadrierte Renditen als abhängige Variable einen signifikant negativen Koeffizienten des **Verschuldungsgrads** (langfristige Verbindlichkeiten zu Eigenkapital). Dies widerspricht der intuitiven Annahme, nach der hoch verschuldete Unternehmen versuchen würden ihre Risiken zu reduzieren. Für die Standardabweichung der Renditen als abhängige Variable ergibt sich ein positiver, aber nicht signifikanter Koeffizient.[108]

Ergebnisse für den Einfluss der **Branche** auf die Volatilität werden im Rahmen der Regressionen oft nicht dargestellt (diese wird als Kontrollvariable einbezogen). Die Branche scheint nicht von Bedeutung zu sein.[109]

4.3.3 Liquidität von Aktien

Ein Wertpapier wird von *Kempf* als liquide definiert, wenn ein Kauf ohne Preiszuschlag und ein Verkauf ohne Preisabschlag jederzeit und in jeder Menge möglich sind.[110] Die Zeit- und die Preisdimension werden als **Dimensionen** der Liquidität genannt, wobei die Preisdimension durch die Breite und die Tiefe eines Marktes und diese beiden wiederum durch die Erneuerungskraft des Marktes über die Zeit beeinflusst werden.[111] Die Tiefe des Marktes besagt, dass Verkaufs- oder Kaufaufträge, die über oder unter dem aktuellen Preis des Wertpapiers liegen, dennoch ausgeführt werden können. Im Markt sind entsprechende Kauf- oder Verkaufsaufträge vorhanden, sodass es durch das Ungleichgewicht nicht zu großen Kursänderungen kommt.[112] Ein Markt ist breit, wenn solche Aufträge in großem Umfang vorhanden sind. Ein breiterer Markt hat ein größeres Potenzial zur Stabilisierung vorübergehender Preisänderungen, die sich aus vorübergehenden Auftragsungleichgewichten ergeben.[113] Die Erneuerungskraft eines Marktes ist hoch, wenn bei Preisänderungen durch vorübergehende Orderungleichgewichte umgehend neue Aufträge zum Ausgleich in den Markt treten.[114]

---

[108] Vgl. *Chen u. a.* (2013), S. 665.

[109] Vgl. *Chen u. a.* (2013), S. 664 f.; *Li u. a.* (2011), S. 1140; *Bae/Chan/Ng* (2004), S. 256.

[110] Vgl. *Kempf* (1999), S. 13. Die Definition basiert auf der Definition für liquide Vermögensobjekte von Keynes, vgl. *Keynes* (1930), S. 67.

[111] Vgl. *Kempf* (1999), S. 20. Die Dimensionen werden in anderer Literatur teilweise etwas abweichend bezeichnet.

[112] Vgl. *Garbade* (1982), S. 420; *Oesterhelweg/Schiereck* (1993), S. 391.

[113] Vgl. *Garbade* (1982), S. 420; *Oesterhelweg/Schiereck* (1993), S. 391.

[114] Vgl. *Garbade* (1982), S. 422; *Schwartz* (1988), S. 36.

Die Zeitdimension umfasst die Zeit, innerhalb der eine Transaktion umgesetzt werden kann.[115]

Im Idealfall sollte durch ein Liquiditätsmaß sowohl die Zeit- als auch die Preisdimension abgebildet werden.[116] Bisher gibt es kein geeignetes Konzept zu Messung der Liquidität von Wertpapieren.[117] Der **Bid-Ask-Spread** (Geld-Brief-Spanne) als Differenz zwischen höchstem Kaufangebot und niedrigstem registriertem Verkaufsangebot am Markt für jeden Zeitpunkt des Handelstages (z. B. quotierte Bid-Ask-Spreads von Market Makern oder anderen Marktteilnehmern)[118] bildet die Liquidität am besten ab. Denn dessen angenommene Determinanten – das Risiko eines Wertpapiers, die Handelsaktivität, die Wettbewerbsintensität des Marktes und der Informationsstand der Teilnehmer,[119] – stimmen weitgehend mit denen der Liquidität überein.[120] Die Dimensionen Tiefe, Breite und die Zeitdimension werden durch den Bid-Ask-Spread messbar gemacht. Die Erneuerungsfähigkeit wird jedoch nicht abgebildet.[121]

Simple **Indikatoren** für Liquidität wie bspw. das Handelsvolumen oder der Handelsumsatz bilden keine der Dimensionen von Liquidität ab, sind vergangenheitsorientiert und die Ermittlung unterscheidet sich zwischen Finanzmärkten.[122] Bei geringem prozentualem Anteil kann der Streubesitz (Free Float) als Indikator für eine möglicherweise vorhandene Marktenge dienen. Diese kann bei geringer Liquidität vorliegen.[123]

Hohe Liquidität wird als Hinweis dafür angesehen, dass keine Manipulation des Marktes stattgefunden hat. Bei geringer Liquidität (bspw. geringem Handelsvolumen) kann es zu einer Verzerrung von Marktpreisen, auch durch Manipulation, kommen.[124] Häufig ist dann von einer **Marktenge** die Rede.[125] Damit würde der Börsenkurs bei geringer Liquidität bzw. sehr wenig Handel oder

[115] Vgl. *Kempf* (1999), S. 17; *Lippman/McCall* (1986), S. 43; *Harris* (1991), S. 3.

[116] Vgl. *Kempf* (1999), S. 21.

[117] Vgl. *Oesterhelweg/Schiereck* (1993), S. 397.

[118] Vgl. *Phillips/Smith* (1980), S. 181; *Lüdecke/Schlag* (1992), S. 333.

[119] Vgl. *Schwartz* (1988), S. 419 f; *Demsetz* (1968), S. 33–52.

[120] Vgl. *Oesterhelweg/Schiereck* (1993), S. 394.

[121] Vgl. *Oesterhelweg/Schiereck* (1993), S. 395, 397.

[122] Vgl. *Oesterhelweg/Schiereck* (1993), S. 392.

[123] Vgl. BGH v. 12.03.2001 – II ZB 15/00 (DAT/Altana), juris Rz. 35; BVerfG v. 27.04.1999 – 1 BvR 1613/94 (DAT/Altana), juris Rz. 67.

[124] Vgl. *Krog* (2000), S. 281; *Weber* (2004), S. 298.

[125] Vgl. *Budzinski* (2012), S. 102.

geringem Volumen potenziell nicht dem eigentlichen Verkehrswert der Aktie entsprechen.[126] Dann wäre auch keine ausgeglichene und geordnete Preisbildung ohne den Einfluss individueller Sonderfaktoren, die den Markt verzerren, möglich.[127] Dies kann zudem auftreten, wenn nur ein geringer Anteil der Aktien am Markt zum Handel verfügbar ist, da sich nur wenige Aktien im Streubesitz befinden (möglich beim Squeeze-out). In diesem Fall könnten Minderheitsaktionäre ihre Aktien ggf. nicht zum Börsenpreis veräußern.[128] Bei welchem Streubesitzanteil von einer Marktenge ausgegangen werden muss, ist jedoch nicht generell beantwortbar, da dies einzelfallabhängig ist.[129] Eine Marktenge wird bspw. bei Anteilen unter 5 %[130] oder von 1 %[131] festgestellt. Eine hohe Kaufnachfrage oder hohe Handelsaktivität bzw. ein hohes Handelsvolumen können aber auch bei geringem Streubesitzanteil gegen eine Marktenge sprechen.[132] Daher spricht sich bspw. das OLG Düsseldorf für eine umfassende Liquiditätsanalyse anhand verschiedener Liquiditätskennzahlen aus – für den Börsenkurs zur Abfindungsbemessung und für Beta.[133]

In Bezug auf die Konzernierung wurde die Liquidität nach aktuellem Kenntnisstand bisher nicht näher in der empirischen Literatur betrachtet. Häufig wird jedoch eine vor einem Squeeze-out eher **geringe Liquidität** bspw. in Bewertungsgutachten oder Spruchverfahren (auch in Zusammenhang mit der Güte des Betafaktors) thematisiert.[134] Die Problematik der geringen Liquidität bzw. des geringen Handels spielt dabei eine Rolle für die Frage, bei welcher Liquidität der Börsenkurs einer Aktie deren Verkehrswert abbildet. Darüber hinaus ist aus

---

126 Vgl. *Krog* (2000), S. 287.

127 Vgl. *Jaskulla* (2002), S. 1095.

128 Vgl. BGH v. 12.03.2001 – II ZB 15/00 (DAT/Altana), juris Rz. 35; BVerfG v. 27.04.1999 – 1 BvR 1613/94 (DAT/Altana), juris Rz. 67.

129 Vgl. *Häller/Adolff* (2024), in: Rechtshandbuch Unternehmensbewertung, § 18 Rz. 18.92; *Wieneke/Hoffmann* (2013), S. 698.

130 Vgl. BGH v. 12.03.2001 – II ZB 15/00 (DAT/Altana), juris Rz. 35.

131 Vgl. OLG Düsseldorf v. 04.10.2006 – I-26 W 7/06, 26 W 7/06, juris Rz. 58.

132 Vgl. OLG München v. 11.07.2006 – 31 Wx 41/05, 66/05, juris Rz. 23 für die Kaufnachfrage; OLG Karlsruhe v. 12.09.2017 – 12 W 1/17, juris Rz. 42 zu den Handelstagen; OLG Düsseldorf v. 04.10.2006 – I-26 W 7/06, 26 W 7/06, juris Rz. 58 für nicht ausreichendes Handelsvolumen und Handelstage.

133 Vgl. OLG Düsseldorf v. 28.11.2022 – I-26 W 4/21, 26 W 4/21, juris Rz. 44.

134 Vgl. bspw. OLG Frankfurt v. 20.11.2019 – 21 W 77/14, juris Rz. 78 f; OLG Frankfurt v. 26.01.2017 – 21 W 75/15, juris Rz. 34.

ökonometrischer Sicht relevant, wie geringer Handel („thin trading") den Betafaktor in seiner Höhe beeinflusst bzw. wie Beta dann am besten geschätzt werden kann.[135]

Der nicht ganz eindeutige Zusammenhang zwischen **Volatilität** und Liquidität wurde bereits in 4.3.2 beschrieben. So besteht für das Handelsvolumen bezogen auf die Anzahl ausgegebener Aktien häufig ein signifikanter, positiver, Zusammenhang zur Volatilität.[136] *Daly* beschreibt, dass mit höherer Volatilität einer Aktie ein höherer Bid-Ask-Spread verbunden ist (nicht empirisch).[137] Bezüglich des Zusammenhangs zwischen **Liquidität** und Aktienrenditen haben bspw. *Amihud/Mendelson* in 1986 die beobachtete Rendite als ansteigende, konkave Funktion des Bid-Ask-Spreads modelliert und dies empirisch bestätigt.[138] *Kempf* und *Acharya/Pedersen* zeigen eine Abhängigkeit der Rendite von der eigenen Liquidität des Wertpapiers und der Liquidität des Marktes. Sie stellen anhand ihres Modells einen Unterschied in der Risikoprämie in Höhe von jährlich 1,1 % fest, der auf höherer Illiquidität von Aktien basiert.[139]

Der häufig beobachtete Zusammenhang zwischen **Unternehmensgröße** und Liquidität wurde ebenfalls bereits in 4.3.1 erwähnt, vor allem im Rahmen des Versuchs einer Erklärung des „size effect" mittels einer geringeren Liquidität der Aktien kleiner Unternehmen.[140]

Lipson/Mortal fanden heraus, dass Unternehmen mit liquiderem Eigenkapital geringere **Verschuldungsgrade** aufweisen und Eigenkapitalfinanzierung bevorzugen. Dafür werden Regressionen für Unternehmen mit verfügbaren Daten in CRSP und Compustat durchgeführt.[141]

4.3.4 Weitere Kriterien für eine Einschätzung des Börsenkurses mit zunehmendem Konzerneinfluss

In den USA wurden im Rahmen der gerichtlichen Entscheidung im Fall **Cammer versus Bloom** in 1989 fünf Faktoren genannt, die bei einer Einschätzung helfen

---

[135] Vgl. *Ziemer/Knoll* (2017), S. 300; *Decher* (2023), S. 113.

[136] Vgl. *Li u. a.* (2011), S. 1140 f.; *Chen u. a.* (2013), S. 664 f.

[137] Vgl. *Daly* (2008), S. 2378.

[138] Vgl. *Amihud/Mendelson* (1986), S. 223, 246.

[139] Vgl. *Kempf* (1999), S. 147; *Acharya/Pedersen* (2005), S. 375; S. 377 für die Risikoprämie.

[140] Vgl. *Schulz* (2009), S. 128; *Amihud* (2002), S. 46.

[141] Vgl. *Lipsona/Mortalb* (2009), S. 623 f., 637–640.

können, ob ein Wertpapier an einem effizienten Kapitalmarkt gehandelt wird. Diese finden seither unter der Bezeichnung als „Cammer factors“ häufig auch in weiteren US-Gerichtsverfahren Anwendung, wenn es um die Beurteilung der Markteffizienz geht. Diese Faktoren werden als Indikatoren für einen offenen und entwickelten Markt angesehen und lauten wie folgt:[142]

1) Wöchentliches Handelsvolumen
2) Anzahl an Analysten, die das Wertpapier verfolgen und abdecken
3) Vorhandensein von Market Makern und Arbitrageuren
4) Eignung des Unternehmens zur Einreichung eines S-3 Formulars bei der Securities and Exchange Commission
5) Ein kausaler Zusammenhang zwischen unerwarteten Unternehmensereignissen oder veröffentlichten finanziellen Informationen und einer unmittelbaren Reaktion des Aktienkurses.

Hierbei stellen die ersten vier Faktoren eher strukturelle Faktoren dar. Sie lassen zwar Schlüsse auf die Kapitalmarkteffizienz zu, sind aber nicht ausreichend, um Markteffizienz tatsächlich festzustellen. Aus diesem Grund wird der fünfte Faktor als relevant erachtet, um Markteffizienz direkt nachweisen zu können.[143] Um diesen Einfluss zu analysieren, werden üblicherweise Ereignisstudien angewendet. Dabei wird eine schnelle, signifikante Reaktion der Aktienkurse auf unerwartete, wertrelevante Unternehmensinformationen als Markteffizienz interpretiert.[144] Damit einher gehen jedoch die bekannten Probleme, die bspw. die Wahl des Schätzzeitraums, den gewählten Marktindex oder das verwendete Modell betreffen können. Ereignisstudien werden im Rahmen der Messung von Ankündigungseffekten bei Squeeze-outs angewendet.[145]

Weitere strukturelle Faktoren wurden in dem Urteil zu **Krogman 10** betrachtet:[146]

1) Marktkapitalisierung
2) Geld-Brief-Spanne
3) Prozentsatz der im Streubesitz befindlichen Aktien

[142] Vgl. Cammer versus Bloom, 711 F. Supp. 1264 (D.N.J. 1989).

[143] Vgl. *Feitzinger/Rozen/Pandya* (2020), abgerufen am: 08.08.2024, S. 2.

[144] Vgl. *Kolari/Pynnönen* (2023), S. 201.

[145] Vgl. *Budzinski* (2012), S. 22.

[146] Vgl. Krogman versus Sterritt, 202 F.R.D. 467,478 (N.D. Tex. 2001).

Für diese Kennzahlen gibt es jedoch keine allgemeingültigen Grenzen, ab welchen der Markt als effizient angesehen werden kann und auch keine Vorgabe, welche bzw. wie viele der Kriterien betrachtet werden sollten oder bei welchem Verhältnis von für und gegen Effizienz sprechenden Faktoren der Markt als effizient erachtet wird.[147]

Insbesondere das Handelsvolumen, die Geld-Brief-Spanne und der Streubesitz deuten auf eine Relevanz der Liquidität auch im Rahmen einer Einschätzung der Effizienz hin. Mangelnde Liquidität spielt bspw. in Bezug auf eine mögliche Marktenge eine Rolle (siehe Abschnitt 4.3.3). Bei geringer Liquidität können Informationen weniger schnell im Kurs verarbeitet werden und daher kann die Informationseffizienz eingeschränkt sein.[148] Diese Liquiditätsindikatoren werden im Folgenden beleuchtet. Analystendaten sowie auch die Informationsverarbeitung werden am Rande betrachtet. Die weiteren Kriterien sind im vorliegenden Fall aufgrund der anderen Gegebenheiten des US-amerikanischen Kapitalmarktes oder mangelnder Datenverfügbarkeit nicht anwendbar.

4.4 Stichprobe und zugrundeliegende Daten

4.4.1 Ermittlung der Stichprobe und Datengrundlage

Die Stichprobe umfasst alle ermittelbaren Unternehmen, für die zwischen 01.01.2002[149] und 31.12.2020 ein **aktien- oder umwandlungsrechtlicher Squeeze-out** angekündigt wurde und das Ankündigungsdatum bekannt ist. Ein weiteres Kriterium für die Einbeziehung in die Stichprobe stellt die Verfügbarkeit von Börsenkursdaten zwischen frühestens 01.01.1992 und spätestens 31.12.2021 dar. Dadurch beschränkt sich die Stichprobe auf solche Aktien von Zielgesellschaften, die in Deutschland (zumindest für einen gewissen Zeitraum) innerhalb der betrachteten Periode von (mindestens) zehn Jahren vor Ankündigung des

[147] Vgl. *Buckberg*, abgerufen am: 08.08.2024.

[148] Vgl. auch *Budzinski* (2012), S. 99.

[149] Der Squeeze-out bei Brainpool TV AG wurde bereits Ende 2001 angekündigt, er wird zusätzlich berücksichtigt.

Squeeze-out an (mindestens) einer Börse gelistet sind oder in den Freiverkehr einbezogen werden.[150]

Die Ankündigungen der Squeeze-outs wurden mittels verschiedener **Quellen** eigenhändig zusammengestellt. Zunächst wurden Ad-hoc-Mitteilungen über die Internetseiten von Nachrichtendienstleistern – DGAP (Deutsche Gesellschaft für Ad-hoc Publizität mbH, später EQS News), euro adhoc-Service (bzw. EANS Adhoc) von APA-OTS (Originaltext-Service der Austria Presse Agentur eG) und andere Finanznachrichtendienste[151] – gesammelt. Darüber hinaus wurden im zweiten Schritt weitere Ankündigungen, die nicht explizit als ad-hoc auffindbar sind, ermittelt. Hierfür wurde über die DGAP (häufig Corporate News), GSC Research (German Small Caps, GSC Research GmbH) und weitere Quellen wie bspw. Internetseiten zu Finanznachrichten, verschiedene Zeitungen oder Homepages von Unternehmen gesucht.[152]

Im Anschluss fand ein Abgleich über folgende Quellen statt:

- eigene Sammlung von Spruchverfahren und gutachterlichen Stellungnahmen zu Squeeze-outs[153]
- Hoppenstedt Aktienführer (bis 2018 verfügbar)[154]
- Zusammenstellungen zu Strukturmaßnahmen bzw. Urteilen von verschiedenen Internetseiten[155]

---

[150] Durch eine zusätzliche Einbeziehung von Freiverkehrskursen wird der Umfang an Daten für die spätere Analyse erweitert. Aufgrund bspw. einer auf den Freiverkehr ausgeweiteten Publizitätspflicht für Insiderinformationen mit der mit Inkrafttreten der Marktmissbrauchsverordnung zum 02.07.2016 (Artikel 17 MMVO) wird für Squeeze-outs die Berücksichtigung von Freiverkehrskursen zunehmend befürwortet. Vgl. bspw. *Häller* (2024), in: Aktiengesetz, § 305 Rz. 94; *Popp/Ruthardt* (2024), in: Rechtshandbuch Unternehmensbewertung, § 12 Rz. 12.255 für einen kurzen Überblick zu verschiedenen Ansichten.

[151] So bspw. *FinanzNachrichten.de*, abgerufen am: 16.04.2024; *finanzen.net*, abgerufen am: 16.04.2024.

[152] Als Zeitungen werden bspw. das Handelsblatt oder branchenspezifische Zeitungen herangezogen.

[153] Urteile wurden über juris und beck-online (zusätzlich über eine Suche im Internet) gesammelt.

[154] Die Daten aus diesem wurden über das Aktienführer-Datenarchiv der Universitätsbibliothek Mannheim extrahiert.

[155] Ergänzt wurde anhand der folgenden Zusammenstellungen: *spruchverfahren direkt*, abgerufen am: 26.08.2022; *VzfK e. V.* (a), abgerufen am: 26.08.2022; *VzfK e. V. (spruchverfahren.info)*, abgerufen am: 26.08.2022 (Kategorien für hier betrachtete Maßnahmen); *SdK e. V.*, abgerufen am: 26.08.2022; *Wikipedia*, abgerufen am: 26.08.2022. Zudem wurde der Blog von Herrn Arendts für weitere Informationen herangezogen, vgl. *Arendts*, abgerufen am: 26.08.2022.

– Stichproben anderer Studien zu Squeeze-outs (meist aktienrechtlich)[156]

Anhand der so ergänzten Unternehmensnamen wurden die entsprechenden Ankündigungen wiederum über die genannten Quellen gesucht. Ist eine Ankündigung nicht verfügbar, wird die Einladung zur beschlussfassenden Hauptversammlung[157] als spätest mögliche Mitteilung verwendet.[158] Auch das Ankündigungsdatum wurde, sofern vorhanden, mit der Stichprobe von *Budzinski* sowie vorliegenden Bewertungs- und Prüfungsgutachten bzw. Urteilen abgeglichen.[159] Berücksichtigt werden alle Maßnahmen, für deren Beschluss zudem eine Hauptversammlung stattfand.[160]

Die so zunächst ermittelten 589 Squeeze-outs wurden durch 587 Unternehmen angekündigt. 177 Squeeze-outs wurden wegen generell nicht vorhandener Börsenkursdaten (aus S&P Capital IQ) innerhalb von zehn Jahren vor dem

---

[156] Abgeglichen wurde mit den Stichproben von *Budzinski* (2012), S. 221 f.; *Cleary Gottlieb Steen & Hamilton LLP*, abgerufen am: 26.08.2022, S. 222–255; *Elsland/Weber* (2005), S. 27 f.; *Hecker/Kaserer* (2003), S. 162; *Helmis* (2003), S. 168 f.; *I-ADVISE*, abgerufen am: 26.08.2022, S. 29–33; *Munkert* (2005), S. 477–498; *Weimann* (2015), S. 88–98, sowie die Fortschreibung der Daten bis 31.03.2020 von der Internetseite der VzfK; *VzfK e. V.* (b), abgerufen am: 24.09.2022; *Stange* (2010), S. 289–308; *Stöckl* (2010), S. 165–167; *Schwetzler*, abgerufen am:, S. 26–32.

[157] Nach § 121 Abs. 4 AktG ist die Einberufung der Hauptversammlung in den Gesellschaftsblättern bekannt zu machen. Falls die Aktionäre der Gesellschaft namentlich bekannt sind, kann die HV durch einen Brief einberufen werden, wenn die Satzung nichts anderes bestimmt.

[158] Die Einladungen werden über den elektronischen Bundesanzeiger oder wiso (HV-Einladungen aus 2002) gewonnen.

[159] Maßnahmen, bei denen ein Ankündigungsdatum bekannt ist, aber keine Datei ermittelbar ist, verbleiben in der Stichprobe, nicht aber solche, bei denen weder eine Mitteilung noch ein Ankündigungsdatum vorhanden ist. Bei einzelnen frühen Maßnahmen ist es möglich, dass durch den langen zeitlichen Abstand keine Ankündigung mehr auffindbar ist, sondern lediglich die später veröffentlichte Hauptversammlungseinladung oder keine Ankündigung.

[160] Maßnahmen, die nach der Hauptversammlung nicht umgesetzt wurden, werden berücksichtigt, da dies bis zur Hauptversammlung nicht bekannt war.

Squeeze-out aus der Stichprobe eliminiert,[161] ein weiterer wegen starker Kursschwankungen.[162] Weitere 16 Strukturmaßnahmen wurden aufgrund fehlenden Handelsvolumens (ab 1992) entfernt. Da für drei Zielgesellschaften jeweils zweimal im betrachteten Zeitraum ein Squeeze-out angekündigt wurde (bei einem fällt einer bereits wegen fehlender Daten aus der Stichprobe), wurden fünf Squeeze-outs aus der **Stichprobe** entfernt. Bei drei weiteren Squeeze-outs wurde im betrachteten Zeitraum eine andere zusätzliche Strukturmaßnahme angekündigt.[163] Diese werden ebenfalls nicht berücksichtigt (wenn vor dem Squeeze-out ein BGV stattfindet, wird sie berücksichtigt). Hier wurde bereinigt, da die jeweils andere Maßnahme auch Auswirkungen auf den Börsenkurs und die hierauf basierenden Maße haben kann. Weitere möglicherweise kursbeeinflussende Ereignisse wurden nicht ermittelt, da sich die Effekte aus solchen über die Stichprobe weitgehend ausgleichen sollten. Aufgrund der Betrachtung verschiedener Zeiträume für die Unternehmen oder von Mittelwerten über die Stichprobe, sollten auch den gesamten Aktienmarkt beeinflussende Ereignisse (die ggf. zu Strukturbrüchen führen können) nur eine geringe Rolle spielen. Weitere vier Maßnahmen wurden eliminiert, da diese nicht oder erst mehrere Jahre später umgesetzt wurden und dies bereits vor der Hauptversammlung bekannt war.[164]

Die bereinigte Stichprobe umfasst damit letztlich 385 Ankündigungen von Squeeze-outs bzw. 385 Zielgesellschaften (siehe Anlage 13 im elektronischen Zusatzmaterial). Tabelle 4.1 zeigt die Bereinigungsschritte und den verbleibenden Stichprobenumfang.[165]

---

[161] Auf eine Börsennotierung/Einbeziehung in den Freiverkehr wurde zunächst nicht geprüft. Dadurch, dass im späteren Verlauf Maßnahmen bei Unternehmen aus der Stichprobe eliminiert werden, für die kein Börsenkurs vorliegt, wird angenommen, dass nur noch Maßnahmen mit börsennotierten oder in den Freiverkehr einbezogenen Unternehmen als Zielgesellschaften in der Stichprobe verbleiben. Ad-hoc-Mitteilungen sollten zudem nur von Unternehmen veröffentlicht werden, deren Aktien an der Börse gehandelt werden.

[162] Es handelt sich hierbei um die Areal Immobilien und Beteiligungs-AG.

[163] Dies sind Leica Camera AG (beides aktienrechtlicher SO), Roth & Rau AG/Meyer Burger (Germany) AG (beides aktienrechtlicher SO, Meyer Burger nicht ausreichend Daten), Württembergische Hypothekenbank AG/Hypo Real Estate Bank International AG (aktienrechtlicher SO, Verschmelzung), CinemaxX AG (SO WpÜG, SO AktG), Vereins- und Westbank AG (Verschmelzung, SO AktG); HVB Real Estate Bank AG/DEPFA Deutsche Pfandbriefbank AG (beides aktienrechtlicher SO).

[164] Dies sind die Immovaria Real Estate AG, Kühlhaus Zentrum AG, SKW Stahl-Metallurgie Holding AG, Westgrund AG (erst 2021 erneut angekündigt und umgesetzt).

[165] Weimann wertet in seiner aktuellen Studie sogar 632 wirksame (von 652 geplanten) Squeeze-outs zwischen 01.01.2002 und 31.12.2022 hinsichtlich verschiedener Daten (nicht

Tabelle 4.1 Umfang der betrachteten Stichprobe

Erläuterung	Verbleibender Stichprobenumfang (Anzahl Strukturmaßnahmen)
Gesamte ursprüngliche Stichprobe	589
Bereinigung um Unternehmen ohne Kursdaten oder mit starken Kursschwankungen	411
Bereinigung um Unternehmen ohne Handelsvolumen	395
Bereinigung um Maßnahmen derselben Unternehmen, die im betrachteten Zeitraum angekündigt wurden	389
Bereinigung um Maßnahmen, für die keine Hauptversammlung stattfand	385

Die Tabelle zeigt den ursprünglichen Stichprobenumfang vor Bereinigung sowie die einzelnen Bereinigungsschritte mit dem nach diesen verbleibenden Umfang (in Anzahl an Strukturmaßnahmen).

Die entsprechenden Kursdaten (ab 1992 bis spätestens zur Hauptversammlung in 2021) wurden aus S&P Capital IQ (CIQ) in Form von Zeitreihen der dividendenadjustierten (um Aktiensplits, Bardividenden, Bezugsangebote und Spin-offs korrigierten) Tagesschlusskurse gewonnen. Auch alle weiteren Daten (Marktkapitalisierung, Branche, Liquidität) wurden aus CIQ extrahiert. Es wird jeweils der Kurs aus CIQ für die dort definierte Hauptnotierung verwendet.[166]

Im Anschluss wurden für den Zeitraum zwischen 1992 und bis spätestens 2021 (sodass für jede Zielgesellschaft mindestens zehn Jahre vor der Ankündigung des Squeeze-out einbezogen werden, da für diesen Zeitraum in der Regel ausreichend Daten verfügbar sind) die Zeitpunkte des Entstehens eines Konzernverbundes und des (potenziellen) Übergangs auf andere Stufen des Konzerneinflusses ermittelt.

Betas) aus, vgl. *Weimann* (2024), S. XX, 367–381 (diese wurde nach finaler Fertigstellung der Stichprobe veröffentlicht und stand daher nicht mehr für einen Abgleich zur Verfügung).

[166] Es handelt sich hier um die von S&P Capital IQ eigens festgelegte Hauptnotierung (primary listing) der Aktie.

Damit können letztlich die Zeiträume des Bestehens von möglichen Konzernierungsstufen bestimmt werden (nicht alle Stufen liegen für jede Zielgesellschaft vor, siehe 4.4.2).[167]

Die Stufe **„kein Konzern"** liegt vereinfachend vor, wenn kein anderes Unternehmen mehrheitlich beteiligt ist und kein BGV abgeschlossen wurde.

Als **„faktischer Konzern"** werden Zeiträume für Unternehmen eingeordnet, wenn eine Mehrheitsbeteiligung und damit ein Anteilsbesitz (Kapital oder Stimmrechte) von über 50 % vorliegt (egal durch welches Unternehmen), aber kein BGV. Alternativ wird entsprechend der Ausführungen in 4.2 der Abhängigkeitsbericht betrachtet. Für den faktischen Konzern wurde daher über den Hoppenstedt Aktienführer das erste Geschäftsjahr bzw. wenn vorhanden Halbjahr nach Überschreiten der 50 %-Schwelle festgestellt.[168] Der Veröffentlichungszeitpunkt der entsprechenden Daten stellt den spätest möglichen Zeitpunkt dar, zu dem der faktische Konzern entstand. Die Stichprobe kann daher verzerrt sein, wenn bei manchen Unternehmen auch bei nicht vorhandener Mehrheitsbeteiligung (wenn Mehrheitsanteile betrachtet werden) ein faktischer Konzern besteht. Alternativ kann bereits vor dem Zeitpunkt der Veröffentlichung der entsprechenden Information zum Halbjahr/Geschäftsjahresende (bei Mehrheitsanteilen und Abhängigkeitsberichten) ein faktischer Konzern bestehen.[169] In einigen Fällen liegt bereits zu Beginn der Betrachtungen in 1992 ein Anteil von mehr als 50 % vor. Dort ist entsprechend kein Zeitraum für die Stufe „kein Konzern" für die folgende Analyse verfügbar.

---

[167] Die Einordnung der Zeiträume für die betrachteten Unternehmen wird generell in Anlehnung an *Brüchle/Ehrhardt/Nowak* (2008), S. 465 f. vorgenommen. Diese verwenden allerdings nicht Ankündigungen, sondern das jeweilige HV-Datum als Beginn des Vertragskonzerns sowie des Squeeze-out und als Ende des Squeeze-out das Ende der Verfügbarkeit eines Börsenkurses.

[168] Hier werden Stimmrechtsanteile abgebildet. Da diese meist mit Kapitalanteilen übereinstimmen und solche nicht für die gesamte Stichprobe verfügbar sind, werden sie nicht separat ermittelt (auch wenn eine Kapitalmehrheit wie in 4.2 beschrieben ebenfalls zu einem faktischen Konzern führt). Dadurch kann das Eintreten der Stufe „faktischer Konzern" in Einzelfällen zeitlich später eintreten, was keine wesentlichen Auswirkungen haben sollte.

[169] Da ein Abhängigkeitsbericht (wie unter 4.2, dargestellt) erstellt werden muss, sobald ein faktischer Konzern besteht, wird das erstmalige Bestehen eines solchen (Veröffentlichung der Schlusserklärung im Lagebericht) zudem betrachtet, sofern Lageberichte über den elektronischen Bundesanzeiger oder wiso verfügbar sind. Meist stimmen die Daten zum ermittelten Übergang anhand der 50 %-Beteiligung überein, in manchen Fällen ist ein Abhängigkeitsbericht bereits im Jahr vor Überschreiten der 50 %, in einzelnen Fällen aber auch um ein Jahr später verfügbar.

Die Stufe des **Vertragskonzerns** – sofern vorhanden – beginnt mit einer öffentlichen Bekanntgabe der Absicht zum Abschluss eines BGV (egal durch welches Unternehmen). Auch ein Vertragskonzern kann bereits in 1992 bestehen. Die Stufe endet in der Regel mit Ankündigung des Squeeze-out, in einzelnen Fällen wurde der Vertragskonzern jedoch bereits früher beendet oder bestand nicht.

Die Konzernstufe des **Squeeze-out** beginnt mit der Veröffentlichung der Absicht des Hauptaktionärs zum Squeeze-out durch das Zielunternehmen und endet mit der beschlussfassenden Hauptversammlung.

Als Beginn wird jeweils die Ankündigung von BGV oder Squeeze-out verwendet. Zu diesem Zeitpunkt sind die Erfordernisse für eine rechtliche Wirksamkeit des BGV[170] oder des Squeeze-out[171] noch nicht vollständig eingetretenen. Er wird dennoch verwendet, da vor allem für den Squeeze-out bereits mehrfach nachgewiesen wurde, dass nach der Ankündigung signifikante Überrenditen entstehen.[172] Solche Renditen, die nicht anhand der vorherigen Bewegungen mit dem Markt erklärbar sind, könnten stattdessen bereits auf die Ankündigung des Squeeze-out zurückzuführen sein. Daher wird schon mit der Ankündigung (da solche Effekte aufgrund der Wertrelevanz der vermittelten Information ebenfalls für einen BGV entstehen können) der Beginn der nächsthöheren Einflussstufe markiert.

Die Ankündigungen der BGVs werden wie auch im ersten Schritt für die Squeeze-outs über verschiedene Nachrichtendienste (z. B. DGAP, wenn verfügbar ad-hoc) gewonnen. Hauptversammlungstermine werden über entsprechende Einladungen aus dem elektronischen Bundesanzeiger oder für 2002 über wiso ermittelt. Die Stufen des Vertragskonzerns und des Squeeze-out sind damit gut abgrenzbar. Der Tag der Hauptversammlung, die über den Squeeze-out entscheidet, ist das Ende der gesamten Betrachtungsperiode für eine Zielgesellschaft. Mit dem Beschluss ist die Umsetzung sicher und es sollte kein Handel mehr aufgrund von Erwartungen bezüglich der Geschäftstätigkeit oder des operativen Risikos in der Zukunft stattfinden (da Minderheiten ausgeschlossen werden). Dann wird vermutlich nur noch aus anderen Motiven wie der Spekulation auf eine höhere Abfindung aufgrund eines möglichen Spruchverfahrens (auch Abfindungsarbitrage) gehandelt.[173]

---

170 Vgl. *Altmeppen* (2023a), in: Münchener Kommentar zum Aktiengesetz, § 293 AktG Rn. 64. Weitere Voraussetzung für das Wirksamwerden ist vor allem die Eintragung in das Handelsregister nach § 294 Abs. 2 AktG.

171 Vgl. *Grunewald* (2023), in: Münchener Kommentar zum Aktiengesetz, § 327a AktG Rn. 13. Die Hauptversammlung stellt den relevanten Moment für den Einfluss auf die Rechtsstellung von Minderheitsaktionären dar, vgl. *Grunewald* (2023), in: Münchener Kommentar zum Aktiengesetz, § 327a AktG Rn. 9.

172 Vgl. bspw. *Budzinski* (2012), S. 133; *Elsland/Weber* (2005), S. 14 f.

173 Vgl. *Budzinski* (2012), S. 106 f.

4.4.2 Beschreibung der Stichprobe

Die bereinigte Stichprobe umfasst 341 aktienrechtliche und 44 umwandlungsrechtliche Squeeze-outs. Der Anteil des aktienrechtlichen Squeeze-out an der Stichprobe beträgt damit ca. 88,6 % und liegt deutlich über dem Anteil des umwandlungsrechtlichen Squeeze-out von ca. 11,4 %. Die Zielgesellschaft ist in 375 Fällen eine Aktiengesellschaft. Acht SE sind betroffen und zwei GmbH & Co. KGaA.

Tabelle 4.2 zeigt die Größe der Zielgesellschaften in der Stichprobe. Gemessen wird diese über die durchschnittliche Marktkapitalisierung im Dreimonatszeitraum, der am Tag vor der Ankündigung endet. Zusätzlich wir die zuletzt vor dem Ankündigungstag des Squeeze-out verfügbare Bilanzsumme betrachtet.

Tabelle 4.2 Marktkapitalisierung und Bilanzsumme der Zielgesellschaften in der Stichprobe

	Marktkapitalisierung (in Mio. EUR)[174]	Bilanzsumme (in Mio. EUR)[175]
Mittelwert	1.175,70	8.634,39
Median	145,86	170,89
Standardabweichung	3.834,38	47.084,34
Minimum	0,23	0,03
Maximum	34.975,13	519.706,00

Die Tabelle zeigt eine deskriptive Statistik der Marktkapitalisierung (in Mio. Euro) und der Bilanzsumme (in Mio. Euro) für die Gesamtstichprobe von 385 Squeeze-outs. Abgebildet werden Mittelwert, Median, Standardabweichung, Minimum und Maximum. Gemessen wird die Marktkapitalisierung anhand eines ungewichteten Durchschnitts über die drei Monate vor der Ankündigung, die Bilanzsumme stellt die vor Ankündigung letzte verfügbare Summe dar.

[174] Für 87 Unternehmen sind keine ausreichenden Daten verfügbar, hier wurde aus dem letzten verfügbaren Jahres-/Konzernabschluss vor Ankündigung die Anzahl ausgegebener Aktien ermittelt und mit dem entsprechenden Börsenkurs multipliziert.

[175] Für 32 Unternehmen in der Stichprobe ist die Bilanzsumme nicht verfügbar, daher wurde händisch im letzten verfügbaren Jahres-/Konzernabschluss vor Ankündigung bzw. im Hoppenstedt Aktienführer gesucht.

Die Daten in der Tabelle zeigen eine sehr große Streuung in der Größe der Zielgesellschaften, vor allem für die Bilanzsumme bestehen große Unterschiede. Dies ist möglicherweise neben der tatsächlichen Unternehmensgröße auch auf die andere Struktur einer Bank- oder Versicherungsbilanz (aufgrund des anderen Geschäftsmodells) im Vergleich zu bspw. Industrieunternehmen zurückzuführen. Die geringen Mediane weisen jedoch auf viele vergleichsweise kleine Unternehmen hin.

Tabelle 4.3 liefert einen Überblick über die Branchen der Zielgesellschaften der Stichprobe. Die Branchen wurden anhand der fünf Branchenportfolios, die über die Homepage von Kenneth R. French verfügbar sind, zugeteilt.[176] Die Zusammenfassung zu Branchen basiert auf den vierstelligen SIC-Codes.

Tabelle 4.3 Branchen der Zielgesellschaften

Nummer	Branchen-Portfolio	Anzahl an Zielgesellschaften (Summe: 385)
1	Consumer Durables, Nondurables, Wholesale, Retail, and Some Services (Laundries, Repair Shops)	61
2	Manufacturing, Energy, and Utilities	91
3	Business Equipment, Telephone and Television Transmission	74
4	Healthcare, Medical Equipment, and Drugs	12
5	Other – Mines, Construction, Building Materials, Transportation, Hotels, Business Services, Entertainment, Finance	147 (davon 103 Finance, Insurance, Real Estate)

Die Tabelle zeigt die von Fama/French vorgenommene Einteilung in fünf Branchen-Portfolios und die jeweils anhand der vierstelligen SIC-Codes zuzuordnenden Unternehmen (insgesamt 385 Zielgesellschaften; die Finanzbranche wird zudem separat aufgeführt).

[176] Vgl. *French*, abgerufen am: 16.04.2024. Die Basis für die Unterteilung in fünf Branchen stellt die Klassifizierung durch Fama/French in 17 Branchen anhand der vierstelligen SIC-Codes dar, vgl. *Fama/French* (1988), S. 252. Unterteilt wird bspw. anhand ähnlicher Tätigkeit in einer Industrie, diversifizierter Portfolios für die Industrie, einer geringen Konzentration von Firmen bezüglich der Größe innerhalb einer Branche. Durch diese Zuteilung ergibt sich eine zumindest für die meisten Branchen ausreichender Stichprobenumfang, um im späteren Verlauf Einflüsse der Branchen betrachten zu können. Durch die Zuordnung könnten sich ansonsten jedoch auch potenzielle Effekte enger abgegrenzter Branchen abschwächen.

Die meisten Zielgesellschaften gehören der Finanz-, Versicherungs- und Immobilienbranche an, gefolgt von dem produzierenden Gewerbe.

Die Unternehmen werden zudem dahingehend betrachtet, welche der Stufen eines Konzerneinflusses für welche Anzahl an Unternehmen im betrachteten Zeitraum (1992 bis spätestens 2021) vorlagen (Tabelle 4.4).

Tabelle 4.4 Überblick zu Konzerneinflussstufen

Stufe des Konzerneinflusses	Anzahl an Unternehmen, für die die Stufe vorliegt
Kein Konzern	191
Faktischer Konzern	245
Vertragskonzern	76
Squeeze-out	385

Die Tabelle weist aus, für wie viele Unternehmen die jeweils entsprechend Abschnitt 4.4.1 ermittelten Stufen des Konzerneinflusses „kein Konzern", „faktischer Konzern", „Vertragskonzern" und „Squeeze-out" innerhalb des Zeitraums zwischen 1992 und der Hauptversammlung zum Squeeze-out vorliegen.

Die Stufe des Squeeze-out liegt aufgrund der Besonderheit der Stichprobe für alle Unternehmen vor. „kein Konzern" konnte für knapp 50 %, „faktischer Konzern" für etwa 64 % und ein „Vertragskonzern" für ca. 21 % der Unternehmen identifiziert werden.[177] Vertragskonzerne werden grundsätzlich in 94 Fällen gebildet (BGV), häufig aber gleichzeitig mit dem Squeeze-out angekündigt und/oder beschlossen. Dann wurde dem Squeeze-out als stärkerer Maßnahme der Vorrang gewährt. Daher liegt nur für 79 Unternehmen ein separater Zeitraum des Vertragskonzerns vor. Zusätzlich gab es bei 28 Unternehmen relativ zeitnah nach dem Squeeze-out einen Vertragskonzern. Die Tabelle zeigt damit, das keineswegs bei allen Squeeze-outs im Vorfeld alle der beschriebenen Konzerneinflussstufen für einen gewissen Zeitraum vorlagen.

[177] Es sind zwei Fälle bekannt, in denen der BGV vor dem Squeeze-out wieder beendet wurde.

4.5 Methodik und verwendete Maße

4.5.1 Betafaktor

Für die Berechnung der Betafaktoren sowie auch für die weiteren Berechnungen werden diskrete Renditen verwendet.[178] Bei sog. „thin trading“ und damit tendenziell geringer Liquidität wird für Tage ohne Handel das **Lumped-Return**-Verfahren angewendet. Nach diesem werden fehlende Kurse durch Vortageskurse ersetzt. Die Tage ohne Handel weisen damit eine Rendite von null auf. Dem ersten Tag, an dem wieder Handel stattfindet, wird die Rendite zwischen dem davorliegenden letzten Handelstag und dem aktuellen Handelstag zugeordnet.[179] Als alternatives Verfahren im Umgang mit geringem Handel wird das **Trade-to-Trade**-Verfahren angewendet. Hier werden Tage ohne Handel nicht berücksichtigt. Für den Marktindex wird entsprechend angepasst. Dadurch ergibt sich ein verringerter Stichprobenumfang.

Heteroskedastische Residuen aufgrund sich ergebender verschiedener Intervalllängen werden durch eine Gewichtung mit der Intervalllänge – wie von *Dimson/Marsh* vorgeschlagen – umgangen:[180]

$$\frac{R_{TT}}{\sqrt{d_{TT}}} = \frac{\alpha}{\sqrt{d_{TT}}} + \beta^{TT} \cdot \frac{R_{m,TT}}{\sqrt{d_{TT}}} + \varepsilon_{TT} \tag{4.1}$$

d_{TT} ist die Periodenlänge zwischen zwei Handelstagen einer Aktie, R_{TT} die Rendite der Aktie in der entsprechenden Periode und $R_{m,TT}$ die Marktrendite der Periode. Hier wird Beta wie im Folgenden mittels OLS (Ordinary Least Squares) ermittelt.

---

[178] Vgl. *Ziemer* (2018), S. 164 f., bei kleinen Renditen ist der Unterschied zu stetigen Renditen gering. Vgl. für die Notation *Schmid/Trede* (2006), S. 3.

[179] Vgl. *Eger* (1983), S. 551 f; *Ziemer* (2018), S. 187.

[180] Vgl. für die Berechnung *Dimson/Marsh* (1983), S. 756; *Ziemer* (2018), S. 187. Vgl. für die Anfänge des Trade-to-Trade-Verfahrens *Schwert* (1977), S. 51; *Franks/Broyles/Hecht*, S. 1513; *Marsh* (1979), S. 839. Da in der Literatur das Trade-to-Trade-Verfahren als geeigneter eingeschätzt wird als Korrekturgleichungen für Beta, werden diese im Folgenden nicht angewendet, vgl. bspw. *Dimson* (1979), S. 206–210; *Dimson/Marsh* (1983), S. 780; *Berglund/Liljeblom/Löflund* (1989), S. 61, die keine wesentliche Verbesserung bei der Schätzung von Betas anhand der Korrekturverfahren und Trade-to-Trade im Vergleich zu OLS-Schätzern erkennen; *Maynes/Rumsey* (1993), S. 156, sie vergleichen Trade-to-Trade, Lumped Return und Uniform Return bei Ereignisstudien und empfehlen Trade-to-Trade.

Der **Betafaktor** wird im Folgenden grundsätzlich über das Marktmodell als lineares Regressionsmodell mittels eines OLS-Schätzers berechnet.[181] Das Marktmodell[182] ist wie folgt formuliert:

$$R_{it} = \alpha_i + \beta_i R_{mt} + \varepsilon_{it} \tag{4.2}$$

Dabei ist R_{it} die Rendite von Aktie i (Tages- oder Wochenrendite) und R_{mt} die entsprechende Marktrendite (für Tag oder Woche t). Wochenbetas werden entsprechend des von *Ziemer* empfohlenen Vorgehens anhand von Wochenrenditen für jeden der Wochentage Montag bis Freitag berechnet. Im Anschluss wird der Mittelwert der fünf Wochenbetas ermittelt.[183]

Der OLS-Schätzer für Beta ($\hat{\beta}_{OLS}$) berechnet sich aus Formel (4.2), indem die Summe der quadrierten Fehler minimiert wird (Gleichsetzen der ersten Ableitung nach Beta mit null):

$$\hat{\beta}_{OLS} = \frac{\sum_{t=1}^{n} \left(R_{it} - \overline{R}_i\right)\left(R_{mt} - \overline{R}_m\right)}{\sum_{t=1}^{n} \left(R_{mt} - \overline{R}_m\right)} \tag{4.3}$$

Dabei ist n die Anzahl an Tagen oder Wochen im Beobachtungszeitraum und damit die Anzahl an Beobachtungen. $\overline{R}_i$ und $\overline{R}_m$ sind die Mittelwerte der Aktien- und Marktrendite im Beobachtungszeitraum. Der Betafaktor ergibt sich durch eine Division der Kovarianz der Aktienrendite des Unternehmens i mit der Rendite des Marktes durch die Varianz dieser Marktrendite.

Neben einer Berücksichtigung von „thin trading" wird weitere Kritik an der Betaberechnung nicht im Detail aufgegriffen, da der Fokus auf der Veränderung der Betas im Zeitablauf liegt (und nicht auf der Berechnung an sich). An dieser

[181] Vgl. auch für die Formeln *Ziemer* (2018), S. 166 f.

[182] Während der Betafaktor in beiden Modellen vorkommt, besteht der Unterschied zwischen Marktmodell und CAPM darin, dass im CAPM kein Index für die Zeit zu finden ist, da sich um ein ex ante-Modell handelt, das eine Periode umfasst, beim Marktmodell wird ex post eine Schätzung mittels einer Zeitreihenregression vorgenommen. Zudem wird entsprechend im Marktmodell anstelle der risikolosen Anlage wie sie beim CAPM verwendet wird eine tatsächliche Zeitreihe von Indexrenditen verwendet. Vgl. *Ziemer* (2018), S. 167.

[183] Vgl. *Ziemer* (2018), S. 232 f. Sie hat neben vielen anderen den Wochentagseffekt nachgewiesen. Vgl. bspw. *Watrin/Stahlberg/Kappenberg* (2011), S. 176; *Draper/Paudyal* (1995), S. 157; *Zhai u. a.* (2013), S. 47, die einen Wochenendeffekt zeigen.

Stelle sei bspw. auf die weitere Auseinandersetzung von *Ziemer* mit dem Thema verwiesen.[184]

Für die Ermittlung der Betas der Unternehmen sind hauptsächlich der zu verwendende Referenzindex, das Renditeintervall sowie auch der Beobachtungszeitraum zu bestimmen. Als **Referenzindex** für die Berechnung wird wie in den meisten empirischen Studien zum Betafaktor seit 2000 der CDAX als Performanceindex verwendet.[185] Die Wahl des Index hat laut *Ziemer* einen Effekt auf die Höhe des Beta. Sie stellte im Rahmen ihrer Dissertation fest, dass die Betas breiter internationaler Indizes am höchsten sind und CDAX-Betas höher als DAX-Betas.[186] Als **Renditeintervalle** werden sowohl ein Tag als auch eine Woche betrachtet. Die entsprechenden **Beobachtungszeiträume** werden nach gängiger Vorgehensweise in der Literatur und Praxis gewählt: Bei Tagesrenditen ein Jahr[187] (hier werden üblicherweise 250 Handelstage verwendet, die gerundet etwa einem Jahr entsprechen) und bei Wochenrenditen 52 Wochen und damit ebenfalls ein Jahr.[188] Ein Effekt des Renditeintervalls auf die Höhe des Betafaktors, der sog. Intervallingeffekt, wurde bereits vielfach nachgewiesen. So stellt bspw. *Ziemer* für die Aktien des DAX, MDAX, SDAX und TecDAX im Durchschnitt um 0,06 höhere Wochenbetas im Vergleich zu Tagesbetas fest. Für sehr liquide Aktien (bzw. hohe Marktkapitalisierung) ist kein Effekt erkennbar.[189]

Um anhand der Betas Aussagen ableiten zu können, ist auch die **Güte** der mittels OLS-Schätzern ermittelten Betas relevant. Als Kriterien zu deren Einschätzung werden häufig der t-Test, das Bestimmtheitsmaß und Konfidenzintervalle diskutiert. Diese stellen sich jedoch alle als problematisch dar und sind ineinander überführbar. Bspw. würden Betas bei kleinem $\mathbf{R^2}$ abgelehnt werden. Ein kleines R^2 kann aber auch hohe unsystematische Risiken bedeuten. Da

---

184 Vgl. *Ziemer* (2018), hauptsächlich Abschnitt 3.3 zu praktischen Problemen der Betaberechnung. vgl. auch *Hecker* (2000), S. 169–172 für die Kritik am CAPM.

185 Vgl. *Ziemer* (2018), S. 211 und Tabelle 3.7 auf S. 212; S. 215–224 für den Effekt des Index.

186 Vgl. *Ziemer* (2018), S. 223 f; auch *Watrin/Stöver* (2012), S. 127 berechnen anhand des DAX geringere (monatliche) Betafaktoren als bspw. mittels des MSCI World.

187 Vgl. *Ernst/Schneider/Thielen* (2018), S. 65.

188 Vgl. *Spremann* (2004), S. 139, der ein oder zwei Jahre als gute Praxis bezeichnet. Vgl. auch *Ziemer* (2018), S. 321 für einen Überblick über die in der Literatur empfohlenen Kombinationen aus Renditeintervall und Schätzzeitraum.

189 Vgl. *Ziemer* (2018), S. 250, Stichprobe S. 241. Monatsbetas sind bei wenig liquiden Aktien höher, bei liquideren Aktien geringer als Wochenbetas. Monatsbetas werden in die spätere Analyse nicht einbezogen aufgrund der teilweise geringen Zeiträume, über die Betas ermittelt werden und der daher geringen Anzahl an verwendbaren Datenpunkten für Monatsbetas.

diese nicht anhand des Modells erklärt werden (können) und im Modell nicht für eine Bewertung relevant sind (da diversifizierbar), wäre ein größerer Teil der Rendite des Unternehmens nicht durch die Rendite des Marktes erklärbar (1-R^2). Deshalb sollte das Beta bei niedrigem R^2 nicht generell abgelehnt werden.[190] Mit einem höheren unsystematischen Risiko steigt auch die Unsicherheit in der Schätzung von Beta.[191] Der **t-Test** weist die gleiche Problematik auf, da ein Betafaktor von (nahe) null im Modell möglich ist und daher nicht abzulehnen wäre.[192] Zudem kann anhand eines t-Tests lediglich eine Nullhypothese (H_0: $\beta \leq 0$) abgelehnt und daher die Gegenhypothese (H_1: $\beta > 0$) tendenziell angenommen werden. Wird sie jedoch nicht abgelehnt, kann keine Aussage zur Richtigkeit der Hypothesen getroffen werden.[193] Das **Konfidenzintervall** wäre entsprechend bei geringerem Bestimmtheitsmaß aufgrund des darauf basierenden größeren Standardfehlers breit.[194]

Meitner/Streitferdt sprechen sich dafür aus, vorrangig das Konfidenzintervall als Gütekriterium zu verwenden. Daneben empfehlen sie andere Faktoren zu betrachten, die sich auf die Güte des Betas auswirken können, so bspw. die Liquidität.[195] Da die Aussagekraft der thematisierten Gütekriterien problematisch ist, werden diese lediglich am Rande betrachtet. Zudem wird, wie häufig empfohlen,[196] die **Liquidität** zur Einschätzung der Güte der Betas herangezogen.

Auf **Signifikanz** in den Unterschieden der Betafaktoren zwischen den verschiedenen Stufen eines Konzerneinflusses wird anhand des t-Tests für zwei

---

[190] Vgl. *Meitner/Streitferdt* (2023), in: Praxishandbuch der Unternehmensbewertung, Kapitel 3 Teil D S. 608; vgl. auch *Ziemer* (2018), S. 177 f. Für die allgemeine Bedeutung und Interpretation von R^2 vgl. *Wooldridge* (2020), S. 77; *Backhaus u. a.* (2021), S. 86 f.

[191] Vgl. *Meitner/Streitferdt* (2023), in: Praxishandbuch der Unternehmensbewertung, Kapitel 3 Teil D S. 609 f. vgl. auch *Ziemer* (2018), S. 183.

[192] Vgl. *Meitner/Streitferdt* (2023), in: Praxishandbuch der Unternehmensbewertung, Kapitel 3 Teil D S. 608 f. vgl. auch *Ziemer* (2018), S. 171–173.

[193] Vgl. *Ziemer* (2018), S. 173. Vgl. auch *Wooldridge* (2020), S. 122 allgemein für den t-Test; Vgl. *Backhaus u. a.* (2021), S. 39 f.

[194] Vgl. *Meitner/Streitferdt* (2023), in: Praxishandbuch der Unternehmensbewertung, Kapitel 3 Teil D S. 609 f.; vgl. auch *Ziemer* (2018), S. 183. Generell ist es jedoch wichtig, für einen Schätzwert stets auch als Qualitätsmerkmal bspw. ein Konfidenzintervall für ein bestimmtes Konfidenzniveau anzugeben, vgl. *Czado/Schmidt* (2011), S. 139. Vgl. auch *Wooldridge* (2020), S. 727; *Backhaus u. a.* (2021), S. 43 f.

[195] Vgl. *Meitner/Streitferdt* (2023), in: Praxishandbuch der Unternehmensbewertung, Kapitel 3 Teil D S. 611.

[196] Vgl. *Dörschell/Franken/Schulte* (2012), S. 167–175; *Franken/Schulte* (2010), S. 1115; *Kern/Mölls* (2010), S. 447 f., die Kriterien empfehlen, die zur Zielsetzung einer Betaberechnung passen.

abhängige Stichproben sowie mittels des Wilcoxon Signed Rank-Tests getestet. Der Wilcoxon Signed Rank-Test geht nicht von einer speziellen Verteilungsannahme aus.[197]

Bei Anwendung eines OLS-Schätzers kann eine **Ausreißerbereinigung** sinnvoll sein, da extreme Werte aufgrund der Berechnung von großem Gewicht sind.[198] Daher können Betaschätzer durch Ausreißer beeinflusst sein.[199] Im Folgenden wird anhand der von *Ziemer* vorgeschlagenen Vorgehensweise bereinigt. Die verwendete Formel um Ausreißer zu identifizieren lautet wie folgt:

$$\frac{|\mathrm{res}_{\mathrm{max}} - \overline{\mathrm{res}}|}{\mathrm{sd}(\mathrm{res})} < \mathrm{k} \tag{4.4}$$

$\mathrm{res}_{\mathrm{max}}$ ist das maximale absolute Residuum, dass sich bei der Regression für ein Datenpaar ergibt. Dieses Residuum wird normiert, indem der Mittelwert der Residuen subtrahiert und die Differenz durch die Standardabweichung der Residuen dividiert wird, jeweils ohne Berücksichtigung des maximalen Residuums. Ist das normierte Residuum kleiner als k, liegt kein Ausreißer vor. Ist es größer als k, liegt ein Ausreißer vor, um den bereinigt wird. Im Anschluss wird das nächsthöhere Residuum entsprechend normiert und auf seine Höhe hin untersucht. Dies geschieht so häufig, bis das betrachtete Residuum kleiner als k ist. *Ziemer* empfiehlt für eine Berechnung der Betas bei großem Stichprobenumfang ein k von fünf.[200]

Das Modell der multiplen linearen Regression, anhand dessen Einflussgrößen auf Beta betrachtet werden, hat folgende Form:

$$\mathrm{Beta} = \alpha + \beta_1 x_1 + \beta_2 x_2 + \ldots + \varepsilon \tag{4.5}$$

Das gleiche Modell wird für die Volatilität (SD) und den Bid-Ask-Spread als abhängige Variablen angewandt. Die jeweils einbezogenen unabhängigen Variablen (x_1, x_2, ...) werden bei der Erläuterung der Variablen für die Regression dargestellt. Parameter werden auch hier mittels OLS geschätzt.

---

197 Vgl. *Fahrmeir u. a.* (2016), S. 406.

198 Vgl. *Meitner/Streitferdt* (2023), in: Praxishandbuch der Unternehmensbewertung, Kapitel 3 Teil D S. 621.

199 Vgl. *Schlittgen* (2013), S. 67.

200 Vgl. für das beschriebene Vorgehen *Ziemer* (2018), S. 198. Vgl. auch *Schlittgen* (2013), S. 67 für das Verwenden standardisierter Residuen.

4.5.2 Volatilität

Volatilität wird in Anlehnung an *Schwert* (1990), *Bae/Chan/Ng* (2004), *Li/Nguyen/Pham/Wei* (2011) und *Chen/Du/Li/Ouyang* (2013) anhand der Standardabweichung der Renditen und der logarithmierten quadrierten Renditen gemessen. Um die Entwicklung der Volatilität einzuschätzen, können Schätzungen der **Standardabweichung** auf Basis täglicher Renditen nützlich sein. Damit wird die Streuung der Renditen um ihren Mittelwert gemessen.[201] Im Folgenden wird die monatliche Standardabweichung oder die Standardabweichung einer Konzernierungsphase (SD_i) anhand von Tagesrenditen berechnet:[202]

$$SD_i = \sqrt{\frac{1}{n-1}\sum_{t=1}^{n}\left(R_{it} - \bar{R}_i\right)^2} \tag{4.6}$$

Als weiteres Maß für die Volatilität werden die **logarithmierten quadrierten Tagesrenditen** (VL_i) berechnet:[203]

$$VL_i = \frac{1}{n}\sum_{t=1}^{n}\ln\left(R_{it}^2\right) \tag{4.7}$$

R_{it} ist dabei jeweils die Tagesrendite der Aktie i, n die Anzahl der Handelstage in einem Monat oder dem Zeitraum der jeweiligen Konzernierungsstufe, $\bar{R}_i$ die monatliche durchschnittliche Aktienrendite oder die durchschnittliche Aktienrendite des Zeitraums der Konzernierungsstufe.

Wiederum werden der t-Test und der Wilcoxon Signed Rank-Test für die Signifikanzprüfung verwendet.

---

[201] Vgl. *Schwert* (1990), S. 26 sowie Fn. 5 für die Formel; vgl. auch *Daly* (2008), S. 2380. Die Problematik der Nicht-Stationarität finanzieller Zeitreihen wird hier aufgrund der ausschließlich historischen Betrachtung nicht weiter betrachtet. Modelle, die bspw. Heteroskedastizität und Volatilitäts-Clustering besser abbilden können wie (G)ARCH-Modelle werden daher nicht angewendet, da diese hauptsächlich für Prognosen verwendet werden.

[202] Vgl. *Schwert* (1990), S. 26 und Fn. 5 für die Formel; *Chen u. a.* (2013), S. 662.

[203] Vgl. für die Formel *Chen u. a.* (2013), S. 662; vgl. auch *Bae/Chan/Ng* (2004), S. 256; *Li u. a.* (2011), S. 1134.

4.5.3 Liquidität

Als Maß für die Liquidität einer Aktie wird in erster Linie der Bid-Ask-Spread herangezogen. Entsprechend der verfügbaren Daten ist es für die vorliegenden Unternehmen lediglich möglich, einen **Bid-Ask-Spread** auf Basis von Tagesschluss-Geld(bid)- und -Briefkursen(ask) zu ermitteln. Dadurch kann es zu einer Überschätzung der Spannen kommen.[204] Um einen Vergleich zwischen verschiedenen Handelsplätzen und Aktien zu ermöglichen, werden prozentuale Spreads betrachtet.[205] Diese werden anhand folgender Formel berechnet:[206]

$$\text{Bid-Ask-Spread} = \frac{P_{\text{Ask}} - P_{\text{Bid}}}{\frac{P_{\text{Ask}} + P_{\text{Bid}}}{2}} \tag{4.8}$$

Der Bid-Ask-Spread zeigt damit die am Ende des Handelstages bestehende Differenz zwischen Brief- und Geldkurs (für die keine Transaktion mehr stattfand). Er ist ein Maß für die Kursnachteile, die bei sofortiger Transaktion akzeptiert werden müssten (im günstigsten Fall).[207]

Zudem werden die folgenden **Indikatoren** für Liquidität betrachtet:[208]

---

[204] Vgl. *Fortin/Grube/Joy* (1990), S. 78; *Schmidt/Iversen* (1991), S. 211. Besser wäre eine Verwendung des höchsten Kaufangebots und des niedrigsten registrierten Verkaufsangebotes am Markt für einen Zeitpunkt des Handelstages, die im vorliegenden Fall nicht verfügbar sind; vgl. für die Begründung *Phillips/Smith* (1980), S. 181; *Fortin/Grube/Joy* (1990), S. 78; *Schmidt/Iversen* (1991), S. 211; *Lüdecke/Schlag* (1992), S. 333.

[205] Vgl. *Oesterhelweg/Schiereck* (1993), S. 394; *Fortin/Grube/Joy* (1990), S. 76; *Schmidt/Iversen* (1991), S. 211.

[206] Vgl. *Lüdecke/Schlag* (1992), S. 333, Anpassung mangels Datenverfügbarkeit, es werden die letzten verfügbaren Geld- und Briefkurse der Handelstage verwendet; vgl. auch in der internationalen Literatur (hier als CPQS bezeichnet) *Chung/Zhang* (2014), S. 118; *Díaz/Escribano* (2020), S. 11; viele der dort (S. 10 und 11) aufgeführten, international diskutieren Liquiditätsmaße sind bei den eher wenig gehandelten Aktien der Stichprobe nicht anwendbar (aus Gründen der Datenverfügbarkeit). Auch das teilweise diskutierte XETRA Liquiditätsmaß ist aufgrund mangelnder Daten nicht anwendbar, vgl. bspw. *Gomber/Schweickert* (2002), 485; *Popp/Ruthardt* (2024), in: Rechtshandbuch Unternehmensbewertung, § 12 Rz. 12.123; *Hachmeister* (2007), S. 29 f. für die Berechnung.

[207] Vgl. *Oesterhelweg/Schiereck* (1993), S. 394.

[208] Vgl. bspw. *Krog* (2000), S. 283–286; *Oesterhelweg/Schiereck* (1993), S. 392 f.; OLG Düsseldorf v. 28.11.2022 – I-26 W 4/21, 26 W 4/21, juris Rz. 44 für einen Überblick über Liquiditätskennzahlen für die Liquiditätsanalyse hinsichtlich der Aussagekraft des Börsenkurses.

- das Handelsvolumen als Anzahl der Aktien, die an einem Handelstag gehandelt werden; alternativ das relative Handelsvolumen als gehandelte Aktien in Bezug zur Anzahl ausstehender Aktien
- der Handelsumsatz als mit dem Tagesschlusskurs bewertetes Handelsvolumen
- der Streubesitzanteil (Free Float) als Anteil der Aktien, der potenziell gehandelt werden kann
- die Handelstage als die Tage im betrachteten Zeitraum, an denen Handel mit den Aktien der Zielgesellschaft stattfand

Die Handelstage sind ebenfalls für die im Folgenden genannten Vorgaben des § 5 WpÜGAngebV[209] relevant.

Als weiteres, intuitives Liquiditätsmaß wird die **Liquiditätsrate** LR_i herangezogen. Sie setzt den Handelsumsatz – die mit dem entsprechenden Kurs bewerteten gehandelten Aktien in einem Zeitraum T – in Relation zum Betrag der aufsummierten prozentualen Kursänderung im selben Zeitraum. Damit soll abgebildet werden, welcher Handelsumsatz durchschnittlich erforderlich ist, um eine einprozentige Kursänderung hervorzurufen:[210]

$$LR_i = \frac{\sum_{t=1}^{n} P_{it} \cdot V_{it}}{\sum_{t=1}^{n} \left| \frac{P_{it} - P_{it-1}}{P_{it-1}} \cdot 100 \right|} \qquad (4.9)$$

Dabei ist V_{it} die Anzahl gehandelter Aktien i zum Zeitpunkt t (Handelstag), P_{it} der Kurs von Aktie i zum Handelszeitpunkt t (Handelstag), P_{it-1} der Kurs der Aktie i zum Zeitpunkt t-1 (vorheriger Handelstag), und n die Anzahl an Tagen im Beobachtungszeitraum (Konzernierungsstufe). Bei höherem Umsatz, der zu einer Preisänderung von einem Prozent führt, wird dabei von einer höheren Liquidität ausgegangen.[211] Diese Rate ist jedoch vergangenheitsbezogen, es handelt sich um Durchschnittsgrößen und sie bildet die Dimensionen von Liquidität nicht ab. So kann sie höchstens als Indikator für die Liquidität der Vergangenheit dienen.[212]

---

[209] Verordnung über den Inhalt der Angebotsunterlage, die Gegenleistung bei Übernahmeangeboten und Pflichtangeboten und die Befreiung von der Verpflichtung zur Veröffentlichung und zur Abgabe eines Angebots (WpÜG-Angebotsverordnung) vom 27.12.2001, BGBl. Teil I Nr. 77 v. 31.12.2001, S. 4263.

[210] Vgl. *Cooper/Groth/Avera* (1985), S. 25; *Oesterhelweg/Schiereck* (1993), S. 392, auch für die Formel.

[211] Vgl. *Oesterhelweg/Schiereck* (1993), S. 392.

[212] Vgl. *Grossman/Miller* (1988), S. 630; *Oesterhelweg/Schiereck* (1993), S. 393.

Zusätzlich werden die gesetzlichen Vorgaben für Übernahme- und Pflichtangebote gemäß **§ 5 der WpÜGAngebV** als Indikation auf die vorliegende Situation angewendet, auch wenn es sich hier um einen anderen Hintergrund der Ermittlung der Liquidität handelt. Bei kumulativem Vorliegen der beiden Kriterien wäre die Liquidität nicht ausreichend für eine Verwendung des Börsenkurses als Untergrenze der Gegenleistung des Angebots: An weniger als einem Drittel der Börsentage werden Börsenkurse festgestellt und mehrerer nacheinander festgestellter Kurse weichen um mehr als 5 % voneinander ab. Hierbei handelt es sich um eine gesetzliche Vorgabe bezüglich der Liquidität.[213] Das Kriterium der 5 %-Abweichung ist bereits dann erfüllt, wenn von drei aufeinanderfolgend festgestellten Börsenkursen die ersten zwei sowie der zweite und der dritte eine Abweichung von über 5 % aufweisen.[214]

Der t-Test und der Wilcoxon Signed Rank-Test werden erneut für die Signifikanzprüfung verwendet.

4.6 Ergebnisse

4.6.1 Stabilität von Betafaktoren vor Squeeze-outs

4.6.1.1 Rollierend ermittelte Betafaktoren

Zunächst werden Betafaktoren für eine Stabilitätsbetrachtung über einen längeren Zeitraum von zehn Jahren vor Squeeze-outs beleuchtet, ohne auf die vor dem Squeeze-out durchlaufenen Konzernierungsstufen einzugehen. Dadurch soll eine mögliche Tendenz über den Zeitraum vor einem Squeeze-out erkennbar gemacht werden.

Die folgende Abbildung 4.1 zeigt für die Stichprobe der 385 Zielgesellschaften aktien- oder umwandlungsrechtlicher Squeeze-outs den durchschnittlichen Betafaktor in zeitlicher Relation zum Ankündigungstag des Squeeze-out. Für

[213] Die Anwendung dieser Kriterien für den Squeeze-out wird teilweise diskutiert. Sie wird jedoch aufgrund des anderen Schutzzweckes häufig abgelehnt, vgl. *Wasmann* (2007), S. 682; *Krause* (2020), in: Wertpapiererwerbs- und Übernahmegesetz, § 5 WpÜG-AngVO Rz. 3. Dennoch werden die Kriterien teilweise als Indikatoren für Liquidität herangezogen. Diese Kriterien wurden bspw. auch in ähnlicher Form auf den Widerruf der Börsenzulassung (§ 39 Abs. 3 Satz 4 BörsG) und die Anfechtung einer Kapitalerhöhung gegen Einlagen (§ 255 Abs. 5 Satz 3 Nr. 3 AktG) übertragen.

[214] Vgl. bspw. *Krause* (2020), in: Wertpapiererwerbs- und Übernahmegesetz, § 5 WpÜG-AngVO Rz. 25; *Noack/Zetzsche* (2020), in: Kapitalmarktrechts-Kommentar, § 31 WpÜG Rz. 41.

jede Zielgesellschaft wurde der Betafaktor anhand der Tagesrenditen rollierend berechnet, jeweils mit einem Schätzzeitraum von einem Jahr (ca. 250 Handelstage). Der gesamte betrachtete Zeitraum reicht für jedes Unternehmen von zehn Jahren vor der Squeeze-out-Ankündigung bis zur Ankündigung. Anhand des Startzeitpunktes der jeweiligen Regression werden Durchschnitte über die Stichprobe gebildet. Der Startzeitpunkt wird jeweils als Differenz in Tagen zum Tag der Squeeze-out-Ankündigung (Tag 0) berechnet. Der durchschnittliche Betafaktor wird zum Startdatum des Zeitfensters abgebildet. Unternehmen, für die an weniger als einem Drittel der Handelstage für die jeweilige Betaberechnung Handel stattfand, werden nicht weiter berücksichtigt.[215] So werden starke Ausreißer eliminiert, die häufig bei geringer Datenverfügbarkeit entstehen. Damit wird allerdings eine Auswahl der tendenziell liquiden Aktien vorgenommen. Zehn Jahre in die Vergangenheit markieren etwa den Zeitpunkt, ab dem jeweils (für jeden Beobachtungszeitraum) für mindestens ein Drittel der Stichprobe ein Beta vorhanden ist.

Zunächst wird der Ankündigungszeitpunkt als Ende für die Grafik gewählt, da mit der Squeeze-out-Ankündigung Abfindungsspekulationen an die Stelle von Erwartungen über die Entwicklung des operativen Geschäfts des Unternehmens treten können.[216] Nach einer Ankündigung wird ein Squeeze-out in der Regel auch beschlossen[217] und mit dem Beschluss ist klar, dass die Minderheitsaktionäre ausscheiden werden. Deshalb wird eine Aktie nach Ankündigung voraussichtlich hauptsächlich aus Gründen einer Abfindungsarbitrage gekauft (Spekulation auf eine Abfindung, die höher als der Börsenkurs zum Kaufzeitpunkt ist).[218] Vermehrte Spekulation kann vor allem vermutet werden, wenn bei der ersten Ankündigung nicht bereits eine Abfindungshöhe genannt wird.[219] Manche Aktionäre wollen ihre Anteile nach der Ankündigung des Squeeze-out vermutlich schnell verkaufen, um nicht an dem häufig – insbesondere wenn es zu einem Spruchverfahren kommt – langwierigen Prozess eines Squeeze-out beteiligt zu sein.[220]

---

[215] Diese Bereinigung bei tendenziell geringer Liquidität wurde in Anlehnung an das Kriterium der festgestellten Börsenkurse aus § 5 Abs. 4 WpÜGAngebV vorgenommen.

[216] Vgl. auch *Budzinski* (2012), S. 106 f.

[217] Bei stattfindender Hauptversammlung wird der Squeeze-out in der Regel beschlossen, da gemäß § 133 Abs. 1 AktG eine einfache Mehrheit abgegebener Stimmen ausreicht und ein Kapitalanteil von 90 bzw. 95 % vorausgesetzt wird.

[218] Vgl. auch *Fleischer/Kolb* (2019), S. 57.

[219] Vgl. *Bungert/Wettich* (2010), S. 2228.

[220] Seit Einführung des Spruchverfahrensgesetzes (SpruchG) zum 01.09.2003 bis Juni 2015 beträgt die durchschnittliche Verfahrensdauer 4 Jahre, vgl. *Puszkajler/Sekera-Terplan* (2015), S. 1056.

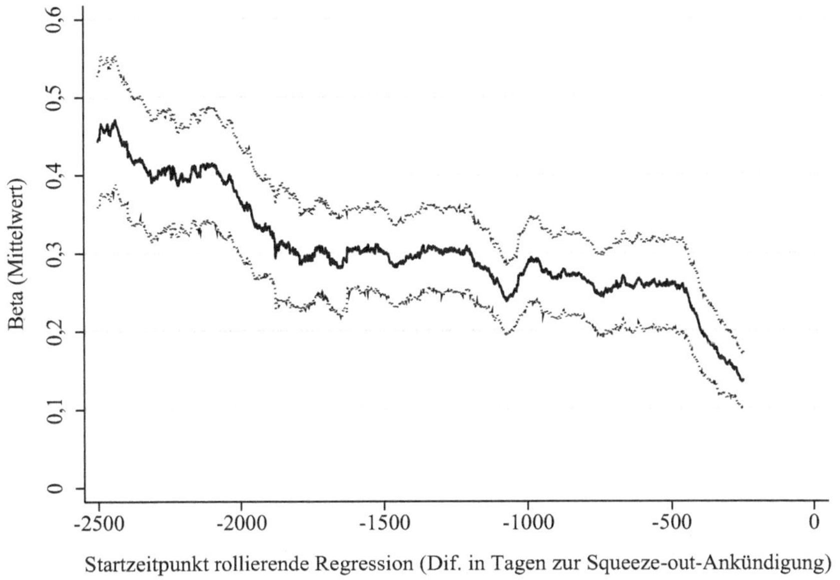

Abbildung 4.1 Durchschnittlicher Betafaktor (rollierend) der Stichprobe vor Squeeze-out-Ankündigung
Diese Abbildung zeigt den Mittelwert (durchgezogene Linie) der anhand von Tagesrenditen auf Basis dividendenadjustierter Tagesschlusskurse rollierend berechneten Betafaktoren (Formel (4.3)) der Stichprobe. Die Zeiträume der Betaberechnung werden relativ zum Ankündigungstag des Squeeze-out (0) festgelegt. Daher werden auch Durchschnitte über die Stichprobe jeweils anhand des relativen Datums und damit der Differenz in Tagen zum Ankündigungstag berechnet. Bereinigt wird um Unternehmen, für die an weniger als einem Drittel der Tage im Zeitraum der jeweiligen Betaberechnung Handel stattfand. Zudem wird das 95 %-Konfidenzintervall abgebildet (gepunktete Linien).

Über die Zeit relativ zum Ankündigungszeitpunkt des Squeeze-out sinkt der durchschnittliche Betafaktor für die Stichprobe (siehe Abbildung 4.1). Er sinkt über die zehn Jahre von 0,44 auf ca. 0,14, mit leichten Schwankungen im betrachteten Zeitraum. Dies würde der Entkopplung vom Marktrisiko mit zunehmendem Konzerneinfluss, die *Brüchle/Ehrhardt/Nowak* feststellten,[221] entsprechen. Denn in diesem Zeitraum erhöht sich tendenziell der Einfluss des Konzerns für alle Stichprobenunternehmen. Dies geschieht jedoch zu verschiedenen Zeitpunkten und ggf. in verschiedenen Stufen. Anlage 14 im elektronischen Zusatzmaterial

[221] Vgl. *Brüchle/Ehrhardt/Nowak* (2008), S. 469.

zeigt die gleiche Abbildung mit rollierender Berechnung, für die als Ende des Betrachtungszeitraums der Tag der Hauptversammlung gewählt wird. Diese stellt den relevanten Moment des Eingriffs in die Rechtsstellung von Minderheitsaktionären dar.[222] Im Ergebnis zeigen sich jedoch keine auffallenden Unterschiede. Damit sind anhand der Grafik im Durschnitt keine Effekte durch ggf. spekulativen Handel nach der Ankündigung oder generell Ankündigungsreaktionen erkennbar.

Die Mittelwerte der Betafaktoren für die Stichprobe sind relativ gering, vor allem auch zu Beginn der betrachteten Periode, wenn für die meisten Unternehmen noch kein Konzernverbund vorliegt. Im Vergleich dazu liegen die Betafaktoren der SDAX-Unternehmen bspw. im Januar 2024 im Mittelwert (ungewichtet) bei 1,02[223] und Branchenbetas zwischen 0,6 und 1,4[224]. Die geringen Mittelwerte der Betas ergeben sich durch die Durchschnittsbildung zwischen relativ vielen eher geringen Betas (bei ggf. bereits hohem Konzerneinfluss zu Beginn des Zeitraums) und wenigen höheren Betas.[225] Im weiteren Verlauf wird betrachtet, wodurch die insgesamt niedrigen Betas neben einem Konzerneinfluss begründet sein könnten.

4.6.1.2 Betafaktoren für Stufen des Konzerneinflusses

Im Folgenden werden die (teilweise) auftretenden Stufen des Konzerneinflusses im Vergleich betrachtet und hierfür jeweils Betas über den gesamten Zeitraum der vorhandenen Stufen ermittelt (anhand von Formel (4.3)), ähnlich der Vorgehensweise von *Brüchle/Ehrhardt/Nowak*.[226] Dies geschieht sowohl auf Basis von Tages- als auch von Wochenrenditen (gemittelt über die Wochentage, um mögliche Wochentagseffekte auszugleichen)[227]. So kann anhand des Betafaktors der Zusammenhang mit dem Markt mit zunehmender Konzernierung analysiert werden. Anders als bisher werden nun die Ergebnisse direkt in Bezug auf die verschiedenen Konzernierungsstufen betrachtet. Zu beachten ist, dass nicht alle Konzernierungsstufen vor einem Squeeze-out durchlaufen werden (müssen) – zudem bestehen teilweise Sprünge, bei denen mögliche Stufen ausgelassen

---

[222] Vgl. *Grunewald* (2023), in: Münchener Kommentar zum Aktiengesetz, § 327a AktG Rn. 9.

[223] Vgl. *Börse Frankfurt*, SDAX, abgerufen am: 27.07.2024.

[224] Vgl. Abschnitt 4.3.1.

[225] Dies ist zudem daran ersichtlich, dass der Median geringer ist als der Mittelwert der rollierend berechneten Betas, der Median beträgt zu Beginn der betrachteten Periode ca. 0,34.

[226] Vgl. *Brüchle/Ehrhardt/Nowak* (2008), S. 468 f.

[227] Vgl. *Ziemer* (2018), S. 252 und S. 229 unter Bezugnahme auf *Corhay* (1992), S. 64 für die Berechnung.

werden. Aufgrund des erforderlichen Anteils besteht aber ein faktischer Konzern oder ein Vertragskonzern direkt vor (oder spätestens mit) einem Squeeze-out.

Tabelle 4.5 Betafaktoren für Stufen des Konzerneinflusses basierend auf Tagesrenditen

Stufen des Konzerneinflusses	N	Mittelwert	SD	25 %-Quantil	Median	75 %-Quantil
Kein Konzern	176	0,3596	0,4014	0,0913	0,2676	0,4905
Faktischer Konzern	244	0,0986	0,2359	−0,0027	0,0377	0,1453
Vertragskonzern	76	0,0285	0,1088	−0,0099	0,0237	0,0559
Squeeze-out	385	0,0682	0,6176	0,0713	0,0103	0,1237

Die Tabelle zeigt die Betafaktoren der Unternehmen der Stichprobe für die Konzerneinflussstufen (kein Konzern, faktischer Konzern, Vertragskonzern, Squeeze-out), berechnet anhand von Tagesrenditen. Die Tabelle zeigt die Anzahl an Unternehmen, für die die Konzernierungsstufe und ausreichend Daten verfügbar sind (N), den Mittelwert von Beta über die Stichprobe, die Standardabweichung (SD), die 25 %-, 50 %- (Median), und 75 %-Quantile.

Tabelle 4.6 Differenzen der Betafaktoren zwischen den Konzerneinflussstufen (Tagesrenditen)

Übergang Stufen des Konzerneinflusses	N	Differenz Mittelwerte	Signifikanz t-Test (t-Statistik)	Signifikanz Wilcoxon Signed Rank-Test (z-Statistik)
Kein Konzern zu faktischer Konzern	98	0,2358	** (5,64)	** (5,99)
Faktischer Konzern zu Vertragskonzern	21	0,1539	* (2,79)	(2,02)
Vertragskonzern zu Squeeze-out	76	−0,0505	(−1,13)	(−0,33)

Die Tabelle zeigt die Differenzen der Mittelwerte der Betas zwischen den Konzerneinflussstufen (kein Konzern, faktischer Konzern, Vertragskonzern, Squeeze-out) sowie die Ergebnisse der Signifikanztests für die Differenzen. Angewendet werden der t-Test für abhängige Stichproben und der Wilcoxon Signed Rank-Test. N ist die Anzahl verfügbarer Differenzen. ** und * zeigen statistische Signifikanz auf einem Signifikanzniveau von $\alpha = 1\ \%$ und $\alpha = 5\ \%$ mit t- bzw. z-Statistik in Klammern.

Tabelle 4.5 zeigt die deskriptive Statistik für die Betas der Konzerneinflussstufen. Die Betas wurden hierfür jeweils berechnet, sofern die entsprechende Konzerneinflussstufe vor einem Squeeze-out vorlag. Bei einem Vertragskonzern (ca. 0,03) ist der durchschnittliche Betafaktor geringer als bei einem faktischen Konzern und bei diesem geringer als ohne Konzernverbund (ca. 0,36). Beim Squeeze-out ist er leicht höher als bei einem Vertragskonzern, aber geringer als bei einem faktischen Konzern. Zwischen den Betas der (möglichen) Stufen „kein Konzern" und „faktischer Konzern" ($\alpha = 1$ %) bestehen signifikante Unterschiede (Tabelle 4.6). Dort ist mit ca. 0,24 auch die höchste Differenz zwischen den Mittelwerten zu verzeichnen. Zwischen faktischen Konzernen und Vertragskonzernen ist die Differenz der Betas auf einem 5 %-Niveau signifikant (t-Test). Für die meisten Stufen ist der Median im Vergleich zum Mittelwert deutlich geringer. Dies lässt wiederum auf wenige hohe Betas in der Stichprobe, aber relativ viele geringe Betas schließen. Der Median sinkt zudem über alle möglichen Stufen eines Konzerneinflusses hinweg. Die Stichprobenumfänge für die Signifikanztests sind geringer als für die einzelnen Konzerneinflussstufen, da der t-Test für abhängige Stichproben und der Wilcoxon Signed Rank-Test angewendet werden. Daher werden für die Signifikanzprüfung lediglich die Zielgesellschaften einbezogen, bei denen jeweils beide Einflussstufen (die in den Test einbezogen werden) bestanden (Sprünge bspw. von keinem Konzern zu einem Vertragskonzern werden damit für die Signifikanz nicht berücksichtigt).

Brüchle/Ehrhardt/Nowak nennen als möglichen Grund für die geringen Betas (auch im Vergleich zu Portfolios, bei denen diversifiziert wurde,) eine bereits vor einem Mehrheitsbesitz bestehende Beherrschung. Sie gehen davon aus, dass Beherrschung vorkommen kann, wenn bei einer wesentlichen Minderheitsbeteiligung aufgrund der Präsenz auf der Hauptversammlung ein Einfluss wie ansonsten bei einer Mehrheitsbeteiligung möglich ist.[228] Werden die verfügbaren Abhängigkeitsberichte betrachtet, ergibt sich meist ein ähnlicher Zeitpunkt, zu dem ein faktischer Konzern entsteht (in einzelnen Fällen um meist ein Jahr früher, in einzelnen Fällen aber auch um ein Jahr später). Daher kann dies vorliegend nur in begrenztem Umfang zutreffen. Ergebnisse auf Basis der Abhängigkeitsberichte sollten demnach nicht wesentlich anders ausfallen (wenn sich Effekte aus früherem und späterem Entstehen etwa ausgleichen). Sofern faktische Konzerne insgesamt tendenziell etwas früher bestehen als anhand der Mehrheitsbeteiligung ermittelt, würde dies zu einer etwas geringeren Differenz zwischen den Betas für die Stufen „kein Konzern" und „faktischer Konzern" führen.

[228] Vgl. *Brüchle/Ehrhardt/Nowak* (2008), S. 469.

Ein weiterer möglicher Grund für geringe Betas könnten viele Nullrenditen bei Anwendung des Lumped-Return-Verfahrens sein. Nullrenditen entstehen bei wenig gehandelten Aktien. Dies wird im Rahmen der Robustheitsprüfungen (4.6.1.3) und der multivariaten Regression näher betrachtet. Bei letzterer werden verschiedene mögliche Einflussgrößen wie bspw. die Liquidität analysiert.

In der Literatur wird teilweise auch ein mangelnder Schutz der Minderheiten bei einem faktischen Konzern oder Vertragskonzern thematisiert. Dann wurden Aktienkurse möglicherweise gezielt nach unten gedrückt.[229] Dies wird von *Hecker/Kaserer* bspw. damit begründet, dass die Minderheit bei bestehendem BGV mit nachteiligen Weisungen des Mehrheitsgesellschafters rechnen muss. Dies würde einen Unternehmenswert negativ beeinflussen.[230] Auch bei einem faktischen Konzern wäre ein Einfluss auf die Konzernpolitik möglich.[231] Damit könnten hier geringere Börsenkurse vorliegen.

Für einen ersten Hinweis auf die **Güte** der Betafaktoren wurden die Konfidenzintervalle betrachtet. Die Null ist lediglich im Konfidenzintervall für den Vertragskonzern enthalten. Da dieses Kriterium zur Einschätzung der Güte wie beschrieben problematisch ist, wird das Konfidenzintervall nicht weiter analysiert und in 4.6.3 die Liquidität zusätzlich als Hinweis auf die Güte herangezogen.

In Anlage 15 und Anlage 16 im elektronischen Zusatzmaterial werden die Ergebnisse für Betas der einzelnen Konzernierungsstufen auf Basis von **Wochenrenditen** (entsprechend der unter 4.5.1) beschriebenen Vorgehensweise berechnet) dargestellt. Insgesamt ergeben sich auf Basis von Wochenrenditen leicht geringere Betas, sowohl im Mittelwert als auch im Median (außer beim Vertragskonzern). Die Unterschiede zwischen „faktischer Konzern" und „Vertragskonzern" sind für den t-Test und $\alpha = 1\ \%$ signifikant (bei Tagesbetas 5 %). Ansonsten ergeben sich für die Signifikanz keine Unterschiede. Für die Robustheitsprüfungen und im weiteren Verlauf werden daher lediglich Tagesbetas verwendet.

Entsprechend der Ergebnisse der rollierenden Betas zeigt sich insgesamt auch über die Konzernierungsstufen ein abnehmendes Beta (auch wenn nicht alle Stufen für jedes Unternehmen bestehen, dennoch nimmt Beta auch dann tendenziell ab). Damit bestätigt sich eine abnehmende Reaktion der Aktienrenditen auf Änderungen der Renditen des Marktes mit zunehmendem Konzerneinfluss (Entkopplung vom Marktrisiko)[232].

---

229 Vgl. *Bimberg* (2009), S. 195.

230 Vgl. *Hecker/Kaserer* (2003), S. 158.

231 Vgl. *Küting* (2012), S. 17.

232 Vgl. *Brüchle/Ehrhardt/Nowak* (2008), S. 469.

Das Beta ist jedoch nach angekündigtem Squeeze-out im Mittelwert leicht (nicht signifikant) höher im Vergleich zu einem Vertragskonzern (der nicht für jede Zielgesellschaft im Vorfeld besteht). Dies könnte möglicherweise auf eine erhöhte Kaufaktivität, die mit Spekulation verbunden ist, nach Ankündigung eines Squeeze-out hindeuten. Besteht vor dem Squeeze-out ein faktischer Konzern, sinkt Beta zum Squeeze-out im Durchschnitt.

Im Rahmen einer **multivariaten linearen Regression** werden nachfolgend mögliche grundlegende Einflussfaktoren auf die Betafaktoren der Stufen eines Konzerneinflusses betrachtet (Formel (4.5)). Der Betafaktor (BETA_KK, BETA_FK, BETA_BGV, BETA_SO) stellt jeweils die abhängige Variable dar. Als Einflüsse werden die Marktkapitalisierung (MARKTKAP), der Handelsumsatz (UMSATZ), der Bid-Ask-Spread (BIDASK), der Verschuldungsgrad (VERSCHULDUNG) und die Branche (FF) einbezogen. _k bedeutet, dass die Variable jeweils im Durchschnitt für die entsprechende Konzerneinflussstufe ermittelt wurde (passend zu Beta; KK, FK, BGV, SO). Die Variablen werden in Anlage 17 im elektronischen Zusatzmaterial definiert.

Die unabhängige Variable Verschuldungsgrad als verzinsliches (Netto-) Fremdkapital zu Eigenkapital[233] wird anhand von Marktwerten berechnet. Vereinfachend wird für den Marktwert des Eigenkapitals, der in der Regel mittels einer Unternehmensbewertung berechnet wird,[234] die Marktkapitalisierung verwendet.[235] Für den Marktwert des Fremdkapitals, das verzinst wird, müssten die Cashflows an Fremdkapitalgeber anhand eines risikoangepassten Kapitalisierungszinssatzes diskontiert werden.[236] Wird ein gleichbleibender Credit Spread und Fremdkapitalzinsen, die gleich hoch sind wie bei Emission der entsprechenden Fremdkapitalinstrumente, angenommen, so kann der Buchwert für das Fremdkapital verwendet werden.[237] Als Fremdkapital wird das verzinsliche Fremdkapital und damit i. d. R. sowohl kurz- als auch langfristige Finanzverbindlichkeiten sowie andere zinstragende Schulden wie Gesellschafterdarlehen oder Pensionsverpflichtungen einbezogen.[238] Davon subtrahiert werden (Annahme: nicht betriebsnotwendig) liquide Mittel, die nicht kurzfristig benötigt werden,

[233] Vgl. *IDW* (2008), Tz. 100.

[234] Vgl. *IDW* (2008), Tz. 124.

[235] Vgl. *Baetge u. a.* (2023), in: Praxishandbuch der Unternehmensbewertung, Kapitel 3 Teil B S. 469.

[236] Vgl. *IDW* (2008), Tz. 126.

[237] Vgl. *Dörschell/Franken/Schulte* (2012), S. 213 f.

[238] Vgl. *IDW* (2023), Tz. 7.

um das operative Geschäft zu finanzieren.[239] Neben der Bestimmung des Verschuldungsgrades kann auch die Durchschnittsberechnung einen Einfluss auf die Höhe des Verschuldungsgrades haben. Hier werden zunächst Eigen- und Fremdkapitalquoten berechnet und gemittelt und daraus der Verschuldungsgrad ermittelt.[240]

Anlage 18 im elektronischen Zusatzmaterial zeigt eine deskriptive Tabelle für Marktkapitalisierung, Handelsumsatz und Verschuldungsgrad.

Tabelle 4.7 zeigt die Ergebnisse der multivariaten linearen Regression.

Tabelle 4.7 Multivariate Regression für mögliche Einflussgrößen auf Betas

VARIABLES	Angenommene Einflussrichtung	(1) BETA_KK	(2) BETA_FK	(3) BETA_BGV	(4) BETA_SO
MARKTKAP_k	+ (oder kein Einfluss)	−0,0212 (−1,13)	−0,0113 (−1,17)	−0,0040 (−0,49)	−0,0265 (−0,70)
UMSATZ_k	+	0,1424** (9,07)	0,0790** (7,60)	0,0409** (4,87)	0,0977 (1,45)
BIDASK_k	+	0,9904 (1,38)	−0,1015 (−0,61)	0,4229 (1,49)	−1,9763** (−3,55)
VERSCHULDUNG_k	+	0,0054 (1,17)	−0,0011 (−0,29)	0,0154 (0,82)	−0,0034 (−0,85)
FF	Kein Einfluss	NEIN	NEIN	NEIN	NEIN
Constant		0,6928** (4,74)	0,6873** (5,16)	0,1929* (2,50)	0,5674 (1,00)
Observations		121	156	44	48
R-squared		0,6343	0,4196	0,5424	0,2906

Die Tabelle zeigt die Ergebnisse einer multivariaten linearen Regression, bei der der Betafaktor der Konzerneinflussstufe als abhängige Variable betrachtet wird. Die verwendeten Variablen werden in Anlage 17 im elektronischen Zusatzmaterial definiert. ** und * zeigen statistische Signifikanz auf einem Signifikanzniveau von $\alpha = 1\ \%$ und $\alpha = 5\ \%$ (t-Statistik in Klammern).

[239] Vgl. *IDW* (2023), Tz. 8.

[240] Vgl. *Dörschell/Franken/Schulte* (2012), S. 250 Methodik VII.

Der tendenziell positive Einfluss der Größe auf den Betafaktor, wie er bereits häufiger in der empirischen Literatur für den deutschen Markt nachgewiesen wurde,[241] kann hier nicht gezeigt werden. Der Handelsumsatz hat in allen möglichen Konzernierungsstufen bis auf den Squeeze-out einen signifikant positiven Einfluss auf Beta. Der Bid-Ask-Spread beeinflusst Beta beim Squeeze-out negativ. Dies entspricht (wie beim Umsatz) einem geringeren Beta bei geringerer Liquidität. Der Verschuldungsgrad und die Branche weisen keine signifikanten Einflüsse auf. Tendenziell zeigt sich damit insbesondere der positive Zusammenhang des Handelsumsatzes zu Beta. Auch Interaktionseffekte zwischen der Unternehmensgröße und den weiteren unabhängigen Variablen treten nicht in signifikantem Maße auf (lediglich beim faktischen Konzern zwischen Marktkapitalisierung und Umsatz, siehe Anlage 19 im elektronischen Zusatzmaterial).

4.6.1.3 Prüfung auf Robustheit der Ergebnisse

Für den ersten Robustheitstest werden wiederum Tagesbetas anhand des Lumped Return-Verfahrens mittels eines OLS-Schätzers berechnet (Formel (4.2) bzw. (4.3)). Nun wird jedoch **um Ausreißer** in der Regression **bereinigt**, entsprechend des in 4.5.1 beschriebenen Vorgehens zur Bereinigung (Formel (4.4)).[242]

Tabelle 4.8 Betafaktoren für Stufen des Konzerneinflusses (Tagesrenditen) nach Bereinigung um Ausreißer

Stufen des Konzerneinflusses	N	Mittelwert	SD	25 %-Quantil	Median	75 %-Quantil
Kein Konzern	176	0,3374	0,3696	0,0758	0,2382	0,4538
Faktischer Konzern	244	0,0876	0,2236	−0,00003	0,0169	0,1050
Vertragskonzern	76	0,0314	0,0838	−0,0060	0,0094	0,0581
Squeeze-out	385	0,0357	0,2873	−0,0315	0,0028	0,0951

Die Tabelle zeigt die Betafaktoren der Unternehmen der Stichprobe für die Konzerneinflussstufen (kein Konzern, faktischer Konzern, Vertragskonzern, Squeeze-out), berechnet anhand von Tagesrenditen. Anhand von Formel (4.4) wird um Ausreißer bereinigt. Die Tabelle zeigt die Anzahl an Unternehmen, für die die Konzernierungsstufe und ausreichend Daten verfügbar sind (N), den Mittelwert von Beta über die Stichprobe, die Standardabweichung (SD), die 25 %-, 50 %- (Median), und 75 %-Quantile.

[241] Vgl. den Überblick über bisherige Literatur in Abschnitt 4.3.1.

[242] Ursachen für einzelne Ausreißer wurden nicht ermittelt, da sich anhand dieses Kriteriums bei sehr vielen Unternehmen Ausreißer zeigten.

Tabelle 4.9 Differenzen der Betafaktoren zwischen den Konzerneinflussstufen (Tagesrenditen) nach Bereinigung um Ausreißer

Übergang Stufen des Konzerneinflusses	N	Differenz Mittelwerte	Signifikanz t-Test (t-Statistik)	Signifikanz Wilcoxon Signed Rank-Test (z-Statistik)
Kein Konzern zu faktischer Konzern	98	0,2360	** (6,19)	** (6,60)
Faktischer Konzern zu Vertragskonzern	21	0,1080	* (2,20)	(1,39)
Vertragskonzern zu Squeeze-out	76	−0,0164	(−0,68)	(0,05)

Die Tabelle zeigt die Differenzen der Mittelwerte der Betas zwischen den Konzerneinflussstufen (kein Konzern, faktischer Konzern, Vertragskonzern, Squeeze-out) sowie die Ergebnisse der Signifikanztests für die Differenzen. Angewendet werden der t-Test für abhängige Stichproben und der Wilcoxon Signed Rank-Test. N ist die Anzahl verfügbarer Differenzen. ** und * zeigen statistische Signifikanz auf einem Signifikanzniveau von $\alpha = 1\ \%$ und $\alpha = 5\ \%$ mit t- bzw. z-Statistik in Klammern.

Die bereinigten Betas der ersten beiden möglichen Konzerneinflussstufen sowie des Squeeze-out auf Basis von Tagesrenditen (siehe Tabelle 4.8) sind leicht geringer als die unbereinigten Betas (Tabelle 4.5). Das bereinigte Beta des Vertragskonzerns ist um ca. 0,003 höher. Das durchschnittliche Beta wird hier ebenfalls (wie unbereinigt) bis hin zu Vertragskonzernen geringer. Die Unterschiede sind – wie in Tabelle 4.9 sichtbar – auch bis hin zu Vertragskonzernen signifikant. Der Betafaktor des Squeeze-out ist lediglich um 0,0164 höher als der Betafaktor von Vertragskonzernen (für Unternehmen, bei denen beide Stufen bestehen) und diese Differenz ist nicht signifikant.[243] Entsteht ein Squeeze-out nach einem faktischen Konzern, würde Beta wiederum zwischen beiden Stufen sinken. Eine generelle Erhöhung oder Verminderung von Betas nach Bereinigung um Ausreißer stellt auch *Ziemer* nicht fest.[244]

Im Anschluss wird der Betafaktor auf Robustheit geprüft, indem er nun über einen **Beobachtungszeitraum von 250 Tagen** zu Beginn der auftretenden Konzerneinflussstufen berechnet wird, anstelle der gesamten Zeiträume der Stufen. Alle Unternehmen, für deren Konzernierungsstufen mindestens Renditedaten für

[243] Die Ergebnisse auf Basis von Wochenrenditen sind ähnlich, jedoch besteht hier auch bei Anwendung des t-Tests keine Signifikanz zwischen den Betas von faktischen Konzernen und Vertragskonzernen.

[244] Vgl. *Ziemer* (2018), S. 201.

ein Drittel des Beobachtungszeitraums von 250 Tagen und damit für (abgerundet) ca. 83 Tage Daten verfügbar sind, werden einbezogen. Beim Squeeze-out reduziert sich die Stichprobe bei Anwendung des Kriteriums am stärksten, da die Hauptversammlung im Mittelwert lediglich 76,9 Tage nach der ersten Ankündigung des Squeeze-out stattfindet. Anlage 20 (Betas) und Anlage 21 (Signifikanz) im elektronischen Zusatzmaterial zeigen die Ergebnisse.

Im Vergleich zur ursprünglichen Berechnung unter 4.6.1.2 ergeben sich dabei etwas höhere Mittelwerte der Betafaktoren für alle möglichen Stufen des Konzerneinflusses, nur für den Squeeze-out sind die Betas im Mittelwert etwas geringer. Das Beta wird weiterhin bis zu Vertragskonzernen geringer und ist bei Squeeze-outs wieder leicht erhöht. Die Unterschiede sind ebenfalls zwischen „kein Konzern" und „faktischer Konzern" sowie zwischen „faktischer Konzern" und „Vertragskonzern" signifikant (mindestens für $\alpha = 5\ \%$, Wilcoxon Signed Rank-Test nur erste beide Stufen). Die höheren Betas für die ersten drei möglichen Stufen können sich hier durch die Betaberechnung ergeben. Da das Beta im Zeitablauf tendenziell sinkt, werden bei der Betaberechnung die Phasen zu Beginn der Stufen mit noch höheren Betas berücksichtigt. Beim Squeeze-out werden einige Unternehmen mit wenigen Daten nicht berücksichtig, wodurch sich geringere Betas ergeben können.

Da die Schätzzeiträume für die Konzernierungsstufen gleich lang sind, sind die Betas der Stufen besser vergleichbar als bei sehr unterschiedlicher Länge der Stufen. Ob es insgesamt sinnvoller ist Jahresbetas zu ermitteln oder die gesamten Zeiträume zu verwenden, ist auch in der Literatur umstritten. So empfehlen bspw. *Kern/Mölls* das Ermitteln von Jahresbetas um zu erkennen, ob der Betafaktor über die Jahre hinweg konstant ist (wie im Modell angenommen).[245] Auch *Meitner/Streitferdt* sehen einen Vorteil der jahresweisen Betrachtung darin, dass Strukturbrüche besser erkannt werden können.[246]

Eine Anwendung des **Trade-to-Trade**-Verfahrens (Formel (4.1)) für wenig gehandelte Aktien anstelle des Lumped-Return-Verfahrens liefert folgende Ergebnisse. Konzernierungsstufen werden dabei nur einbezogen, wenn für sie jeweils an mindestens 83 Tagen Handel stattfindet (ca. ein Drittel der 250 Tage üblicher Beobachtungszeitraum).

---

[245] Vgl. *Kern/Mölls* (2010), S. 444.

[246] Vgl. *Meitner/Streitferdt* (2023), in: Praxishandbuch der Unternehmensbewertung, Kapitel 3 Teil D S. 614.

Tabelle 4.10 Betafaktoren für Stufen des Konzerneinflusses (Tagesrenditen) mit Trade-to-Trade

Stufen des Konzerneinflusses	N	Mittelwert	SD	25 %-Quantil	Median	75 %-Quantil
Kein Konzern	148	0,4563	0,4076	0,2011	0,3602	0,5818
Faktischer Konzern	151	0,1645	0,2887	0,0340	0,1402	0,3027
Vertragskonzern	52	0,0575	0,1157	−0,0100	0,0584	0,1111
Squeeze-out	34	0,1917	0,4774	−0,0226	0,0763	0,2239

Die Tabelle zeigt die Betafaktoren der Unternehmen der Stichprobe für die Konzerneinflussstufen (kein Konzern, faktischer Konzern, Vertragskonzern, Squeeze-out), berechnet anhand von Tagesrenditen. Für das Trade-to-Trade-Verfahren wird Formel (4.1) angewendet. Die Tabelle zeigt die Anzahl an Unternehmen, für die die Konzernierungsstufe und ausreichend Daten verfügbar sind (N), den Mittelwert von Beta über die Stichprobe, die Standardabweichung (SD), die 25 %-, 50 %- (Median), und 75 %-Quantile.

Tabelle 4.11 Differenzen der Betafaktoren zwischen den Konzerneinflussstufen (Tagesrenditen) mit Trade-to-Trade

Übergang Stufen des Konzerneinflusses	N	Differenz Mittelwerte	Signifikanz t-Test (t-Statistik)	Signifikanz Wilcoxon Signed Rank-Test (z-Statistik)
Kein Konzern zu faktischer Konzern	51	0,2874	** (4,94)	** (4,71)
Faktischer Konzern zu Vertragskonzern	8	0,2854	* (2,68)	(2,10)
Vertragskonzern zu Squeeze-out	6	−0,0550	(−0,33)	(−0,52)

Die Tabelle zeigt die Differenzen der Mittelwerte der Betas zwischen den Konzerneinflussstufen (kein Konzern, faktischer Konzern, Vertragskonzern, Squeeze-out) sowie die Ergebnisse der Signifikanztests für die Differenzen. Angewendet werden der t-Test für abhängige Stichproben und der Wilcoxon Signed Rank-Test. N ist die Anzahl verfügbarer Differenzen. ** und * zeigen statistische Signifikanz auf einem Signifikanzniveau von $\alpha = 1\ \%$ und $\alpha = 5\ \%$ mit t- bzw. z-Statistik in Klammern.

Anhand des Trade-to-Trade-Verfahrens ergeben sich, wie in Tabelle 4.10 sichtbar, höhere mittlere Betafaktoren als unter der ursprünglichen Auswertung. Die durchschnittlichen Betafaktoren werden jedoch ebenfalls über die ersten drei möglichen Stufen geringer (Differenzen ähnlich) und steigen zum Squeeze-out gegenüber den vorhandenen Vertragskonzernen wieder an. Entsprechend Tabelle 4.11 sind die ersten beiden Differenzen (die zweite nur beim t-Test) signifikant – wie bei der Betrachtung in 4.6.1.2. Hier steigt nun Beta beim Squeeze-out auch im Vergleich zu faktischen Konzernen leicht an. Die Stichprobe ist allerdings sehr deutlich reduziert, vor allem für die Stufe des Squeeze-out (auf 34 von 385 Unternehmen). Die Stichprobenumfänge für die Signifikanzprüfung fallen daher sehr gering aus und Signifikanzen in den Unterschieden treten seltener auf. Betas wenig gehandelter Aktien werden laut *Dimson* bei Anwendung des Lumped-Return-Verfahrens unterschätzt (viele Nullrenditen).[247] Diese Verzerrung kann laut ihm durch Anwendung des Trade-to-Trade-Verfahrens weitgehend vermieden werden.[248] Dies stellt einen möglichen Grund für die geringen Betas unter 4.6.1.2 dar sowie für die höheren Betas anhand des Trade-to-Trade-Verfahrens. Hauptsächlich beim Squeeze-out scheint nur noch wenig gehandelt zu werden, was aufgrund des geringen Streubesitzanteils plausibel erscheint, auch wenn aufgrund der Ankündigung vermutlich erneut Handelsaktivität auftritt. Dies wird im Rahmen der Liquiditätsbetrachtungen erneut aufgegriffen.

Für einen weiteren Robustheitstest wurde in Anlehnung an die Abgrenzung der Konzernierungsstufen bei *Brüchle/Ehrhardt/Nowak* die Phase des Squeeze-out bis zum letzten verfügbaren Kurs verlängert. Die weitere Abgrenzung wird nicht angepasst (siehe Erläuterungen unter 4.4.1) und die Betas werden wie in 4.6.1.2 anhand von Tagesrenditen berechnet. Für den Squeeze-out ergibt sich im Mittelwert ein etwas geringerer Betafaktor von 0,0280 (Median 0,0045) und eine ebenfalls nicht signifikante Differenz zu Vertragskonzernen. Auffallend ist, dass der Anteil an Tagen ohne Handel zwischen Ankündigung und Hauptversammlung des Minderheitenausschlusses im Durchschnitt über die Stichprobe bei 50 % liegt, zwischen Hauptversammlung und letztem verfügbarem Kurs bei ca. 49 %.[249] Nach der Hauptversammlung gibt es somit anteilig noch eine ähnliche

[247] Vgl. *Dimson* (1979), S. 198; vgl. auch den Überblick in *Ziemer* (2018), S. 189 f.

[248] Vgl. *Dimson* (1979), S. 210.

[249] Da Brüchle/Ehrhardt/Nowak lediglich die Phase zwischen Hauptversammlung und Ende der Börsennotierung für den Squeeze-out betrachten, ergeben sich die sehr geringen Betas

Anzahl an Handelstagen wie davor. Spätestens mit der Einladung zur Hauptversammlung wird zudem die Abfindungshöhe mitgeteilt. Daher sollte danach auch kaum noch Handel aufgrund von Abfindungsspekulationen stattfinden. Lediglich bei Annahme einer möglicherweise in einem späteren Spruchverfahren erhöhten Abfindung könnte Handel auf Basis von Spekulationen noch auftreten. Handel aufgrund allgemeiner Erwartungen über die Entwicklungen der operativen Tätigkeit des Unternehmens wird bereits mit Ankündigung kaum noch (aufgrund des begrenzten Verbleibs als Aktionär) erwartet.

4.6.2 Volatilität von Aktienrenditen vor Squeeze-outs

4.6.2.1 Volatilität im Zeitablauf und für Stufen des Konzerneinflusses

Die folgende Grafik zeigt die Volatilität der Aktienrenditen der Stichprobe. Gemessen wird diese anhand der Standardabweichung je Monat auf Basis der Tagesrenditen (Formel (4.6)) und zuletzt gemittelt über die Stichprobe entsprechend der Differenz in Monaten zum Ankündigungstag. Auch hier wurde (wie für die Grafik der rollierenden Betas) bei starker Illiquidität bereinigt, indem in die Durchschnittsbildung lediglich Standardabweichungen einbezogen werden, wenn an mindestens einem Drittel der Handelstage pro Monat (ca. sieben Tage) Handel stattfand.

bei ihnen voraussichtlich u. a. aufgrund der geringen Anzahl an Handelstagen und daher vielen Nullrenditen bei Lumped Return bzw. aufgrund des geringen Umfangs an verfügbaren Daten z. B. bei Anwendung des Trade-to-Trade-Verfahrens. Wann Unternehmen aufgrund zu weniger Daten nicht betrachtet werden, wird dort nicht näher beschrieben. Vgl. *Brüchle/Ehrhardt/Nowak* (2008), S. 466 für die Abgrenzung der Squeeze-out-Phase, S. 468 für die Ergebnisse.

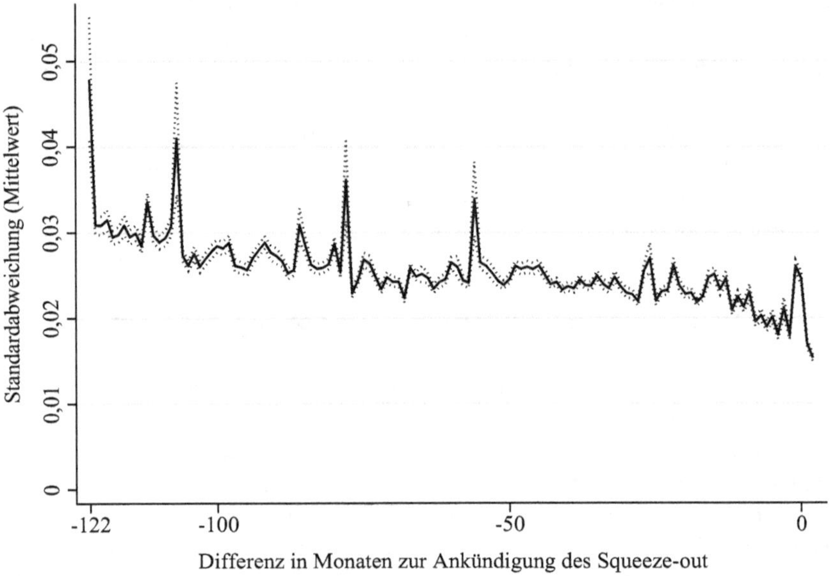

Abbildung 4.2 Durchschnittliche monatliche Standardabweichung der Renditen der Stichprobe vor Squeeze-out-Ankündigung
Diese Abbildung zeigt den Mittelwert (durchgezogene Linie) der anhand von Tagesrenditen auf Basis dividendenadjustierter Tagesschlusskurse berechneten monatlichen Standardabweichungen der Renditen der Stichprobe. Die Zeiträume der Berechnung der Standardabweichung werden relativ zum Ankündigungstag des Squeeze-out (0) ermittelt. Bereinigt wird um Unternehmen, für die an weniger als einem Drittel der Tage im jeweiligen Monat Handel stattfand. Zudem wird das 95 %-Konfidenzintervall abgebildet (gepunktete Linien).

Abbildung 4.2 zeigt eine leicht schwankende und hauptsächlich ab ca. 50 Monaten vor der Squeeze-out-Ankündigung im Durchschnitt etwas (von ca. 0,025 auf 0,015) sinkende Standardabweichung. In Monat 0 ist die Standardabweichung hoch, sinkt aber danach direkt wieder.

Tabelle 4.12 und Tabelle 4.13 zeigen die Standardabweichungen für die möglichen Konzernierungsstufen (anhand von Formel (4.6) berechnet) sowie Signifikanzen in den Unterschieden.

Tabelle 4.12 Standardabweichung für Stufen des Konzerneinflusses basierend auf Tagesrenditen

Stufen des Konzerneinflusses	N	Mittelwert	SD	25 %-Quantil	Median	75 %-Quantil
Kein Konzern	176	0,0335	0,0245	0,0204	0,0292	0,0395
Faktischer Konzern	244	0,0246	0,0200	0,0128	0,0199	0,0295
Vertragskonzern	76	0,0158	0,0083	0,0108	0,0145	0,0185
Squeeze-out	385	0,0241	0,0290	0,0085	0,0154	0,0305

Die Tabelle zeigt die Standardabweichungen der Renditen für die Unternehmen der Stichprobe und für die Konzerneinflussstufen (kein Konzern, faktischer Konzern, Vertragskonzern, Squeeze-out), berechnet anhand von Tagesrenditen mittels Formel (4.6). Die Tabelle zeigt die Anzahl an Unternehmen, für die die Konzernierungsstufe und ausreichend Daten verfügbar sind (N), den Mittelwert der Standardabweichungen über die Stichprobe, die Standardabweichung (SD), die 25 %-, 50 %- (Median), und 75 %-Quantile.

Tabelle 4.13 Differenzen der Standardabweichungen zwischen den Konzerneinflussstufen (Tagesrenditen)

Übergang Stufen des Konzerneinflusses	N	Differenz Mittelwerte	Signifikanz t-Test (t-Statistik)	Signifikanz Wilcoxon Signed Rank-Test (z-Statistik)
Kein Konzern zu faktischer Konzern	98	0,0091	** (4,25)	** (4,91)
Faktischer Konzern zu Vertragskonzern	21	0,0009	(0,36)	(0,42)
Vertragskonzern zu Squeeze-out	76	−0,0044	* (−2,09)	(−1,36)

Die Tabelle zeigt die Differenzen der Mittelwerte der Standardabweichungen zwischen den Konzerneinflussstufen (kein Konzern, faktischer Konzern, Vertragskonzern, Squeeze-out) sowie die Ergebnisse der Signifikanztests für die Differenzen. Angewendet werden der t-Test für abhängige Stichproben und der Wilcoxon Signed Rank-Test. N ist die Anzahl verfügbarer Differenzen. ** und * zeigen statistische Signifikanz auf einem Signifikanzniveau von $\alpha = 1\ \%$ und $\alpha = 5\ \%$ mit t- bzw. z-Statistik in Klammern.

Die Standardabweichungen der Renditen werden bis hin zu Vertragskonzernen mit zunehmender Konzernierung geringer – wie bereits die Grafik vermuten lässt. Die Änderung ist lediglich zwischen den ersten beiden Stufen signifikant. Zum Squeeze-out hin steigt die Standardabweichung leicht (signifikant bei t-Test und $\alpha = 5\ \%$). Im Vergleich zum faktischen Konzern ist die Standardabweichung beim Squeeze-out etwas kleiner.

Damit schwanken die Renditen zu Beginn des betrachteten Zeitraums tendenziell stärker, später sind Schwankungen etwas geringer. Bei Ankündigung der Squeeze-outs ist die Schwankung kurzfristig erhöht (im Vergleich zum Vertragskonzern, aber nicht zum faktischen Konzern). Gesamtwirtschaftliche Ereignisse sollten sich aufgrund der relativen Betrachtung und Durchschnittsbildung nicht oder nur geringfügig niederschlagen.

Im Folgenden wird das weitere Volatilitätsmaß, die entsprechend Formel (4.7) berechneten logarithmierten quadrierten Renditen (VL), betrachtet.

Tabelle 4.14 VL für Stufen des Konzerneinflusses basierend auf Tagesrenditen

Stufen des Konzerneinflusses	N	Mittelwert	SD	25 %-Quantil	Median	75 %-Quantil
Kein Konzern	176	−8,8355	1,4063	−9,6764	−8,7564	−7,9796
Faktischer Konzern	239	−9,3401	1,6019	−10,3251	−9,3308	−8,4294
Vertragskonzern	75	−10,6511	1,4835	−11,7088	−10,5180	−9,7471
Squeeze-out	331	−9,7041	1,8594	−10,9273	−9,7688	−8,6441

Die Tabelle zeigt die logarithmierten quadrierten Renditen (VL) (berechnet anhand von Formel (4.7)) für die Unternehmen der Stichprobe und für die Konzerneinflussstufen (kein Konzern, faktischer Konzern, Vertragskonzern, Squeeze-out), berechnet anhand von Tagesrenditen. Die Tabelle zeigt die Anzahl an Unternehmen, für die die Konzernierungsstufe und ausreichend Daten verfügbar sind (N), den Mittelwert über die Stichprobe, die Standardabweichung (SD), die 25 %-, 50 %- (Median), und 75 %-Quantile.

Tabelle 4.15 Differenzen der VL zwischen den Konzerneinflussstufen (Tagesrenditen)

Übergang Stufen des Konzerneinflusses	N	Differenz Mittelwerte	Signifikanz t-Test (t-Statistik)	Signifikanz Wilcoxon Signed Rank-Test (z-Statistik)
Kein Konzern zu faktischer Konzern	93	0,1828	(1,12)	* (2,07)
Faktischer Konzern zu Vertragskonzern	20	0,4588	(1,21)	(1,53)
Vertragskonzern zu Squeeze-out	73	−0,7836	** (−3,15)	* (−2,49)

Die Tabelle zeigt die Differenzen der Mittelwerte der logarithmierten quadrierten Renditen (VL) zwischen den Konzerneinflussstufen (kein Konzern, faktischer Konzern, Vertragskonzern, Squeeze-out) sowie die Ergebnisse der Signifikanztests für die Differenzen. Angewendet werden der t-Test für abhängige Stichproben und der Wilcoxon Signed Rank-Test. N ist die Anzahl verfügbarer Differenzen. ** und * zeigen statistische Signifikanz auf einem Signifikanzniveau von $\alpha = 1\ \%$ und $\alpha = 5\ \%$ mit t- bzw. z-Statistik in Klammern.

Die logarithmierten quadrierten Renditen sinken über alle potenziell auftretenden Konzernierungsstufen hinweg und steigen zwischen den Stufen „Vertragskonzern“ und „Squeeze-out“ wieder an (siehe Tabelle 4.14). Basierend auf dem t-Test ist lediglich der Unterschied zum Squeeze-out signifikant ($\alpha = 1\ \%$), für den Wilcoxon Signed Rank-Test ist auch der Unterschied zwischen „kein Konzern“ und „faktischer Konzern“ signifikant ($\alpha = 5\ \%$; siehe Tabelle 4.15). Besteht vor dem Squeeze-out ein faktischer Konzern, steigt die logarithmierte quadrierte Rendite zum Squeeze-out leicht an.

Damit zeigt sich für beide Volatilitätsmaße ein ähnliches Bild. Mit leicht sinkenden (logarithmierten quadrierten) Renditen bei zunehmendem Konzerneinfluss sinkt tendenziell auch die Streuung der Renditen. Für den Squeeze-out sind beide tendenziell höher im Vergleich zu einem vorherigen Vertragskonzern, im Vergleich zum faktischen Konzern unterscheiden sich beide kaum. Im Folgenden wird aufgrund der ähnlichen Ergebnisse lediglich die Standardabweichung betrachtet.

Die Volatilität, häufig interpretiert als Risiko, verhält sich insgesamt ähnlich wie der Betafaktor als Maß des systematischen Risikos einer Aktie. Mit einem über die ersten drei Konzernierungsstufen durchschnittlich sinkenden Zusammenhang zwischen Renditeschwankungen des Marktes und der betrachteten Aktien (Beta) geht eine tendenziell sinkende Schwankung der Aktienrenditen bzw. geringere Aktienrenditen einher. Die Aktienrendite scheint sich daher mit steigendem

Konzerneinfluss zunehmend vom Markt zu entkoppeln und gleichzeitig insgesamt an Schwankung abzunehmen. In der letzten Phase des Squeeze-out ist jedoch im Vergleich zum Vertragskonzern ein leichter Anstieg sowohl der Relation zum Markt (leichte Annäherung des Betas an eins), ausgedrückt durch Beta, als auch der Volatilität der Renditen zu verzeichnen. Die Annahme einer nach der Squeeze-out-Ankündigung geänderten Handelsaktivität, bspw. aufgrund von Spekulation, könnte sich durch die signifikante Änderung der Volatilität bestätigen. Nach Ankündigung wird generell die (relevante neue) Information zum Squeeze-out, ggf. inklusive der Abfindungshöhe, verarbeitet. Die Änderungen sollten nicht auf Änderungen im Marktumfeld zurückzuführen sein, da die Ankündigungen für alle Unternehmen zu verschiedenen Zeitpunkten auftreten und sich daher solche Effekte im Durchschnitt tendenziell ausgleichen. Im Vergleich zu einem vorherigen faktischen Konzern sinkt Beta beim Squeeze-out und die Standardabweichung sinkt nur geringfügig. Hier würden die Ergebnisse eher auf eine Entkopplung vom Markt, aber nicht unbedingt auf geänderte Handelsaktivität hindeuten.

Tabelle 4.16 zeigt die Ergebnisse einer **multivariaten linearen Regression** bezüglich möglicher Einflussgrößen auf die Volatilität der Konzernierungsstufen. Die Standardabweichung der jeweiligen möglichen Konzerneinflussstufe stellt die abhängige Variable dar. Als unabhängige Variablen werden die Marktkapitalisierung, der Handelsumsatz, der Bid-Ask-Spread, der Verschuldungsgrad und die Branche einbezogen. Die Variablen werden in Anlage 17 im elektronischen Zusatzmaterial definiert.

Tabelle 4.16 Multivariate Regression für mögliche Einflussgrößen auf die Standardabweichung der Renditen

VARIABLES	Angenommene Einflussrichtung	(1) SD_KK	(2) SD_FK	(3) SD_BGV	(4) SD_SO
MARKTKAP_k	−	−0,0028 (−1,30)	−0,0036** (−3,05)	−0,0009 (−1,05)	−0,0008 (−0,70)
UMSATZ_k	+	0,0040** (3,43)	0,0015 (1,25)	0,0008 (0,83)	0,0010 (0,72)
BIDASK_k	+	0,4625* (2,03)	0,0582* (2,24)	0,1182** (3,08)	0,2024** (7,91)
VERSCHULDUNG_k	+	0,0006 (1,65)	0,0005 (0,82)	0,0023 (1,47)	0,0001 (1,12)
FF1	Kein Einfluss	−0,0102 (−1,65)	0,0019 (0,20)	0,0025 (0,62)	0,0087** (3,64)
FF2	Kein Einfluss	−0,0010 (−0,17)	0,0016 (0,18)	0,0031 (0,78)	0,0106* (2,16)
FF3	Kein Einfluss	0,0025 (0,45)	0,0040 (0,44)	0,0043 (1,15)	0,0041 (1,67)
FF5	Kein Einfluss	−0,0021 (−0,41)	−0,0014 (−0,16)	−0,0085 (−1,25)	0,0076** (3,28)
FF6	Kein Einfluss	−0,0108 (−1,37)	0,0024 (0,27)	−0,0005 (−0,12)	0,0062 (1,84)
Constant		0,0466** (2,92)	0,0460** (3,56)	0,0170 (2,02)	0,0159 (1,50)
Observations		121	156	44	48
R-squared		0,4251	0,2381	0,4511	0,5911

Die Tabelle zeigt die Ergebnisse einer multivariaten linearen Regression, bei der die Standardabweichung der Renditen der Konzerneinflussstufe als abhängige Variable betrachtet wird. Die verwendeten Variablen werden in Anlage 17 im elektronischen Zusatzmaterial definiert. Da sich anhand des Breusch-Pagan-Tests zeigt, dass nicht von Homoskedastizität ausgegangen werden kann, werden robuste Standardfehler verwendet. ** und * zeigen statistische Signifikanz auf einem Signifikanzniveau von $\alpha = 1\ \%$ und $\alpha = 5\ \%$ (t-Statistik in Klammern)

Für den faktischen Konzern entsteht ein negativer Einfluss der Unternehmensgröße auf die Standardabweichung der Renditen. Bei nicht vorhandenem Konzerneinfluss beeinflusst der Handelsumsatz die Streuung positiv. Ansonsten ist der positive Einfluss des Bid-Ask-Spreads über alle Konzernierungsstufen auffallend. Damit steigt mit sinkender Liquidität die Volatilität. Der in der Literatur beschriebene positive Zusammenhang zwischen Spread und Volatilität bestätigt sich. Die Branche weist in einzelnen Fällen einen positiven Einfluss auf.

Unter Einbeziehung von Interaktionseffekten der unabhängigen Variablen zeigt sich in Anlage 22 im elektronischen Zusatzmaterial für einzelne Stufen des Konzerneinflusses ein negativer Einfluss des Umsatzes sowie ein positiver Einfluss des Bid-Ask-Spreads und der Verschuldung bei zunehmender Unternehmensgröße. Der Einfluss des Umsatzes und der Marktkapitalisierung ist hier zudem für mehr Konzernierungsstufen signifikant, jedoch nicht beim Squeeze-out.

4.6.2.2 Prüfung auf Robustheit der Ergebnisse

Für die Volatilität wird ebenfalls anhand des **Trade-to-Trade**-Verfahrens auf Robustheit der Ergebnisse geprüft. Als Basis für die Einbeziehung wird wiederum das Kriterium einer gewissen Mindestliquidität angewendet, um starke Ausreißer in der Berechnung zu vermeiden. Daher werden pro Konzerneinflussstufe nur Standardabweichungen für Unternehmen einbezogen, für die an mindestens sieben Tagen (ca. ein Drittel der potenziellen Handelstage eines Monats) Handel stattfand. Der Stichprobenumfang reduziert sich durch Anwendung des Trade-to-Trade-Verfahrens erneut deutlich, vor allem für die Stufe des Squeeze-out.

Tabelle 4.17 Standardabweichung für Stufen des Konzerneinflusses basierend auf Tagesrenditen (Trade-to-Trade)

Stufen des Konzerneinflusses	N	Mittelwert	SD	25 %-Quantil	Median	75 %-Quantil
Kein Konzern	148	0,0351	0,0164	0,0231	0,0323	0,0426
Faktischer Konzern	151	0,0305	0,0187	0,0187	0,0256	0,0370
Vertragskonzern	52	0,0163	0,0073	0,0108	0,0153	0,0205
Squeeze-out	34	0,0171	0,0119	0,0092	0,0141	0,0212

Die Tabelle zeigt die Standardabweichungen für die Unternehmen der Stichprobe für die Konzerneinflussstufen (kein Konzern, faktischer Konzern, Vertragskonzern, Squeeze-out), berechnet anhand von Tagesrenditen mittels Formel (4.6). Verwendet wird das Trade-to-Trade-Verfahren (Formel (4.1)). Die Tabelle zeigt die Anzahl an Unternehmen, für die die Konzernierungsstufe und ausreichend Daten verfügbar sind (N), den Mittelwert der Standardabweichung über die Stichprobe, die Standardabweichung (SD), die 25 %-, 50 %- (Median), und 75 %-Quantile.

Tabelle 4.18 Differenzen der Standardabweichungen zwischen den Konzerneinflussstufen (Tagesrenditen, Trade-to-Trade)

Übergang Stufen des Konzerneinflusses	N	Differenz Mittelwerte	Signifikanz t-Test (t-Statistik)	Signifikanz Wilcoxon Signed Rank-Test (z-Statistik)
Kein Konzern zu faktischer Konzern	8	0,0023	(1,12)	(1,12)
Faktischer Konzern zu Vertragskonzern	3	0,0064	* (5,07)	(1,60)
Vertragskonzern zu Squeeze-out	6	−0,0056	(−1,43)	(−1,15)

Die Tabelle zeigt die Differenzen der Mittelwerte der Standardabweichungen zwischen den Konzerneinflussstufen (kein Konzern, faktischer Konzern, Vertragskonzern, Squeeze-out) sowie die Ergebnisse der Signifikanztests für die Differenzen. Angewendet werden der t-Test für abhängige Stichproben und der Wilcoxon Signed Rank-Test. N ist die Anzahl verfügbarer Differenzen. ** und * zeigen statistische Signifikanz auf einem Signifikanzniveau von $\alpha = 1\ \%$ und $\alpha = 5\ \%$ mit t- bzw. z-Statistik in Klammern.

Die Standardabweichungen (Tabelle 4.17) sind erwartungsgemäß höher, wenn nur Handelstage und damit keine Nullrenditen einbezogen werden. Sie sinken über alle möglichen Stufen hinweg leicht (geringer Anstieg zwischen Vertragskonzern und Squeeze-out, Sinken zwischen faktischem Konzern und Squeeze-out), jedoch meist ohne signifikante Unterschiede (sehr geringe Stichprobenumfänge für die Signifikanzprüfung; Tabelle 4.18).

Zusätzlich wird – wie auch für den Betafaktor – alternativ die Periode des Squeeze-out bis zum Ende verfügbarer Kurse verlängert. Im Vergleich zur kürzeren Squeeze-out-Phase ergibt sich dabei eine im Mittelwert um 0,0031 höhere Standardabweichung von 0,0210 (Median 0,0142). Die Differenz zur Phase des Vertragskonzerns ist nicht signifikant. Die leicht höhere Standardabweichung könnte durch den etwas geringeren Anteil an Tagen mit Handel nach der Hauptversammlung im Vergleich zu der Periode zwischen Ankündigung und Hauptversammlung erklärbar sein. Bei etwas geringerer Handelsaktivität könnten sich etwas höhere Kurssprünge ergeben. Da der Betafaktor bei Verlängerung der Squeeze-out-Phase geringer ausfällt, würde dies zum Bild der höheren Schwankungen, die stärker unabhängig vom Markt geschehen (da sie möglicherweise mit Spekulation verbunden sind), passen. Im Vergleich zum faktischen Konzern würde die Standardabweichung wiederum nur geringfügig sinken.

4.6.3 Liquidität von Aktien mit zunehmendem Konzerneinfluss

4.6.3.1 Liquidität im Zeitablauf und für Stufen des Konzerneinflusses

Um die Liquidität der Aktien in der Stichprobe für die Konzernierungsstufen zu analysieren, werden im ersten Schritt die Kriterien des **§ 5 WpÜGAngebV** betrachtet. Diese werden hier im Sinne einer Liquidität (umgekehrt zum gesetzlichen Ausschlusskriterium) berücksichtigt. Es wird beleuchtet, an wie vielen Tagen in Bezug zur Anzahl potenzieller Handelstage für die einzelnen Konzernstufen Handel stattfindet. Zudem wird ermittelt, wie oft aufeinanderfolgende Börsenkurse um maximal 5 % voneinander abweichen. Geringe Renditen würden für ausreichende Liquidität sprechen. Diese beiden Kriterien werden separat für die gesamten Zeiträume der jeweiligen Konzerneinflussstufem ermittelt anstelle der gesetzlich vorgesehenen Zeiträume von drei Monaten.

Tabelle 4.19 Tage mit Handel als Anteil der Börsentage, die die jeweilige Konzernstufe umfasst

Stufen des Konzerneinflusses	N	Mittelwert	SD	25 %-Quantil	Median	75 %-Quantil
Kein Konzern	191	0,5822	0,3841	0,1863	0,7213	0,9529
Faktischer Konzern	245	0,3862	0,3296	0,0794	0,3122	0,6654
Vertragskonzern	76	0,4220	0,3411	0,0985	0,3799	0,7397
Squeeze-out	385	0,4936	0,3450	0,1538	0,5256	0,8116

Die Tabelle zeigt die anteiligen Handelstage. Diese wurden für jedes Unternehmen der Stichprobe für die Konzerneinflussstufen (kein Konzern, faktischer Konzern, Vertragskonzern, Squeeze-out) anhand von Tagen mit Handelsvolumen berechnet. Die Tabelle zeigt die Anzahl an Unternehmen, für die die Konzernierungsstufe und ausreichend Daten verfügbar sind (N), den Mittelwert der anteiligen Handelstage über die Stichprobe, die Standardabweichung (SD), die 25 %-, 50 %- (Median), und 75 %-Quantile.

Tabelle 4.20 Differenzen der anteiligen Handelstage zwischen den Konzerneinflussstufen

Übergang Stufen des Konzerneinflusses	N	Differenz Mittelwerte	Signifikanz t-Test (t-Statistik)	Signifikanz Wilcoxon Signed Rank-Test (z-Statistik)
Kein Konzern zu faktischer Konzern	106	0,0775	* (2,12)	* (2,43)
Faktischer Konzern zu Vertragskonzern	21	−0,1091	(−2,04)	(−2,02)
Vertragskonzern zu Squeeze-out	76	−0,1202	** (−4,52)	** (−3,88)

Die Tabelle zeigt die Differenzen der Mittelwerte der anteiligen Handelstage zwischen den Konzerneinflussstufen (kein Konzern, faktischer Konzern, Vertragskonzern, Squeeze-out) sowie die Ergebnisse der Signifikanztests für die Differenzen. Angewendet werden der t-Test für abhängige Stichproben und der Wilcoxon Signed Rank-Test. N ist die Anzahl verfügbarer Differenzen. ** und * zeigen statistische Signifikanz auf einem Signifikanzniveau von $\alpha = 1$ % und $\alpha = 5$ % mit t- bzw. z-Statistik in Klammern.

Der Anteil der Tage, an denen Handel stattfindet (Tabelle 4.19), ist bei faktischen Konzernen signifikant geringer (39 %) als bei „kein Konzern" (58 %; $\alpha =$ 5 %, Tabelle 4.20). Über die weiteren möglichen Konzernierungsstufen steigt er wieder leicht an (nur zwischen Vertragskonzern und Squeeze-out signifikant, $\alpha =$ 1 %), auf bis zu 49 % beim Squeeze-out. Damit findet für alle Konzernierungsstufen (bei Anwendung von § 5 WpÜGAngebV für die gesamten Zeiträume) im Durchschnitt an mindestens einem Drittel der Börsentage Handel statt. Dies würde für eine tendenziell ausreichende Liquidität sprechen. Im Rahmen der Bereinigung wurden aber bereits solche Unternehmen aus der Stichprobe entfernt, bei denen in einem Zeitraum von zehn Jahren vor dem Squeeze-out kein Handel stattfand.

Die folgende Tabelle zeigt die Ergebnisse zum zweiten Kriterium des § 5 WpÜGAngebV (bezogen auf einzelne Renditen).

Tabelle 4.21 Tage mit Renditen kleiner 5 % als Anteil der Handelstage, die die jeweilige Konzerneinflussstufe umfasst

Stufen des Konzerneinflusses	N	Mittelwert	SD	25 %-Quantil	Median	75 %-Quantil
Kein Konzern	191	0,8454	0,2502	0,8582	0,9292	0,9712
Faktischer Konzern	245	0,9082	0,1870	0,9332	0,9714	0,9894
Vertragskonzern	76	0,9488	0,1586	0,9716	0,9879	0,9956
Squeeze-out	385	0,9558	0,0750	0,9459	0,9835	1,0000

Die Tabelle zeigt die anteiligen Tage mit Renditen kleiner 5 %. Diese wurden für jedes Unternehmen der Stichprobe für die Konzerneinflussstufen (kein Konzern, faktischer Konzern, Vertragskonzern, Squeeze-out) berechnet. Die Tabelle zeigt die Anzahl an Unternehmen, für die die Konzernierungsstufe und ausreichend Daten verfügbar sind (N), den Mittelwert der anteiligen Tage über die Stichprobe, die Standardabweichung (SD), die 25 %-, 50 %- (Median), und 75 %-Quantile.

Tabelle 4.22 Differenzen der anteiligen Tage mit Renditen kleiner 5 % zwischen den Konzerneinflussstufen

Übergang Stufen des Konzerneinflusses	N	Differenz Mittelwerte	Signifikanz t-Test (t-Statistik)	Signifikanz Wilcoxon Signed Rank-Test (z-Statistik)
Kein Konzern zu faktischer Konzern	106	−0,0977	** (−5,27)	** (−6,62)
Faktischer Konzern zu Vertragskonzern	21	−0,0041	(−0,64)	(−1,46)
Vertragskonzern zu Squeeze-out	76	−0,0194	(−1,03)	(0,86)

Die Tabelle zeigt die Differenzen der Mittelwerte der anteiligen Tage mit Renditen kleiner 5 % zwischen den Konzerneinflussstufen (kein Konzern, faktischer Konzern, Vertragskonzern, Squeeze-out) sowie die Ergebnisse der Signifikanztests für die Differenzen. Angewendet werden der t-Test für abhängige Stichproben und der Wilcoxon Signed Rank-Test. N ist die Anzahl verfügbarer Differenzen. ** und * zeigen statistische Signifikanz auf einem Signifikanzniveau von $\alpha = 1$ % und $\alpha = 5$ % mit t- bzw. z-Statistik in Klammern.

Der Anteil der Tage mit Renditen von bis zu 5 % (Tabelle 4.21) liegt jeweils durchschnittlich bei über 80 %. Er steigt über alle möglichen Konzernierungsstufen hinweg leicht an, auf bis zu 96 % beim Squeeze-out (aufgrund der Anwendung des Lumped Return-Verfahrens können hier viele Nullrenditen auftreten). Der Unterschied ist nur zwischen „kein Konzern" und „faktischer Konzern" signifikant (Tabelle 4.22). Dies bestätigt den Befund der abnehmenden quadrierten logarithmierten Renditen. In der Phase des Squeeze-out scheint es sehr wenige große Renditen zu geben.

Werden die Kriterien als Ausschlusskriterien für den Börsenkurs betrachtet (entsprechend der gesetzlichen Vorgabe, umgekehrt zu bisher), zeigt sich Folgendes: Insgesamt findet – jeweils bezogen auf den gesamten Zeitraum der Konzerneinflussstufe – für 63/125/37/138 (33 %/51 %/49 %/36 %) der Unternehmen an weniger als einem Drittel der Tage im möglichen Zeitraum kein Konzern/faktischer Konzern/BGV/Squeeze-out Handel statt. Mindestens zwei aufeinanderfolgende Kurssprünge von über 5 % liegen im Zeitraum kein Konzern/faktischer Konzern/BGV/Squeeze-out bei 162/170/44/99 (85 %/69 %/58 %/26 %) Unternehmen vor. Beide Kriterien sind bei lediglich 36/82/25/36 (19 %/33 %/33 %/9 %) Unternehmen im Zeitraum kein Konzern/faktischer Konzern/BGV/Squeeze-out erfüllt. Für die vorliegenden Unternehmen stellen diese Merkmale daher ein Kriterium dar, anhand dessen der Börsenkurs relativ weniger Unternehmen ausgeschlossen wird (vor allem beim Squeeze-out). Die Kriterien werden aber auf einen meist längeren Zeitraum als laut Gesetz bezogen. Es ist wiederum zu beachten, dass bereits bei der Bereinigung einige betroffene Unternehmen aufgrund mangelnden Handelsvolumens im gesamten Zeitraum entfernt wurden. Zudem können die Kriterien nur als Indikator verwendet werden, da sie sich auf einen anderen Anwendungsbereich beziehen.

Die folgende Grafik zeigt die Liquidität der Aktien der Stichprobe anhand des **Bid-Ask-Spreads** (Formel (4.8)) – im Mittelwert über die Unternehmen und pro Tag entsprechend der Differenz in Tagen zum Ankündigungstag.

In Abbildung 4.3 sind über die zehn Jahre vor der Squeeze-out-Ankündigung keine wesentlichen Änderungen in den Bid-Ask-Spreads erkennbar, lediglich ein tendenziell leichter Anstieg über die Zeit.

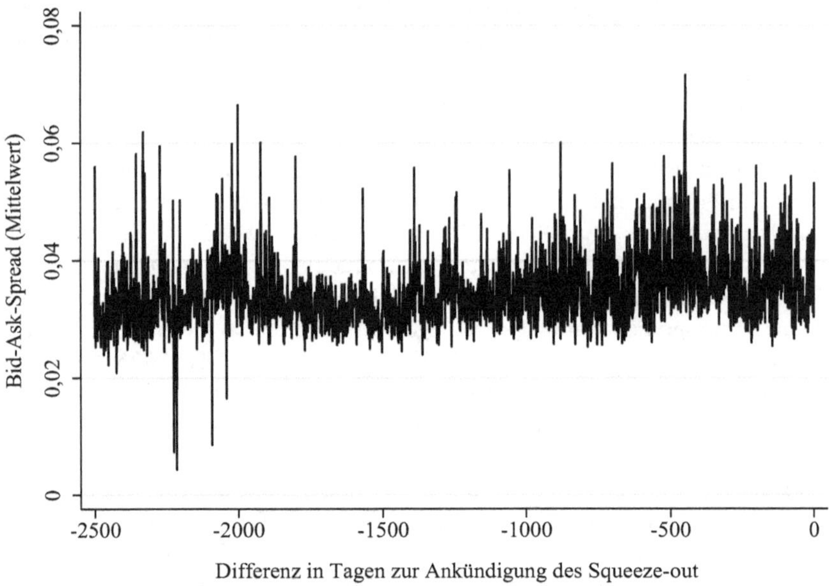

Abbildung 4.3 Durchschnittlicher Bid-Ask-Spread der Zielgesellschaften vor Squeeze-out-Ankündigung
Diese Abbildung zeigt den Mittelwert der anhand von Tagesschluss-Bid- und -Ask-Kursen mittels Formel (4.8) berechneten täglichen Bid-Ask-Spreads der Stichprobe. Die täglichen Durchschnitte werden relativ zum Ankündigungstag des Squeeze-out (0) bestimmt.

Im Folgenden wird der Bid-Ask-Spread für die möglichen Konzernierungsstufen betrachtet. Er wurde anhand von Formel (4.8) berechnet.

Tabelle 4.23 Bid-Ask-Spreads für Stufen des Konzerneinflusses

Stufen des Konzerneinflusses	N	Mittelwert	Durchschn. Anteil Handelstage mit verfügbarem Spread	SD	25 %-Quantil	Median	75 %-Quantil
Kein Konzern	128	0,0389	0,4007	0,0525	0,0139	0,0246	0,0480
Faktischer Konzern	182	0,0618	0,3048	0,0833	0,0211	0,0372	0,0678
Vertragskonzern	58	0,0385	0,2747	0,0465	0,0144	0,0244	0,0481
Squeeze-out	271	0,0459	0,4373	0,0870	0,0132	0,0238	0,0443

Die Tabelle zeigt die Bid-Ask-Spread. Diese wurden für jedes Unternehmen anhand von Formel (4.8) berechnet (Mittelwert) und anschließend ein Mittelwert für die Konzerneinflussstufe (kein Konzern, faktischer Konzern, Vertragskonzern, Squeeze-out) berechnet. Die Tabelle zeigt die Anzahl an Unternehmen, für die die Konzernierungsstufe und ausreichend Daten verfügbar sind (N), den Mittelwert des Spreads über die Stichprobe, den durchschnittlichen Anteil an Handelstagen der Börse mit verfügbarem Spread, die Standardabweichung (SD), die 25 %-, 50 %- (Median), und 75 %-Quantile.

Tabelle 4.24 Differenzen der Bid-Ask-Spreads zwischen den Konzerneinflussstufen

Übergang Stufen des Konzerneinflusses	N	Differenz Mittelwerte	Signifikanz t-Test (t-Statistik)	Signifikanz Wilcoxon Signed Rank-Test (z-Statistik)
Kein Konzern zu faktischer Konzern	59	−0,0080	(−1,17)	(−0,66)
Faktischer Konzern zu Vertragskonzern	5	0,0028	(1,22)	(0,41)
Vertragskonzern zu Squeeze-out	54	0,0106	(1,66)	* (2,07)

Die Tabelle zeigt die Differenzen der Mittelwerte des Bid-Ask-Spreads zwischen den Konzerneinflussstufen (kein Konzern, faktischer Konzern, Vertragskonzern, Squeeze-out) sowie die Ergebnisse der Signifikanztests für die Differenzen. Angewendet werden der t-Test für abhängige Stichproben und der Wilcoxon Signed Rank-Test. N ist die Anzahl verfügbarer Differenzen. ** und * zeigen statistische Signifikanz auf einem Signifikanzniveau von $\alpha = 1\ \%$ und $\alpha = 5\ \%$ mit t- bzw. z-Statistik in Klammern.

Der durchschnittliche Bid-Ask-Spread ist bei faktischen Konzernen (6,2 %) höher als bei „kein Konzern" (3,9 %). Bei BGVs ist er mit 3,9 % wieder geringer und beim Squeeze-out mit 4,6 % höher (Tabelle 4.23). Die Unterschiede sind jedoch nicht signifikant (bis auf den Vertragskonzern und den Squeeze-out anhand des Wilcoxon Signed Rank-Tests, siehe Tabelle 4.24). Verglichen zum faktischen Konzern ist er beim Squeeze-out geringer.

Es kann aber auch nur einen Bid- oder nur einen Ask-Kurs geben, aber nicht das entsprechende Gegenstück für einen Handel. Damit kann die Aktie zu manchen Zeiten zum Verkauf angeboten werden oder ein Kaufangebot gestellt werden, ohne dass ein Handel letztlich stattfindet. Der Anteil an Tagen mit verfügbarem Spread ist nicht besonders hoch. Vergleicht man diesen jedoch mit den anteiligen Handelstagen aus Tabelle 4.19, so ist für die meisten Handelstage auch ein Spread verfügbar und es kommt selten vor, dass nur einseitig Nachfrage oder Angebot entsteht.

In der Rechtsprechung diskutierte **Schwellenwerte** für den **Bid-Ask-Spread** liegen meist zwischen 1 %, 1,25 %[250] und 2 %.[251] Der Spread liegt in den Phasen kein Konzern/faktischer Konzern/Vertragskonzern/Squeeze-out für 101/163/46/206 und damit 79 %/90 %/79 %/76 % (81/140/37/158 und damit 63 %/77 %/64 %/58 %) der Unternehmen (in Bezug auf die Stichprobenumfänge aus Tabelle 4.23) über einer Schwelle von 1,25 (2) %. Dies würde (wenn auch für einen längeren Zeitraum) für eine geringe Liquidität beim Großteil der Unternehmen sprechen und könnte daher auch in Bezug auf die Güte der Betafaktoren zu einer Ablehnung der originären Betas in entsprechend vielen Fällen führen.

Weiterhin werden als Indikatoren für die Liquidität das **Handelsvolumen** in Bezug auf die Anzahl ausgegebener Aktien sowie der Handelsumsatz betrachtet.

Tabelle 4.25 Relatives Handelsvolumen für Stufen des Konzerneinflusses

Stufen des Konzerneinflusses	N	Mittelwert	SD	25 %-Quantil	Median	75 %-Quantil
Kein Konzern	169	0,0033	0,0184	0,0002	0,0006	0,0015
Faktischer Konzern	237	0,0003	0,0019	0,00002	0,00008	0,0002
Vertragskonzern	75	0,0001	0,0002	0,000007	0,00004	0,0001
Squeeze-out	325	0,0001	0,0004	0,00001	0,00005	0,0001

Die Tabelle zeigt das relative tägliche Handelsvolumen (Anzahl gehandelter Aktien/Anzahl ausgegebener Aktien) pro Handelstag der Unternehmen. Dieses wurde für jedes Unternehmen der Stichprobe für die Konzerneinflussstufen (kein Konzern, faktischer Konzern, Vertragskonzern, Squeeze-out) ermittelt. Die Tabelle zeigt die Anzahl an Unternehmen, für die die Konzernierungsstufe und ausreichend Daten verfügbar sind (N), den Mittelwert des relativen Handelsvolumens über die Stichprobe, die Standardabweichung (SD), die 25 %-, 50 %- (Median), und 75 %-Quantile.

[250] Vgl. LG München v. 30.05.2018 – 5 HK O 10044/16, 5 HKO 10044/16, juris Rz. 153 (umwandlungsrechtlicher Squeeze-out); OLG Frankfurt v. 20.11.2019 – 21 W 77/14, juris Rz. 78 (aktienrechtlicher Squeeze-out); OLG Düsseldorf v. 05.09.2019 – 26 W 8/17, juris Rz. 25 (aktienrechtlicher Squeeze-out), jeweils in Bezug auf den Betafaktor.

[251] Vgl. OLG Hamburg v. 07.09.2020 – 13 W 122/20, juris Rz. 14; OLG Frankfurt v. 17.01.2017 – 21 W 37/12, juris Rz. 36; vgl. OLG Frankfurt v. 26.01.2017 – 21 W 75/15, juris Rz. 32, 34, bei den Entscheidungen des OLG Frankfurt auch in Bezug auf den Betafaktor.

Tabelle 4.26 Differenzen des relativen Handelsvolumens zwischen den Konzerneinflussstufen

Übergang Stufen des Konzerneinflusses	N	Differenz Mittelwerte	Signifikanz t-Test (t-Statistik)	Signifikanz Wilcoxon Signed Rank-Test (z-Statistik)
Kein Konzern zu faktischer Konzern	87	0,0022	(1,63)	** (6,52)
Faktischer Konzern zu Vertragskonzern	19	0,0001	(1,78)	(0,44)
Vertragskonzern zu Squeeze-out	71	0,00004	(1,47)	(0,75)

Die Tabelle zeigt die Differenzen der Mittelwerte des relativen Handelsvolumens pro Handelstag zwischen den Konzerneinflussstufen (kein Konzern, faktischer Konzern, Vertragskonzern, Squeeze-out) sowie die Ergebnisse der Signifikanztests für die Differenzen. Angewendet werden der t-Test für abhängige Stichproben und der Wilcoxon Signed Rank-Test. N ist die Anzahl verfügbarer Differenzen. ** und * zeigen statistische Signifikanz auf einem Signifikanzniveau von $\alpha = 1$ % und $\alpha = 5$ % mit t- bzw. z-Statistik in Klammern.

Das relative Handelsvolumen (Tabelle 4.25) ist bei faktischen Konzernen deutlich geringer als ohne Konzerneinfluss (signifikant nach Wilcoxon Signed Rank-Test, siehe Tabelle 4.26). Für die weiteren möglichen Konzerneinflussstufen ist es sehr gering (sinkt weiterhin tendenziell). Im Median ergibt sich beim Squeeze-out ein etwas höheres relatives Volumen als beim Vertragskonzern (aber geringer als beim faktischen Konzern).

Das Handelsvolumen (in Mio. Aktien), abgebildet in Anlage 23 und Anlage 24 (Signifikanz) im elektronischen Zusatzmaterial, sinkt zwischen den ersten beiden möglichen Konzerneinflussstufen sehr stark und ist bei einem Squeeze-out wieder etwas höher. Lediglich zwischen den ersten beiden Stufen ist der Unterschied signifikant. Dies zeigt jedoch wiederum einen vermehrten Handel nach Squeeze-out-Ankündigung (hier jedoch auch im Vergleich zum faktischen Konzern), möglicherweise aufgrund von Spekulation. Die umfangreichsten Handelsaktivitäten bestehen, solange noch kein Konzernverbund erkennbar ist. Mit Eintreten in den Konzernverbund werden möglicherweise aufgrund geringerer Unsicherheit (insbesondere beim Vertragskonzern durch festgelegte Ausgleichszahlungen) die Aktien eher gehalten. In Relation zu den ausgegebenen Aktien wird jedoch generell wenig gehandelt, vor allem beim Vertragskonzern und Squeeze-out.[252]

[252] Vgl. bspw. *Chen u. a.* (2013), S. 664 mit deutlich höherem anteiligem Volumen für den chinesischen Aktienmarkt.

Die folgende Tabelle zeigt die Ergebnisse für den **Handelsumsatz**.

Tabelle 4.27 Handelsumsatz (in Mio. EUR) für Stufen des Konzerneinflusses

Stufen des Konzerneinflusses	N	Mittelwert	SD	25 %-Quantil	Median	75 %-Quantil
Kein Konzern	169	1,3065	5,5774	0,0121	0,0485	0,2354
Faktischer Konzern	236	0,1450	1,1395	0,0041	0,0096	0,0308
Vertragskonzern	75	0,1849	0,9067	0,0057	0,0169	0,0544
Squeeze-out	325	0,1345	0,8103	0,0049	0,0122	0,0330

Die Tabelle zeigt den Handelsumsatz (in Mio. Euro) pro Handelstag der Unternehmen. Dieser wurde für jedes Unternehmen der Stichprobe für die Konzerneinflussstufen (kein Konzern, faktischer Konzern, Vertragskonzern, Squeeze-out) ermittelt. Die Tabelle zeigt die Anzahl an Unternehmen, für die die Konzernierungsstufe und ausreichend Daten verfügbar sind (N), den Mittelwert des Handelsumsatzes über die Stichprobe, die Standardabweichung (SD), die 25 %-, 50 %- (Median), und 75 %-Quantile.

Tabelle 4.28 Differenzen des Handelsumsatzes (in Mio. EUR) zwischen den Konzerneinflussstufen

Übergang Stufen des Konzerneinflusses	N	Differenz Mittelwerte	Signifikanz t-Test (t-Statistik)	Signifikanz Wilcoxon Signed Rank-Test (z-Statistik)
Kein Konzern zu faktischer Konzern	87	0,8392	(1,86)	** (6,07)
Faktischer Konzern zu Vertragskonzern	19	0,5902	(1,21)	(1,41)
Vertragskonzern zu Squeeze-out	71	0,0590	(0,60)	(−0,16)

Die Tabelle zeigt die Differenzen der Mittelwerte des Handelsumsatzes (in Mio. Euro pro Handelstag) zwischen den Konzerneinflussstufen (kein Konzern, faktischer Konzern, Vertragskonzern, Squeeze-out) sowie die Ergebnisse der Signifikanztests für die Differenzen. Angewendet werden der t-Test für abhängige Stichproben und der Wilcoxon Signed Rank-Test. N ist die Anzahl verfügbarer Differenzen. ** und * zeigen statistische Signifikanz auf einem Signifikanzniveau von $\alpha = 1$ % und $\alpha = 5$ % mit t- bzw. z-Statistik in Klammern.

Der Mittelwert des Handelsumsatzes (Tabelle 4.27) sinkt nach der Stufe „kein Konzern" signifikant (Wilcoxon Signed Rank-Test, siehe Tabelle 4.28). Beim Vertragskonzern ist er wieder leicht erhöht und beim Squeeze-out wiederum geringer (für die Unternehmen, die für den Mittelwertvergleich verbleiben sinkt er über alle Stufen). Diese weiteren Änderungen sind jedoch nicht signifikant. Die Befunde sind daher ähnlich wie beim Handelsvolumen. Für den Squeeze-out ist der Umsatz etwas geringer, das (absolute) Volumen größer als beim Vertragskonzern (und beim faktischen Konzern).

Im Vergleich zu dem in der Rechtsprechung teilweise genannten **Schwellenwert** für den **Handelsumsatz** von 115.000 EUR im Durchschnitt pro Tag[253] (in Bezug auf den jeweiligen Stichprobenumfang aus Tabelle 4.27) wäre die Liquidität für 109/207/68/290 (64 %/88 %/91 %/89 %) der Unternehmen für die Stufe kein Konzern/faktischer Konzern/Vertragskonzern/Squeeze-out nicht ausreichend um den Börsenkurs heranzuziehen.

Für den **Streubesitz** sind keine verlässlichen Daten über den gesamten Zeitraum verfügbar. Für den aktienrechtlichen bzw. umwandlungsrechtlichen Squeeze-out liegt er jedoch aufgrund der Voraussetzungen in jedem Fall bei unter 5 bzw. 10 %. Da mit dem faktischen Konzern meist ein Mehrheitsanteil vorliegt, besteht zu dessen Eintrittszeitpunkt – sofern ein faktischer Konzern überhaupt entsteht – meist ein Anteil von etwas mehr als 50 %. Generell nimmt der Streubesitzanteil daher über den betrachteten Zeitraum (Schwankungen möglich) tendenziell deutlich ab (oder ist bereits ab Beginn der Betrachtungsperiode gering). Eine Handelsquote, berechnet als Anzahl an gehandelten Aktien dividiert durch den Streubesitz, lässt sich damit ebenfalls nicht für den gesamten Zeitraum ermitteln.

Im Folgenden wird die **Liquiditätsrate** (Formel (4.9)) in einer deskriptiven Tabelle abgebildet.

[253] Vgl. OLG Frankfurt v. 20.11.2019 – 21 W 77/14, juris Rz. 78; OLG Düsseldorf v. 05.09.2019 – 26 W 8/17, juris Rz. 25.

Tabelle 4.29 Liquiditätsrate für Stufen des Konzerneinflusses

Stufen des Konzerneinflusses	N	Mittelwert	SD	25 %-Quantil	Median	75 %-Quantil
Kein Konzern	177	0,5764	2,6156	0,0021	0,0188	0,0972
Faktischer Konzern	238	0,1130	0,9756	0,0008	0,0027	0,0175
Vertragskonzern	75	0,3551	2,2019	0,0012	0,0089	0,0480
Squeeze-out	331	0,2558	2,1425	0,0013	0,0072	0,0400

Die Tabelle zeigt die Liquiditätsrate. Diese wurde für jedes Unternehmen der Stichprobe anhand von Formel (4.9) für die Konzerneinflussstufen (kein Konzern, faktischer Konzern, Vertragskonzern, Squeeze-out) ermittelt. Die Tabelle zeigt die Anzahl an Unternehmen, für die die Konzernierungsstufe und ausreichend Daten verfügbar sind (N), den Mittelwert der Liquiditätsrate über die Stichprobe, die Standardabweichung (SD), die 25 %-, 50 %-(Median), und 75 %-Quantile.

Tabelle 4.30 Differenzen der Liquiditätsrate zwischen den Konzerneinflussstufen

Übergang Stufen des Konzerneinflusses	N	Differenz Mittelwerte	Signifikanz t-Test (t-Statistik)	Signifikanz Wilcoxon Signed Rank-Test (z-Statistik)
Kein Konzern zu faktischer Konzern	93	0,2495	(1,40)	** (4,26)
Faktischer Konzern zu Vertragskonzern	20	−0,1713	(−0,78)	(−1,34)
Vertragskonzern zu Squeeze-out	73	0,2067	(0,82)	(−0,91)

Die Tabelle zeigt die Differenzen der Mittelwerte der nach Formel (4.9) berechneten Liquiditätsrate zwischen den Konzerneinflussstufen (kein Konzern, faktischer Konzern, Vertragskonzern, Squeeze-out) sowie die Ergebnisse der Signifikanztests für die Differenzen. Angewendet werden der t-Test für abhängige Stichproben und der Wilcoxon Signed Rank-Test. N ist die Anzahl verfügbarer Differenzen. ** und * zeigen statistische Signifikanz auf einem Signifikanzniveau von $\alpha = 1$ % und $\alpha = 5$ % mit t- bzw. z-Statistik in Klammern.

Die Liquiditätsrate (Tabelle 4.29) ist bei faktischen Konzernen geringer als ohne Konzerneinfluss (bei 1 % und Wilcoxon Signed Rank-Test signifikant, siehe Tabelle 4.30). Bei Vertragskonzernen ist sie wieder leicht höher, bei Squeeze-outs wiederum geringer als bei Vertragskonzernen (nicht signifikant). Im Vergleich zu faktischen Konzernen ist sie bei Squeeze-outs höher. Damit sind vor allem ohne

Konzernverbund relativ hohe Umsätze für eine Preisänderung von einem Prozent erforderlich. Demnach wäre hier die Liquidität hoch.

Auffallend ist insgesamt das deutliche Absinken der anteiligen Handelstage mit entstehendem Konzerneinfluss (um ca. 20 %). Gleichzeitig steigt der Anteil an Tagen mit geringen Renditen. Der Bid-Ask-Spread ändert sich nicht wesentlich. Alle weiteren Indikatoren weisen auch auf eine deutlich verringerte Liquidität mit Eintritt in den Konzernverbund hin: Der Handelsumsatz sinkt um mehr als eine Million Euro, das relative Handelsvolumen sinkt von 0,33 auf 0,03 Prozent. Zum Squeeze-out hin steigt der Bid-Ask-Spread leicht (verglichen zum faktischen Konzern sinkt er leicht), jedoch kaum signifikant. Die anderen Maße zeigen keine weiteren signifikanten Änderungen. Ein tendenziell hoher Spread beim Squeeze-out könnte auf unterschiedliche Preisvorstellungen (basierend auf verschiedenen Erwartungen und ggf. auch Spekulation) von Käufer und Verkäufer nach der Squeeze-out-Ankündigung hindeuten. Denn der Preis, den ein Käufer zahlen würde, ist deutlich geringer als der Preis, den der Verkäufer verlangt.

Der Anteil kleiner Renditen steigt mit zunehmendem Konzerneinfluss. Dies erscheint plausibel, da die Volatilität und der Betafaktor als Schwankungsmaß bzw. Maß des systematischen Risikos ebenfalls, zumindest über die ersten drei möglichen Stufen, abnehmen. Beim Squeeze-out ist jedoch die Volatilität leicht erhöht, Beta und der Anteil kleiner Renditen ändern sich nicht in signifikantem Maße. Damit unterscheiden sich die täglichen Renditen in dieser (stets auftretenden) Phase wieder etwas stärker im Vergleich zu Vertragskonzernen. Da weniger Anteile gehandelt werden (und der Streubesitzanteil gering ist), haben einzelne Transaktionen einen größeren Einfluss, wodurch erhöhte Volatilität möglich ist. Zudem kann ebenfalls Volatilität entstehen, da die Ankündigung als Information (ggf. zusammen mit der Abfindung) verarbeitet wird. Im Vergleich zu faktischen Konzernen würde Beta (und die Volatilität leicht) sinken. Hier ist mit zunehmendem Konzerneinfluss neben geringerem Handel und vom Markt eher unabhängigen Renditen keine Besonderheit erkennbar.

Die Liquidität der meisten Aktien ist im Vergleich zu den diskutierten Schwellenwerten gering, vor allem mit Eintritt in den Konzernverbund.

In Hinblick auf die **„Cammer factors“**[254] sowie die Faktoren aus **„Krogman“**[255] kann Folgendes festgestellt werden: Die betrachteten Aktien weisen vor allem mit Beginn der Konzernbeziehung ein verhältnismäßig geringes (tägliches und damit auch wöchentliches) Handelsvolumen auf (im Vergleich zum Volumen aus Anlage 23 im elektronischen Zusatzmaterial liegt das aktuelle tägliche Handelsvolumen der meisten SDAX-Unternehmen über 20.000 Aktien pro Tag und über alle Unternehmen in einer Spanne zwischen 760.000 und 615 Aktien). Analystendaten sind aus Gründen der Datenverfügbarkeit lediglich in Form generell über einen gewissen Zeitraum covernder Finanzinstitute (aus CIQ) verfügbar. 65 Unternehmen aus der Stichprobe wurden zu einem Zeitpunkt in der Vergangenheit gecovered. Durchschnittlich werden diese 65 Unternehmen von 3,2 Finanzinstituten verfolgt und abgedeckt. Damit besteht ein großer Anteil an Unternehmen, die nicht abgedeckt werden. Ereignisstudien für Reaktionen der Aktienkurse auf Ankündigungen von Squeeze-outs wurden bereits durchgeführt. Sie zeigen zumindest im Durchschnitt über die Stichproben relativ schnelle und auch signifikante Reaktionen der Aktienkurse.[256] Darüber hinaus zeigen sich in Bezug auf die Marktkapitalisierung (Tabelle 4.2) sehr große Unterschiede innerhalb der Stichprobe und der Bid-Ask-Spread sowie der Streubesitzanteil sind für einen Großteil der Stichprobe wie beschrieben gering. Insgesamt weisen die strukturellen Faktoren damit eher auf viele Unternehmen mit tendenziell geringer Informationseffizienz hin, wobei anhand von Ereignisstudien durchaus eine effiziente Informationsverarbeitung, zumindest im Durchschnitt, nachgewiesen werden konnte. Daher sollten die Faktoren speziell im konkreten Einzelfall betrachtet werden, um Hinweise auf Informationseffizienz zu erhalten (im Durchschnitt könnten Unternehmen mit effizienter Informationsverarbeitung einen starken Einfluss haben).

Die folgende Tabelle 4.31 zeigt die Ergebnisse der **multivariaten linearen Regression** zu verschiedenen Einflussgrößen auf den Bid-Ask-Spread der Konzerneinflussstufen. Der Bid-Ask-Spread der möglichen Konzernierungsstufen wird als abhängige Variable einbezogen. Unabhängige Variablen sind die Marktkapitalisierung, die Standardabweichung der Renditen, der Verschuldungsgrad und die Branche. Die Variablen werden in Anlage 17 im elektronischen Zusatzmaterial definiert.

---

[254] Vgl. Cammer versus Bloom, 711 F. Supp. 1264 (D.N.J. 1989).

[255] Vgl. Krogman versus Sterritt, 202 F.R.D. 467,478 (N.D. Tex. 2001).

[256] Vgl. bspw. *Budzinski* (2012), S. 133; *Elsland/Weber* (2005), S. 14 f.

Tabelle 4.31 Multivariate Regression für mögliche Einflussgrößen auf den Bid-Ask-Spread

VARIABLES	Angenommene Einflussrichtung	(1) BIDASK_ KK	(2) BIDASK _ FK	(3) BIDASK _ BGV	(4) BIDASK _ SO
MARKTKAP_k	+	−0,0083** (−5,10)	−0,0152** (−3,36)	−0,0050** (−2,94)	−0,0059 (−1,786)
SD_k	+	0,6751** (7,75)	1,2361** (3,56)	2,8466* (2,21)	2,6616** (3,655)
VERSCHULDUNG_ k	−	−0,0002 (−0,35)	−0,0007 (−0,92)	−0,0159* (−2,70)	−0,0006** (−3,491)
FF1	Kein Einfluss	0,0164* (2,11)	0,0332* (2,31)	0,0025 (0,17)	−0,0170 (−1,553)
FF2	Kein Einfluss	0,0073 (0,95)	0,0301* (2,45)	0,0210 (1,31)	−0,0208 (−1,136)
FF3	Kein Einfluss	−0,0019 (−0,30)	0,0136 (1,11)	−0,0089 (−0,59)	0,0029 (0,318)
FF5	Kein Einfluss	−0,0020 (−0,26)	0,0552* (2,05)	0,0535* (2,16)	−0,0120 (−0,880)
FF6	Kein Einfluss	0,0243 (1,78)	0,0573** (2,74)	0,0265 (1,84)	−0,0182* (−2,173)
Constant		0,0403** (3,88)	0,0650* (2,55)	0,0172 (0,74)	0,0224 (1,047)
Observations		121	156	44	48
R-squared		0,5305	0,2708	0,4820	0,6246

Die Tabelle zeigt die Ergebnisse einer multivariaten linearen Regression, bei der der Bid-Ask-Spread der Konzerneinflussstufe als abhängige Variable betrachtet wird. Die verwendeten Variablen werden in Anlage 17 im elektronischen Zusatzmaterial definiert. Da sich anhand des Breusch-Pagan-Tests zeigt, dass nicht von Homoskedastizität ausgegangen werden kann, werden robuste Standardfehler verwendet. ** und * zeigen statistische Signifikanz auf einem Signifikanzniveau von $\alpha = 1$ % und $\alpha = 5$ % (t-Statistik in Klammern).

Der Einfluss der Unternehmensgröße ist jeweils signifikant und negativ, außer für den Squeeze-out. Die Volatilität weist (entsprechend der Ergebnisse aus 4.6.2.1) einen positiven Einfluss auf, was einem geringeren Spread mit geringerer Volatilität entspricht. Der Verschuldungsgrad hat beim Squeeze-out und Vertragskonzern einen negativen Effekt. Für die Branchen zeigen sich für einzelne Stufen verschieden gerichtete Effekte (meist nicht signifikant).

Unter Einbeziehung von Interaktionseffekten ist in Anlage 25 im elektronischen Zusatzmaterial ein kaum signifikanter Einfluss der Unternehmensgröße an sich sichtbar. Der Einfluss der Volatilität ist nur noch für die Stufe ohne Konzern und für den Squeeze-out signifikant. Stattdessen zeigt sich hier ein negativer Einfluss der Volatilität bei großen Unternehmen. Der Interaktionseffekt aus Unternehmensgröße und Verschuldungsgrad ist lediglich für den faktischen Konzern signifikant und positiv.

4.6.3.2 Prüfung auf Robustheit der Ergebnisse

Die Anwendung des Trade-to-Trade-Verfahrens spielt für die Liquiditätskennzahlen keine Rolle, da hier keine Renditen betrachtet werden. Für die Robustheit wird daher lediglich eine Verlängerung der Squeeze-out-Phase bis zum Ende verfügbarer Aktienkurse herangezogen. Der Bid-Ask-Spread beträgt in diesem Fall 5,35 % statt wie zuvor (unter 4.6.3.1) 4,59 % und ist damit etwas höher. Die Differenz zum Vertragskonzern ist jedoch nach wie vor nicht signifikant.

Für das durchschnittliche relative Handelsvolumen ergeben sich bei alternativer Abgrenzung keine wesentlichen Unterschiede. Dieses ist jedoch bereits bei ursprünglicher Abgrenzung sehr gering. Der durchschnittliche Handelsumsatz beträgt bei Verlängerung der Phase 0,2077 anstatt 0,1345 Mio. Euro und liegt damit höher. Die Unterschiede zum Vertragskonzern sind nach wie vor nicht signifikant.

Wie bereits unter 4.6.1.3 festgestellt, ist der Anteil an Tagen ohne Handel sowohl vor als auch nach der Hauptversammlung mit 50 % und 49 % sehr hoch. Während der Anteil an Handelstagen bis zur Hauptversammlung damit bei etwa 50 % liegt, beträgt er nach der Hauptversammlung etwa 51 %. Nach der Hauptversammlung gibt es im Mittelwert noch etwa 79 Handelstage (27 Handelstage im Median).

4.7 Fazit

Der originäre Betafaktor von Unternehmen (deutscher Kapitalmarkt) wurde bereits im Rahmen einer empirischen Untersuchung von *Brüchle/Ehrhardt/Nowak* auf seine Veränderung mit zunehmendem Konzerneinfluss hin betrachtet.[257] Analog zu diesen Ergebnissen zeigen auch die Ergebnisse vorliegender Studie im Durchschnitt einen tendenziell abnehmenden und gegen null konvergierenden Betafaktor mit zunehmender Stärke der Integration in den Konzern. Beta steigt

[257] Vgl. *Brüchle/Ehrhardt/Nowak* (2008), S. 455.

jedoch zwischen Vertragskonzernen und Squeeze-outs leicht, sinkt aber zwischen faktischen Konzernen und Squeeze-outs. Die verwendete Stichprobe umfasst 385 Squeeze-outs, die zwischen 2002 und 2020 angekündigt wurden. Darüber hinaus wurden Volatilität und Liquidität mit zunehmendem Konzerneinfluss betrachtet. Die Volatilität verhält sich analog zu Beta (ist aber beim Squeeze-out leicht erhöht im Vergleich zu Vertragskonzernen, im Vergleich zu faktischen Konzernen nicht). Zudem zeigt sich eine mit erstmaliger Entstehung eines Konzerneinflusses deutlich sinkende Liquidität, die über die weiteren möglichen Stufen zunehmenden Konzerneinflusses wieder leicht (meist nicht signifikant) schwankt.

Darüber hinaus ergaben multivariate Regressionen positive Zusammenhänge zwischen Handelsumsatz und Beta, sowie einen positiven Zusammenhang zwischen dem Bid-Ask-Spread und der Volatilität. Die Unternehmensgröße hat tendenziell eher bei noch geringem Konzerneinfluss einen negativen Einfluss auf die Volatilität und den Bid-Ask-Spread.

Damit nimmt (gemessen anhand des Betas) die Reaktion der Renditen der betrachteten Zielgesellschaften auf Änderungen der Marktrendite im Durchschnitt mit zunehmendem Konzerneinfluss ab. Gemeinsam mit einer eher vom Markt unabhängigen Renditeentwicklung sinkt auch generell die Schwankung der Renditen der betrachteten Unternehmen. Gleichzeitig sinken mit erstmaliger Entstehung eines Konzernverbundes der Handelsumsatz und das Handelsvolumen deutlich, der Bid-Ask-Spread ändert sich hingegen nicht wesentlich. Die Ergebnisse weisen damit auf geringere Schwankungen in Renditen (möglicherweise geringer als der Markt) mit gleichzeitig geringerer Handelsaktivität nach Entstehen eines Konzernverbundes hin.

In Bezug auf die Abfindungsbemessung ist zu beachten, dass die Liquidität im zeitlichen Umfeld eines Squeeze-out häufig gering ist, aber Renditen auch tendenziell weniger stark schwanken. Höhere Betas treten bei vorliegender Stichprobe eher bei höherem Handelsumsatz auf. Da bei höherem Handelsumsatz eher von effizienter Informationsverarbeitung im Börsenkurs ausgegangen werden kann, dürften auch dort entstehende originäre Betas für die Ermittlung der Kapitalkosten nicht generell abgelehnt werden (auch wenn sie ggf. trotz des hohen Umsatzes schon nahe null wären). Während die Liquidität aber insgesamt (vor allem bei starkem Konzerneinfluss) gering ist und damit die Verwendbarkeit des Börsenkurses und des originären Betas in Frage gestellt werden kann, sollten die Liquidität und der Einfluss einer Konzernierung jedoch stets im Einzelfall betrachtet werden.

Literaturverzeichnis zu Kapitel 4

Acharya, Viral V./Pedersen, Lasse Heje (2005): Asset pricing with liquidity risk, in: JFE, Vol. 77, S. 375–410.

Altmeppen, Holger (2023a): § 293 AktG, in: Goette, Wulf/Habersack, Mathias/Kalss, Susanne (Hrsg.): Münchener Kommentar zum Aktiengesetz, Bd. 5, 6. Aufl., München.

Altmeppen, Holger (2023b): § 311 AktG, in: Goette, Wulf/Habersack, Mathias/Kalss, Susanne (Hrsg.): Münchener Kommentar zum Aktiengesetz, Bd. 5, 6. Aufl., München.

Altmeppen, Holger (2023c): § 312 AktG, in: Goette, Wulf/Habersack, Mathias/Kalss, Susanne (Hrsg.): Münchener Kommentar zum Aktiengesetz, Bd. 5, 6. Aufl., München.

Amel-Zadeh, Amir (2011): The Return of the Size Anomaly: Evidence from the German Stock Market, in: EFM, Vol. 17, S. 145–182.

Amihud, Yakov (2002): Illiquidity and stock returns: cross-section and time-series effects, in: JFMarkets, Vol. 5, S. 31–56.

Amihud, Yakov/Mendelson, Haim (1986): Asset pricing and the bid-ask spread, in: JFE, Vol. 17, S. 223–249.

Arendts, Martin: SpruchZ: Spruchverfahren Recht & Praxis, verfügbar unter: https://spruchverfahren.blogspot.com/, abgerufen am: 26.08.2022.

Backhaus, Klaus/Erichson, Bernd/Gensler, Sonja/Weiber, Rolf/Weiber, Thomas (2021): Multivariate Analysemethoden, 16. Aufl., Wiesbaden.

Bae, Kee-Hong/Chan, Kalok/Ng, Angela (2004): Investibility and return volatility, in: JFE, Vol. 71, S. 239–263.

Baetge, Jörg/Kümmel, Jens/Schulz, Roland/Wiese, Jörg (2023): 3. Kapitel: Bewertungsverfahren, Teil B: Darstellung der Discounted-Cashflow-Verfahren (DCF-Verfahren) mit Beispiel, in: Peemöller, Volker H. (Hrsg.): Praxishandbuch der Unternehmensbewertung, 8. Aufl., Herne, S. 424–582.

Ballwieser, Wolfgang/Hachmeister, Dirk (2021): Unternehmensbewertung, 6. Aufl., Stuttgart.

Balz, Ulrich/Bordemann, Heinz-Gerd (2007): Ermittlung von Eigenkapitalkosten zur Unternehmensbewertung mittelständischer Unternehmen mithilfe des CAPM, in: FB, 9. Jg., S. 737–743.

Banz, Rolf W. (1981): The Relationship between Return and Market Value of Common Stocks, in: JFE, Vol. 9, S. 3–18.

Bayer, Walter (2024a): § 17 AktG, in: Goette, Wulf/Habersack, Mathias/Kalss, Susanne (Hrsg.): Münchener Kommentar zum Aktiengesetz, Bd. 1, 6. Aufl., München.

Bayer, Walter (2024b): § 18 AktG, in: Goette, Wulf/Habersack, Mathias/Kalss, Susanne (Hrsg.): Münchener Kommentar zum Aktiengesetz, Bd. 1, 6. Aufl., München.

Bennett, James A./Sias, Richard W./Starks, Laura T. (2003): Greener Pastures and the Impact of Dynamic Institutional Preferences, in: RFS, Vol. 16, S. 1203–1238.

Berglund, Tom/Liljeblom, Eva/Löflund, Anders (1989): Estimating Betas on Daily Data for a Small Stock Market, in: JBF, Vol. 13, S. 41–64.

Bimberg, Mathias Cyril (2009): Unternehmensübernahmen und Erwerbsangebote in Deutschland, Diss., Wiesbaden.

Blume, Marshall E. (1971): On the Assessment of Risk, in: JoF, Vol. 26, S. 1–10.

Bohl, Martin T./Reher, Gerrit/Wilfling, Bernd (2016): Short selling constraints and stock returns volatility: Empirical evidence from the German stock market, in: EM, Vol. 58, S. 159–166.

Börse Frankfurt: SDAX, verfügbar unter: https://www.boerse-frankfurt.de/index/sdax/zugehoerige-werte, abgerufen am: 27.07.2024.

Bowman, Robert G. (1979): The Theoretical Relationship Between Systematic Risk and Financial (Accounting) Variables, in: JoF, Vol. 34, S. 617–630.

Brandt, Michael W./Brav, Alon/Graham, John R./Kumar, Alok (2010): The Idiosyncratic Volatility Puzzle: Time Trend or Speculative Episodes?, in: RFS, Vol. 23, S. 863–899.

Brüchle, Christian/Ehrhardt, Olaf/Nowak, Eric (2008): Konzerneinfluss und Entkopplung vom Marktrisiko – Eine empirische Analyse der Betafaktoren bei faktischen und Vertragskonzernen, in: JBE, 78. Jg., S. 455–476.

Buckberg, Elaine: Do Courts Count Cammer Factors? Harvard Law School Forum on Corporate Governance, verfügbar unter: https://corpgov.law.harvard.edu/2012/08/23/do-courts-count-cammer-factors/, abgerufen am: 08.08.2024.

Budzinski, Alexander (2012): Der Börsenkurs im Squeeze Out-Verfahren, Diss., Lohmar – Köln.

Bungert, Hartwin/Wettich, Carsten (2010): Vorgaben aus Karlsruhe zum Referenzzeitraum des Börsenwerts für die Abfindung bei Strukturmaßnahmen, in: BB, 65. Jg., S. 2227–2232.

Chang, Eric C./Cheng, Joseph W./Yu, Yinghui (2007): Short-Sales Constraints and Price Discovery: Evidence from the Hong Kong Market, in: JoF, Vol. 62, S. 2097–2121.

Chen, Zhian/Du, Jinmin/Li, Donghui/Ouyang, Rui (2013): Does foreign institutional ownership increase return volatility? Evidence from China, in: JBF, Vol. 37, S. 660–669.

Chung, Kee H./Zhang, Hao (2014): A simple approximation of intraday spreads using daily data, in: JFMarkets, Vol. 17, S. 94–120.

Cleary Gottlieb Steen & Hamilton LLP: Public Bids and Squeeze-Outs in Germany, verfügbar unter: https://www.clearygottlieb.com/-/media/organize-archive/cgsh/files/2017/publications/cleary-gottlieb_public-bids-and-squeezeouts-in-germany_a-statistical-survey_20022016-final.pdf, abgerufen am: 26.08.2022.

Cohen, Kalman J./Hawawini, Gabriel A./Maier, Steven F./Schwartz, Robert A./Whitcomb, David K. (1983): Friction in the Trading Process and the Estimation of Systematic Risk, in: JFE, Vol. 12, S. 263–278.

Cooper, S. Kerry/Groth, John C./Avera, William E. (1985): Liquidity, Exchange Listing, and Common Stock Performance, in: JEB, Vol. 37, S. 19–33.

Corhay, Albert (1992): The intervalling effect bias in beta: A note, in: JBF, Vol. 16, S. 61–73.

Czado, Claudia/Schmidt, Thorsten (2011): Mathematische Statistik, Berlin/Heidelberg.

Daly, Kevin (2008): Financial volatility: Issues and measuring techniques, in: PA, Vol. 387, S. 2377–2393.

Decher, Christian E. (2023): Die Bedeutung des Börsenkurses für die Unternehmensbewertung bei Strukturmaßnahmen, in: AG, 68. Jg., S. 106–117.

Demsetz, Harold (1968): The Cost of Transacting, in: QJE, Vol. 82, S. 33–53.

Díaz, Antonio/Escribano, Ana (2020): Measuring the multi-faceted dimension of liquidity in financial markets: A literature review, in: RIBAF, Vol. 51, S. 1–16.

Dimson, Elroy (1979): Risk Measurement when Shares are Subject to Infrequent Trading, in: JFE, Vol. 7, S. 197–226.

Dimson, Elroy/Marsh, Paul R. (1983): The Stability of UK Risk Measures and the Problem of Thin Trading, in: JoF, Vol. 38, S. 753–783.

Dörschell, Andreas/Franken, Lars/Schulte, Jörn (2012): Der Kapitalisierungszinssatz in der Unternehmensbewertung, 2. Aufl., Düsseldorf.

Draper, Paul/Paudyal, Krishna (1995): Empirical Irregularities in the Estimation of Beta: The Impact of Alternative Estimation Assumptions and Procedures, in: JBFA, Vol. 22, S. 157–177.

Eger, Carol Ellen (1983): An Empirical Test of the Redistribution Effect in Pure Exchange Mergers, in: JFQA, Vol. 18, S. 547–572.

Ehrhardt, Olaf/Nowak, Eric (2005): Viel Lärm um Nichts? – Zur (Ir)Relevanz der Risikoprämie für die Unternehmensbewertung im Rahmen von Squeeze-outs, in: AG, 50. Jg., S. 3–8.

Elsland, Silvia/Weber, Martin (2005): Squeeze-outs in Germany: Determinants of the Announcement Effects, Working Paper, verfügbar unter: https://www.fbv.kit.edu/symposium/10th/papers/Elsland_Weber%20-%20Squeeze-outs%20in%20Germany%20Determinants%20of%20the%20Announcement%20Effects.pdf, abgerufen am: 04.09.2024.

Ernst, Dietmar/Schneider, Sonja/Thielen, Bjoern (2018): Unternehmensbewertungen erstellen und verstehen, 6. Aufl., München.

Fahrmeir, Ludwig/Heumann, Christian/Künstler, Rita/Pigeot, Iris/Tutz, Gerhard (2016): Statistik, 8. Aufl., Berlin, Heidelberg.

Fama, Eugene F./French, Kenneth R. (1988): Permanent and Temporary Components of Stock Prices, in: JPE, Vol. 96, S. 246–273.

Fama, Eugene F./French, Kenneth R. (1993): Common risk factors in the returns on stocks and bonds, in: JFE, Vol. 33, S. 3–56.

Feitzinger, Kristin/Rozen, Amir/Pandya, Shaama (2020): Economic Analysis at the Class Certification Stage of Exchange Act Securities Class Actions, verfügbar unter: https://www.cornerstone.com/wp-content/uploads/2022/01/Economic-Analysis-at-the-Class-Certification-Stage.pdf, abgerufen am: 08.08.2024.

finanzen.net: Suche, verfügbar unter: https://www.finanzen.net/, abgerufen am: 16.04.2024.

FinanzNachrichten.de: Suche, verfügbar unter: https://www.finanznachrichten.de/, abgerufen am: 16.04.2024.

Fleischer, Kilian/Knoll, Leonhard (2011): Internationales: Wirtschaft, Projektmanagement, Kommunikation und Risikoanalyse, in: WuM, 15. Jg., S. 41–60.

Fleischer, Holger/Kolb, Christian (2019): Abfindungsarbitrage und Unternehmensbewertung, in: AG, 64. Jg., S. 57–68.

Fortin, Richard D./Grube, R. Corwin/Joy, O. Maurice (1990): Bid-Ask Spreads for OTC NASDAQ Firms, in: FAJ, Vol. 46, S. 76–79.

Franke, Günter/Hax, Herbert (2009): Finanzwirtschaft des Unternehmens und Kapitalmarkt, 6. Aufl., Berlin, Heidelberg.

Franken, Lars/Schulte, Jörn (2010): Beurteilung der Eignung von Betafaktoren mittels R^2 und t-Test: Ein Irrweg? – Auch eine Replik zu Knoll, WPg 2010, S. 1106–1109, in: WPg, 63. Jg., S. 1110–1116.

Franks, Julian R./Broyles, Jack E./Hecht, Michael J. (1977): An Industry Study of the Profitability of Mergers in the United Kingdom, in: JoF, Vol. 32, S. 1513–1525.

Frantzmann, Hans-Jörg (1990): Zur Messung des Marktrisikos deutscher Aktien, in: zfbf, 42. Jg., S. 67–83.

French, Kenneth R.: Data Library – Industry Portfolios, verfügbar unter: http://mba.tuck.dartmouth.edu/pages/faculty/ken.french/data_library.html, abgerufen am: 16.04.2024.
Garbade, Kenneth D. (1982): Securities markets, New York.
Gomber, Peter/Schweickert, Uwe (2002): Der Market Impact: Liquiditätsmaß im elektronischen Wertpapierhandel, in: Die Bank, 42. Jg., 485–489.
Grossman, Sanford J ./Miller, Merton H . (1988): Liquidity and Market Structure, in: JoF, Vol. 43, S. 617–633.
Grunewald, Barbara (2023): § 327a AktG, in: Goette, Wulf/Habersack, Mathias/Kalss, Susanne (Hrsg.): Münchener Kommentar zum Aktiengesetz, Bd. 5, 6. Aufl., München.
Habersack, Mathias (2022): § 312 AktG, in: Emmerich, Volker/Habersack, Mathias (Hrsg.): Aktien- und GmbH-Konzernrecht, 10. Aufl., München.
Hachmeister, Alexandra (2007): Informed Traders as Liquidity Providers, Diss., Wiesbaden.
Hachmeister, Dirk (2000): Der Discounted Cash Flow als Maß der Unternehmenswertsteigerung, 4. Aufl., Frankfurt am Main.
Häller, Jan (2024): § 305 AktG, in: Schmidt, Karsten/Lutter, Marcus (Hrsg.): Aktiengesetz, 5. Aufl., Köln.
Häller, Jan/Adolff, Johannes (2024): § 18 Börsenkurs und Unternehmensbewertung, in: Fleischer, Holger/Hüttemann, Rainer (Hrsg.): Rechtshandbuch Unternehmensbewertung, 3. Aufl., Köln, S. 551–602.
Harris, Lawrence E. (1991): Liquidity, Trading Rules, and Electronic Trading Systems, New York.
Hecker, Renate (2000): Regulierung von Unternehmensübernahmen und Konzernrecht, Habil., Wiesbaden.
Hecker, Renate/Kaserer, Christoph (2003): Going Private im Wege des Minderheitenausschlusses: Eine empirisch orientierte Bestandsaufnahme, in: BFuP, 55. Jg., S. 137–162.
Helmis, Sven (2003): Der Ausschluss von Minderheitsaktionären, in: ZBB, 15. Jg., S. 161–260.
Hock, Thomas (2005): Fair Valuations – Moderne Grundsätze zur Durchführung von Unternehmensbewertungen, in: AG, 50. Jg., S. 34–39.
I-ADVISE: Studie zur Bewertungspraxis bei gesellschaftsrechtlichen Anlässen, verfügbar unter: https://www.i-advise.de/wp-content/uploads/2023/07/I-ADVISE-Studie-Bewertungspraxis-9.-Auflage.pdf, abgerufen am: 26.08.2022.
IDW (2008): IDW Standard: Grundsätze zur Durchführung von Unternehmensbewertungen (IDW S1 i. d. F. 2008).
IDW (2018): WPH Edition, Bewertung und Transaktionsberatung, Düsseldorf.
IDW (2023): IDW-Bewertungshinweis: Berücksichtigung des Verschuldungsgrads bei der Bewertung von Unternehmen (IDW BewH 5.011).
Jaskulla, Ekkehard M. (2002): Voraussetzungen und haftungsrechtliche Konsequenzen einer Aussetzung des Börsenhandels vor dem Hintergrund der Ereignisse des 11. September 2001, in: WM, 56. Jg., S. 1093–1148.
Jegadeesh, Narasimhan (1992): Does Market Risk Really Explain the Size Effect?, in: JFQA, Vol. 27, S. 337–351.
Kempf, Alexander (1999): Wertpapierliquidität und Wertpapierpreise, Habil., Wiesbaden.
Kern, Christian/Mölls, Sascha H. (2010): Ableitung CAPM-basierter Betafaktoren aus einer Peergroup-Analyse, in: CF, 1. Jg., S. 440–448.

Keynes, John Maynard (1930): A Treatise on Money, Volume II: The Applied Theory of Money, London.

Knoll, Leonhard (2005): Die Ermittlung des Beta-Faktors im CAPM bei aktienrechtlichen Zwangsabfindungen, in: UM, 3. Jg., S. 174–178.

Knoll, Leonhard/Kruschwitz, Lutz/Lorenz, Daniela (2019): Zur Schätzung von Betafaktoren bei dünnem Aktienhandel, in: ZBB, 31. Jg., S. 189–194.

Koch, Jens (2024): § 18 AktG, in: Hüffer, Uwe/Koch, Jens (Hrsg.): Aktiengesetz, 18. Aufl., München.

Kolari, James W./Pynnönen, Seppo (2023): Investment Valuation and Asset Pricing, Cham.

Krause, Hartmut (2020): § 5 WpÜG-AngVO, in: Assmann, Heinz-Dieter/Pötzsch, Thorsten/Schneider, Uwe H. (Hrsg.): Wertpapiererwerbs- und Übernahmegesetz, 3. Aufl., Köln.

Krog, Markus (2000): Marktorientierung und gesellschaftsrechtliche Unternehmensbewertung, Diss., Wiesbaden.

Küting, Peter (2012): Konzerninterne Umstrukturierungen, Stuttgart.

Levy, Robert A. (1971): On the Short Term Stationarity of Beta Coefficients, in: FAJ, Vol. 27, S. 55–62.

Li, Donghui/Nguyen, Quang N./Pham, Peter K./Wei, Steven K. (2011): Large foreign ownership and firm-level stock return volatility in emerging markets, in: JFQA, Vol. 46, S. 1127–1155.

Lippman, Steven A./McCall, John J. (1986): An Operational Measure of Liquidity, in: AER, Vol. 76, S. 43–55.

Lipsona, Marc L./Mortalb, Sandra (2009): Liquidity and capital structure, in: JFMarkets, Vol. 12, S. 611–644.

Liu, Weimin (2006): A liquidity-augmented capital asset pricing model, in: JFE, Vol. 82, S. 631–671.

Lüdecke, Torsten/Schlag, Christian (1992): Die Marktstruktur der Deutschen Terminbörse: Eine empirische Analyse der Bid-Ask-Spreads, in: zfbf, 44. Jg., S. 323–346.

Marsh, Paul R. (1979): Equity Rights Issues and the Efficiency of the UK Stock Market, in: JoF, Vol. 34, S. 839–862.

Maynes, Elizabeth/Rumsey, John (1993): Conducting event studies with thinly traded stocks, in: JBF, Vol. 17, S. 145–157.

Meitner, Matthias/Streitferdt, Felix (2023): 3. Kapitel Bewertungsverfahren, Teil D Die Bestimmung des Betafaktors, in: Peemöller, Volker (Hrsg.): Praxishandbuch der Unternehmensbewertung, 8. Aufl., Herne, S. 598–662.

Mittnik, Stefan/Robinzonov, Nikolay/Spindler, Martin (2015): Stock market volatility: Identifying major drivers and the nature of their impact, in: JBF, Vol. 58, S. 1–14.

Munkert, Michael J. (2005): Der Kapitalisierungszinssatz in der Unternehmensbewertung, Diss., Wiesbaden.

Noack, Ulrich/Zetzsche, Dirk (2020): § 31 WpÜG, in: Schwark, Eberhard/Zimmer, Daniel (Hrsg.): Kapitalmarktrechts-Kommentar, 5. Aufl., München.

Oesterhelweg, Olaf/Schiereck, Dirk (1993): Meßkonzepte für die Liquidität von Finanzmärkten, in: Die Bank, 33. Jg., S. 390–397.

Onvalue GmbH & Co. KG: Betafaktoren für Wirtschaftssektoren – Bandbreiten, verfügbar unter: https://www.onvalue.de/wp-content/uploads/2016/03/branchenbetas.pdf, abgerufen am: 10.02.2024.

Phillips, Susan M./Smith, Clifford W. (1980): Trading costs for listed options, in: JFE, Vol. 8, S. 179–201.

Pogue, Gerald A./Solnik, Bruno H. (1974): The Market Model Applied to European Common Stocks: Some Empirical Results, in: JFQA, Vol. 9, S. 917–944.

Popp, Matthias/Ruthardt, Frederik (2017): Abfindung zum Börsenkurs: Hochrechnungsmethodik, in: WPg, 65. Jg., S. 1222–1229.

Popp, Matthias/Ruthardt, Frederik (2024): § 12 Bewertungsmethoden im Spiegel der Rechtsprechung, in: Fleischer, Holger/Hüttemann, Rainer (Hrsg.): Rechtshandbuch Unternehmensbewertung, 3. Aufl., Köln, S. 332–416.

Prantl, Johannes (1994): Konzernbildung, Konzernrecht und Minderheitenschutz in Deutschland – Eine ökonomische Analyse, Diss., Frankfurt am Main.

Puszkajler, Karl Peter/Sekera-Terplan, Tino (2015): Reform des Spruchverfahrens?, in: NZG, 18. Jg., S. 1055–1063.

Raiser, Thomas/Veil, Rüdiger (2015): Recht der Kapitalgesellschaften, 6. Aufl., München.

Roenfeldt, Rodney L./Griepentrog, Gary L./Pflaum, Christopher C. (1978): Further Evidence on the Stationarity of Beta Coefficients, in: JFQA, Vol. 13, S. 117–121.

Ruiz de Vargas, Santiago (2023): Der Börsenwert als Schätzgrundlage in aktienrechtlichen Konzernierungsmaßnahmen – Zugleich Besprechung von BGH, Beschluss v. 21.2.2023 – BGH Aktenzeichen II ZB 12/21, NZG 2023, 937, in: NZG, 26. Jg., S. 923–931.

Scheld, Alexander (2013): Fundamental Beta, Diss., Wiesbaden.

Schlittgen, Rainer (2013): Regressionsanalysen mit R, München.

Schmid, Friedrich/Trede, Mark (2006): Finanzmarktstatistik, Berlin, Heidelberg.

Schmidt, Hartmut/Iversen, Peter (1991): Geld-Brief-Spannen deutscher Standardwerte in IBIS und MATIS, in: ZBB, 3. Jg., S. 209–226.

Schulz, Roland (2009): Größenabhängige Risikoanpassungen in der Unternehmensbewertung, Diss., Düsseldorf.

Schwartz, Robert A. (1988): Equity Markets, London.

Schwert, G. William (1977): Stock Exchange Seats as Capital Assets, in: JFE, Vol. 4, S. 51–78.

Schwert, G. William (1990): Stock Market Volatility, in: FAJ, Vol. 46, S. 23–34.

Schwetzler, Bernhard: Wachstums- und Renditeannahmen in der Terminal Value Ermittlung – eine empirische Analyse deutscher Bewertungsgutachten, Working Paper, verfügbar unter: https://papers.ssrn.com/sol3/papers.cfm?abstract_id=4110771, abgerufen am: 28.06.2024.

Schwetzler, Bernhard/Brefo, Kwabena (2024): Betafaktoren, in: BWP, 20. Jg., S. 34–36.

SdK e. V.: Spruchverfahren, verfügbar unter: https://sdk.org/leistungen/spruchverfahren/, abgerufen am: 26.08.2022.

Sharpe, William F. (1963): A Simplified Model for Portfolio Analysis, in: MS, Vol. 9, S. 277–293.

Sharpe, William F. (1964): Capital Asset Prices: A Theory of Market Equilibrium under Conditions of Risk, in: JoF, Vol. 19, S. 425–442.

Skinner, Douglas J. (1989): Options markets and stock return volatility, in: JFE, Vol. 23, S. 61–78.

Spremann, Klaus (2004): Valuation, München.

spruchverfahren direkt: Gerichtsentscheidungen, verfügbar unter: https://www.spruchverfahren-direkt.de/?page_id=555, abgerufen am: 26.08.2022.

Stange, Kristian (2010): Zwangsausschluss von Minderheitsaktionären (Squeeze-out), Diss., Jena.

Stöckl, Stefan (2010): Der aktien- und übernahmerechtliche Minderheitenausschluss in Deutschland, Diss., Hamburg.

Stoll, Hans R./Whaley, Robert E. (1983): Transaction Costs and the Small Firm Effect, in: JFE, Vol. 12, S. 57–79.

Verordnung über den Inhalt der Angebotsunterlage, die Gegenleistung bei Übernahmeangeboten und Pflichtangeboten und die Befreiung von der Verpflichtung zur Veröffentlichung und zur Abgabe eines Angebots (WpÜG-Angebotsverordnung) vom 27.12.2001, BGBl. Teil I Nr. 77 v. 31.12.2001, S. 4263.

VzfK e. V. (a): Abgeschlossene Spruchverfahren, verfügbar unter: https://www.vzfk.de/spruchverfahren/abgeschlossene-spruchverfahren/, abgerufen am: 26.08.2022.

VzfK e. V. (b): Innerer Wert: Ertragswert und Börsenwert, verfügbar unter: https://www.vzfk.de/wp-content/uploads/2020/05/VzfK-Innerer-Wert-Ertragswert-und-B%C3%B6rsenwert-2002-bis-31.03.2020.pdf, abgerufen am: 24.09.2022.

VzfK e. V. (spruchverfahren.info): Spruchverfahren, verfügbar unter: https://www.spruchverfahren.info/, abgerufen am: 26.08.2022.

Wasmann, Dirk (2007): Bewegung im Börsenkurs: Kippt die „Dreimonats"-Rechtsprechung?, in: BB, 62. Jg., S. 680–682.

Watrin, Christoph/Stahlberg, Gernot/Kappenberg, Christoph (2011): Der Einfluss des Wochentags auf den Betafaktor – Eine empirische Analyse anhand ausgewählter Kapitalmärkte, in: CF, 2. Jg., S. 176–194.

Watrin, Christoph/Stöver, Rüdiger (2012): Gibt es Alternativen zur DAX-basierten Schätzung von Marktrisikoprämie, Betafaktor und Risikozuschlag?, in: CF, 3. Jg., S. 119–129.

Weber, Martin (2004): Börsenkursbestimmung aus ökonomischer Perspektive, in: ZGR, 33. Jg., S. 280–300.

Weimann, Martin (2015): Spruchverfahren nach Squeeze-out, Berlin/Boston.

Weimann, Martin (2024): Strukturmaßnahmen und Kapitalmarktkommunikation, Berlin/Boston.

Wieneke, Laurenz/Hoffmann, Thomas (2013): Der Erhalt der Börsennotierung beim echten und unechten Debt Equity Swap in der Insolvenz der börsennotierten AG, in: ZIP, 34. Jg., S. 697–708.

Wikipedia: Liste der Squeeze-out in Deutschland, verfügbar unter: https://de.wikipedia.org/wiki/Liste_der_Squeeze-out_in_Deutschland, abgerufen am: 26.08.2022.

Winkelmann, Michael (1984): Aktienbewertung in Deutschland, Diss., Königstein/Taunus.

WOLLNY WP Unternehmensbewertung GmbH Wirtschaftsprüfungsgesellschaft: Europäische Branchenbetas, verfügbar unter: https://www.wollnywp-unternehmensbewertung.de/wp-content/uploads/Europa%CC%88ische_Branchenbetas.pdf, abgerufen am: 10.02.2024.

Wooldridge, Jeffrey M. (2020): Introductory Econometrics, 7. Aufl., Boston, MA.

Xu, Yexiao/Malkiel, Burton G. (2003): Investigating the Behavior of Idiosyncratic Volatility, in: JoB, Vol. 76, S. 613–644.

Zeugner, Kirsten/Göb, Rainer/Knoll, Leonhard (2013): Branchenindex und systematisches Risiko, in: ZBB, 25. Jg., S. 39–60.

Zhai, Weili/ Kazemi, Hossein S./He, Jibao/Cai, Jinghan (2013): Stock Market Volatility, Speculative Short Sellers and Weekend Effect: International Evidence, in: JFRM, Vol. 2, S. 47–54.

Zhang, Chu (2010): A Reexamination of the Causes of Time-Varying Stock Return Volatilities, in: JFQA, Vol. 45, S. 663–684.

Ziemer, Franziska (2018): Der Betafaktor, Diss., Wiesbaden.

Ziemer, Franziska/Knoll, Leonhard (2017): Kleine Betas in der rechtsgeprägten Unternehmensbewertung, in: ZBB, 29. Jg., S. 295–305.

Zimmermann, Peter (1997): Schätzung und Prognose von Betawerten: Eine Untersuchung am deutschen Aktienmarkt, Diss., Bad Soden/Taunus.

Rechtsprechungsverzeichnis zu Kapitel 4

BGH v. 12.03.2001 – II ZB 15/00 (DAT/Altana), juris.
BGH v. 22.03.2011 – II ZR 229/09, juris.
BVerfG v. 27.04.1999 – 1 BvR 1613/94 (DAT/Altana), juris.
Cammer versus Bloom, 711 F. Supp. 1264 (District of New Jersey 1989).
Krogman versus Sterritt, 202 F.R.D. 467, 478 (Northern District of Texas 2001).
LG München v. 30.05.2018 – 5 HK O 10044/16, 5 HKO 10044/16, juris.
OLG Düsseldorf v. 04.10.2006 – I-26 W 7/06, 26 W 7/06, juris.
OLG Düsseldorf v. 05.09.2019 – 26 W 8/17, juris.
OLG Düsseldorf v. 28.11.2022 – I-26 W 4/21, 26 W 4/21, juris.
OLG Frankfurt v. 17.01.2017 – 21 W 37/12, juris.
OLG Frankfurt v. 20.11.2019 – 21 W 77/14, juris.
OLG Frankfurt v. 26.01.2017 – 21 W 75/15, juris.
OLG Hamburg v. 07.09.2020 – 13 W 122/20, juris.
OLG Karlsruhe v. 12.09.2017 – 12 W 1/17, juris.
OLG München v. 11.07.2006 – 31 Wx 41/05, 66/05, juris.

5 Thesenförmige Zusammenfassung

Um eine Entscheidung über die Verwendbarkeit des Börsenkurses im Rahmen der Abfindungsbemessung bei aktien- und umwandlungsrechtlichen Strukturmaßnahmen – als Untergrenze oder quotalen Anteil am Unternehmenswert – treffen zu können, sind die Informationsverarbeitung, -bereitstellung und der Informationsgehalt des Börsenkurses vor und bei Ankündigungen relevant. Von besonderer Bedeutung für die Informationsverarbeitung und den Informationsgehalt können ein be- oder entstehender Konzerneinfluss (teilweise verbunden mit Anteilsbesitz) sowie die Liquidität der Aktien der Zielgesellschaften sein.

In **Paper 1** werden Ankündigungsreaktionen der Börsenkurse von Zielgesellschaften bei gesellschaftsrechtlichen Strukturmaßnahmen betrachtet. Dies geschieht in Hinblick auf die Informationsverarbeitung im Börsenkurs. Hierfür werden auch Unterschiede zwischen verschiedenen Arten von Strukturmaßnahmen (aktien-, umwandlungsrechtlicher Squeeze-out, Beherrschungs- und/oder Gewinnabführungsvertrag, Verschmelzung) aufgedeckt. Darüber hinaus werden verschiedene Unternehmenseigenschaften sowie der Umfang und die Form der vermittelten Information auf ihren Einfluss auf die Informationsverarbeitung hin untersucht.

Für die Stichprobe von 385 Ankündigungen gesellschaftsrechtlicher Strukturmaßnahmen (davon 78,4 % aktienrechtliche Squeeze-outs) zwischen 2002 und 2020 liegt am Tag der Ankündigung (Ereignisstudie anhand des Marktmodells) eine signifikante, positive durchschnittliche Überrendite in Höhe von 5,5 % vor. Vereinzelt signifikante, positive abnormale Renditen vor und nach der Ankündigung könnten auf eine Antizipation oder verzögerte Informationsverarbeitung hindeuten. Die kumulierte durchschnittliche Überrendite ist meist signifikant und beträgt für das gesamte Ereignisfenster (−128 bis +64) 13,6 %.

C. Bauer, *Börsenkurse bei aktien- und umwandlungsrechtlichen Strukturmaßnahmen*, https://doi.org/10.1007/978-3-658-50371-0_5

Der Vergleich der Arten von Strukturmaßnahmen zeigt für Verschmelzungen und umwandlungsrechtliche Squeeze-outs die tendenziell geringsten (kumulierten) Überrenditen. Beim aktienrechtlichen Squeeze-out treten über den längsten Zeitraum positive abnormale Renditen auf. Vor allem beim BGV ist die Überrendite bei Ankündigung mit 8,9 % sehr hoch. Die schwache Reaktion bei der Verschmelzung kann auf eine weniger tiefgreifende Veränderung mit der Verschmelzung hindeuten (da Ausschluss nicht zwingend). Die starke Reaktion bei Ankündigung des BGV könnte sich durch eine höhere Liquidität und mit Ankündigung abgebaute Ungewissheit hinsichtlich der Zukunft ergeben. Ursachen für die längerfristig auftretenden Überrenditen beim Squeeze-out könnten der geringe Streubesitz und die dadurch teilweise verzögerte Reaktion sein, der unumgängliche Ausschluss oder auch mögliche Abfindungsspekulation, die zu vermehrten Kaufwünschen führt (Abfindungsarbitrage).

Die Ankündigungsform hat insgesamt durchaus einen Einfluss auf die Reaktion der Marktteilnehmer und die Verarbeitung der Information: Von Ad-hoc-Mitteilungen über andere Ankündigungen bis hin zu HV-Einladungen entsteht tendenziell eine abnehmende Reaktion am Ankündigungstag. Bei weniger schnell verbreiteten Mitteilungen konzentriert sich die Reaktion etwas weniger stark auf den Ereignistag (wenn auch jeweils signifikant) und die Informationen werden etwas langsamer verarbeitet. Bei Ad-hoc-Mitteilungen treten möglicherweise aufgrund eines stärkeren Interesses der Öffentlichkeit an diesen Unternehmen Antizipationseffekte auf. Bei Unternehmen, die sich schnell verbreitende Mitteilungen veröffentlichen, scheinen die Nachrichten tatsächlich in kurzer Zeit einen größeren Kreis an Adressaten zu erreichen.

Anhand von Teilstichproben zeigt sich bei Ankündigung der Strukturmaßnahme inklusive der Abfindungshöhe eine tendenziell höhere Überrendite als ohne Bekanntgabe der Abfindung. Die multivariate lineare Regression zeigt jedoch keinen signifikanten Einfluss einer Bekanntgabe der Abfindung. Der Ankündigungseffekt hängt nicht unbedingt von den mit der Ankündigung vermittelten Informationen in Bezug auf die Abfindung ab. Die Erwartung auf eine noch unbekannte Abfindung oder eine Erhöhung dieser scheint keinen wesentlichen Einfluss zu haben.

Mit abnehmender Unternehmensgröße entsteht eine zunehmende Ankündigungsreaktion. Die Ergebnisse deuten auf geringere Informationsasymmetrien bei größeren Unternehmen hin, die in Zusammenhang mit einer weniger starken Reaktion auf die Ankündigung stehen könnten. Gleichzeitig ist der Kursverlauf bei der Gruppe der kleineren Zielgesellschaften volatiler und hat eine länger ansteigende Tendenz. Dies deutet darauf hin, dass die gesamte Information dort langsamer verarbeitet wird – ggf. auch durch den geringeren Fokus der Analysten und generell aller Marktakteure auf diese Unternehmen.

Bei großem Streubesitzanteil entstehen geringere kumulierte Überrenditen. Transaktionen können ggf. schneller umgesetzt werden und der Markt braucht in der Regel nicht so lange, um die Information zu verarbeiten. Darüber hinaus ist die Information tendenziell (zumindest anteilig) für eine höhere Anzahl an Akteuren relevant. Gleichzeitig könnten bei größerem Streubesitz durch eine stärkere Überwachung über den Kapitalmarkt geringere Informationsasymmetrien bestehen. Dies kann eine etwas geringere Reaktion erklären.

Für die Verwendung des Börsenkurses im Rahmen der Abfindungsbemessung bedeutet dies, dass Informationen im Durchschnitt durchaus effizient im Börsenkurs verarbeitet werden (mittelstrenge Form). Im Ergebnis beeinflusst eher die Ankündigungsform und weniger stark der Umfang und die Detailtiefe der mit der Ankündigung vermittelten Informationen die Stärke und Dauer der Reaktion und die Informationsverarbeitung im Börsenkurs.

Unternehmenseigenschaften wie die Größe sollten im Rahmen der Prüfung auf Verwendbarkeit der Kurse für die Bemessung der Kompensation durchaus einbezogen werden. Bei kleineren Unternehmen können Informationsasymmetrien verstärkt auftreten und damit kann evtl. eine Verwendbarkeit eingeschränkt sein. Zudem scheinen die außenstehenden Aktionäre bei größerem Streubesitz regelmäßig besser informiert zu sein.

In **Paper 2** sollen kursbeeinflussende Ereignisse insbesondere für den aktuell für die Bemessung des volumengewichteten Durchschnittskurses im Rahmen der Abfindungsermittlung verwendeten Dreimonatszeitraum identifiziert werden. So werden verschiedene Ereignisse vor einer späteren Strukturmaßnahme, vor allem ein entstehender oder erhöhter Konzerneinfluss, mittels Ereignisstudien auf wesentliche Ankündigungsreaktionen hin untersucht und deren Einfluss für den Börsenkurs (damit auch die Abfindung) bei späteren Strukturmaßnahmen eingeschätzt. Besonders das Entstehen eines Vertragskonzerns und öffentliche Angebote nach dem WpÜG (Erwerbs-, Übernahme- und Pflichtangebote) werden berücksichtig, neben weiteren vermittelten Informationen wie veröffentlichten Jahresabschlusszahlen. Damit wird betrachtet, welche Informationen der Börsenkurs bei Ankündigung bzw. im Dreimonatszeitraum enthält (Informationsgehalt). Auch die Liquidität als relevantes Kriterium für eine schnelle Informationsverarbeitung und einen umfassenden Informationsgehalt wird näher beleuchtet. Für die Analyse wird dieselbe Stichprobe wie in Paper 1 verwendet.

Am Ankündigungstag von Angeboten nach WpÜG, die vor Strukturmaßnahmen angekündigt wurden, entsteht eine Überrendite in Höhe von ca. 13 %. Auch die kumulierten durchschnittlichen abnormalen Renditen sind meist signifikant positiv. Die starke Reaktion kann durch viele (sich im Umlauf befindliche) Aktien, die sich hier noch im Streubesitz befinden oder aber durch einen

Abbau von Informationsasymmetrien bedingt sein. Spekulationen auf noch nicht bekannte Angebotspreise oder eine mögliche Erhöhung solcher lassen sich nicht ausschließen (Abfindungsarbitrage). Zudem können sie auf den Verkauf vieler Aktien im Rahmen des Angebotes hindeuten.

Bei einem BGV vor einem Squeeze-out oder einer Verschmelzung zeigen sich am Ereignistag signifikante, aber im Vergleich zu den Angeboten geringere, Überrenditen (3,9 %). Die Ergebnisse deuten auf eine ebenfalls schnelle Informationsverarbeitung bei Abbau von Asymmetrien hin. Die geringere Reaktion könnte auf die mit bekanntgegebenem Ausgleich verringerte Unsicherheit hindeuten. Dadurch könnten vermehrte Kaufwünsche (auch wegen Spekulation) risikoaverser Anleger entstehen. Spekulation auf erhöhte Ausgleichs- und Abfindungzahlungen ist möglich sowie damit verbunden eine Abfindungsarbitrage. Da zuvor häufig ein Angebot nach WpÜG angekündigt wurde, werden mit dem BGV nur geringere Informationsasymmetrien abgebaut.

Tendenziell ist die Reaktion bei einer Strukturmaßnahme geringer, wenn in kurzem Abstand zuvor ein BGV oder ein Angebot nach WpÜG angekündigt wurde. Hier wird vermutlich eher eine Strukturmaßnahme erwartet. Durch den BGV oder das Angebot nach WpÜG ist der Informationsgehalt des Börsenkurses bereits aktueller und es werden bei der Strukturmaßnahme nur geringere Informationsasymmetrien abgebaut.

Für eine Einschätzung bezüglich der Verwendbarkeit des Börsenkurses ist die Liquidität relevant. Bei geringer Liquidität kann die Informationseffizienz eingeschränkt sein. Die Kriterien aus § 5 Abs. 4 WpÜGAngebV zeigen als Indikation für 32 (8,3 %) Strukturmaßnahmen im Dreimonatszeitraum vor der Ankündigung geringe Liquidität. Für alle übrigen 353 Strukturmaßnahmen wäre der Börsenkurs für die Abfindungsbemessung anwendbar.

Die weiteren betrachteten Liquiditätsmaße (Bid-Ask-Spread, (relatives) Handelsvolumen, Handelsumsatz, Streubesitz) weisen ein relativ einheitliches Bild auf. Die Liquidität ist beim BGV meist am höchsten, gefolgt von der Verschmelzung, dem umwandlungsrechtlichen und schlussendlich dem aktienrechtlichen Squeeze-out. Beim BGV und der Verschmelzung muss kein bestimmter Kapitalanteil beim Hauptaktionär vorliegen. Die vor allem beim aktienrechtlichen und umwandlungsrechtlichen Minderheitenausschluss geringe Liquidität kann auf die durch den geringen Streubesitzanteil begründete geringe Handelsaktivität zurückzuführen sein. Der in der Rechtsprechung diskutierte Schwellenwert für den Bid-Ask-Spread von 2 % wird im Mittelwert im Dreimonatszeitraum von 265 und damit 68,8 % der Strukturmaßnahmen überschritten. Die Liquidität ist in diesen Fällen gering.

Mit sinkender Liquidität steigt tendenziell die Kursreaktion am Ankündigungstag der Strukturmaßnahme. Die Ergebnisse deuten auf eine bei geringer Liquidität langsamere Informationsverarbeitung und insgesamt längerfristig stärkere Reaktion hin. Die stärkere Reaktion kann durch höhere Informationsasymmetrien bedingt sein, die langsamere Verarbeitung durch verzögert zustande kommende Transaktionen. Außerdem werden die Aktien tendenziell weniger stark von Anlegern und möglicherweise auch der Öffentlichkeit und Analysten beobachtet.

Eine multivariate Regression liefert speziell für den Dreimonatszeitraum folgende Erkenntnisse: Der Börsenkurs ist bei angekündigten Angeboten oder BGVs in einem Zeitabstand von ca. bis zu einem Jahr in Bezug auf verarbeitete Informationen vor der Strukturmaßnahme aussagekräftiger (tendenziell geringere Reaktion bei der Strukturmaßnahme). Zudem erhöhen offengelegte Informationen im Jahresabschluss die Überrenditen im Dreimonatszeitraum, da sie möglicherweise ebenfalls zu positiven Reaktionen führen. Durch sie wird die Transparenz erhöht und vorübergehend Sicherheit über den Stand der Geschäftstätigkeit des Unternehmens geschaffen (verstärkte Kaufwünsche). Ein unveränderter Konzerneinfluss senkt Überrenditen im Dreimonatszeitraum und damit die Antizipation einer Strukturmaßnahme.

Der Börsenkurs spiegelt bei hoher Liquidität besser die aktuellen Erwartungen auf Basis umfassend informierter Aktionäre wider. Bei der Abfindungsbemessung sollte in jedem Fall ein Zeitraum von mindestens einem Jahr vor Ankündigung der Strukturmaßnahme dahingehend betrachtet werden, welche Informationen veröffentlicht wurden. Diese können den Börsenkurs im Dreimonatszeitraum wesentlich beeinflussen. Im Sinne einer Vergleichbarkeit ist es relevant, welche Informationen im Voraus der Strukturmaßnahme im Vergleich zu anderen Maßnahmen bekanntgegeben werden.

In **Paper 3** wird die Veränderung des Betafaktors über einen Zeitraum von mindestens zehn Jahren bis hin zu einem Squeeze-out und in Zusammenhang mit zunehmendem Konzerneinfluss betrachtet. Daneben werden die Liquidität und Volatilität der Zielgesellschaften und Einflüsse auf die drei Größen analysiert sowie Implikationen für die Verwendbarkeit des Börsenkurses bei der Abfindungsbemessung abgeleitet.

Aufgrund der Anteilsvoraussetzung für einen Squeeze-out, besteht spätestens mit Umsetzung des Ausschlusses auch eine Konzernverbindung. Vor (oder bei) einem Squeeze-out liegt mindestens ein faktischer Konzern vor, da dieser meist bei einer Kapital-/Stimmrechtsmehrheit entsteht. Ein Vertragskonzern stellt die zweite teilweise auftretende Stufe eines sukzessiven Integrationsprozesses innerhalb des Konzerns dar. Auch dieser kann vor (oder bei) einem Squeeze-out bestehen.

Die Stichprobe umfasst 385 Zielgesellschaften, für die zwischen 01.01.2002 und 31.12.2020 ein aktien- oder umwandlungsrechtlicher Squeeze-out angekündigt wurde. Für die Stichprobe sind für gewisse Zeiträume vor dem Squeeze-out folgende mögliche Stufen eines Konzerneinflusses (verschiedene Abfolgen möglich) erkennbar: Bei knapp 50 % der Zielgesellschaften kein Konzerneinfluss, bei ca. 64 % ein faktischer Konzern und bei ca. 21 % ein Vertragskonzern.

Über zehn Jahre relativ zum Ankündigungszeitpunkt des Squeeze-out sinkt der durchschnittliche (rollierend berechnete) Betafaktor für die Stichprobe von 0,45 auf ca. 0,1. Werden die Betas für die möglichen Konzerneinflussstufen betrachtet, lässt sich ebenfalls ein (signifikant) geringerer Mittelwert bei höherem Konzerneinfluss feststellen. Dies deutet auf eine Entkopplung vom Marktrisiko mit zunehmendem Konzerneinfluss hin. Bei Squeeze-outs ist das Beta leicht höher als bei Vertragskonzernen (aber geringer als bei faktischen Konzernen). Geringe Betas könnten durch viele Nullrenditen bei Anwendung des Lumped-Return-Verfahrens entstehen. Robustheitstests unter Anwendung des Trade-to-Trade-Verfahrens zeigen entsprechend höhere mittlere Betafaktoren, da nur Handelstage einbezogen werden.

Die Volatilität in Form der Standardabweichung der Renditen schwankt über die zehn Jahre vor dem Squeeze-out und sinkt hauptsächlich ab ca. 50 Monaten vor der Squeeze-out-Ankündigung im Durchschnitt leicht (von ca. 0,025 auf 0,015). Auch für die Stufen eines Konzerneinflusses zeigen sich tendenziell geringere Standardabweichungen mit stärkerem Konzerneinfluss (bis zum Vertragskonzern). Beim Squeeze-out ist die Standardabweichung wiederum leicht erhöht (nicht im Vergleich zum faktischen Konzern). Damit schwanken die Renditen zu Beginn des betrachteten Zeitraums stärker, später sind die Schwankungen etwas geringer.

Anhand der Kriterien des § 5 WpÜGAngebV als Indikator würde der Börsenkurs relativ weniger Unternehmen für die Abfindungsbemessung ausgeschlossen. Der Bid-Ask-Spread liegt jedoch in den Phasen kein Konzern/faktischer Konzern/Vertragskonzern/Squeeze-out für 63 %/77 %/64 %/58 % der Unternehmen über einer (in der Rechtsprechung diskutierten) Schwelle von 2 %. Dieser würde für eine geringe Liquidität beim Großteil der Unternehmen sprechen und könnte daher auch in Bezug auf die Güte der Betafaktoren zu einer Ablehnung der originären Betas in entsprechend vielen Fällen führen.

Alle Indikatoren (Bid-Ask-Spread, (relatives) Handelsvolumen, Handelsumsatz, Liquiditätsrate) weisen auf eine deutlich verringerte Liquidität mit Eintritt in den Konzernverbund hin. Dies könnte auf zunehmend unterschiedliche Preisvorstellungen (basierend auf verschiedenen Erwartungen und ggf. auch Spekulation) von Käufer und Verkäufer hindeuten. Der Preis, den ein Käufer zahlen würde, ist deutlich geringer als der Preis, den der Verkäufer als Mindestwert verlangt.

In Hinblick auf die sog. „Cammer factors" sowie die Faktoren aus „Krogman" kann Folgendes festgestellt werden: Die strukturellen Faktoren weisen eher auf eine hohe Anzahl an Unternehmen mit tendenziell geringer Informationseffizienz hin. Anhand von Ereignisstudien konnte aber durchaus eine effiziente Informationsverarbeitung – zumindest im Durchschnitt – nachgewiesen werden. Die Faktoren sollten daher im konkreten Einzelfall untersucht werden.

Die Reaktion der Renditen der betrachteten Zielgesellschaften auf Änderungen der Marktrendite (gemessen anhand des Betas) nimmt damit im Durchschnitt mit zunehmendem Konzerneinfluss ab. Gleichzeitig sinkt auch generell die Schwankung der Renditen der betrachteten Unternehmen (der Anteil kleiner Renditen steigt). Darüber hinaus sinken mit erstmaliger Entstehung eines Konzernverbundes der Handelsumsatz und das Handelsvolumen deutlich. Der Bid-Ask-Spread ändert sich hingegen nicht wesentlich.

Multivariate Regressionen zeigen einen eher negativen Einfluss der Unternehmensgröße auf die Volatilität und den Bid-Ask-Spread. Der Handelsumsatz beeinflusst Beta und die Streuung meist positiv. Ansonsten ist der positive Zusammenhang zwischen Bid-Ask-Spread und Standardabweichung über alle Konzernierungsstufen auffallend. Der Einfluss der Liquidität auf die Volatilität ist daher nicht eindeutig. Der Verschuldungsgrad hat beim Squeeze-out und beim Vertragskonzern einen negativen Effekt auf den Bid-Ask-Spread.

In Bezug auf die Abfindungsbemessung beim Squeeze-out ist zu beachten, dass die Liquidität im zeitlichen Umfeld eines Squeeze-out häufig gering ist, aber Renditen aber auch tendenziell weniger stark schwanken. Die Liquidität ist insgesamt gering, weshalb die Verwendbarkeit des Börsenkurses und des originären Betas in Frage gestellt werden kann. Dies sollte jedoch stets im Einzelfall betrachtet werden. Bei ausreichender Liquidität kann auch ein geringer Betafaktor verwendet werden.

Im Ergebnis aller Studien zeigt sich damit eine im Durchschnitt effiziente Informationsverarbeitung bei Ankündigung der Strukturmaßnahmen. Der Informationsgehalt des Börsenkurses im Dreimonatszeitraum kann sich im Einzelfall deutlich unterscheiden. Relevant können vor allem ein Konzerneinfluss, aber auch Angebote nach dem WpÜG sein. Die Liquidität spielt eine wichtige Rolle für die Informationsverarbeitung und damit die Anpassung des Informationsgehalts des Börsenkurses. Bei einem (starken) Konzerneinfluss kann die Liquidität eingeschränkt sein. Renditeschwankungen treten dann jedoch auch in geringerem Umfang auf.

Erratum zu: Börsenkurse bei aktien- und umwandlungsrechtlichen Strukturmaßnahmen

Erratum zu:
C. Bauer, *Börsenkurse bei aktien- und umwandlungsrechtlichen Strukturmaßnahmen*,
https://doi.org/10.1007/978-3-658-50371-0

Auf Grund eines Versehens in der Produktion enthielt die ursprünglich veröffentlichte Version dieses Buches leider verschiedene Fehler, z.B. inkorrekte Verweise auf Gleichungen und inkorrekt nummerierte Gleichungen. Diese wurden nun vollständig korrigiert und das elektronische Zusatzmaterial wurde ebenfalls entsprechend angepasst.

Die aktualisierten Versionen dieser Kapitel finden Sie unter
https://doi.org/10.1007/978-3-658-50371-0_3
https://doi.org/10.1007/978-3-658-50371-0_4

C. Bauer, *Börsenkurse bei aktien- und umwandlungsrechtlichen Strukturmaßnahmen*, https://doi.org/10.1007/978-3-658-50371-0_6